JN411453

거룩한 독서를 위한 신약성경 주해 7

코린토 1서

코린토 1서

2023년 11월 23일 교회인가
2026년 1월 30일 1판 1쇄 인쇄
2026년 2월 10일 1판 1쇄 발행

지은이 | 유충희
펴낸이 | 이은아
펴낸곳 | 바오로딸
책임편집 | 정태현 · 송창현
편집 | 강지숙 · 민남현 · 송혜경 · 주원준

01166 서울 강북구 오현로7길 34
등록 | 제7-5호 1964년 10월 15일
전화 | 02) 944-0800 팩스 | 987-5275

취급처 | 중앙보급소
전화 | 02) 984-3611 팩스 | 984-3612

값 27,000원

이메일 | edit@pauline.or.kr
인터넷 서점 | www.pauline.or.kr 02) 944-0944
ISBN 978-89-331-1598-5 04230
ISBN 978-89-331-1040-9 04230(세트)

거룩한 독서를 위한 신약성경 주해 7

코린토 1서

유충희 지음

추천글

하느님은 말씀을 통해 자신을 계시하십니다. 그분은 당신의 온 존재를 말씀에 온전히 담아서 건네주시기에, 말씀하실 때 그저 말씀하시는 것이 아니라 말씀을 '낳으십니다.' 그래서 하느님은 성부이시고 말씀은 성부로부터 태어나신 성자이시며 말씀 또한 하느님이십니다. 하느님은 우리에게 당신을 드러내시는 말씀이십니다.

하느님이신 말씀을 우리는 다른 무엇보다도 먼저 성경을 통해 만납니다. 파스카 사건 직후에 엠마오로 가던 제자들이 주님께서 풀이해 주신 성경 말씀으로 마음이 뜨거워지고 눈이 열려서 마침내 부활하신 주님께서 눈에 보이지 않는 모습으로 늘 함께 계심을 알아보았듯이, 우리 그리스도인들은 성경을 통해서 '부활 체험으로 들어가는 영적인 문'을 발견하고 열게 됩니다.

그리스도인의 영적인 성장을 위해 성경의 해석은 지극히 중요하기에, 단순히 학적인 목적을 넘어서서 그리스도인의 영적인 눈을 열어줄 성경 주해서의 편찬은 절실히 필요한 작업입니다. 초기 교회로부터 이어져 오는 교회 전통은, 우리가 성경을 올바로 알아듣는 데에 도움이 되는, 교부들과 교도권의 고귀한 가르침으로 가득한 보물창고입니다. 성경을 해석하는 데에 있어 어느 누구도 교회보다 더 풍성하고 더 지혜로울 수는 없습니다.

'거룩한 독서를 위한 성경 주해' 총서의 출판 방향을, 성경에 대한 순수 학적인 주해에 그치지 않고, 믿는 이들이 일상 안에 살아계신 하느님을 느낄 수 있도록 도우려는 지향으로 내용을 정돈하고, 교회 전통의 보고에서 가져온 교부들의 해석을 활용하는 것으로 정했다는 것은 참으로 고마운 일입니다. 다만 이렇게 좋은 목적을 어느 정도까지 달성하는가는 이 총서의 출판이 완결되는 마지막 순간까지 계속 고민하고 노력해야 할 힘든 과제가 될 것입니다.

이 주해서를 읽는 신앙인들이 우리 곁에 계시는 하느님을 보다 가까이 느끼고 그분의 말씀을 지키며 한마음으로 일치하여 살아가기를 기도합니다.

한국천주교주교회의 성서위원회 위원장 신호철 주교

신 호 철

'거룩한 독서를 위한 성경 주해' 총서를 발간하며

제2차 바티칸공의회 교부들은 교회의 책임자들에게 교회의 자녀들이 성경과 친숙해지고 그 정신에 젖을 수 있도록, 제때에 "필요하고도 충분한 해석을 갖춘 성경 번역"을 마련해 주어야 한다고 권고한다(계시 헌장 25항). 이 권고에 부응하여 한국 천주교회는 먼저 2005년 12월 신구약성경 공식 번역본『성경』을 주석 없이 출간하였고, 뒤이어 2010년 12월 간단한 주석을 곁들인『주석 성경』을 발간하였다.

그런데 이『주석 성경』의 주석들은 일차적으로 성경 번역의 여러 가지 가능성을 제시한 번역 각주에 치중한 것이어서 일반신자들과 사목자들을 위한 "필요하고도 충분한 해석"이 되기에는 역부족이다. 또한 공의회 교부들은 모든 성직자와 말씀 봉사자와 수도자뿐 아니라 모든 신자들이 거룩한 독서Lectio Sacra를 통하여 하느님 말씀에 맛 들이고 그 안에서 "주 그리스도 예수님을 아는 지식"(필리 3,8)을 얻도록 간곡하게 권고한다.

따라서 오늘날 모든 계층의 그리스도인이 말씀을 올바로 이해하고 맛 들이는 거룩한 독서를 위해 신구약성경 전체를 총체적으로 다룬 주석서를 펴내는 일이 매우 시급하다. 한님성서연구소와 바오로딸은 이 같은 공의회 교부들의 권고와 시대의 요청에 따라 '거룩한 독서를 위한 성경 주해' 총서를 기획하고 출간하기로 의견을 모았다.

성경의 의미는 크게 세 가지다. 첫째는 문자적 의미literal sense다. 문자적 의미는 눈에 보이는 글자 그대로의 의미다. 대부분의 경우 문자적 의미만으로 충분할 수 있지만 많은 경우 이 의미만으로 성경의 깊은 가르침을 파악할 수 없다. 문자적 의미만을 고집하는 축자주의literalism는 때로 근본주의 해석을 낳고 이 해석이 반인륜적 범죄를 부추길 수 있다.

둘째는 문학적 의미literary sense다. 문학적 의미는 성경 저자가 본문 안에 담아 전달하려는 메시지다. 이 의미를 밝혀내기 위해서는 역사비평의 제반 방법이 유용하다. 그러나 문학적 의미에만 매달리게 되면 성경 본문을 과거의 틀에 가둘 수 있다. 또한 본문 해석에 대한 수많은 가설과 이론으로 본문 자체를 해체하는 결과를 초래할 수 있다.

셋째는 영적 의미spiritual sense다. 영적 의미는 문자적 의미와 문학적 의미를 넘어서 성경을 읽는 오늘의 독자에게 성령께서 선물하시는 현실적 의미다. 영적 의미를 얻기 위해서는 성령께서 도와주시도록 기도해야 한다. 교회는 전통적으로 이 의미를 얻는 가장 좋은 방법으로 거룩한 독서를 적극 권장해 왔다. 거룩한 독서의 소중한 전통은 라삐들의 성경 주석(미드라쉬와 미쉬나)과 교부들의 성경 해석에 바탕을 둔다.

'거룩한 독서를 위한 성경 주해' 총서는 이 세 가지 의미를 모두 고려하면서 특히 문학적 의미와 영적 의미를 밝혀내는 데 주력한다. 이 총서의 출판 방향은 아래와 같다.

첫째, 이 총서는 믿는 이들이 하느님 말씀을 일상의 삶에 연결시켜 그 의미를 정확하고 올바르게 깨우치도록 돕는다. 그러기 위해서는 문장이 평이하고 간결하되, 핵심을 찌르는 내용이어야 한다.

둘째, 문학적 의미를 밝히는 데는 역사비평의 성과를 이용하고, 영적 의미를 밝히는 데는 라삐들과 교부들의 해석을 참고한다. 역사비평의 성과를 이용할 때 유의할 점은 학자들의 결론 없는 논쟁을 산만하게 늘어놓지 말아야 한다는 것이다. 이를 위해 꼭 필요한 경우 서너 문장을 넘지 않도록 간결하게 소개한다. 교부들의 해석은 *Ancient Christian Commentary on Scripture*(IVP)(=『교부들의 성경 주해』, 한국교부학연구회 번역)를 활용한다.

셋째, 성경 전체를 다루는 만큼 전체적으로 통일성과 일관성을 갖추도록 한다. 신구약성경 곳곳에서 병행 대목과 연관성 있는 구절들을 풍부하게 찾아 제시한다.

바오로딸과 한님성서연구소는 이상의 목적과 방향대로 총서를 출판하기 위해 함께 기획하고 진행하고 작업하는 데 최선을 다할 것을 약속하며 자모이신 성교회와 독자 여러분의 지속적인 기도와 관심을 부탁드린다.

바오로딸
한님성서연구소

코린토 1서 주해를 펴내며

사도 바오로는 교회와 신자들을 진정으로 사랑한 사목자다. 10년이 넘게 온갖 위험과 고난을 무릅쓰고 하루도 쉬지 않고 지중해 각지를 다니면서 교회를 세우고 복음을 전했다. 히브리 사람, 벤야민 지파, 로마 시민, 당대 최고의 석학인 가말리엘 1세 아래서 율법 공부를 한 신학자로서 율법을 비판한 예수를 추종하는 그리스도인들을 박해하다가 부활하신 그리스도를 만나 오히려 유다교를 공격하는 선봉장이 된 특이한 인물이다.

바오로는 제3차 선교여행(53–58년경) 때 에페소에서 27개월 가까이 활동했다. 이 무렵 바오로는 제2차 선교여행(50–52년경) 때 세운 코린토 교회에 여러 가지 문제가 발생했다는 소식을 인편과 서면으로 접하고 편지를 써 보냈으니, 이것이 곧 '코린토 신자들에게 보낸 첫째 서간'이다. 코린토 신자들에게 보낸 첫째 서간은 1세기 교회의 사정을 파악하는 데 매우 중요한 자료다. 그리스도교가 이방 세계에 뿌리를 내리면서 생겨난 여러 가지 문제에 대해 직접적인 해답을 제시해 주는 자료는 이 서간 이외에는 거의 없다고 해도 과언이 아니다.

사도 바오로가 쓴 가장 길고 중요한 서간은 로마서와 코린토 서간이다. 로마서가 인간의 죄와 구원을 다루는 사변적인 서간인 데 반해, 코린토 서간은 교회에서 발생한 구체적인 문제들을 전해 듣고 이에 대한 사목적 처방을 내린 까닭에 생동감이 넘친다. 코린토 서간은 교회가 '세상 속에서' 어떻게 정체성을 지켜야 하는지, 또한 복음이 '공동체 안에서' 어떻게 구체화되어야 하는지 제시한다. 바오로가 세운 코린토 교회에서 신자들 사이의 갈등으로 인해 생긴 문제들은 이천 년이 지난 오늘날의 교회에서도 진행되고 있다. 따라서 코린토 서간을 올바로 이해하면 여전히 교회에서 발생하는 문제와 갈등을 해소하는 데 많은 도움이 될 것이다.

필자는 코린토 1서 주해를 쓰면서 피츠마이어(J.A. Fitzmyer)의 *First Corinthians*와 베렛(C.K. Barrett)의 *A Commentary on the First Epistle to the Corinthians*, 랑(F. Lang)의 *Die Briefe an die Korinther*와 클라욱(H.-J. Klauck)의 *1. Korintherbrief*에서 도움을 받았다. 아울러 정양모 신부의 『코린토 신자들에게 보낸 편지』와 박상래 신부 역·김영남 신부 주, 『고린토 전서』를 참조했다. 그리고 코린토 1서에 관심이 있는 독자들을 위해 참고 문헌에 주해서들과 단행본들을 소개하였다. 독자들은 이 책들을 통해 더 깊은 연구를 할 수 있을 것이다. 이 책들이 그리스도교 역사에서 지중해 동부를 중심으로 선교했던 바오로와 그가 세운 코린토 교회를 이해하는 데 도움이 되기를 바란다.

필자가 이 주해서를 완성하기까지 많은 이들의 도움이 있었다. 사십 년 동안 가르침을 주셨고 지금도 여전히 성경 연구에 전념할 수 있도록 가르침을 주시는 영원한 스승이신 정양모 신부님께 감사를 드린다. 아울러 이 주해서를 쓰도록 기회를 준 성바오로딸수도회와 평신도 신학자들을 양성하여 하느님 사랑과 이웃 사랑을 실천하고 계시는 정태현 신부님과 한님성서연구소 연구원들에게도 감사를 드린다.

"깨어있으십시오. 믿음 안에 굳게 서있으십시오. 용기를 내십시오. 힘을 내십시오. 여러분이 하는 모든 일이 사랑으로 이루어지게 하십시오"(1코린 16,13-14).

“주 예수님의 은총이 여러분과 함께하기를 빕니다. 나는 그리스도 예수님 안에서 여러분 모두를 사랑합니다(1코린 16,23–24).

2025년 원주 멜키체덱의 집에서
글쓴이

차 례

일러두기

- 코린토 1서 본문의 장절과 대목 구분은 『성경』을 따랐다.
- 그리스어와 히브리어 음역은 『주석 성경』(2010) 별책 「성경 고유명사 음역 원칙과 관용 · 예외 목록」을 따랐다.
- 그리스어 · 히브리어 원어는 Linguistsoftware(www.linguistsoftware.com)에서 만든 GraecaUBS와 HebraicaII 서체를 사용하였다.
- 교부 인명은 『교부학 인명 · 지명 용례집』, 하성수 엮음(분도출판사 2008)을 따랐다.
- 참고 문헌은, '(저자와 연도, 쪽수)'로 표기하였다. 예: (정태현 2008, 30).
- 중요하게 참조한 주석서는 관련된 장과 절이 일치하면 저자 이름만 제시하고, 장절이 다르거나 서론에서 인용한 경우 쪽수도 표기하였다.
- 『교부들의 성경 주해』*Ancient Christian Commentary on Scripture*의 한국어 번역본을 ACCK로 표기하고, 인용할 때는 아래의 약자 체계를 따른다.
  예: ACCK/OT.IX 27 = 『교부들의 성경 주해 구약성경』 9권의 27쪽
  ACCK/NT.III 104 = 『교부들의 성경 주해 신약성경』 3권의 104쪽
- 교부 문헌에서 직접 인용한 경우 '(교부, 작품명, 장절)'로 표기하였다.
  예: (에우세비우스, 『교회사』, 1.13).

코린토 1서

입문

코린토 1서 입문

1. 로마 식민도시 코린토 시

그리스의 수도 아테네에서 서쪽으로 83킬로미터 내려가면 펠로폰네소스 반도 초입에 현대 코린토가 있고, 거기에서 서남쪽으로 6킬로미터 더 내려가면 고대 코린토가 나온다. 옛 코린토 시는 펠로폰네소스 반도를 그리스 중심부와 연결하는 이스트무스 해협의 남쪽에 위치해 그리스 본토와 펠로폰네소스 반도를 이어주는 교량 역할을 하였다. 마케도니아, 아티카, 아테네에서 아카이아, 스파르타로 가려면 반드시 이스트무스 해협을 가로질러 코린토를 통과해야 했다. 코린토는 항구도시가 아니지만 동쪽으로 8.5킬로미터 떨어진 곳에 켕크레애(사도 18,18; 로마 16,1 참조) 항구가 있어 사론만으로 통했고, 북쪽으로는 2킬로미터 떨어진 곳에 레카이온 항구가 있어 코린토만으로 통했다. 이처럼 코린토는 교통의 요충지로서 동서 간의 무역 중심지가 되어 상업이 번창하였다. 기원전 850년경의 인물인 스미르나(지금의 이즈미르) 출신 호메로스는 『일리아스』*Ilias*에서 코린토를 '부유한 코린토'로 표현하였다.

역사가이자 지리학자인 스트라보(기원전 64년-기원후 21년, 『지리학』*Geography* 8.6.20)에 따르면 코린토는 고대 그리스에서 아테네에 이어 두 번째로 중요한 도시였고, 로마, 알렉산드리아, 시리아의 안티오키아와 더불어 지중해에서 네 번째로 중요한 도시였다고 한다. 고대 코린토에는 기원전 5000년 전부터 사람이 살기 시작했으며, 기원전 8세기에는 25만 명의 인구를 가진 거대한 상업 도시로까지 발전하였다. 로마와 그리스도시국가들의 접촉은 기원전 228년경에 시작되었다. 그리고 제2차 마케도니아 전쟁(기원전 200-197년)이 끝난 기원전 197년 로마의 그리스 간섭이 강화되었다. 기원전 146년에 코린토는 로마 장군 루키우스 뭄미우스가 이끄는 전쟁에서 패배하여 백여 년 동안 폐허로 남아있었다. 코린토는 완전히 파괴되었고 수많은 남자가 죽었으며 여자와 아이들이 노예로 팔려 갔다. 뭄미우스는 코린토 유물의 대부분을 배를 이용하여 로마로 가져감으로써 '아카이쿠스'(Achaicus: 아카이아를 제압한 자)라는 칭호까지 얻었다.

코린토는 한 세기가 지난 기원전 44년, 로마 집정관 율리우스 카이사르(기원전 100-44년)에 의해 로마 식민지로 재건되었다(Colonia Laus Julia Corinthensis: 율리우스를 기리는 도시). 이때부터 코린토에 로마 시민의 이주가 가속화되었고, 코린토는 옛 그리스 시대의 영화를 잃어버린 채 속국인 로마 코린토로 불렸다. 로마 코린토는 로마의 식민도시가 되면서 정치, 경제, 문화, 법률 등에서 로마의 지배를 받게 되었고 과세의 의무를 이행해야 했다. 로마의 옥타비아누스가 그리스 악티움 전투(기원전 31년)에서 안토니우스 마르쿠스를 물리치고 초대 황제(아우구스투스, 기원전 27년-기원후 14년)가 된 후, 로마 코린토는 기원전 27년 아카이아 속주의 수도가 되었으며, 로마 총독이 다스리는 총독부로 승격되었다. 기원후 44년에는 로마 황제 클라우디우스가 아카이아를 원로원과 똑같은 지위로 회복시켰다.

로마 코린토는 기원후 77년 지진으로 대부분이 파괴되었고 그 뒤 재건되었다. 재건된 코린토 시는 해발 575미터인 아크로코린토(코린토의 높은 언덕)로 불리는 봉우리 북쪽에 자리하였다. 기원전 4세기부터 코린토의 성채 역할을 해온 아크로코린토의 정상에는 코린토의 수호신으로서 사랑의 여신이라 불리는 아프로디테(비너스) 신전이 있었다. 스트라보에 따르면 신전 주위에는 남성들을 접대하는 공창 천여 명이 있었다고 한다. 이들 중에는 산 아래에 사는 남자들과 불륜을 저지르고, 심지어 아버지와 아들과 함께 어울리는 창부도 있었다고 한다.

이스트무스는 에게해와 이오니아해 사이의 지협으로 폭이 6미터밖에 되지 않아서 작은 선박은 수레를 이용하여 이쪽에서 저쪽으로 떠밀어 옮겼는데, 1881–1893년 프랑스 기술자들에 의해 사론만과 코린토만을 연결하는 코린토 운하가 개통된 뒤 선박들은 두 지역을 자유로이 오가게 되었다. 이 운하는 높이 70미터, 폭 25미터 되는 암벽을 파서 만들었다. 이곳에 운하를 건설하겠다는 계획은 로마의 칼리굴라 황제도 했었지만 실행에 옮기지는 못했다. 네로 황제 역시 육천 명의 노예를 동원해 공사를 시작했지만 사 년 만에 중단했다.

로마 코린토 역사에 관한 많은 정보는 스트라보가 남긴 상세한 기록으로 알 수 있다. 또한 2세기에 활약한 그리스의 지리학자이자 여행가인 파우사니아스(110–180?년)의 정보도 많은 도움이 된다. 스트라보는 기원전 29년에 로마 코린토를 방문하였고, 기원전 7년경 자신의 『지리학』을 완성했는데 죽기 전인 기원후 18년에 개정하였다. 파우사니아스는 165년 이후에 재건된 코린토를 방문한 것 같다. 파우사니아스는 150년경에 그리스 여행기 『그리스 안내서』*Descriptio Graeciae*를 펴냈다. 따라서 스트라보를 통해서는 바오로가 선교하기 이전의 로마 코린토 역사를, 파우사니아스를 통해서는 바오로 사후의 코린토 역사를 이해하는 데 도움을 받을 수 있다.

2. 코린토 시민

옛 코린토에 거주했던 이들은 자신들을 '헬레네스'(Hellénes: 그리스인들)라고 불렀다. 이 명칭은 고대 그리스인들이 자기 민족을 부르던 이름으로 전설적인 영웅 '헬렌'에서 유래되었다. 파우사니아스에 따르면 기원전 44년에 코린토가 로마 식민도시가 된 뒤, 옛 코린토인들은 그곳에 거의 거주하지 않았고 주민 대부분은 로마인들이 보낸 사람들이었다. 기원전 1세기 후반 이후 코린토의 공식 언어도 라틴어였다. 당시 로마 코린토에서 발견된 공적인 비문을 보면 백네 개의 문장 가운데 백한 개가 라틴어고 세 문장만이 그리스어다. 코린토에서 사용된 동전에도 라틴어가 새겨져 있었다. 라틴어를 사용하는 코린토인들은 '코린티이Corinthii'로 불렸던 옛 코린토인들과 구별하기 위하여 자신들을 '코린티엔세스Corinthienses'라고 불렀다.

라틴어가 공식 언어라고 해서 식민지에서 그리스어를 사용하지 않았다고 주장하는 것은 옳지 않다. 50년대 중반에 바오로는 최소한 두 통의 편지를 그리스어로 써서 코린토 신자들에게 보냈고, 정식 교육을 받은 로마인들은 그리스어를 사용하였다. 또한 에피쿠로스학파와 스토아학파의 가르침, 소피스트의 수사학 등과 같은 그리스 철학과 교육이 코린토 신자들에게 영향을 미치기도 하였다. 비록 로마 코린토가 귀족들이 정착한 도시는 아니었지만 주민들의 경제적 수준은 전반적으로 부유하였다. 로마 코린토 주민들 가운데에는 상업도시의 명성 때문에 돈을 벌기 위해 '유다에서 온 유다인들'이 있을 정도였다. 1898년에 발견된 상인방 일부에는 '히브리인들의 회당'이라고 적혀있는데, 이는 코린토에 유다인들이 살았음을 보여준다(Barrett, Conzelmann). 이 상인방의 연대가 언제인지 정확히 알 수는 없지만 아마도 바오로가 코린토에서 선교할 때보다 1–2세기 앞선 시기였을 것이다. 코린토의 유다교 공동체는 디아스포라 공동체로서, 사도 18,4에 따르면 바오로가 안식일마다 그곳 회당에서 토론했다고 한다. 코린토 공동체에는 그리스식 이름을 가진 스테파나스(1코린 1,16; 16,15.17)와 라틴식 이름을 가진 크리스포스와 가이오스(1,14)가 있었다. 로마 16,23에도 그리스식 이름을 가진 에라스토스와 콰르투스가 나온다. 에라스토스는 사도 19,22과 2티모 4,20에 나오는 에라스토스와 동일인이다.

스트라보와 파우사니아스는 아크로코린토 봉우리에 있는 아프로디테 신전을 언급한다. 이스트무스 해협 근처에는 포세이돈을 섬기는 도리아식 신전이 있었고, 켕크레애 항구에서는 아프로디테, 포세이돈, 아스클레피우스 그리고 이집트의 이시스 제의가 성행하였다. 스트라보는 아프로디테 신전은 매우 부유해서 그곳에 수천 명의 신전 노예들과 고급 매춘부들이 있었다고 전한다. 이 여자들 때문에 도시는 부유한 이들로 넘쳐났다. 코린토의 이러한 환경에서 선원들이 돈을 탕진하였기에 '신사는 코린토로 가는 배를 타지 않는다'라는 이야기가 있을 정도였다고 한다. 플라톤은 매춘부를 뜻하는 코린티아 코레, 곧 코린토 소녀라는 문구를 사용하였다(Fitzmyer). 한편 독일 출신의 일부 학자들은 바오로 시대 코린토인들 가운데 영지주의에 속한 이들이 있어서 이에 대한 대항으로 바오로가 편지를 썼다고 주장한다(Fascher, Grassi). 이런 주장이 생겨난 이유는 바오로가 그노시스(*γνώσις*, 지식), 소피아(*σοφία*, 지혜), 프네우마티코스(*πνευμάτικος*, 영적인 것들), 프시코스(*ψύχος*, 육적인 것) 같은 낱말을 1코린 1—4장에서 사용하고 있기 때문이다. 하지만 바오로가 사용한 이 낱말들을 근거로 코린토 신자들에게 쓴 편지에서 바오로를 비난하는 적대자들을 영지주의자들로 보는 것은 바람직하지 않다. 왜냐하면 영지주의 이단은 바오로 시대에 크게 성행하지 않았고, 2세기에 들어서야 그리스도교에 영향을 끼치기 시작했기 때문이다.

코린토는 그리스인, 로마인, 유다인, 동방인 등 여러 인종이 어울려 사는 도시로 주민들 사이에 종교 혼합주의가 성행하였다. 그리스인들은 미남 신 아폴로, 미의 여신 아프로디테, 예술의 여신 아테나, 운명의 여신 튀케, 치유의 신 아스클레피오스, 지하의 남신에게 강간당한 코레, 이스트무스에 신전이 있는 바다의 신 포세이돈을 섬기기도 하였다. 코린토인들은 이집트 신들, 곧 치유의 신 세라피스와 바다의 여신 이시스를 섬겼다. 코린토의 다종교적·다민족적·개방적 분위기는 바오로가 그리스도의 복음을 비교적 쉽게 전할 수 있는 토대가 되기도 했지만 이제 막 태동한 코린토 교회 공동체가 신앙의 순수성과 고유성을 지키는 데 어려움을 주기도 하였다. 바오로가 선교한 코린토는 교통과 상업이 발달해서 경제적으로는 부유했으나 문화 수준이 낮고 퇴폐한 도시였다. 빈부의 차이도 심했는데, 그리스도인들 대다수는 빈민층이었다. 스트라보에 따르면 고대 코린토는 '일찍이 볼 수 없었던 가장 방탕한 도시'였기에, '코린토인같이 행동한다'라는 말은 매우 천박하고 부도덕한 생활을 한다는 뜻으로 사용되었다.

건축가 스튜어트 톰슨의 설계로 1932년에 완공된 코린토박물관에는 코린토를 로마 식민도시로 재건한 율리우스 카이사르와 로마의 다섯 번째 황제 네로(54-68년 재위)의 대리석 두상과 함께 코린토에 유다인들이 많이 살았다는 증거인, 일곱 촛대가 새겨진 기둥머리가 전시되어 있다. 아크로코린토에 기원전 550-525년에 세워졌다가 기원전 46년에 로마인들에 의해 재건된 아폴로 신전 둘레에는 도리아식 돌기둥이 서른여섯 개나 있었는데 지금은 일곱 개만 남아있다. 이 신전은 그리스에서 올림피아의 헤라 신전 다음으로 오래되었다. 아크로코린토 중앙통로인 레카이온 대로에는 높이 5미터, 길이 15미터 되는 베마(βῆμα, 단, 발판)가 있는데, 이곳은 갈리오 총독이 바오로를 재판한 곳이라고 한다(사도 18,11-17). 베마의 돌에는 2코린 4,17의 말씀이 새겨져 있다. "우리가 지금 겪는 일시적이고 가벼운 환난이 그지없이 크고 영원한 영광을 우리에게 마련해 줍니다."

3. 코린토 교회

바오로가 코린토인들에게 쓴 두 통의 편지를 통해 우리는 그가 코린토에서 선교했음을 알 수 있다. 바오로는 처음 코린토를 방문했을 때 "약했으며, 두렵고 또 무척 떨렸습니다"(1코린 2,3)라고 자신의 심정을 피력한다. 사도행전은 알렉산드리아의 트로아스에서 어느 날 밤 바오로가 본

환시를 언급한다. "그리하여 미시아를 지나 트로아스로 내려갔다. 그런데 어느 날 밤 바오로가 환시를 보았다. 마케도니아 사람 하나가 바오로 앞에 서서, '마케도니아로 건너와 저희를 도와주십시오' 하고 청하는 것이었다"(사도 16,8-9). 바오로는 이 환시를 유럽 땅으로 가서 복음을 전하라는 부르심으로 이해하고 오늘날의 튀르키예에서 그리스로 건너가 네 곳에 교회를 세웠다. 바오로는 첫 번째로 필리피 교회를 세운 뒤, 이어서 테살로니카 교회, 베로이아 교회를 세우고, 아테네를 거쳐 코린토로 건너가서 네 번째 교회를 세운다(제2차 선교여행: 사도 15,36—18,22). 이것이 바오로가 처음으로 코린토인들을 접한 이야기다. 이는 로마 황제 클라우디우스가 칙령을 내려 유다인들을 로마에서 추방한 지 얼마 지나지 않아 있었던 일이다(18,2). 루카는 아퀼라와 프리스킬라 부부를 언급하는데, 이들을 비롯하여 추방당한 유다인들 일부가 코린토에 온 것은 분명하다.

바오로는 코린토 내의 유다인과 그리스인을 상대로 선교를 시작함으로써 코린토 교회의 설립자가 된다. 그는 제2차 선교여행(50-52년) 때 동행했던 실라스와 티모테오를 베로이아에 남겨두고 홀로 아테네로 가서 선교하면서 '죽은 이들의 부활'에 관하여 설교했으나 큰 성과를 거두지는 못한 것 같다(17,16-34). 베로이아에 남아있던 실라스와 티모테오가 아테네로 내려오자 테살로니카 신자들의 신앙생활이 궁금하던 바오로는 티모테오를 테살로니카로 파견하고(1테살 3,1-5) 실라스와 함께 코린토로 내려가 일 년 육 개월 동안 머무르면서 교회를 세우고 선교하였다(사도 18,1-17). 코린토에서 선교하던 바오로는 테살로니카 교회를 방문하고 돌아온 티모테오에게서 그 교회의 소식을 듣고 처음으로 테살로니카 신자들에게 편지를 써 보낸다. 이것이 바오로의 서간집과 신약성경을 통틀어 가장 먼저 쓰인 '테살로니카 신자들에게 보낸 첫째 서간'이다. 바오로는 제3차 선교여행(53-58년) 말쯤(57년경) 에페소를 떠나 그리스 북부 지역 마케도니아를 거쳐 코린토를 다시 방문하여 석 달가량 머물면서(20,3)

가이오스의 집에서 로마 교회 신자들에게 편지 한 통을 써 보냈는데, 이것이 곧 '로마 신자들에게 보낸 서간'이다.

로마 황제 클라우디우스가 로마에 살고 있던 유다인들을 추방한 사건은 바오로가 코린토에 도착한 시기를 이해하는 데 도움을 준다. 전기 작가인 수에토니우스는 120년경 『황제의 생애』*De Vita Imperatoris*를 펴냈는데, 그 가운데 '클라우디우스 생애' 편에 황제가 49년에 유다인들을 로마에서 추방한 사실을 다음과 같이 적었다. '황제는 그리스도의 사주로 계속해서 분란을 일으키는 유다인들을 로마에서 추방했다'(5권 25장 4절). 수에토니우스는 그리스도가 로마에 살면서 그리스도인들을 사주했다고 착각했는데, 사실 로마에서 분란을 일으킨 이들은 유다계 그리스도인들이었다. 아퀼라와 프리스킬라도 이때 로마에서 쫓겨나 코린토에 정착해서 천막 만드는 일을 하였는데, 마침 코린토에 선교하러 온 바오로가 이 부부를 만나 같은 일을 하면서 함께 지낸다(사도 18,1–3). 5세기 그리스도인 역사가요 신학자인 오로시우스(375–418년, 『이교도들에 대항하는 역사』*Historiae adversus paganos*)는 수에토니우스의 글을 인용하면서 황제가 유다인들을 로마에서 추방한 때가 재위 9년째인 49년 1월 25일–50년 1월 24일이었다고 하였다. 반면에 다른 학자들은 황제가 추방령을 내린 때가 재위 9년이 아니라 재위 첫해인 41년이라고 주장하기도 한다. 아퀼라와 프리스킬라 부부가 코린토에 도착했을 때 그들이 유다인이었는지 아니면 유다계 그리스도인이었는지는 명확하지 않다(사도 18,18.26; 로마 16,3–5ㄱ; 1코린 16,19). 이 부부의 이름을 사도행전은 아퀼라와 프리스킬라(사도 18,2)로, 바오로는 아퀼라와 프리스카(1코린 16,19)로 전한다.

바오로는 안식일마다 회당에서 토론하며 유다인들과 그리스인들을 설교를 통해 설득하려고 애썼다(사도 18,4). 그러던 가운데 바오로는 예수님이 메시아라는 설교를 하는 바람에 유다인들과 충돌이 생겨 회당을 떠나게 된다. 그 뒤 바오로는 유다교에서 그리스도교로 개종한 이방인 티티우스 유스투스의 집에 머물면서 주로 이방인들을 상대로 선교하였다(18,6–7). 사도행전은 코린토에서 예수님을 믿고 세례를 받은 이들을 언급하면서 그 가운데 회당장 크리스포스의 집안을 소개한다(사도 18,8; 참조: 1코린 1,14). 코린토 사람들 중에서 많은 사람이 바오로의 설교를 듣고 세례를 받았지만(사도 18,8), 그의 코린토 선교는 그다지 만족할 만한 성과를 거두지는 못한 것 같다(17,22–34). 갈리오가 아카이아의 총독으로 있었던 바오로의 코린토 선교 말기에, 유다인들이 봉기하여 그를 재판정으로 끌고 가 총독에게 고발한 것이다. "이자는 법에 어긋나는 방식으로 하느님을 섬기라고 사람들을 부추기고 있습니다"(18,13). 하지만 갈리오는 고발 내용이 정치와 무관한 종교 문제라는 이유로 소송을 기각한다(18,14–17). 갈리오는 아카이아 지방의 총독 루치우스 유니우스 갈리오 안네우스로, 로마의 유명한 스토아 철학자인 세네카의 형이었다. 1905년 그리스 델피 신전에서 발견된 금석문에 따르면, 그는 51년 여름부터 52년 여름까지 일 년 동안 총독으로 재직했다고 한다. 따라서 바오로가 51년에서 52년 사이에 코린토에서 선교한 것은 분명하다. 사도행전에 따르면 바오로는 갈리오 사건 이후에도 한동안 코린토에 더 머물다가 아퀼라와 프리스킬라 부부와 함께 켕크레애 항구에서 배를 타고 시리아로 갔다고 한다(18,18).

코린토 교회 그리스도인들의 이름은 사도 18장과 로마 16장 그리고 1코린 16장에 실려있다. 코린토 교회 그리스도인들은 대부분 이방인이었지만, 초창기 그리스도인들 가운데에는 유다인들도 여러 명 있었다. 아퀼라와 프리스킬라 부부(사도 18,1–4.18–28; 로마 16,3–5ㄱ; 1코린 16,19), 회당장 크리스포스(사도 18,8; 1코린 1,14), 회당장 소스테네스(사도 18,17; 1코린 1,1)는 유다계 그리스도인들이었다. 코린토에서 처음으로 예수님을 믿고 바오로에게 세례를 받은 스테파나스 집안 사람들(1코린 1,16; 16,15–17), 바오로에게 세례를 받고 나서 자기 집을 모임 장소로 제공한 가이오스(로마 16,23; 1코린 1,14), 에페소에서 선교하던 바오로에게 코린토 교회 소식을 전한 클로에 집안 사람들(1코린 1,11)이 유다인인지 이방인인지는 명확하지 않다. 한편 코린토에서 로마 신자들에게 인사한 이들인 루키오스, 야손, 소시파테르, 테르티우스, 에라스토스, 콰르투스 등(로마 16,21-23)은 초창기 코린토 교회의 신자들이었다. 그리고 코린토 동쪽 항구인 켕크레애 신자들 중 이름이 알려진 이는 여자 신자인 포이베인데, 바오로는 포이베를 일컬어 "켕크레애 교회의 일꾼"(16,1)이라고 하였다. 스테파나스와 함께 54년경 에페소에 있던 바오로를 찾아간 "포르투나투스와 아카이코스"(1코린 16,17) 역시 코린토 교회의 초창기 신자였다.

코린토 교회 신자들은 가정교회에 모여서 집회를 가졌다(16,2 참조). 가정교회의 수가 얼마나 되었는지는 알 수 없지만 바오로가 "나와 온 교회의 집주인인 가이오스가 여러분에게 인사합니다"(로마 16,23)라고 쓴 것을 보면 코린토에서 가이오스의 집이 가정교회로 이용되었다는 것을 알 수 있다. 그 외에도 아퀼라와 프리스킬라, 클로에 집안 사람들, 켕크레애 교회의 일꾼 포이베, 바오로가 세례를 준 크리스포스, 스테파나스 등의 집을 중심으로 가정교회가 형성되었을 것이다. 바오로가 로마 식민지인 코린토에서 선교를 한 이유는 자신이 로마 시민이기 때문이기도 하지만 자신의 동족인 유다인들이 많이 이주해서 살고 있었기 때문이다. 바오로는 어느 도시에 가든지 먼저 회당을 찾아 유다인들을 상대로 선교하다가 상황이 여의치 않을 경우 이방인들을 상대로 선교하였다.

4. 코린토 신자들에게 보낸 서간

바오로는 제3차 선교여행 중 에페소에서 선교하고 있을 때 코린토 교회에 여러 가지 문제가 발생했다는 소식을 듣게 된다. 클로에 집안 사람들이 코린토에서 에페소로 와서 코린토 교회 신자들이 바오로 편, 아폴로 편, 케파 편, 그리스도 편 등으로 갈라졌다는 소식을 직접 전한 것이다(1코린 1,11-17). 또한 코린토 신자들이 공동체에서 발생한 여러 가지 불미스러운 문제들에 관한 질의서를 작성하여 바오로에게 보내기도 하였다(7,1.25; 8,1; 12,1; 16,1.12). 이 질의서를 바오로에게 전한 이들은 코린토 교회 신자들의 심부름꾼인 스테파나스와 포르투나투스와 아카이코스였다(16,17).

이처럼 바오로는 인편과 서면으로 코린토 교회의 실상을 접하고 편지를 써 보냈는데 이것이 곧 '코린토 신자들에게 보낸 첫째 서간'이다. 바오로는 이 서간을 에페소에서 54년 말이나 55년 초 오순절 전에 썼을 것이다(16,8.19). 바오로는 현재의 코린토 1서를 쓰기 전에 이미 한 통의 편지를 써 보낸 적이 있는데(5,9: "전에 써 보낸 편지에서"), 이 편지를 '이전 편지'라고 부른다. 바오로는 이전 편지에서 불륜을 저지르는 자들과 상종하지 말라고 하였다. 이전 편지는 전해지지 않는다.

바오로는, 오순절까지는 에페소에서 지내고 곧 코린토를 방문할 계획을 세운 뒤 현재의 코린토 1서를 써서 티모테오 편에 보낸다(16,5–11). 하지만 바오로가 보낸 편지는 코린토 교회의 문제들을 해결하는 데 도움이 되지 못하였다. 그래서 바오로는 자신이 직접 코린토를 다시 방문해서('중간 방문': 2코린 13,2) 문제들을 해결하려고 했으나 오히려 일부 신자들로부터 모욕을 당하고 심한 냉대를 받는다(2,4; 7,8.12). 바오로는 슬픈 마음으로 에페소로 돌아와 괴롭고 답답한 마음으로 눈물을 흘리며(2,4) 편지를 써서 티토 편에 코린토로 보냈는데, 이 편지를 '눈물 편지'(10—13장)라고 한다.

에페소에서 살아날 가망이 없다고 여길 정도로 힘겨운 시간을 보내던(1,8–11) 바오로는 코린토 교회로 심부름을 떠난 티토를 하루빨리 만나 교회의 소식을 듣고 싶어 트로아스로 갔으나 티토가 그곳에 나타나지 않자 그가 육로로 올 것으로 생각하고 트로아스를 떠나 마케도니아로 가서(2,12–13; 7,5) 티토를 만난다. 티토는 바오로에게 코린토 교회 신자들이 잘못을 뉘우치고 바오로 사도와 화해하기를 바라고 있으며, 전에 바오로에게 심한 모욕을 가한 주모자를 처벌했다는 소식을 전하였다

(2코린 2,5–11; 7,6–16). 이에 바오로는 기쁜 마음으로 코린토 신자들에게 또 한 통의 편지를 써 보내는데, 이 편지를 '화해 편지'(1—9장)라고 한다. 또한 바오로는 에페소에서 갈라티아서(54년경), 그리고 에페소 감옥에서 필리피서와 필레몬서(56–57년경)를 썼다.

코린토 1서의 말씀은 차명서간과 사목서간에도 실려있다. 바오로가 직접 쓴 친서와 달리 바오로의 제자나 후학들이 바오로의 이름을 빌려 쓴 서간을 차명서간 또는 제2 바오로 서간이라 한다. 대부분의 학자들은 에페소서, 콜로새서, 테살로니카 2서, 티모테오 1·2서, 그리고 티토서를 차명서간으로 본다. 특히 티모테오 1·2서와 티토서는 18세기부터 사목서간이라는 명칭으로 불렸는데, 그것은 세 서간이 교회의 선교활동보다는 이미 선교사들에 의해 세워진 공동체를 관리하는 데 관심을 두었기 때문이다.

콜로 2,5은 1코린 5,3을, 에페 3,8은 1코린 15,9–10을, 1티모 1,20은 1코린 5,5을, 1티모 2,11–12은 1코린 14,34–35을 반영한다. 로마의 주교 클레멘스가 95년경에 코린토 교회에 편지를 쓰면서 코린토 1서에 나오는 구절들을 암시하고 인용도 한 것으로 보아 그는 바오로가 쓴 코린토 1서를 알고 있었음이 분명하다. 코린토 1서를 암시하는 내용은 110년경 로마에서 순교한 안티오키아의 주교 이냐시우스의 일곱 편지에도 나온다('에페소인들에게 보내는 편지' 12,2; '로마인들에게 보내는 편지' 5,1; '필라델피아인들에게 보내는 편지' 3,3; '트랄레스인들에게 보내는 편지' 12,3). 리옹의 주교 이레네우스는 코린토 1서를 바오로가 쓴 편지로 인정하며 인용하였다(『이단논박』*Against Heresies* 5,6,1). 이처럼 여러 세기 동안 교부들 다수가 코린토 1서는 바오로가 쓴 편지라는 사실을 인정하였다.

코린토 1서를 연구하는 학자들 중에는 이 편지가 한 통의 편지가 아니라 여러 통의 편지를 모은 편지라고 주장하는 사람도 있다. 이러한 주장은 이 편지에 실린 다양한 주제들 때문에 생긴 것으로, 일관성 없는 주제들의 전개, 5,9의 언급, 1—4장에서 분열을 비판한 바오로가

11,18−19에서는 분열의 불가피성을 이야기하는 등의 모순된 내용이 그 근거가 되었다. 이와 같은 주장은 1876년 학게(H. Hagge)에 의해 처음으로 제기되었다. 학게 이래로 여러 학자가 코린토 1서를 분석하기 시작하였고, 그 결과 다양한 이론들이 나왔다. 첫째, 코린토 1서는 두 통의 편지였다(Weiss, Héring, Dinkler). 둘째, 코린토 1서는 세 통의 편지였다(Weiss, Schmithals, Sellin). 셋째, 코린토 1서는 네 통의 편지였다(Schenk, Senft). 넷째, 코린토 1서는 여섯 통의 편지였다(Jewett). 다섯째, 코린토 1서는 아홉 통의 편지였다(Schmithals). 하지만 대다수의 주석가들은 코린토 1서가 한 통의 편지라고 주장한다(Barrett, Belleville, Conzelmann, Hurd, Mitchell, Kümmel). 물론 코린토 1서가 한 통의 편지라고 해서 바오로가 이 편지를 한 번에 썼다는 것을 의미하지는 않는다. 보에르(M.C. de Boer)는 바오로가 클로에 집안 사람들로부터 코린토 교회의 사정을 전해 듣고 그에 대한 답변으로 1—4장을 썼으며, 스테파나스와 다른 이들이 에페소에 도착한 후에(16,17) 7,1에서 언급된 편지와 함께 5—16장을 첨가했다고 한다. 코린토 1서가 통일된 하나의 편지라고 주장하는 이들조차도 1,2; 13장; 14,33ㄴ−36은 삽입된 것이라고 한다. 또 바오로가 16,21에서 인사말은 자신이 직접 썼다고 한 것으로 미루어 다른 내용은 대필했다는 의미로 해석할 수 있다.

바오로는 코린토 공동체를 세운 설립자(3,10)로서 공동체 구성원의 일치를 강조하고 공동체의 질서를 회복하여 하나 되게 하려는 목적으로 이 편지를 쓰면서, 신자들이 내세우는 자유에 대한 오만한 태도, 곧 방종과 성 윤리의 문제, 사소한 일로 인한 신자들 사이의 소송을 나무란다. 그는 혼인 윤리와 우상에게 바쳤던 고기를 먹는 문제, 전례 때 여성들이 취해야 할 자세와 영의 은사 문제를 다루고, 가장 무거운 주제인 부활 문제를 길게 논한다. 바오로는 이러한 문제들을 다루면서 자신의 사도적 권위를 내세우기도 하고(1,1), 공동체를 세운 사도로서 신자들에게 이미 전했던 복음을 상기시키기도 한다(15,1). 바오로는 이 편지에서 비그리스도인들과의 논쟁을 언급하지 않는다. 바오로는 자신을 비난하는 적대자들을 단순히 공동체 내의 '어떤 사람'(4,18; 15,12)이라고 할 뿐 몇몇 학자들(Manson, Schoeps)이 주장하는 유다교화를 부르짖는 이들을 언급하지 않는다. 유다교화를 부르짖는 이들과의 투쟁은 갈라티아서에 잘 드러나 있다. 또한 바오로는 그리스도교의 복음과는 다른 주장을 펼치는 영지주의자들과도 논쟁을 벌이지 않는다. 코린토 1서의 핵심은 다음과 같이 요약할 수 있다.

"우리는 십자가에 못 박히신 그리스도를 선포합니다. 그리스도는 유다인들에게는 걸림돌이고 다른 민족에게는 어리석음입니다. 그렇지만 유다인이든 그리스인이든 부르심을 받은 이들에게 그리스도는 하느님의 힘이시며 하느님의 지혜이십니다"(1,23–24).

바오로는 코린토 교회에서 발생한 여러 문제를 접하고서 그리스도 신앙의 관점에서 그 문제들에 관해 구체적인 답변을 한다. 그는 아직 신앙의 뿌리가 허약했던 코린토 신자들에게 그리스도 신앙의 관점으로 다양한 문제들을 재조명하고 그리스도를 믿는다는 것이 과연 무엇인지, 교회란 무엇이고 어떤 역할을 하는 곳인지에 관해 설명하면서 신앙인으로서 나아가야 할 구체적인 방향을 제시한다. 이렇듯 코린토 1서는 인간의 죄와 구원의 문제를 조직적으로 다룬 로마서나, 예수님만 믿어서는 구원받을 수 없고 할례도 받고 율법도 지켜야 한다는 주장을 펼치는 그릇된 선교사들을 공격하는 성격이 강한 갈라티아서와 달리, 바오로가 현장에서 겪은 문제들을 사목자의 입장에서 풀어 쓴 서간이라 할 수 있다. 코린토 1서는 교회에서 생겨나는 문제들에 대해 사목적인 진단과 처방을 내린 까닭에 매우 실제적이며 오늘날의 사목 현장에도 적용되는 생동감 넘치는 편지다.

5. 코린토 1서의 구조

코린토 1서는 로마서나 갈라티아서와 달리 주제별로 단락을 나누는 일이 쉽지 않다. 하지만 코린토 1서는 교회가 직면한 여러 가지 문제와 그에 대한 바오로의 해결책으로 이루어져 있기 때문에, '코린토 교회 내에서 발생한 문제들'과 이 문제들을 해결하기 위하여 '바오로가 제시한 해결 방안'으로 구분할 수 있다. 코린토 1서도 다른 편지들과 마찬가지로 머리글(인사와 감사: 1,1–9), 본론(1,10—15,58), 맺음글(마지막 권고와 인사: 16,1–24)로 이루어져 있다. 그중 본론은 코린토 교회를 어지럽혔던 불륜에 대하여 바오로가 취한 반응(1,10—6,20)과 신자들이 질의서를 통하여 바오로에게 보낸 질문들에 대한 바오로의 답변(7,1—14,40), 그리고 바오로가 케리그마*κήρυγμα*요 복음인 죽은 이들의 부활에 대하여 내린 지침들(15,1–58)을 다룬다.

머리글(1,1–9)

  인사(1,1–3)

  하느님께 드리는 감사(1,4–9)

I. 바오로에게 구두로 전해진 코린토 교회의 불미스러운 문제들 (1,10—6,20)

  1. 분열(1,10—4,21)

    코린토 교회의 분열(1,10–17)

    십자가의 복음(1,18–31)

    십자가에 못 박히신 그리스도를 선포하다(2,1–5)

    하느님의 지혜(2,6–16)

    복음 선포자의 역할(3,1–23)

    그리스도의 사도(4,1–21)

  2. 불륜과 송사(5,1—6,20)

불륜에 대한 단죄(5,1–13)
교우끼리의 송사(6,1–11)
불륜과 그리스도인의 자유(6,12–20)

II. 바오로에게 질의서를 통해 전해진 코린토 교회의 문제들 (7,1—14,40)

1. 혼인과 독신(7,1–40)
혼인 문제(7,1–16)
주님께서 정해주신 삶(7,17–24)
혼인과 미혼(7,25–38)
과부의 재혼(7,39–40)

2. 우상에게 바쳤던 제물과 자유 문제(8,1—11,1)
우상에게 바쳤던 제물(8,1–13)
사도의 본보기(9,1–27)
이스라엘 역사가 주는 교훈(10,1–13)
성찬례와 이교 제사(10,14–22)
무슨 일이나 하느님의 영광을 위하여(10,23—11,1)

3. 전례 문제(11,2–34)
전례 때에 여자들이 가져야 하는 자세(11,2–16)
주님의 만찬(11,17–34)

4. 은사 문제(12,1—14,40)
하나이신 성령과 여러 은사(12,1–11)
하나인 몸과 여러 지체(12,12–31ㄱ)
사랑(12,31ㄴ—13,13)
신령한 언어와 예언(14,1–25)
전례의 질서와 통일성(14,26–40)

III. 부활 문제(15,1–58): 케리그마와 복음
그리스도의 부활(15,1–11)

6. 코린토 1서에 나타난 바오로의 주요 사상

바오로는 자신의 신학을 총정리하기 위하여 코린토 1서를 쓴 것이 아니다. 공동체 신자들을 구원의 길로 이끄는 복음 선포가 그 목적이었다. 코린토 1서에 나타난 사상들은 로마서처럼 무게가 있거나 신학적이지는 않지만, 공동체와 신자들에게 매우 중요한 교훈들이다. 코린토 1서에는 로마서가 전혀 다루지 않은 주제들이 실려있다. 예를 들면 교회론, 성찬례, 종말론 등이다. 반면에 로마서에서 비중 있게 다룬 의화론이나 그리스도 사건인 구원론의 다양한 표상들은 나오지 않는다. 코린토 1서에 나타난 사상의 핵심은 1,21–24에 실려있는데, 이는 로마서에도 잘 드러나 있다. "나는 복음을 부끄러워하지 않습니다. 복음은 먼저 유다인에게 그리고 그리스인에게까지, 믿는 사람이면 누구에게나 구원을 가져다주는 하느님의 힘이기 때문입니다"(로마 1,16). 이것이 곧 십자가의 의미다. "멸망할 자들에게는 십자가에 관한 말씀이 어리석은 것이지만, 구원을 받을 우리에게는 하느님의 힘입니다"(1코린 1,18).

바오로가 코린토 1서에서 전개한 가르침의 핵심은 십자가에 달리신 그리스도다. "우리는 십자가에 못 박히신 그리스도를 선포합니다"(1,23). 바오로에게 '십자가에 못 박히신 그리스도'는 케리그마요 복음의 내용이다. 바오로는 2,4에서 자신이 코린토에 처음 복음을 전했을 때는 지혜롭고 설득력 있는 언변으로 이루어진 것이 아니라 성령의 힘을 드러내는 것으로 이루어졌다고 고백한다. 바오로가 복음을 전한 궁극적인 목적은 "그리스도께서 죽은 이들 가운데에서 되살아나셨다고 우리가 이렇게 선포하는데, 여러분 가운데 어떤 사람들은 어째서 죽은 이들의 부활이 없다고 말합니까?"(15,12)라는 말에서 알 수 있듯이, 죽은 이들의 부활을 부정하는 이들에게 그리스도의 부활과 죽은 이들의 부활을 전하는 데 있다. 바오로는 "그리스도께서 되살아나지 않으셨다면, 우리의 복음 선포도 헛되고 여러분의 믿음도 헛됩니다"(15,14)라고 말한다.

6.1. 그리스도에 대한 이해

바오로는 신자들이 이미 자신으로부터 예수 그리스도에 관한 기본적인 선포를 들어왔다는 것을 전제로 코린토 1서를 쓴다. 비록 바오로가 예수님의 말씀들을 어느 정도 전제하고 있지만(1코린 7,10-11; 9,14; 11,23-25; 14,37) 나자렛 예수님을 개인적으로 만난 적이 있었는지에 관한 암시는 이 편지 어디에도 나오지 않는다. 바오로에게 그리스도론은 매우 중요한 사상이지만 바오로의 생각이 편지 이곳저곳에 포괄적으로 언급되어 있어 명료하게 정의 내리기는 쉽지 않다.

6.1.1. 나자렛 예수님의 이름과 호칭

*** 예수** 코린토 1서에서 예수라는 이름은 저주양식에만 나온다. "예수는 저주를 받아라"(12,3). '예수'는 히브리 이름인 '예수아'(LXX 에즈 2,2)에서 나온 이름으로 '여호수아'의 단축형인데 '야훼께서 도우신다'라는 뜻이다. 바오로는 예수라는 이름의 의미를 언급하지 않지만, 나자렛 예수님은 바오로에게 '그리스도 우리의 주님'이셨음이 분명하다. 바오로는 저주양식에 이어서 "예수님은 주님이시다"(1코린 12,3)라고 신앙고백을 함

으로써 예수님을 주님으로 소개한다. 그는 "우리 주 예수님"(5,4; 9,1; 참조: 11,23; 16,23)이라는 표현을 사용한다. 그리고 "우리 주 예수 그리스도"(1,2.7.8.10; 15,57; 참조: 1,3; 6,11; 8,6)라는 표현은 더 자주 사용한다. "당신의 아드님 우리 주 예수 그리스도"(1,9)라는 표현은 한 번 나온다. 바오로는 예수와 그리스도를 연결하여 "예수 그리스도"(2,2; 3,11)라고도 한다.

* **그리스도** 바오로는 편지를 쓰면서 그리스도를 뜻하는 '기름부음받은이'(히브리어로 '메시아', 비교: 로마 9,5)에 관하여 어떠한 언급도 하지 않는다. 그리스도는 예수님이 돌아가시고 부활하신 뒤 제자들의 부활 신앙으로 보편화된 호칭이다. 예수님의 제자들은 "그리스도"[1코린 1,6.12.13.17(2번).23.24; 2,16; 3,1.23(2번); 4,1.10(2번).15; 5,7; 6,15(2번); 7,22; 8,11.12; 9,12.21; 10,4.9.16(2번); 11,1.3(2번); 12,12.27; 15,3.22.23(2번)]를 하느님의 메시아로 인정했다. 바오로가 사용한 가장 중요한 호칭은 "십자가에 못 박히신 그리스도"(1,23; 참조: 2,2)로 "인간의 지혜"(2,5.13; 참조: 1,25), "세상의 지혜"(1,20)와 반대되는 이름이다. 바오로는 종종 "그리스도 예수님"(1,1.2.4.30; 4,15.17; 15,31; 16,24)이라고도 표현한다. 신약성경 저자들 중 바오로만이 그리스도 예수님이라는 호칭을 일관되게 사용한다. 이 표현은 사도행전에도 나온다(사도 24,24).

* **주님** '주님(키리오스*κύριος*)'은 구약성경에서 하느님을 가리키는 호칭인데, 바오로는 이 호칭을 예수님께 적용한다(1코린 3,20=시편 94,11; 1코린 10,26=시편 24,1). 바오로에게 주님은 부활하신 그리스도를 가리키는 최고의 표현으로서 "예수님은 주님이시다"(1코린 12,3)라는 고백으로 나타난다. "그대가 예수님은 주님이시라고 입으로 고백하고 하느님께서 예수님을 죽은 이들 가운데에서 일으키셨다고 마음으로 믿으면 구원을 받을 것입니다"(로마 10,9)에 언급된 것처럼, 주님은 '하느님께서 죽은 이들 가운데에서 일으키셨다'는 의미를 지니며, 높임을 받으신 예수님께 어울

리는 호칭이다(필리 2,11). 바오로는 코린토 1서에서 흔히 '주님'을 '부활하신 그리스도'께 사용한다[1코린 1,31; 4,4.5.17; 6,13.14.17; 7,10.12.22(2번).25(2번).32(2번).34.35.39; 9,1.2.5; 10,9.21(2번).22; 11,11.23.26.27.32; 12,5; 14,37; 15,58; 16,10.19.22]. 바오로는 주님이라는 호칭을 사용함으로써 부활하신 그리스도가 구약에 나오는 야훼(주님)와 같은 분이심을 강조한다(필리 2,10–11; 이사 45,24–25 참조). 바오로가 편지를 쓸 당시에 유다인들은 하느님을 주님으로 불렀다. 구약에서 히브리어 '아돈(אָדוֹן)'은 '주인, 주님'(창세 45,8.9)을, '아도나이(אֲדֹנָי)'는 '나의 주인'(탈출 21,5)을 가리키는데, 아도나이는 때때로 주님(= 하느님)을 대신하는 호칭으로 사용되었다. 1세기 유다인 역사가 플라비우스 요세푸스(37–100년경)는 '하느님의 주님(키리오스 투 테우*κύριος τοῦ θεοῦ*)'이라는 표현을 사용했다.

*** 아들** 바오로는 이 편지에서 두 번(1코린 1,9; 15,28)에 걸쳐 예수 그리스도를 '아들(호 휘오스*ὁ υἱος*)'이라고 하는데, 15,28에서 하느님 아버지와 아들의 돈독한 관계를 표현한다. 이는 "그러나 그날과 그 시간은 아무도 모른다. 하늘의 천사들도 아들도 모르고 아버지만 아신다"(마르 13,32)라는 표현과 닮았다. 바오로는 하느님께서 그리스도인들을 "당신의 아드님 우리 주 예수 그리스도와 친교를 맺도록"(1코린 1,9) 해주신다고 말한다. '하느님의 아들'이라는 호칭은 코린토 1서에 나오지 않는다.

*** 마지막 아담** 바오로는 예수 그리스도를 죽은 이로부터 부활하여 '생명을 주는 영이 되신 마지막 아담'(15,45)이라고 한다. 이 마지막 아담은 창조 이야기에서 하느님의 창조로 생명체가 되었던 첫 번째 인간(창세 2,7)인 '아담'과 대조된다. 첫 번째 아담이 인류의 머리였던 것처럼, 부활하신 그리스도는 새로운 인류의 머리로서 생명을 주는 영이시다. 그러므로 그리스도는 종말의 아담이 되신다(1코린 15,20.22).

첫 번째 아담과 마지막 아담인 그리스도의 대조는 로마서에도 나오는데, 코린토 1서는 '죽음'과 관련하여, 로마서는 '죄'와 관련하여 언급한다. 바오로는 로마서와 코린토 1서에서 예형론을 사용하여 아담–그리스도론을 전개한다(로마 5,12–21). "그러므로 한 사람을 통하여 죄가 세상에 들어왔고 죄를 통하여 죽음이 들어왔듯이, 또한 이렇게 모두 죄를 지었으므로 모든 사람에게 죽음이 미치게 되었습니다. 사실 율법이 있기 전에도 세상에 죄가 있었지만, 율법이 없어서 죄가 죄로 헤아려지지 않았습니다. 그러나 아담부터 모세까지는, 아담의 범죄와 같은 방식으로 죄를 짓지 않은 자들까지도 죽음이 지배하였습니다. 아담은 장차 오실 분의 예형입니다"(5,12–14). "첫 인간은 땅에서 나와 흙으로 된 사람입니다. 둘째 인간은 하늘에서 왔습니다. 우리가 흙으로 된 그 사람의 모습을 지녔듯이, 하늘에 속한 그분의 모습도 지니게 될 것입니다"(1코린 15,47.49).

바오로는 아담이 장차 오실 그리스도의 '예형'이라고 한다. 아담은 이 세상에 죄를 가져온 인류의 조상으로서 인간에게 죽음이 오게 하였지만(창세 3장), 마지막 아담인 그리스도는 십자가에 못 박혀 돌아가심으로써 인류에게 구원을 가져오셨다. 이처럼 한 사람이 온 인류에게 영향을 미친다는 의미에서 첫 번째 아담은 그리스도의 '예형'이고, 마지막 아담인 그리스도는 '원형archetype'이다. 따라서 누구든지 마지막 아담인 그리스도를 믿으면 구원을 받는다. 바오로는 특히 코린토 1서에서 아담–그리스도 예형론을 종말론적인 의미로 풀이한다. 곧 아담의 죄로 모든 인간이 죽음에 이르게 되었지만, 마지막 아담인 그리스도를 통하여 이 세상이 구원을 받게 되었으므로 그리스도는 궁극적인 구원을 이루실 종말론적인 존재가 되신다는 것이다.

바오로가 언급한 '아들'과 '마지막 아담'이라는 호칭에는 선재 사상이 함축되어 있다. 바오로는 1코린 8,6에서 주님은 예수 그리스도 한 분이고, 모든 것이 그분으로 말미암아 존재한다고 말한다. 곧 예수 그리스도께서 세상 창조에도 역할을 하셨다는 것이다. 바오로는 코린토 1서에서 역사의 예수님에 관해서는 몇 번만 언급할 뿐이다. 곧 "주님의 형제들"(9,5), 주님의 사도들(9,5; 15,5–7), 주님의 만찬(11,23–25), 십자가 사건(1,17–18.23), 죽음과 장례(15,3), 부활(15,4) 등이다. 바오로는 "하느님께서 주님을 다시 일으키셨으니, 우리도 당신의 힘으로 다시 일으키실 것입니다"(6,14)라고 말한다. 곧 하느님께서 주님을 다시 일으키셨으니, 주님 역시 우리를 당신의 힘으로 다시 일으키실 것이라는 의미다(15,12–23 참조).

바오로는 초대교회의 케리그마를 인용하면서 '그리스도께서는 성경 말씀대로 우리의 죄 때문에 돌아가셨다'고 선언한다(15,3). 또한 바오로는 부활하신 그리스도께서 케파, 열두 사도, 야고보, 다른 사도들과 자신에게 나타나셨을 뿐만 아니라(15,5–8), 모든 원수를 그분의 발아래 잡아다 놓으실 때까지 다스리신다고 한다(15,25). 이렇듯 예수 그리스도는 죽음을 이기고 승리하신 분이다. 그리고 예수 그리스도는 하느님의 힘이시며 지혜이시다(1,24.30). 예수님은 '십자가에 못 박히신 분'(1,17–18; 2,2), '부활하신 그리스도'(15,1–11), '모든 존재의 근원'(8,6), '공동체에 현존하시는 분'(10,16–18)이다.

6.1.2. 그리스도의 구원 사건

바오로는 그리스도께서 이룩하신 구원 사건을 논한다. "여러분은 주 예수 그리스도의 이름과 우리 하느님의 영으로 깨끗이 씻겼습니다. 그리고 거룩하게 되었고 또 의롭게 되었습니다"(6,11). '깨끗이 씻겼다'는 것은 세례를 뜻한다(로마 6,4). 바오로가 1코린 1,2에서 언급한 "거룩하게 되어"는 코린토 신자들이 성도로 부르심을 받은 이들이 되었다는 뜻으로, 1,30("그리스도께서는 우리에게 하느님에게서 오는 지혜가 되시고, 의로움과 거룩함과 속량이 되셨습니다")에도 나온다. '거룩하게 된다'는 사상은 구약성경에서 나온 개념이다(탈출 3,5; 19,14; 26,33; 레위 19,2; 이사 48,2). '의롭게 되었다' 역시 바오로의 유다인 배경에서 비롯된 사상이다(탈출 23,7; 1열왕

8,32; 욥 31,5–37).

바오로는 1코린 1,30에서 '속량(贖良, 아폴리트로시스ἀπολύτρωσις)'이라는 용어를 사용하는데, 속량은 전쟁 죄수의 해방과 그레코–로만 시대의 노예 해방과 관련된 개념이다. 구약성경에서 야훼는 이스라엘의 구원자(이사 41,14; 43,14; 44,6), 이집트의 속박으로부터 이스라엘을 해방하신 분으로 묘사된다(신명 7,6–8; 9,26; 13,6; 시편 74,2; 111,9). 바오로는, 그리스도 예수님을 통한 구원(속량)은 하느님 자신이 그리스도인들을 위하여 행하신 사건이라고 한다. 코린토 1서에서 그리스도 사건이 가져다준 가장 결정적인 효과는 죽은 이들 가운데에서 부활하신 그리스도를 통하여 이루어진 죽음에 대한 승리다(1코린 15,54–57).

바오로가 이 편지를 쓰면서 사용한 표현들은 예수 그리스도의 역할을 간접적으로 보여준다. 그는 예수 그리스도의 이름으로 '은총과 평화'의 인사를 전하고(1,3), 희생당한 '그리스도 우리의 파스카 양'을 언급하며(5,7), 성찬례에서 우리가 '그리스도의 몸과 피'에 동참한다고 말한다(10,16). 바오로는 "그리스도 예수님 안에서 내가 복음을 통하여 여러분의 아버지가 되었습니다"(4,15)라고 하면서 그리스도인들은 모두 그리스도의 것, 곧 그리스도께 속한 이들이라고 선언한다.

6.2. 하느님에 대한 이해

바오로는 하느님을 '구약의 하느님', '아브라함의 하느님', "그리스도는 하느님의 것"(1코린 3,23) 등으로 표현한다. 바오로는 자신이 하느님의 뜻에 따라 예수 그리스도의 사도로 부르심을 받았다고 하면서(1,1) 하느님께서 코린토 공동체와 자신에게 베푸신 은총을 생각하며 감사드린다(1,4.14; 3,10; 14,18; 15,10.57). 코린토 1서에서 '하느님(테오스θεός)'이라는 호칭은 백다섯 번, 그리스도라는 호칭은 예순두 번 언급되어, 그리스도라는 호칭보다 두 배 정도 많이 나온다. 백다섯 번 가운데 마흔세 번은 1,18—4,21

에 집중적으로 나온다. 바오로는 하느님이 '아버지'이심을 분명히 한다(1,3; 8,6; 15,24). 심지어 하느님을 "그리스도의 머리"(11,3)라고 표현한다. 하느님은 한 분뿐이시며(8,4.6), 존재하는 모든 것의 근원이실 뿐만 아니라(11,12) 모든 인간의 운명을 좌우하는 성실하신 분이다(1,9; 10,13).

바오로는 지혜를 의인화하여 하느님의 힘과 지혜를 동일시하는데(1,24), 이는 코린토 1서의 독특한 점이다. 코린토 1서의 또 다른 특징 가운데 하나는 인간의 지혜에 대한 하느님의 반응이다. 바오로는 "지혜로운 자가 어디에 있습니까? 율법 학자가 어디에 있습니까? 이 세상의 논객이 어디에 있습니까? 하느님께서 세상의 지혜를 어리석은 것으로 만들어 버리지 않으셨습니까?"(1,20)라고 묻고, '세상의 지혜는 하느님에게는 어리석음이다'(3,19), '하느님의 어리석음이 인간의 지혜보다 더 지혜롭다'(1,25), '하느님은 지혜로운 자들을 부끄럽게 하시려고 이 세상의 어리석은 것을 선택하셨다'(1,27; 비교: 1,28-29)라고 답한다. 하느님께서 어리석음을 높이신 것은 세상이 하느님의 지혜를 보면서도 자신의 지혜만을 앞세워 하느님을 알아보지 못하였기 때문이다(1,21ㄱ). 그래서 하느님께서는 '복음 선포의 어리석음을 통하여' 세상을 구원하시기로 작정하신 것이다(1,21ㄴ).

코린토 1서에 나타난 또 다른 특징은 하느님은 그리스도교 공동체에 머무르시는 분이라는 사상이다. "여러분이 하느님의 성전이고 하느님의 영께서 여러분 안에 계시다는 사실을 여러분은 모릅니까? … 여러분이 바로 하느님의 성전입니다"(3,16-17). 이스라엘 가운데 머무르시는 하느님 사상은 구약성경에 잘 드러나 있다(탈출 25,8; 29,45; 민수 35,34). 바오로는 구약성경에서 이 개념을 채택하여 코린토 공동체에 새롭게 적용하였다. 또한 바오로는, 하느님은 그리스도를 죽음에서 일으키심으로써 죽은 이들의 부활을 가능하게 하시는 분이라고 한다. "하느님께서 주님을 다시 일으키셨으니, 우리도 당신의 힘으로 다시 일으키실 것입니다"(1코린 6,14), "그리스도께서는 죽은 이들 가운데에서 되살아나셨습니다. 죽은 이들의 맏물이 되셨습니다"(15,20). 바오로는 또한 하느님의 나라를 언급한다. "살과 피는 하느님의 나라를 물려받지 못하고, 썩는 것은 썩지 않는 것을 물려받지 못합니다"(15,50). 따라서 하느님 나라는 인간의 능력만으로는 도달할 수 없는 곳이다. "불의한 자들은 하느님의 나라를 차지하지 못하리라는 것을 모릅니까? 착각하지 마십시오. 불륜을 저지르는 자도 우상 숭배자도 간음하는 자도 남창도 비역하는 자도, 도둑도 탐욕을 부리는 자도 주정꾼도 중상꾼도 강도도 하느님의 나라를 차지하지 못합니다"(6,9-10).

바오로는 그리스도께서 모든 세상 권세와 권력과 권능을 파멸시키고 나서 하느님의 나라를 다시 하느님 아버지께 넘겨드리실 것이라고 하면서(15,24), 하느님께서 모든 원수를 자신의 발아래 잡아다 놓으실 때까지는 그리스도께서 다스리셔야 한다고 말한다(15,25). 바오로가 코린토 1서에서 언급한 하느님은 은총을 베푸시는 분(1,4; 3,10; 15,10), 심기고 물을 받은 나무를 자라게 하시는 분(3,7), 바깥 사람들을 심판하시고 믿는 이들을 칭찬하실 분(4,5; 5,13), 신자들을 평화롭게 살라고 부르신 분(7,15), 교회 안에 다양한 직분을 가진 이들을 세우신 분(12,28), 평화를 가져다주시는 분(14,33), 우리 주 예수 그리스도를 통하여 신자들에게 승리를 주시는 분(15,57)이다.

6.3. 성령에 대한 이해

바오로는 하느님의 영을 당시 그레코-로만 세계에서 통용되던 영으로 이해하지 않고, 구약성경에 나오는 '영(루아흐 רוּחַ)'의 개념으로 이해했는데, 루아흐는 하느님 현존의 표시다(창세 1,2; 민수 24,2; 1사무 19,20.23; 2역대 15,1; 24,20; 시편 51,12; 139,7; 이사 11,2; 61,1; 에제 2,2; 11,5). 바오로는 루아흐 곧 영을 부활하신 그리스도께 적용한다. "마지막 아담은 생명을 주는 영이 되셨습니다"(1코린 15,45).

코린토 1서에서 영의 역할은 '나타나심'이다. 이는 코린토 공동체에 유익을 주기 위하여 성령께서 베푸시는 '성령의 은사들'에 잘 드러나 있다(12,1 이하). 바오로는 '영들'을 은사들, 직분들, 활동들로 구분하는데, 그 원천을 '같은 성령', '같은 주님', '같은 하느님'으로 돌린다(12,4-6). 은사들과 직분들과 활동들은 공동선 곧 공동체의 유익을 위하여 나타나신 '성령'이다(12,7-11). 그는 '영'을 "하느님에게서 오시는 영"(2,12), "하느님의 영"(2,11; 3,16; 6,11), "한 성령"(12,13)으로 언급하면서 이 영을 "성령"(2,4.10.13)이라고 부른다. 바오로는 과부의 재혼을 다루면서 "나 역시 하느님의 영을 모시고 있다"(7,40)라고 말한다.

6.4. 교회에 관한 가르침

로마서에서는 '교회'를 가정교회 또는 지역교회의 의미로만 언급하지만(로마 16,1.4.5.16.23) 코린토 1서에는 교회에 관한 가르침이 두드러지게 드러나 있다. 이러한 이유로 슐리어(H. Schlier)는 교회론이 이 편지의 주요 관심사라고까지 하였다. 바오로는 편지를 쓰면서 "코린토에 있는 하느님의 교회"(1코린 1,2)에 인사한다. '하느님의 교회'는 바오로가 초기에 쓴 서간에도 나오는데(갈라 1,13; 1테살 2,14; 비교: 2테살 1,4), 이는 유다에 있는 초기 그리스도교 공동체, 곧 예루살렘 모교회母敎會를 가리킨다(1코린 11,16; 15,9). 그리스도인 공동체를 가리키는 '교회'는 바오로 이전에 그리스어를 사용하는 그리스도인들 사이에서 사용되었다. 그런데 어떻게 이 명칭이 그리스도인들 사이에서 사용되었는지, 그리고 어떻게 더 오래된 명칭인 "형제들"(사도 1,15), "제자들"(6,1), "친교"(2,42), "길"(9,2; 19,9.23; 22,4; 24,14.22), "그리스도인"(11,26)을 대신하게 되었는지는 명확하게 밝혀지지 않았다. 이 교회라는 명칭의 어원(에클레시아ἐκκλησία) 역시 교회의 성격과 의미를 밝히는 데는 실질적인 도움이 되지 못한다.

'에클레시아'라는 낱말은 신약성경에 모두 백열네 번 나오는데, 그

가운데 일흔 번 정도가 바오로의 편지에 실려있다. 고대 그리스 문학에서 에클레시아는 종종 시민의 모임, 군사적·정치적 모임을 의미하였다. 따라서 사도 19,32.40에 나오는 "집회(에클레시아)"가 무질서한 폭도의 집회를 가리킬 수도 있음을 보여주며, 이는 에페소 시청 서기관이 말한 "정식 집회"(19,39)와 대조된다. 칠십인역(LXX)에서 에클레시아는 종종 사막에서 집단으로 배회하는 히브리인들(신명 4,10; 9,10; 18,16; 31,30)과 포로 생활에서 귀향한 이들의 모임(에즈 10,8) 그리고 이스라엘의 온 회중(2역대 6,3)을 가리키는데, 히브리어 '카할 קָהָל'을 그리스어로 번역한 것이다. '교회'는 불러 모은다는 소집의 의미도 있다. 곧 교회는 하느님께서 불러 모으신 거룩한 백성들의 모임이다. 또한 교회라는 명칭은 당시 그리스인에 의해 회중이라는 의미로 전해졌는데, 이는 '주님의 회중'을 뜻하는 히브리어 '에다 עֵדָה'를 번역한 것이다(민수 16,3; 1역대 28,8; 비교: 신명 23,2-4.9). 여기서 주님의 회중은 이스라엘 신앙공동체를 가리킨다. 한편 쿰란 공동체에서 교회라는 낱말은 같은 종교적 신념을 가진 이들의 모임을 뜻하는 것으로, 구약성경의 의미와 유사하다.

에클레시아는 그리스어를 사용하는 하느님 백성이 모인 공동체라는 의미로 사용되었는데, 그 뒤에 그리스도인 공동체를 가리키는 '교회'라는 의미로 발전되었다. 처음에는 지역이나 특수한 공동체를 가리키는 의미로 사용되다가(1코린 14,23.33.34; 16,19) 마침내 지역을 넘어서 보편 교회의 의미로 발전하였다(사도 9,31). 바오로가 코린토 1서에서 언급한 교회(1코린 6,4; 10,32; 11,22; 12,28; 14,19.28.35)는 거룩하게 변화된 하느님의 백성인 교회를 이해하는 데 크게 기여하였다. 에클레시아를 교회라는 의미로 사용한 인물은 바오로다. 바오로는 자신이 코린토 교회의 초석을 놓았다고 한다. "나는 심고"(3,6), "지혜로운 건축가로서 기초를 놓았고"(3,10), "여러분을 나의 사랑하는 자녀로서 타이르는 것입니다. 여러분을 그리스도 안에서 이끌어 주는 인도자가 수없이 많다 하여도 아버지는 많지 않습니다. 그리스도 예수님 안에서 내가 복음을 통하여 여러분의 아버지가 되었습니다”(4,14ㄴ–15). 바오로는 자신이 세운 코린토 교회의 일치와 공동체 건설에 큰 관심을 기울였다. 이런 이유로 바오로는 신자들 사이의 “분열”(1,10; 11,18), “분쟁”(1,11), “시기와 싸움”(3,3), “분파”(11,19)를 나무라면서 신자들에게 “같은 생각과 같은 뜻으로”(1,10) 하나가 되라고 권면한다. 바오로는 “여러분은 그리스도의 몸이고 한 사람 한 사람이 그 지체입니다”(12,27)라는 말로 교회의 의미를 설명하는데, ‘그리스도의 몸’은 교회를 의미한다(에페 1,22–23; 콜로 1,18.24). 그는 교회와 관련해 교회를 굳게 세운다는 뜻으로 ‘건설, 성장(오이코도메 οἰκοδομή)’이라는 낱말을 사용하였다(1코린 3,9–17; 14,3–5.12.17.26).

6.5. 바오로가 인간 이해와 관련하여 사용한 개념들

신약성경 저자들 가운데 바오로만큼 인간에 관해 큰 관심을 가졌던 이도 없을 것이다. 바오로는 특히 로마서와 코린토 1서에서 인간 이해에 관하여 여러 개념을 사용하였다. 바오로는 ‘믿음을 통해 구원받게 될 인간’이라는 구원론적인 관점에서 인간에 관한 논의를 전개했으나 로마서와 코린토 1서에 나타난 인간에 대한 이해에는 차이가 있다. 로마서에서 비중 있게 다루어진 ‘삶, 죽음, 죄, 의로움, 율법, 은총’이 코린토 1서에서는 한 구절에만 나타난다. “죽음의 독침은 죄이며 죄의 힘은 율법입니다”(1코린 15,56). 코린토 1서에는 ‘몸’, ‘육/살’, ‘영’, ‘마음’, ‘혼’, ‘이성’, ‘양심’ 등의 개념이 나오는데, 이는 모두 인간 이해와 관련된 낱말들이다.

*** 몸**(소마 σῶμα) 소마는 코린토 1서에 마흔여섯 번 나온다. 바오로는 일반적으로 ‘몸’을 두 가지 의미, 곧 긍정적 의미와 부정적 의미로 사용한다. 부정적인 몸은 “죄의 지배를 받는 몸”(로마 6,6), “비천한 몸”(필리 3,21)이고, 긍정적인 몸은 “살아계신 하느님의 성전”(2코린 6,16), “그리스도 안에 한 몸”(로마 12,5)이다. 코린토 1서에서 몸은 볼 수 있고 만질 수 있는

일반적인 의미의 육체를 가리키지만(1코린 6,15; 9,27; 12,27; 13,3 등), '그리스도의 지체로서의 몸'(6,15), '성령의 성전인 몸'(6,19), '하느님을 영광스럽게 할 몸'(6,20), "그리스도의 몸"(10,16), '하늘에 속한 몸'(15,40)을 가리키기도 한다. 바오로는 15,44에서 몸을 물질적인 몸과 영적인 몸으로 나눈다.

* **혼**(프시케ψυχή) 프시케는 코린토 1서에 한 번 나오는데 "영"(15,45)으로 번역되었다. "첫 인간 아담이 생명체가 되었다"(15,45)는 칠십인역 창세 2,7의 인용이며, 거기에도 프시케라는 낱말이 쓰였다. 이 '혼'은 살아 있는 인간을 조건 짓는 요소로서 죽음이 오면 사라지고 만다. 이 프시케에서 '프시키코스(ψυχικός, 현세적인, 물질적인)'라는 형용사가 파생되었는데, 이 낱말은 코린토 1서에 네 번 나온다. "그러나 현세적 인간은 하느님의 영에게서 오는 것을 받아들이지 않습니다"(2,14), "물질적인 몸으로 묻히지만 영적인 몸으로 되살아납니다. 물질적인 몸이 있으면 영적인 몸도 있습니다"(15,44), "그러나 먼저 있었던 것은 영적인 것이 아니라 물질적인 것이었습니다"(15,46).

* **육/살**(사륵스σάρξ) 사륵스는 코린토 1서에 열한 번 나온다[1,26.29; 5,5; 6,16; 7,28; 10,18; 15,39(4번).50]. 바오로는 육과 영을 반대 개념으로 본다. 육은 인간의 유한성과 나약함을 가리키므로, 육에 따라 사는 인간은 영에 따라 사는 인간과 달리 죄의 세력에서 벗어나지 못하고 만다. 바오로는 코린토 신자들이 부르심을 받았을 때 '육에 따르면(카타 사르카κατὰ σάρκα, 속된 기준으로 보아)' 지혜로운 이도 유력한 이도 가문이 좋은 이도 많지 않았다고 한다(1,26). 바오로가 사용한 '카타 사르카'는 직역하면 '육에 따라'인데 '인간의 기준에 따르면'이라는 의미다. 그리고 바오로는 15,50에서 '사륵스 카이 하이마(σάρξ καὶ αἷμα, 살과 피)'라는 표현을 사용하는데, 이는 하느님의 나라를 물려받지 못하는 인간의 유한한 본성을

의미한다. 코린토 1서에서 사륵스는 "인간"(1,29) 곧 '파멸될 인간, 고통받을 인간'을 가리킨다. 사륵스에서 파생된 형용사 '사르키노스σάρκινος'는 코린토 1서에 한 번(3,1), '사르키코스σαρκικός'는 세 번[3,3(2번); 9,11] 나오며, '육적인, 물질적인'이라는 의미로 쓰였다.

* **영**(프네우마πνεῦμα) 프네우마는 코린토 1서에 마흔 번 나오는데, '성령' 또는 '생명을 주는 영'이라는 의미다. '영'은 인간의 무한성을 보여주는 사라지지 않는 요소로, 하느님의 영을 받아들이는 그릇이다[2,11ㄱ.12(2번); 4,21; 5,3.4; 6,17; 7,34; 12,10; 14,2.12.14.15(2번).16.32; 16,18]. 프네우마에서 파생된 형용사 '프네우마티코스(πνευματικός, 영적인)'는 코린토 1서에 열다섯 번[2,13(2번).15; 3,1; 9,11; 10,3.4(2번); 12,1; 14,1.37; 15,44(2번).46(2번)] 나오고, 부사 '프네우마티코스(πνευματικῶς, 영적으로)'는 한 번(2,14) 나온다.

* **이성**(누스νοῦς) 누스는 코린토 1서에 일곱 번 나오는데[1,10; 2,16(2번); 14,14.15(2번).19], 1,10에서는 '생각'으로, 2,16에서는 '마음'으로, 14장에서는 '이성'으로 번역되었다. 바오로는 이성과 마음을 분명하게 구분하지는 않지만, 대체로 이성은 지적인 부분을, 마음은 감성적인 부분을 주관하는 것으로 구분해 사용한다. 이성은 이해하고 계획하고 판단하고 비판하는 인간의 사고능력을 가리킨다. 14장에서 이성은 신령한 언어와 관련된 '영'과 대조되기도 하고, 영보다 우월한 것으로 여겨지기도 한다.

* **마음**(카르디아καρδία) 카르디아는 코린토 1서에 다섯 번 나온다[2,9; 4,5; 7,37(2번); 14,25]. 바오로는 이 낱말을 칠십인역에서 가져왔는데(1사무 16,7; 시편 103,15), 누스(νοῦς, 이성)와 같은 의미로 사용되기도 한다.

* **양심**(시네이데시스συνείδησις) 시네이데시스는 코린토 1서에 여덟 번 나온다[8,7.10.12; 10,25.27.28.29(2번)]. 양심은 어떤 사람의 행동이 올바른지

아닌지를 판단하는 인간의 능력을 가리킨다. 바오로는 이 낱말을 오직 우상에게 바친 제물을 먹는 문제(8장)에서만 사용한다.

바오로가 인간 이해와 관련하여 사용한 개념들은 코린토 1서에서 중요한 자리를 차지한다. 바오로는 몸, 영, 혼, 육 같은 용어들을 많이 사용하지만 인간 이해를 교리로 발전시키지는 않았다. 바오로는 인간에 관한 가르침을 그리스도의 복음의 빛으로 이해하고 전개하였다. 육은 코린토 1서에서 성령 또는 하느님과 대조되는 총체적인 인간을 의미한다. 따라서 육은 이 세상에 사는 모든 인간을 가리키는데, 바오로에게 육과 몸은 동일하지 않다.

바오로는 코린토 교회 신자들이 십자가의 지혜를 이 세상의 지혜로 바꾸려는 것을 나무라면서, 이 세상의 지혜는 하느님께 어리석은 것임을 성경을 인용하며 분명히 한다(1,19–20). 바오로는 코린토 교회 신자들을 "부르심을 받은 이들"(1,24)로 부른다. 곧 하느님께서는 그리스도인들을 그리스도께 속하도록 부르셨다는 것이다(1,9.26–30). 따라서 그리스도인들은 이 세상에서 하느님으로부터 부르심을 받은 이들답게 살아야 한다(1,26–31; 7,17–24). 바오로는 코린토 교회 공동체를 그리스도의 몸으로 언급하면서 그리스도인들은 "그리스도의 지체"(6,15)로서 그리스도와 친교를 맺도록 부르심을 받은 이들이라고 한다. 또한 신자들이 그리스도의 사람이기 때문에 생명과 죽음, 현재와 미래 모두가 그들의 것이라고 말한다(3,22–23).

6.6. 종말에 대한 이해

바오로가 선교할 당시의 신자들은 종말이 얼마 남지 않아 예수님이 곧 재림하시리라는 임박한 종말 신앙을 갖고 있었다. 이 임박한 종말론은 신약성경 여러 곳에서 드러난다(마르 9,1; 사도 1,6; 1베드 4,7). 바오로는 코린토 1서에서 이방인들을 상대로 선교하면서 예수 그리스도의 십자가 사건을 집중적으로 전하였다. 그는 주 예수 그리스도께서 나타나시기를 기다리는 신자들에게, 그분께서 우리 주 예수 그리스도의 날에 신자들을 흠잡을 데가 없게 해주실 것이고(1코린 1,7–8), 하느님께서 주님을 일으키신 것처럼 우리도 당신의 힘으로 다시 일으키실 것이라고 말한다(6,14). 그리고 혼인 문제를 다루면서 때가 얼마 남지 않았고 이 세상의 형체가 사라지고 있으니 아내가 있는 사람은 아내가 없는 사람처럼, 우는 사람은 울지 않는 사람처럼, 기뻐하는 사람은 기뻐하지 않는 사람처럼, 물건을 산 사람은 그것을 가지고 있지 않은 사람처럼, 세상을 이용하는 사람은 이용하지 않는 사람처럼 살라고 권면한다(7,29–31). 그는 예수님이 십자가에 못 박혀 돌아가셨지만 사흘 만에 부활하시고 하늘에 오르셨으며 하느님의 전권을 가진 인자(사람의 아들)로 곧 다시 오셔서 세상을 심판하실 것이니, 신자들도 세상에 속하는 가치의 틀에 얽매여 살지 말라고 충고한다.

코린토 1서에 나타난 종말론적인 교훈은 바오로가 1테살 4,15–17에서 언급한 종말론을 반영한다. 바오로는 테살로니카 1서에서 종말 시나리오를 묘사하면서 예수님 재림 전에 죽은 이들이 불이익을 당하지나 않을까 걱정하는 신자들에게 "주님의 재림 때까지 남아있게 될 우리 산 이들이 죽은 이들보다 앞서지는 않을 것입니다"(4,15)라는 말씀으로 먼저 죽은 이들이 결코 손해를 보는 일이 없을 것이라고 한다. 그는 당시 유다교 묵시문학에서 종말 심판을 묘사할 때 자주 사용하였던 '명령의 외침과 대천사의 목소리와 하느님의 나팔 소리, 하늘과 구름' 같은 표현들로 종말 시나리오를 전개한다(1코린 15,52; 1테살 4,16–17). 또한 예수님이 재림하시면 이미 죽은 사람과 살아있는 사람 모두가 "늘 주님과 함께 있을 것입니다"(1테살 4,17)라는 말씀으로 신자들이 예수님의 재림 때 누리게 될 기쁨을 언급하면서 신자들끼리도 이러한 말로 서로 격려하라고 권면한다.

바오로의 종말 사상은 그리스도의 죽음과 부활 그리고 재림 사건뿐만 아니라 성령의 은사와 관계되는 1코린 13,8–13에도 잘 드러나 있다. 성령께서 신자들에게 은사를 베풀어 주셨다는 것은 종말이 시작되었다는 증거가 된다(1,7). 성령께서 베푸시는 은사인 신령한 언어와 예언, 산을 옮길 만한 믿음은 그 자체로 매우 가치 있는 선물이지만, 미래보다는 현재를 위하여 주어진 일시적이고 부분적인 은사들이다. 반면에 사랑은 무한성을 지닌 종말론적 가치다. 곧 종말이 오면 현재의 일시적이고 부분적인 은사들은 사라지고 말지만 사랑은 결코 사라지지 않을 것이다.

주님이 다시 오실 때 죽은 이들이 일어나고 심판이 행해지며 하느님이 온 우주의 주님이 되실 것이다. 하지만 그 미래가 아직 도래하지 않았기 때문에 그날을 완벽하게 묘사하기는 어렵다. 바오로는 재림, 죽은 이들의 부활, 심판, 하느님 나라에 관해 여러 곳에서 언급하지만, 종말 사건들을 늘 같은 식으로 묘사하지는 않는다. 테살로니카 1서에서는 그리스도께서 재림하실 때 완성되는 구원을 이미 죽은 이들도 똑같이 누린다는 확신을, 그리고 코린토 1서에서는 주님께서 재림하실 때 죽은 이들이 일으켜지고 변화한다는 사실을 강조한다. “이 세상의 형체가 사라지고 있기 때문입니다”(1코린 7,31ㄴ). 그러나 “우리 모두 죽지 않고 다 변화할 것입니다. 그러므로 사랑하는 형제 여러분, 굳게 서서 흔들리지 말고 언제나 주님의 일을 더욱 많이 하십시오”(15,51ㄴ.58ㄱ).

바오로가 자신이 세운 공동체 신자들에게 외쳤던 종말론적인 희망은 세상 삶에서 희망을 찾기 힘든 ‘오늘’을 사는 그리스도인들에게도 값진 교훈이 되고 있다.

코린토 1서

주해

머리글(1코린 1,1-9)[1]

1) 머리글은 인사(1,1–3)와 감사(1,4–9)로 이루어져 있고, 인사에는 발신인과 수신인 그리고 인사말이 실려있다. 발신인은 '바오로와 소스테네스 형제', 수신인은 '코린토에 있는 하느님의 교회'다. 바오로는 "하느님 우리 아버지와 주 예수 그리스도에게서 은총과 평화가 여러분에게 내리기를 빕니다"(1,3)라는 인사말로, 하느님의 뜻에 따라 그리스도 예수님께 부르심을 받은 사도로서 성도로 부르심을 받은 코린토 교회 신자들에게 편지를 써 보낸다. 바오로는 자신이 하느님으로부터 직접 부르심을 받은 사도임을 강조하는데(2코린 1,1; 갈라 1,1), 이는 바오로가 다마스쿠스로 가다가 부활하신 주님을 만난 사건(사도 9,1–19)을 가리킨다. 머리글에는 하느님이 세 번, 예수 그리스도가 네 번 쓰여 하느님과 예수 그리스도께서 은총과 평화의 근원이 되신다는 사실을 보여준다.

바오로는 갈라티아 신자들에게 보낸 서간을 제외하고는 언제나 하느님께 감사드린다. 감사를 드리는 이유는, 하느님께서 신자들에게 은총을 베푸시어 신자들이 그리스도 안에서 풍요로워졌기 때문이다. 바오로는 주 예수 그리스도께서 종말에 신자들을 끝까지 굳세게 하시어 흠잡을 데가 없게 해주시리라고 확신한다. 코린토 교회는 바오로 사도가 세운 교회다(1코린 3,10). 사도행전에 따르면 바오로는 코린토에 일 년 육 개월 동안 머물면서 복음을 전하였다(사도 18,11). 바오로가 코린토 선교를 마치고 떠난 뒤 교회 안에 여러 가지 문제가 발생한다. 바오로가 코린토에 있을 때 문제들이 발생했다면 그곳에서 즉시 해결했을 것이고 코린토 신자들에게 편지를 쓰는 일도 없었을 것이다.

인사[2)]

1 1 하느님의 뜻에 따라 그리스도 예수님의 사도로 부르심을 받은[3)] 바
오로와[4)] 소스테네스 형제가[5)] 2 코린토에 있는 하느님의 교회에[6)] 인

---

2) 바오로는 그리스의 편지 양식에 따라 서두에 인사로 시작해서 마지막 부분도 인사로 끝을 맺는다. 바오로는 로마서와 달리(로마 1,1) 소스테네스 형제와 함께 편지를 보내는데, 그것은 소스테네스가 코린토 교회에 잘 알려진 인물이었기 때문이다. 소스테네스는 공동 저자는 아니고 편지 전달자로서 에페소에서 바오로와 함께 일한 형제인데, 바오로의 다른 편지에는 등장하지 않는다. 이 편지의 서두 인사는 그리스어 본문에서는 하나의 문장으로 이루어져 있으며 로마서의 서두 인사만큼 길지는 않다. 바오로는 일반적으로 많이 하는 인사인 '은총'만을 언급하지 않고 '평화'라는 낱말을 곁들여 '은총과 평화가 코린토 신자들에게 내리기를' 빈다(에즈 7,12 참조).

3) 그리스어 본문에서는 바오로의 이름이 편지 서두에 나온다. 발신인 바오로는 자신을 "하느님의 뜻에 따라 그리스도 예수님의 사도로 부르심을 받은" 사람으로 소개한다. 바오로는 다른 편지에서도 같은 표현을 사용한다(로마 1,1; 2코린 1,1; 갈라 1,1). 테살로니카 1·2서에는 사도라는 표현 없이 '바오로와 실바누스와 티모테오'가 공동 발신인으로 나오며, 필레몬서에는 "그리스도 예수님 때문에 수인이 된 나 바오로와 우리 형제 티모테오"(필레 1절)가 발신인으로 언급되고 있다. 그리고 필리피서는 바오로와 티모테오가 "그리스도 예수님의 종"(필리 1,1)이라고 한다.

4) 바오로는 문제가 발생한 코린토 교회에 편지를 쓰면서 자신은 하느님의 부르심으로 예수 그리스도를 전하는 사도가 되었다고 한다. 바오로가 다마스쿠스에서 하느님으로부터 부르심을 받은 것은 예수 그리스도를 전하는 사도로서의 권위를 부여받은 것과 같다(2코린 1,1; 갈

사합니다. 곧 그리스도 예수님 안에서 거룩하게 되어 다른 신자들이 사는

라 1,15-17).

5) "소스테네스"가 사도 18,17에 나오는 회당장 소스테네스와 동일 인물인지는 분명하지 않지만 그럴 가능성은 충분하다. 만일 동일 인물이라면 그는 바오로에 의해 그리스도인이 된 사람으로서 코린토 교회에 잘 알려진 인물이었을 것이다. 바오로는 1코린 1,14에서 크리스포스에게 세례를 주었다고 하는데, 크리스포스 또한 회당장으로서 "온 집안과 함께 주님을 믿게 되었다"(사도 18,8)라고 한다. 따라서 코린토 교회에서 그리스도교로 개종한 회당장은 소스테네스와 크리스포스 두 사람으로 볼 수 있다. 바오로는 소스테네스를 공동 발신인으로 내세우면서 사도라고 부르지 않고 "형제"라고 표현한다. '형제'라는 말은 그리스도인들 사이에서 통용되던 호칭이었다(마태 23,8; 사도 1,15). 소스테네스는 사도는 아니지만, 바오로의 선교 협력자로서 편지 전달자 역할을 한 것으로 보아 코린토 교회에서 중요한 역할을 했던 인물임이 분명하다. 펠라기우스는 "바오로가 소스테네스를 '형제'라고 부른 것은 그의 겸손을 보여주는 동시에 소스테네스가 복음을 위하여 함께 일하는 동료임을 알려줍니다"라고 하였다(ACCK/NT.IX 51).

6) 이 편지의 수신인은 "코린토에 있는 하느님의 교회"다. '하느님의 교회'라는 표현은 초기 바오로 서간에 나오는데, 유다에 있는 원시 그리스도교 공동체를 가리키는 명칭이었다(갈라 1,13; 1테살 2,14; 참조: 2테살 1,4). 하느님의 교회라는 말은 비록 코린토 교회가 바오로가 세운 지역 교회지만 하느님께 속한 교회라는 의미다. '교회(에클레시아ἐκκλησία)'라는 낱말은 코린토 1서에 스물두 번 나오는데, 이는 칠십인역에서 나온 말로 히브리어 '카할קָהָל'을 그리스어로 번역한 것이다. '카할'은 동사로는 '부르다'라는 뜻이고, 명사로는 '모임, 집회'를 의미한다. 따라서 에클레시아는 하느님으로부터 부름을 받은 신앙인들의 모임, 집회를 뜻한다. 요한

곳이든 우리가 사는 곳이든 어디에서나[7] 우리 주 예수 그리스도의 이름을 받들어 부르는 모든 이들과[8] 함께 성도로[9] 부르심을 받은 여러분에게 인사합니다. 3 하느님 우리 아버지와 주 예수 그리스도에게서 은총과 평화가 여러분에게 내리기를 빕니다.[10]

크리소스토무스는 "이 이름은 분리의 이름이 아니라 일치와 화합의 이름입니다"라고 하였다(ACCK/NT.IX 52).

7) 바오로는 "다른 신자들이 사는 곳이든 우리가 사는 곳이든 어디에서나"라는 말로 모든 교회의 신자들에게 두루 인사를 전하고 싶어 한다. 주 예수 그리스도의 이름을 부르는 이들이 모인 곳은 어디든지 다 같이 하느님의 교회이기 때문이다.

8) "우리 주 예수 그리스도의 이름을 받들어 부르는 모든 이들"이라는 말은 요엘 3,5의 "주님의 이름을 받들어 부르는 이는 모두 구원을 받으리라"를 반영한 표현이다. 바오로는 로마 10,13에서도 "주님의 이름을 받들어 부르는 이는 모두 구원을 받을 것입니다"라고 한다(사도 2,21 참조).

9) 바오로는 교회를, 예수 그리스도를 통하여 거룩하게 된 성도들의 모임이라고 하면서, 코린토 교회 신자들이 예수 그리스도의 이름을 받들어 부르는 모든 이들과 함께 "성도"로 부르심을 받았다고 한다. 예수님을 통하여 거룩하게 된 이들은 예수 그리스도의 이름으로 세례를 받고 하느님의 백성이 된 사람들이다(1코린 6,11 참조). 주 예수 그리스도의 이름을 받들어 부르는 이들은 예수님을 그리스도로 믿는 그리스도인들을 가리킨다(사도 9,14.21; 로마 10,12-13).

10) 바오로는 수신인인 코린토 교회 신자들에게 은총과 평화가 내리기를 비는데, 이 은총과 평화는 하느님 우리 아버지와 주 예수 그리스도에게서 온다고 한다(로마 1,7; 2코린 1,2; 갈라 1,3; 필리 1,2; 필레 3절). 은총과 평화는 인간의 노력이나 행위로 얻어지는 것이 아니라 하느님 아버지와

하느님께 드리는 감사[11)]

4 나는 하느님께서 그리스도 예수님 안에서 여러분에게 베푸신 은총을 생
각하며, 여러분을 두고 늘 나의 하느님께 감사를 드립니다.[12)] 5 여러분은
그리스도 안에서 어느 모로나 풍요로워졌습니다. 어떠한 말에서나 어떠한

주 예수 그리스도로부터 주어지는 선물이다. 바오로는 로마 5,1에서도 "믿음으로 의롭게 된 우리는 우리 주 예수 그리스도를 통하여 하느님과 더불어 평화를 누립니다"라고 한다.

바오로는 하느님을 아버지로, 예수 그리스도를 주님으로 고백한다. 우리 아버지이신 하느님과 우리의 주님이신 예수 그리스도가 은혜를 베풀어 주시는 분이라고 말함으로써 그리스도와 아버지는 하나임을 가르친다. 바오로에게 '하느님(테오스 θεός)'은 아버지, 곧 '우리 아버지'시다. 이는 칠십인역 이사 63,16; 64,7에서 온 것이다. 바오로는 로마서에서 "우리 주 예수 그리스도의 아버지 하느님"(로마 15,6)이라고 하고, 하느님을 "아빠! 아버지!"(8,15)라고 부른다.

11) 바오로는 편지를 쓸 때마다 감사 기도를 드린다(로마 1,8-9; 필리 1,3-8; 1테살 1,2-5; 필레 4-7절). 그러나 갈라티아서 서두에는 감사 기도가 나오지 않는다. 그 이유는 갈라티아 여러 교회의 신자들이 그리스도교 신앙을 저버리고 유다교화를 부르짖는 이단에 빠져들었기 때문이다.

12) 바오로는 2절과 3절에서 언급한 '그리스도 예수님 안에서'와 '하느님께서 베푸신 은총'을 다시 언급한다. 5-7절에는 감사의 이유가 나오는데, 그것은 그리스도 예수님 안에서 베푸신 하느님의 은총 때문이다. 8절에는 감사의 내용이 나오는데, 곧 코린토 교회 신자들이 지닌 다양한 은사들과 예수 그리스도의 약속이다. 그리고 당신의 아드님 주 예수 그리스도와 친교를 맺도록 신자들을 불러주신 성실하신 하느님께 대한 고백(9절)이 이어진다.

지식에서나 그렇습니다.[13] 6 그리스도에 관한 증언이[14] 여러분 가운데에
튼튼히 자리를 잡은 것입니다.[15] 7 그리하여 여러분은 어떠한 은사도 부족
함이 없이,[16] 우리 주 예수 그리스도께서 나타나시기를[17] 기다리고 있습니

---

13) 바오로는 4절에서 언급한 하느님께서 베푸신 은총이 구체적으로 "말(언변)"과 "지식"으로 풍요로워졌다고 한다(2코린 6,10; 8,9; 9,11 참조). '말'과 '지식'은 2코린 8,7에서도 함께 나오며, 칠십인역 잠언 22,21('그러므로 나는 너에게 참된 말과 지식으로 가르쳐…')에도 유사한 표현이 실려 있다. 바오로는 1코린 12—14장에서 다양한 은사들을 언급하는데, '말(로고스λόγος)'의 은사는 "지혜의 말씀"(12,8), '예언과 신령한 언어와 해석'(12,10), "가르침"(14,6), '찬양과 계시'(14,26) 등의 은사를 가리킨다. '지식(그노시스γνῶσις)'의 은사는 세속적 지식이 아니라 영적 지식을 의미한다. 그는 8—10장에서 지식과 사랑의 관계를 논하면서, 지식은 중요하지만 사랑이 결여된 지식은 자칫 교만에 빠져 공동체에 유익을 가져오지 못할 수 있기 때문에 "지식은 교만하게 하고 사랑은 성장하게 합니다"(8,1)라고 말한다.

14) 바오로는 자신이 코린토에서 선포한 복음을 "그리스도에 관한 증언"이라고 말한다. 직역하면 '그리스도의 증언'이며, 이는 그리스도가 증언의 내용인 복음이라는 뜻이다. 바오로는 5절에서 신자들이 말이나 지식에서 풍요로워졌다고 하는데, 이는 자신이 전한 복음이 신자들에게 잘 전해졌음을 의미한다.

15) '튼튼히 자리를 잡았다'라는 표현 역시 그리스도의 복음이 말과 지식의 은사를 받은 신자들에게 견고히 뿌리내렸음을 보여준다.

16) 코린토 교회는 은사를 많이 받은 교회라고 할 수 있다. 은사는 하느님의 선물로서, "어떠한 은사도 부족함이 없이"는 신자들이 받은 은사의 다양성과 풍성함을 보여준다.

17) "우리 주 예수 그리스도께서 나타나시기를"이 그리스어 본문에

다.[18] 8 그분께서는 또한 여러분을 끝까지 굳세게 하시어, 우리 주 예수 그리스도의 날에 흠잡을 데가 없게 해주실 것입니다.[19] 9 하느님은 성실하신 분이십니다.[20] 그분께서 당신의 아드님 우리 주 예수 그리스도와 친교를 맺

서는 '우리 주 예수 그리스도의 계시들(텐 아포칼립신τὴν ἀποκάλυψιν)'인데, 이는 주님의 재림을 뜻하는 종말론적인 표현으로 신자들이 예수 그리스도의 다시 오심을 기다리는 시대상을 반영한다. 바오로는 코린토 교회 신자들이 살아있는 동안 예수님이 재림하시어 신자들을 구원하실 것이라고 확신한다.

18) '기다리다(아페크데코메누스ἀπεκδεχομένους)' 동사는 바오로가 즐겨 사용하였다(로마 8,19.23.25; 갈라 5,5; 필리 3,20). 오리게네스는 "의인은 자신이 희망하는 것을 이생에서는 누리지 못하며 오히려 고난과 위험을 당합니다. 그는 그리스도께서 나타나실 때를 기다립니다"라고 하였다(ACCK/NT.IX 55).

19) "끝까지(헤오스 텔루스ἕως τέλους)"는 본래 '때'를 가리키는데 '완전히'라는 의미도 포함한다. 곧 예수 그리스도께서는 신자들을 마지막 날까지, 완전히 굳세게 하신다는 뜻이다. "주 예수 그리스도의 날"은 구약의 '주님의 날'과 같은 의미로, 종말에 있을 '심판의 날'을 가리킨다(LXX 이사 2,12; 15,6.9; 요엘 3,4; 아모 5,18; 스바 1,17-18). 이 주님의 날은 악인들에게는 심판의 날이지만 의인들에게는 구원의 날인 셈이다. 바오로는 '주님'을 부활하셔서 심판하실 그리스도로 이해한다. 이런 표현은 1코린 5,5과 15,23.50-58에 반복하여 나온다.

20) 바오로는 감사 기도를 마치면서 하느님의 성실성을 찬양한다. "성실하신"으로 번역된 그리스어 형용사 '피스토스πιστός'는 약속을 언제나 끝까지 지키는, '믿을 만하다'라는 의미다(1코린 10,13; 2코린 1,18; 1테살 5,24). 구약성경에서도 하느님께서는 언제나 당신 약속을 지키시는 분이라고 한다(신명 7,9).

도록 여러분을 불러주셨습니다.[21)]

21) 하느님께서는 예수 그리스도와 친교를 맺도록 신자들을 불러주셨다. 바오로는 1코린 10,16에서 성찬례 때 신자들이 주님의 식탁에 참여하는 것을 친교라고 한다. 그는 자신이 직접 쓴 서간에서 열네 번(로마 1,3.4.9; 5,10; 8,3.29.32; 1코린 1,9; 15,28; 2코린 1,19; 갈라 1,16; 2,20; 4,4; 1테살 1,10)에 걸쳐 예수님을 '하느님의 아들'이라고 한다. 그가 어떤 상황에서 이 호칭을 사용하였는지는 명확하지 않지만, 예수님과 하느님 아버지와의 관계가 매우 돈독함을 알 수 있다(로마 8,29; 갈라 4,4.6-7).

I. 바오로에게 구두로 전해진 코린토 교회의 불미스러운 문제들(1,10—6,20)[22]

1. 분열(1,10—4,21)[23]

---

22) 1코린 1,10—6,20은 에페소에 머물고 있던 바오로에게 전해진 코린토 교회의 불미스러운 문제들을 다룬다. 1,10—4,21은 교회 분열을, 5장은 아버지의 아내를 데리고 사는 불륜을, 6장은 신자끼리의 송사와 탕녀와 결합하는 비행 문제를 다룬다. 1,10—4,21에는 하나의 독립된 주제인 공동체 분열 문제가 실려있다. 코린토 교회 신자들은 '십자가에 관한 말씀'을 깨닫지 못하고 '말재주'에 능한 선교사들을 중심으로 파당을 이루었다. 바오로는 자신이 예수 그리스도의 복음을 결코 말재주로 전하지 않았음을 상기시키며(1,17), 세상 지혜에 빠진 신자들을 십자가의 진정한 지혜로 바로잡는다. 바오로는 분열을 일삼는 신자들을 나무라는 말씀으로 시작하여 "나를 본받는 사람이 되십시오"(4,16)라는 권고의 말씀으로 교회 분열 문제를 마무리한다. 또한 바오로는 교회 안에서 발생한 윤리적인 문제를 전해 듣고(5,1) 이에 대한 자기의 견해를 피력한다. 윤리적인 문제들은 성 윤리에 관한 것인데, 구체적으로는 근친상간(5,1–13), 신자들 사이에 발생한 송사를 세상 법정에 호소하는 문제(6,1–11), 그리고 그리스도인의 자유를 구실삼아 탕녀와 저지르는 불륜(6,12–20)이다. 코린토 교회의 일부 신자들이 이교도였을 때의 욕망을 버리지 못하고 그리스도인의 자유를 내세워 이런 비행을 저지른 것이다. 바오로는 신자들에게 "여러분은 주 예수 그리스도의 이름과 우리 하느님의 영으로 깨끗이 씻겼습니다. 그리고 거룩하게 되었고 또 의롭게 되었습니다"(6,11)라고 하면서 거룩하고 의로운 삶을 살아가라고 권면한다.

23) 바오로는 교회 분열로 인하여 교회가 일치하지 못하는 문제를 다루면서 자신이 코린토 신자들에게 편지를 쓰는 이유를 밝힌다(1,10).

코린토 교회의 분열[24)]

10 형제 여러분, 나는 우리 주 예수 그리스도의 이름으로 여러분에게 권고
합니다. 모두 합심하여 여러분 가운데에 분열이 일어나지 않게 하십시오.
오히려 같은 생각과 같은 뜻으로 하나가 되십시오.[25)] 11 나의 형제 여러분,
여러분 가운데에 분쟁이 일어났다는 것을 클로에 집안 사람들이 나에게 알
려주었습니다.[26)] 12 다름이 아니라, 여러분이 저마다 "나는 바오로 편이다",

그는 편지 서두에서 신자들 사이의 분열을 경고하고, 말미에서 자신을 본받는 사람이 되라고 권고한다(4,16). 바오로는 분열을 해결하기 위해 그리스도론적인 논거와 교회론적인 논거를 제시한다. 그는 클로에 집안 사람들에게서 신자들 사이에 분쟁으로 인한 분열이 생겼다는 소식을 듣고서 신자들에게 그리스도 십자가의 의미를 밝힌 뒤, 사도나 선교사는 예수 그리스도의 죽음과 부활로 이룩된 구원을 선포하는 봉사자에 지나지 않는다는 점을 강조한다.

24) 바오로는 이 단락에서 교회 안에서 발생한 파당을 언급한 후 '아니요'라는 답변을 유도하는 다음의 세 가지 질문을 던진다. '그리스도께서 갈라지셨다는 말입니까?' '바오로가 여러분을 위하여 십자가에 못 박히기라도 하였습니까?' '여러분이 바오로의 이름으로 세례를 받았습니까?'

25) 바오로는 주 예수 그리스도의 이름으로 신자들에게 모두가 "같은 생각과 같은 뜻"으로 하나가 되라고 권고한다. 여기에서 "분열"은 그리스어 '스키스마타*σχίσματα*'를 번역한 것인데 '찢어짐, 갈라짐'을 뜻한다. 11,18과 12,25에서도 이 낱말이 쓰였지만 다른 의미로 사용된다. 곧 여기서는 파당으로 인한 분열을, 11,18과 12,25에서는 사회적인 차별로 인한 분열과 몸의 지체들 사이에 존재해서는 안 되는 분열을 의미한다.

26) 바오로는 신자들이 분열되어 갈라졌다는 소식을 "클로에 집안

"나는 아폴로 편이다", "나는 케파 편이다", "나는 그리스도 편이다" 하고 말한다는 것입니다.[27] 13 그리스도께서 갈라지셨다는 말입니까?[28] 바오로가

사람들"에게 들었다고 한다(11,18 참조). 클로에가 누구인지는 알 수 없으나 이 이름이 노예의 이름에 나오는 것으로 미루어 볼 때 노예였다가 자유인이 된 여인으로 추정할 수 있다. 클로에가 그리스도인이었는지 아닌지, 또 코린토에 있었는지 에페소에 살고 있었는지는 분명하지 않다. 하지만 그녀는 코린토 신자들에게 잘 알려진 인물이었던 것 같다. 클로에 집안 사람들은 클로에 가족 또는 친척일 수도 있고 하인일 수도 있다. 키루스의 테오도레투스는 바오로가 클로에 집안 사람들에 대해 자세히 말하지 않은 것은 "또 다른 불화를 일으키지 않으려는 것"이라고 하였다(ACCK/NT.IX 58). 어쨌든 클로에 집안 사람들이 코린토 교회 사정을 에페소에서 선교하던 바오로에게 전했는데, 그것은 코린토 신자들 가운데 "분쟁"이 생겼다는 것이다. '분쟁'으로 번역된 그리스어 '에리데스ἔριδες'는 바오로가 자주 사용한 낱말로(로마 1,29; 13,13; 1코린 3,3; 2코린 12,20; 갈라 5,20; 필리 1,15) '분열'의 원인일 수도 있고 결과일 수도 있다.

27) "나는 바오로 편이다", "나는 아폴로 편이다", "나는 케파 편이다", "나는 그리스도 편이다"라는 식으로 코린토 교회 신자들이 각자 자신들의 편을 내세웠다는 것은 공동체가 추종하는 선교사들을 중심으로 분열되었음을 뜻한다. 신자들이 분열된 배경에 대해서는 구체적으로 나타나 있지 않다. 다만 네 개의 파당 중에 세 파당은 사도와 선교사의 이름을, 나머지 하나의 파당은 그리스도의 이름을 내세우고 있다. 코린토 교회 신자들 가운데는 바오로가 교회를 세웠기 때문에 그를 따르는 이들이 많았다. 그러나 바오로 외에도 아폴로와 케파가 언급된 것으로 보아 공동체 내에 바오로를 반대하는 이들도 적지 않았음을 알 수 있다. 베드로를 비롯한 예루살렘 열두 사도는 아내를 데리고 다니면서 신자

여러분을 위하여 십자가에 못 박히기라도 하였습니까?[29] 아니면 여러분이

들에게 신세를 졌다. 그러나 바오로는 홀몸으로 스스로 생활비와 선교비를 마련하면서 전도를 하였기에 베드로나 아폴로보다 신자들로부터 더 많은 존경을 받았다.

아폴로는 이집트 알렉산드리아 출신이며 성경과 수사학에 능통한 달변가로서 설교를 잘해 추종자들이 많았을 것이다. 그는 바오로가 제3차 선교여행(53–58년경)을 떠나 갈라티아 지방과 프리기아 신자들을 돌아볼 무렵 에페소에 와서 전도했는데(사도 18,21–24), 바오로가 에페소에서 코린토 1서를 쓸 무렵에는 바오로와 함께 있었다. 바오로가 그를 다시 코린토 교회로 보내려고 했지만, 아폴로는 바오로의 간곡한 권고를 받아들이지 않았다(1코린 16,12). 아폴로는 자신이 코린토 교회로 가게 되면 신자들 가운데 열두 사도와 바오로를 무시하고 자신을 추종하는 이들이 생겨날 것을 염려했을 것이다. 사실 몸도 약하고 말도 보잘것없는 바오로에 비하면(2코린 10,10; 11,6) 성경과 수사학에 능통한 아폴로의 인기가 더 높았을 것으로 짐작된다.

베드로는 여기서 케파로 불리고 있다. 바오로는 베드로를 언급할 때 그리스어인 '베드로'(갈라 2,7–8)라고 부르기보다 아람어인 '케파'(1코린 3,22; 9,5; 15,5; 갈라 1,18; 2,9.11.14)로 불렀다. 코린토 교회 신자들도 베드로보다 케파라는 이름을 선호했던 것 같다. 케파는 예수님의 수제자였고 예루살렘 교회의 지도자였다. 케파가 실제로 코린토 교회를 방문했는지는 알 수 없지만 안티오키아 교회를 방문한 적이 있고(갈라 2,11–14) 신자들의 신세를 졌다는(1코린 9,5) 기록으로 미루어 코린토 교회 신자들에게도 널리 알려진 사도였음이 분명하다. 이로 인해 코린토 교회 신자들 중 일부는 케파를 추종했을 것이다.

'그리스도 편'에 대해서는 의견이 분분하다. 실제로 그리스도 편이

바오로의 이름으로 세례를 받았습니까?[30] 14 나는 여러분 가운데 크리스
포스와 가이오스 외에는 아무에게도 세례를 주지 않은 일을 두고 하느님께

있었다고 주장하는 이들(Lütgert, Schmithals, Klauck)이 있는가 하면, 없었다고 주장하는 이들(Conzelmann, Lindemann, Schnelle)도 있기 때문이다. 코린토 교회에 그리스도 편이 없었다고 주장하는 이들은 그 근거로 3,22을 내세운다. 거기에서 파당 목록이 또다시 언급되는데 그리스도 편이 나오지 않는다는 것이다. 그들은 1,12에 '그리스도 편'이 언급된 것은 바오로가 코린토 교회 신자들이 사도들을 중심으로 편을 가르다 보면 결국 '나는 그리스도 편이다라는 말까지 나오겠네'라고 비꼬는 뜻에서 이 그리스도 편을 언급했다고 한다(Fitzmyer 2008, 145).

28) 바오로는 세 가지 수사학적 질문을 통해 사도들의 이름을 앞세워 편 가르기를 하는 일이 얼마나 어리석은 행동인가를 일깨운다. "그리스도께서 갈라지셨다는 말입니까?"라는 질문은 그리스도의 몸인 교회가 어떻게 갈라질 수 있느냐고 묻는 것이다. 그리스도는 한 분으로서 결코 갈라질 수 없기에 그리스도의 몸인 교회도 갈라질 수 없다.

29) "바오로가 여러분을 위하여 십자가에 못 박히기라도 하였습니까?"는 인간을 구원하기 위하여 이 세상에 오셔서 십자가에 달리신 분은 오직 그리스도 한 분뿐임을 강조하는 질문이다. 곧 바오로도 아폴로도 케파도 신자들을 위하여 십자가에 못 박히지 않았다는 의미다.

30) "여러분이 바오로의 이름으로 세례를 받았습니까?"는 세례에 관한 질문이다. 초대교회에서 세례는 주 예수 그리스도의 이름으로(사도 2,38; 8,16; 로마 6,3) 행해지다가 후대에 와서 성부와 성자와 성령의 이름으로 베풀어졌다(마태 28,19). 따라서 주 예수 그리스도의 이름으로 세례를 받은 이는 그리스도께 속한 사람이지 결코 사도들에게 속한 사람일 수 없다.

감사를 드립니다.[31] 15 그러니 아무도 여러분이 내 이름으로 세례를 받았다고 말할 수 없습니다.[32] 16 내가 스테파나스 집안 사람들에게도 세례를 주기는 하였습니다.[33] 그 밖에는 다른 누구에게도 세례를 준 기억이 없습

---

31) 바오로는 크리스포스와 가이오스 외에는 아무에게도 세례를 주지 않았다고 함으로써 코린토 신자들 중 누구도 자신에게 속할 수 없음을 분명히 한다. 크리스포스는 사도 18,8에 나오는 회당장으로 바오로의 설교를 듣고 온 집안과 함께 주님을 믿게 된 이와 동일인이다. 가이오스가 19,29에 나오는 바오로의 동행인 마케도니아 사람 가이오스와 같은 사람인지, 아니면 20,4에 나오는 데르베 사람 가이오스인지는 명확히 밝히기 어렵다. 아마도 여기에 나오는 가이오스는 로마 16,23에 언급된 "나와 온 교회의 집주인인 가이오스"와 동일 인물일 것이다. 바오로가 이 두 사람 외에는 누구에게도 세례를 주지 않았음을 상기시키는 이유는 아무도 자신의 이름을 내세워 파당을 만드는 어리석음에 빠지지 않도록 하기 위해서다.

32) 바오로가 크리스포스와 가이오스에게만 세례를 주었다고 언급한 것에는 분명한 목적이 있다. 그것은 누구도 자신의 이름으로 세례를 받았다고 말하지 못하도록 하기 위해서다. 바오로가 아무에게도 세례를 주지 않았음을 강조한 이유는 1코린 1,17에 더 분명히 드러나 있다. 요한 크리소스토무스는 '바오로가 자신의 역할을 하찮게 말한 것은 자신은 영예나 영광을 구하지 않는다는 것을 보여주기 위해서'라고 하였다(ACCK/NT.IX 60).

33) 바오로는 "스테파나스 집안 사람들"에게도 세례를 주었다고 한다. '집안 사람들'은 가족뿐만 아니라 그 집안에 살던 노예를 포함한 모든 식솔을 가리킨다. 16,15.17에 따르면 스테파나스 집안 사람들은 아카이아 지방에서 세례를 받은 첫 번째 사람들인데, 스테파나스는 에페소에 머무르던 바오로를 방문한 코린토 신자 중 한 사람으로 바오로가 편

니다. 17 그리스도께서는 세례를 주라고 나를 보내신 것이 아니라 복음을
전하라고 보내셨습니다.[34] 그리고 이 일을 말재주로 하라는 것이 아니었으
니, 그리스도의 십자가가 헛되지 않게 하려는 것입니다.[35]

지를 쓸 때 함께 있었다. 바오로에게 세례를 받지 않은 다른 이들은 아폴로나 바오로의 다른 동역자에게 세례를 받았을 것이다.

34) 바오로는 그리스도께서 복음을 전하라고 자신을 신자들에게 보내셨다고 말함으로써 세례 주는 일보다 복음 전하는 일이 자신에게 가장 중요한 사명임을 강조한다. 바오로는 신자들이 사도들을 중심으로 파당을 형성한 데에는 세례도 한 원인이었다고 판단하였다. 왜냐하면 신자들은 세례를 베푼 사도의 이름을 앞세워 파당을 형성했기 때문이다. 그래서 바오로는 그리스도께서 자신을 신자들에게 보내신 것은 세례를 위해서가 아니라 복음 전파를 위한 것임을 강조한 것이다. 요한 크리소스토무스도 세례보다는 복음을 전하는 것이 훨씬 중요하다고 보아 "특별히 잘나지 않은 사람도 세례는 베풀 수 있는 반면 복음을 전하는 것은 참으로 뛰어난 사람만 할 수 있는 일입니다"라고 하였다(ACCK/NT.IX 60).

35) 바오로는 인간의 "말재주"와 "그리스도의 십자가"를 대조되는 의미로 사용한다. 그 이유는 신자들이 파당을 형성하게 된 원인 중 하나가 인간의 말재주 때문이라고 생각했기 때문이다. 여기서 '말재주'는 수사학적 기법을 구사하는 설교를 가리킨다. 당시에 신자들은 수사학적 기교를 높이 평가했기 때문에 수사학을 제대로 익힌 달변가인 아폴로를 바오로보다 더 좋아했던 것 같다. 하지만 복음 선포의 핵심은 오직 십자가에 달리신 그리스도다. 암브로시아스테르는 '그리스도를 선포하기 위해 필요한 것은 솜씨 있는 말과 정교한 표현이 아니다'라고 하였다(ACCK/NT.IX 61).

십자가의 복음[36)]

18 멸망할 자들에게는 십자가에 관한 말씀이 어리석은 것이지만,[37)] 구원

36) 바오로가 이 단락에서 복음에 관하여 언급한 여덟 가지는 주목할 만하다. 바오로에게 복음은 ① 십자가에 관한 말씀(18ㄱ절), ② 하느님의 힘(18ㄴ절), ③ 복음 선포의 어리석음(21ㄴ절), ④ 십자가에 못 박히신 그리스도(23ㄱ절), ⑤ 유다인들에게는 걸림돌이고 다른 민족에게는 어리석음(23ㄴ절), ⑥ 하느님의 힘이시며 하느님의 지혜이신 그리스도(24절), ⑦ 이 세상의 어리석은 것(27절), ⑧ 하느님에게서 오는 지혜, 의로움과 거룩함과 속량이 되신 그리스도(30절)다. 바오로는 이러한 복음의 성격과 대조되는 인간의 지혜 또는 세상의 지혜를 다섯 가지로 분류해 언급한다. ① 지혜롭다는 자들의 지혜(19절), ② 하느님을 알아보지 못함(21절), ③ 하느님의 어리석음보다 못한 사람의 지혜(25절), ④ 있는 것(28절), ⑤ 자랑(29절)이다.

이 단락은 두 부분으로 나뉜다. 1,18–25에서 바오로는 하느님의 지혜와 인간의 지혜를 네 가지로 비교한 뒤 구약성경을 인용하여 대조한다. 18절에서는 십자가에 관한 말씀이 구원받을 이에게는 하느님의 힘이 되지만 멸망할 자들에게는 어리석음이 된다고 한다. 20–21절에서 바오로는 이 세상의 지혜로운 자, 율법 학자, 논객을 하느님과 대조하고, 이어서 이 세상의 지혜를 복음 선포의 어리석음과 대조한다. 22–23절에서는 표징을 요구하는 유다인들과 지혜를 찾는 그리스인들이 십자가에 못 박히신 그리스도를 선포하는 우리와 대조되고 있다. 25절은 하느님의 어리석음과 약함을 인간의 지혜와 대조하고 있다. 바오로는 24절에서 유다인이든 그리스인이든 부르심을 받은 이들에게 그리스도는 하느님의 힘이시며 하느님의 지혜라고 한다.

1,26–31에서 바오로는 코린토 교회 신자들이 부르심을 받았을 때

을 받을 우리에게는 하느님의 힘입니다.[38] 19 사실 성경에도 이렇게 기록

지혜로운 이, 유력한 이, 가문 좋은 이가 많지 않았지만, 하느님께서 있는 것을 무력하게 만드시려고 어리석고 약하고 비천하고 천대받는 이들을 선택하셨다고 한다. 그는 그리스도 사건의 다양한 효과(의로움, 거룩함, 속량)를 강조한 뒤 어떠한 인간도 하느님 안에서 자랑할 수 없음을 결론으로 제시한다.

37) 바오로는 이 절을 그리스어 '가르(γάρ, 왜냐하면)'로 시작하여 17절에서 언급한 그리스도의 십자가 복음을 말재주로 전해서는 안 되는 이유를 설명한다. 그리스도인에게 신앙의 핵심이요 기준이 되는 "십자가에 관한 말씀"이 17절의 '인간의 말재주'와 대조된다. 바오로가 전한 복음을 한마디로 요약하면 '십자가에 못 박히신 예수 그리스도'다(1코린 1,23; 2,2; 갈라 3,1).

38) 복음이 가져다주는 놀라운 결실은 양면성을 띠는데, 곧 멸망할 자들에게는 어리석은 것이지만 구원받을 자들에게는 하느님의 힘이 된다. "멸망할 자들(아폴리메노이스ἀπολλυμένοις)"과 "구원을 받을 우리(소조메노이스σῳζομένοις)"가 그리스어 본문에서는 현재분사형으로 사용되었는데, 이는 종말에 있을 심판이 현재에 이미 진행되고 있음을 의미한다. 멸망과 구원은 마지막 날에 이루어지지만 지금 이 자리에서 십자가에 관한 말씀을 대하는 인간의 반응이 멸망과 구원을 결정한다. 바오로는 '구원을 받을 우리'라는 표현으로 자신과 코린토 신자 모두가 구원받을 사람들로서 신앙 여정의 동반자임을 강조한다. '멸망할 자들'은 2코린 2,15; 4,3에도 나오는데 그리스도의 복음을 받아들이지 않아 하느님 눈밖에 난 자들로, 구원받을 자들과 대조된다. 구원은 바오로의 신학에서 그리스도 사건이 가져오는 가장 핵심이 되는 열매라 할 수 있다. "하느님의 힘"은 하느님의 속성을 가리킬 뿐만 아니라 하느님의 부르심을 받은 이들(1코린 1,24)을 위하여 행하신 구원을 가리키기도 한다(로마 1,16).

되어 있습니다.[39)]

"나는 지혜롭다는 자들의 지혜를 부수어 버리고
슬기롭다는 자들의 슬기를 치워버리리라."[40)]

20 지혜로운 자가 어디에 있습니까? 율법 학자가 어디에 있습니까? 이 세상의 논객이 어디에 있습니까?[41)] 하느님께서 세상의 지혜를 어리석은 것

---

39) 바오로는 종종 '카토스(καθώς, 이렇게)'라는 표현을 써서 구약성경을 인용한다(로마 1,17; 2,24; 3,4.10; 4,17; 8,36; 9,13.33; 10,15; 11,8.26; 15,3.9.21; 1코린 1,31; 2,9; 2코린 8,15; 9,9; 참조: 2열왕 14,6; 다니 9,13). 그는 칠십인역 이사 29,14을 인용하여 하느님께서는 세상의 지혜를 구원의 방편으로 여기는 이들을 물리치신다는 사실을 일깨워 준다.

40) 이사 29장에서 이사야는 아시리아가 침공했을 때 이스라엘을 구원한 것은 인간의 지혜나 슬기가 아님을 말한다. 하느님을 떠난 인간 중심의 지혜는 복음을 어리석다고 배척하는 이들이 주장하는 지혜다. 하느님께서는 그와 같은 세상의 지혜를 헛되게 하신다는 표현이 구약성경에도 자주 나온다. "지혜(소피아σοφία)"와 "슬기(시네시스σύνεσις)"는 십자가에 관한 말씀을 어리석은 것으로 여기는 이들 사이에서 높이 평가된다. 이 두 낱말은 그리스 문헌에 종종 함께 나오는데, 칠십인역 신명 4,6에서도 함께 언급된다.

41) 바오로는 동사 없이 "어디에(푸ποῦ)"로 시작하는 세 가지 수사학적 질문을 던지는데 이 질문은 이사 19,12에 나오는 "너희의 현인들은 도대체 어디 있느냐?"를 반영한 것 같다(33,18 참조). 교부 시대 이래로 '소포스σοφός'는 그리스인들 가운데 '지혜로운 자', '그람마테우스γραμματεύς'는 유다인들 중에서 '학식 있는 자' 곧 '모세의 율법 해석에 밝은 자'(마태 2,4; 마르 12,38; 사도 23,9), '시제테테스συζητητής'는 '논쟁자'로 이해되었다. 라우텐슐라거(M. Lautenschlager)는 '시제테테스'의 본래 의미는 '진리를 찾는 이'를 뜻하는 전문용어라고 하였다. 바오로는 세 가지 수사학적

으로 만들어 버리지 않으셨습니까?[42] 21 사실 세상은 하느님의 지혜를 보
면서도 자기의 지혜로는 하느님을 알아보지 못하였습니다.[43] 그래서 그분
께서는 복음 선포의 어리석음을 통하여 믿는 이들을 구원하기로 작정하셨
습니다. 22 유다인들은 표징을 요구하고 그리스인들은 지혜를 찾습니다.[44]
23 그러나 우리는 십자가에 못 박히신 그리스도를 선포합니다.[45] 그리스

질문으로 하느님의 힘인 십자가에 관한 말씀에 비추어 세상 지식을 어리석고 무익하다고 한다.

42) 하느님께서는 지혜로운 자들과 율법 학자들과 논객들이 자랑하는 이 세상의 지혜를 어리석은 것으로 만드셨다. 오리게네스는 '하느님의 지혜'와 '세상의 지혜'를 논하면서 '하느님의 지혜야말로 참된 지혜인데, 세상의 눈으로 보면 어리석어 보이기 때문에 이 거룩한 지혜를 받아들인 믿는 이들도 이 세상에서는 어리석은 이들로 보인다'라고 하였다(ACCK/NT.IX 64).

43) '세상이 자기의 지혜로는 하느님을 알아보지 못했다'라는 말은 로마서에 잘 드러나 있다. 로마 1,19-23에서 바오로는 세상은 피조물을 통해서 하느님을 알아볼 수 있음에도 하느님을 섬기기보다는 썩어 없어질 인간과 짐승들을 받들어 섬겼다고 비난한다. 그래서 하느님께서는 오직 복음 선포의 어리석음을 통하여 믿는 이들을 구원하시기로 작정하셨다고 한다.

44) 바오로는 유다인들이 표징을 요구하는 것이나 그리스인들이 지혜를 추구하는 것은 결국 세상적인 것을 찾는다는 점에서 같다고 한다. 바오로는 이것이 십자가에 달리신 그리스도 안에 드러난 하느님의 계시를 깨닫지 못하고 잘못된 길로 나아가는 것이라고 비난한다. 그는 그리스도 사건에 대한 반응을 논할 때 종종 유다인과 그리스인을 함께 언급한다(로마 1,16; 2,9.10; 3,9; 10,12; 1코린 1,23-24; 10,32; 12,13; 갈라 3,28).

45) "우리"는 유다인이나 그리스인과 달리 십자가에 못 박히신 그

도는 유다인들에게는 걸림돌이고 다른 민족에게는 어리석음입니다.[46] 24
그렇지만 유다인이든 그리스인이든 부르심을 받은 이들에게[47] 그리스도는
하느님의 힘이시며 하느님의 지혜이십니다.[48] 25 하느님의 어리석음이 사
람보다 더 지혜롭고 하느님의 약함이 사람보다 더 강하기 때문입니다.[49]

리스도를 선포하는 바오로와 구원을 받을 사람들(1코린 1,18)을 가리킨다. 바오로는 초기 그리스도교가 선포한 신앙 고백을 '십자가에 못 박히신 그리스도'(2,2)로 요약한다. 그는 '십자가에 못 박히신(에스타우로메논 ἐσταυρωμένον)'이라는 말을 미완료형으로 사용함으로써 십자가에 못 박히신 그리스도의 구원 효력이 지금도 계속해서 미치고 있음을 강조한다.

46) 유다인들에게는 "걸림돌(스칸달론σκάνδαλον)"이고 다른 민족들에게는 "어리석음(모리아μωρία)"인 '십자가에 못 박히신 그리스도'는 바오로 신학의 핵심으로, 모든 그리스도인의 생각과 행동의 기준이 된다. 십자가는 저주의 상징이었기에 유다인들에게 십자가에 못 박히신 그리스도는 받아들이기 어려운 걸림돌이었다. 바오로는 자신의 가르침을 이 십자가에 못 박히신 그리스도로부터 발전시킨다. 안티오키아의 이그나티우스도 "십자가는 믿지 않는 이들에게는 걸림돌이지만 우리에게는 구원이요 영원한 생명입니다"라고 하였다(ACCK/NT.IX 63).

47) "부르심을 받은 이들"이 구체적으로 누구를 가리키는지 명시되어 있지는 않지만 믿음을 지닌 이들임이 분명하다. 여기에는 유다인, 이방인이 모두 포함된다. 인종, 지역을 막론한 모든 이를 믿음으로 부르시는 분은 그리스도시다. 그러나 지혜를 추구하는 다른 민족들은 '십자가에 못 박히신 그리스도' 선포를 비이성적인 어리석음으로 이해한다.

48) 그리스도는 하느님의 힘이시며 지혜시다. 23절에서 언급된 '걸림돌'과 '어리석음'은 하느님의 '힘'과 '지혜'와 대조된다. 하느님의 속성인 '지혜'와 '힘'은 칠십인역 욥 12,13; 예레 10,12; 다니 2,20.23에서도 함께 나온다.

26 형제 여러분, 여러분이 부르심을 받았을 때를 생각해 보십시오.[50]
속된 기준으로 보아[51] 지혜로운 이가 많지 않았고 유력한 이도 많지 않았
으며 가문이 좋은 사람도 많지 않았습니다.[52] 27 그런데 하느님께서는 지

---

49) 바오로는 하느님의 '지혜'와 '힘'을 하느님의 '어리석음'과 '약함'으로 표현한다. 하느님께서 십자가에 못 박히신 그리스도 안에서 행하신 일은 사람의 지혜로는 이해할 수 없는 어리석음이요 약함이지만 바오로는 하느님의 어리석음이 사람보다 더 지혜롭고 하느님의 약함이 사람보다 더 강하다고 한다. 인간의 지혜나 능력으로 볼 때 어리석고 약하게 보이는 십자가에 달리신 그리스도가, 사실은 인간을 구원하는 하느님의 힘이시고 지혜인 것이다. 아우구스티누스는 "일부 철학자들과 논객들은 이 복음의 진리를 결코 받아들이지 못할 것입니다"라고 하였다(ACCK/NT.IX 67). 인간이 하느님께 나아가기 위해서는 인간적 기준에서 어리석고 나약하게 보이는 십자가 사건을 믿는 것뿐이다. 바오로는 하느님께서 십자가의 어리석음을 통하여 지혜와 힘을 베푸셨다는 사실을, 1코린 1,26–31에서는 코린토 신자들이 부르심을 받았을 때의 모습을 예로 들어, 2,1–5에서는 자신이 코린토에 가서 복음을 전할 때의 활동을 예로 들어 설명한다.

50) 바오로는 코린토 교회 신자들이 부르심을 받았을 때를 상기시킨다. "부르심"은 1,9과 1,24에 나오는 '부르심을 받은 이들'을 반영한다. "생각해 보십시오"는 그리스어 '블레페테βλέπετε'를 번역한 것인데, 직역하면 '보라!'다.

51) "속된 기준으로 보아(카타 사르카κατὰ σάρκα)"는 직역하면 '육체를 따라서'다(2코린 5,16; 11,18; 필리 3,3–4 참조). 바오로는 신자들에게 인간적 기준으로 볼 때 자신들의 모습이 어떠했는지를 잘 살펴보라고 한다. 그는 이 편지에서 처음으로 '사륵스(σάρξ, 육체)'라는 낱말을 사용한다.

52) "많지 않았습니다"와 연관하여 언급한 세 부류의 사람들은 지혜

혜로운 자들을 부끄럽게 하시려고 이 세상의 어리석은 것을 선택하셨습니다. 그리고 하느님께서는 강한 것을 부끄럽게 하시려고 이 세상의 약한 것을 선택하셨습니다.[53]
28 하느님께서는 있는 것을 무력하게 만드시려고,
이 세상의 비천한 것과 천대받는 것 곧 없는 것을 선택하셨습니다.[54]
29

로운 이, 유력한 이 그리고 가문이 좋은 사람으로 당시 사회에서 상류층이라 할 수 있는데, 코린토 교회에는 이런 이들이 많지 않았다. 유다교 회당장 출신 소스테네스(1코린 1,1; 사도 18,17)와 크리스포스(1코린 1,14; 사도 18,8), 코린토 교회에 집회 장소를 제공한 가이오스(1코린 1,14; 로마 16,23), 스테파나스(1코린 1,16; 16,15–17) 그리고 여자 신자인 클로에(1,11)와 코린토의 재정관인 에라스토스(사도 19,22; 로마 16,23) 등은 상류층에 속한 사람들로 볼 수 있다. '지혜로운 이, 유력한 이, 가문 좋은 이'와 유사한 표현은 예레 9,22에도 나온다.

53) 당시 코린토 교회 신자들 대부분이 상대적으로 가난했으며 천대를 받았다. 여기에 나오는 "어리석은 것(타 모라τὰ μωρά)", "약한 것(타 아스테네τὰ ἀσθενῆ)" 그리고 "강한 것(타 이스키라τὰ ἰσχυρά)"은 모두 중성 복수명사인데, "지혜로운 자들(투스 소푸스τοὺς σοφούς)"은 남성 복수명사다. 교회 신자들을 이렇게 언급한 것은 남성 중심 사회에서 낮은 계층의 사람들을 무시했던 사회상을 보여준다. 그러나 하느님께서는 인간의 생각과는 달리 지혜로운 자들과 강한 이들을 부끄럽게 하시려고 약하고 어리석은 이들을 선택하셨다. 요한 크리소스토무스는 "인간적인 견지에서 보면 어부들이 철학자들을 이긴다는 것은 있을 수 없는 일이지만 하느님 은총의 힘으로 바로 그런 일이 일어났습니다"라고 하였다(ACCK/NT.IX 68).

54) "비천한 것(타 아게네τὰ ἀγενῆ)", "천대받는 것(타 엑수테네메나τὰ ἐξουθενημένα)" 그리고 "없는 것(타 메 온타τὰ μὴ ὄντα)"은 모두 중성 복수명사다. 바오로는 세상에서 비천한 이들을 가문이 좋은 사람, 곧 경제력이

그리하여 어떠한 인간도 하느님 앞에서 자랑하지 못하게 하셨습니다.[55]
30 그러나 하느님께서는 여러분을 그리스도 예수님 안에 살게 해주셨습니
다.[56] 그리스도께서는 우리에게 하느님에게서 오는 지혜가 되시고, 의로움

있는 사람들과 대비하면서, 하느님께서는 "있는 것"을 무력하게 만드시기 위해 세상의 비천한 이들을 선택하셨다고 한다. 바오로는 '없는 것'을 로마 4,17에서 "존재하지 않는 것"이라는 의미로 사용한다. 몹수에스티아의 테오도루스는 '없는 것'은 '있는 것' 곧 아름답고 힘 있고 훌륭한 것과 반대되는, 비천하고 천대받는 것을 뜻한다고 하였다(ACCK/NT.IX 69).

55) 바오로는 다시 한번 하느님께서 세상의 비천한 이들을 선택하신 목적을 밝힌다. 하느님께서는 누구도 스스로 자랑하지 못하게 하시려고 없는 이들을 선택하셨다는 것이다. 인간은 하느님 앞에서 아무것도 자랑할 수 없다. 자랑할 것이 있다면 그것은 세상 구원을 위하여 아들을 보내주신 하느님과 그 뜻을 이루기 위해 십자가에 자기 자신을 내어놓으신 예수 그리스도뿐이다. 몹수에스티아의 테오도루스는 "자랑은 비록 좋은 일에 대한 것이라도 자랑하는 이의 영혼에 해를 끼칩니다. 세상에서 이룬 성취를 자랑하는 이는 누구나 매우 세속적인 사람입니다"라고 하였다(ACCK/NT.IX 69).

"어떠한 인간"으로 번역된 그리스어는 '파사 사륵스*πᾶσα σάρξ*'이며 바오로는 이 낱말을 구약성경에 나오는 "모든 사람"(이사 40,5; 요엘 3,1)이라는 의미로 사용한다. 바오로는 1코린 1,27–28에서 하느님께서 비천한 이들을 선택하신 목적을 언급하면서 접속사 '히나(*ἵνα*, …위하여)'를 세 번 사용했는데, 여기서는 '호포스(*ὅπως*, 그리하여)'라는 접속사로 결과에 초점을 두어 하느님의 궁극적인 목적을 강조한다.

56) 바오로는 그리스도인들인 "여러분"이 하느님으로 말미암아 "그리스도 예수님 안에" 살게 되었다고 한다. 2코린 5,18에서 바오로는 다시 한번 '모든 것은 하느님에게서 온다'고 단언한다. 바오로는 '그리스도

과 거룩함과 속량이 되셨습니다.[57] 31 그래서 성경에도 "자랑하려는 자는

예수님 안에 산다'라는 말로 본질적인 그리스도인의 실존 양식을 표현한다(로마 8,1.39; 12,5; 1코린 3,1; 2코린 5,17; 갈라 2,4; 3,28; 5,6; 필리 1,1). 바오로는 "누구든지 그리스도 안에 있으면 그는 새로운 피조물입니다"(2코린 5,17)라고 말한다. 이는 하느님께서 비천한 존재인 인간을 예수 그리스도 안에서 새로운 존재로 바꾸어 주셨다는 의미다. '여러분'이 그리스도 예수님 안에 있게 된 것은 하느님의 선물이요, 은혜이기 때문에 어느 누구도 자기 자신을 자랑할 수 없는 것이다.

57) 지혜와 의로움, 거룩함과 속량은 바오로 신학에서 예수 그리스도의 구원 사건을 표현하는 다양한 개념들이다. 바오로는 1코린 6,11에서 신자들이 그리스도인으로서 누리게 되는 새로운 삶을 과거의 삶과 비교하여 다음과 같이 언급한다. "여러분 가운데에도 이런 자들이 더러 있었습니다. 그러나 여러분은 주 예수 그리스도의 이름과 우리 하느님의 영으로 깨끗이 씻겼습니다. 그리고 거룩하게 되었고 또 의롭게 되었습니다."

"하느님에게서 오는 지혜"는 십자가에 처형되신 그리스도를 의미한다(1,24). "의로움"은 바오로가 친히 쓴 서간에 아홉 번 나오는 '하느님의 의로움'과 동의어다. 그리스어로는 '디카이오시네*δικαιοσύνη*'인데, 이는 하느님의 신의, 진실을 뜻하는 히브리어 '에메트אֱמֶת'와 하느님의 자애를 뜻하는 히브리어 '헤세드חֶסֶד'를 칠십인역에서 하느님의 '의로움'으로 번역한 데 따른 것이다(창세 19,19; 20,13; 24,49; 여호 24,14; 38,19). 따라서 '하느님의 의로움'은 '하느님의 자비, 은총'과 같은 뜻이다.

"거룩함(하기아스모스*ἁγιασμός*)"은 성전 제사에서 따온 제의적 용어로, 본래 하느님께 바치기 위해 따로 떼어놓은 제물을 뜻한다. 이 거룩함이 바오로에게는 하느님께서 그리스도를 통하여 베푸시는 구원의 선물이다. 바오로는 그리스도인들을 비그리스도인들과 구별하여 '예수 그

주님 안에서 자랑하라"고 기록되어 있습니다.[58)]

리스도 안에서 거룩하게 된 이들'(1코린 1,2) 또는 단순히 '거룩한 이들' 곧 '성도들'(1코린 6,1.2; 로마 1,7)이라고 부른다. 그는 그리스도인들이 이미 그리스도의 죽음과 부활을 통하여 거룩하게 되어 성도로 불리게 되었으니 마땅히 거룩하게 살아야 한다고 한다(1테살 4,3).

"속량(아폴리트로시스ἀπολύτρωσις)"은 몸값을 주고 노예나 포로를 풀어주는 면천을 뜻하는 낱말로 구원의 또 다른 표현이다. 바오로는 로마 3,24에서 속량의 의미를 다음과 같이 언급한다. "그러나 그리스도 예수님 안에서 이루어진 속량을 통하여 그분의 은총으로 거저 의롭게 됩니다." 이는 하느님께서 그리스도의 십자가 죽음이라는 몸값을 치르고 우리를 의롭게 하셨다는 뜻이다.

58) 바오로는 1장을 마무리하면서 예레 9,22-23을 인용한다. "주님께서 이렇게 말씀하신다. '지혜로운 이는 제 지혜를 자랑하지 말고 힘센 이는 제 힘을 자랑하지 말며 부유한 이는 제 부를 자랑하지 마라. 자랑하려는 이는 이런 일, 곧 나를 이해하고 알아 모시는 일을 자랑하여라. 나는 과연 자애를 실천하고 공정과 정의를 세상에 실천하는 주님으로 이런 일들을 기꺼워한다. 주님의 말씀이다.'" 그리스도인은 예수 그리스도의 죽음과 부활로 의로움과 거룩함과 속량의 은혜 곧 구원의 은혜를 받은 만큼 스스로를 자랑해서는 안 된다. 자랑할 일이 있다면 '주님 안에서 자랑하라'고 한다. 암브로시아스테르는 "주님 안에서 자랑하는 사람은 결코 분별을 잃는 일이 없을 테기 때문입니다"라고 하였다(ACCK/NT.IX 70).

"주님(키리오스κύριος)"은 30절과 연결하면 예수 그리스도이고 26-29절과 연결하면 하느님이지만, 바오로가 십자가에 못 박히신 그리스도께 나타난 하느님의 계시를 강조한 것으로 보아 이 주님은 예수 그리스도를 가리킨다.

십자가에 못 박히신 그리스도를 선포하다[1)]

2 1 형제 여러분,[2)] 나도[3)] 여러분에게 갔을 때에, 뛰어난 말이나 지혜로
하느님의 신비를[4)] 선포하려고 가지 않았습니다. 2 나는 여러분 가운

---

1) 바오로는 하느님께서 인류 구원을 세상의 말이나 지혜가 아니라 세상적인 관점에서 보면 어리석음의 상징인 그리스도의 십자가로 이루셨다고 선포한다. 그는 1코린 1,18–31에서 선포한 십자가의 복음과 세상의 지혜 문제를 계속 이어간다. 바오로는 신자들에게 인간의 말재주가 아니라 하느님의 영을 받아서 복음을 전하였는데, 그 내용은 오직 "십자가에 못 박히신 그리스도"시다(1,23ㄱ). 십자가에 관한 말씀은 코린토 교회의 창립 근거이자(1,26–31) 바오로가 선포한 복음의 핵심이다. 바오로는 2,5에서 자신이 1,13에서 질문한 세 가지에 관해 답변하고 있다. 곧 교회의 분열은 인간의 말재주에 따른 자랑에서 온 것이지 하느님의 힘에서 나온 것이 아니라는 것이다.

2) 바오로는 코린토 교회 신자들을 "형제"(1,26)라고 불렀는데 2,1과 3,1에서도 '형제'로 부른다. 그는 제2차 선교여행(사도 15,36—18,22)을 하면서 코린토에 처음 도착했을 때를 상기시킨다(18,1–17).

3) "나도(카고κἀγώ)"는 1코린 1,26의 "여러분(히몬ὑμῶν)"과 대조되는 표현이다(3,1 참조).

4) "하느님의 신비"는 바오로가 하느님 영의 도움을 받아 전한 "십자가에 관한 말씀"(1,18)을 뜻하는데, "인간의 지혜"(2,5)와 대조된다. 바오로는 코린토에 처음 도착했을 때 하느님의 신비와 하느님 안에 감추어진 진리를 신자들에게 전하였다. 하느님의 신비는 일부 사본에 '하느님의 증언' 또는 '하느님의 증거'로 표현된다(א B D F G). 사실 '신비(미스테리온μυστήριον)'(Collins, Lindemann, Senft)와 '증언(마르티리온μαρτύριον)'(Fee, Kistemaker, Robertson and plumner)은 그리스어로 같은 의미인데 전달

데에 있으면서 예수 그리스도 곧 십자가에 못 박히신 분 외에는 아무것도 생각하지 않기로 결심하였습니다.[5] 3 사실 여러분에게 갔을 때에 나는 약했으며, 두렵고 또 무척 떨렸습니다.[6] 4 나의 말과 나의 복음 선포는 지혜

과정에서 서로 달리 사용되었다. 증언으로 번역하면 1,6의 "그리스도에 관한 증언"과 연결되고, 신비로 번역하면 2,7과 4,1의 "하느님의 신비"와 연결된다. 신비는 바오로 당시 그리스-로마 세계의 신비 종교들에서 널리 사용되던 낱말로 칠십인역에도 나온다(지혜 2,22; 6,22; 14,15.23; 다니 2,19.27-30.47 참조). 다니 2,30에는 신비와 지혜가 함께 언급된다. "저에게 이 신비가 드러난 것은 제가 다른 모든 사람보다 더 큰 지혜를 가졌기 때문이 아닙니다." 바오로는 이 신비를 "뛰어난 말(1코린 1,17 참조)이나 지혜"로 선포하지 않았다. 그는 자신이 달변가나 웅변가보다는 십자가에 못 박히신 그리스도를 전하는 복음 전파의 사도로 알려지기를 원하였다.

5) 바오로는 이중 부정을 사용하여 "십자가에 못 박히신 분", 곧 예수 그리스도만을 생각하기로 결심했다고 한다. 바오로는 1,17.23ㄱ에서 이미 언급한 십자가에 관한 말씀을 반복하고 있다. 십자가에 못 박히신 그리스도는 바오로 신학의 핵심으로, 그는 언제 어디서나 십자가의 복음만을 전하였다.

6) 바오로는 1,18에서 십자가에 관한 말씀을 하느님의 힘이라고 했는데, 그는 자신이 그 말씀을 전하기에는 약하고 두렵고 떨렸다고 한다. 바오로는 코린토에 도착하기 전 아테네에서 전도할 때 아레오파고스에서 예수님의 부활을 전하였는데, 그곳 사람들 대부분이 받아들이지 않았다(사도 17,16-23). 바오로는 2코린 10,10에서 신자들이 자신에 관하여 내린 평가를 인용한다. 곧 "그의 편지는 무게가 있고 힘차지만, 직접 대하면 그는 몸이 약하고 말도 보잘것없다"는 것이다. 바오로는 1코린 4,10; 9,22; 2코린 11,30에서 다시 한번 자신의 약함을 이야기한다. '두려움'과 '떨림'은 2코린 7,15; 필리 2,12에서도 함께 나온다(에페 6,5; LXX 탈출 15,16;

롭고 설득력 있는 언변으로 이루어진 것이 아니라, 성령의 힘을 드러내는 것으로 이루어졌습니다.[7] 5 여러분의 믿음이[8] 인간의 지혜가 아니라 하느님의 힘에[9] 바탕을 두게 하려는 것이었습니다.

신명 2,25; 판관 2,28; 시편 55,5; 이사 19,16 참조). 그러나 바오로는 2코린 12,9에서 자신의 약함이 오히려 하느님의 은총과 그리스도의 힘을 체험하는 자리였다고 고백한다.

7) "말(로고스λόγος)"과 "선포(케리그마κήρυγμα)"는 바오로가 복음을 전하면서 사용한 수사학적인 표현이다. 바오로는 하느님의 신비인 복음을 전할 때 열광주의자들의 주장처럼 놀라운 언변과 능력이 아니라 약함과 두려움과 떨림으로 "성령의 힘을 드러내는" 방식으로 선포했다고 한다. 이는 1코린 1,17; 2,2의 반복이라 할 수 있다. 2코린 11,6에서 바오로는 자신이 말하는 데는 서툴지만, 지식은 그렇지 않다고 한다. 그는 그리스-로마 시대에 수사학을 중요시하던 전통에서 훈련받은 웅변가들의 설득 방식을 사용하지 않는다. 바오로는 복음 선포를 효과적이고 의미 있는 것으로 만든 것은 오직 성령의 힘이라고 강조한다. 기적을 일으키는 능력인 '힘(디나메오스δυνάμεως)'은 성령의 선물이다(로마 15,13; 1코린 1,18.24ㄴ; 갈라 3,5; 1테살 1,5). '영(프네우마πνεῦμα)'은 이 편지에 처음으로 나오는 낱말로, 이것이 인간의 영인지 하느님의 영인지 분명하지 않다. 1코린 2,11ㄱ에서 이 영은 인간의 영으로 나오는데, 감정적이고 자기 주도적인 자아를 지닌 인간의 모습을 가리킨다. 1코린 2,12ㄱ에서 언급된 "세상의 영"은 인간학적 영역의 의미를 확대해석한 것이지만, 바오로가 여기서 언급한 영은 '하느님의 영/성령'이다(2,10.11.12.14; 3,16; 6,11; 7,40; 12,3.4.7.8.11.13). 바오로가 말하는 '영'과 '힘'은 칠십인역에서 온 것으로 하느님의 임재와 창조적인 능력을 가리킨다(창세 1,2; 시편 51,13; 139,7; 이사 11,2; 61,1; 에제 2,2; 미카 3,8). 바오로는 하느님의 영으로 말미암아 약함에도 불구하고 십자가에 못 박히신 그리스도를 효과적으로 선포했다고 한

하느님의 지혜[10)]

6 성숙한 이들 가운데에서는 우리도 지혜를 말합니다. 그러나 그 지혜는 이 세상의 것도 아니고 파멸하게 되어 있는 이 세상 우두머리들의 것도 아닙

다(로마 15,18-19; 1테살 1,5 참조). 복음 선포가 인간의 지혜로운 언변이 아닌 하느님의 영으로 이루어졌다는 것은 복음이 하늘에서 온 거룩한 것임을 드러내 주는 확실한 표징이다(요한 크리소스토무스: ACCK/NT.IX 72).

8) "믿음(피스티스πίστις)"은 복음 선포에 대해 인간이 내리는 반응이다(로마 10,8; 1코린 1,21). 믿음은 그리스도의 구원의 말씀을 듣고(로마 10,17) 예수님은 주님이시라고 고백한 뒤(10,9) 마침내 순종에 이르게 되는 것으로(1,5; 16,26), 결코 인간의 지혜로 얻어지는 것이 아니다(1테살 1,5). 곧 믿음은 부활하신 그리스도의 주권을 받아들이는 행위다.

9) 인간이 믿음을 갖기 위해서는 "하느님의 힘"(로마 1,16; 1코린 1,18)에 전적으로 의존해야 한다. 바오로는 1코린 12,3ㄴ에서 "성령에 힘입지 않고서는 아무도 '예수님은 주님이시다' 할 수 없습니다"라고 함으로써 믿음이 성령의 열매인 선물임을 강조한다. 에페 2,8에서도 "여러분은 믿음을 통하여 은총으로 구원을 받았습니다. 이는 여러분에게서 나온 것이 아니라 하느님의 선물입니다"라고 한다. 바오로는 코린토에서 처음 복음을 전하였을 때 성과가 있었던 것은 인간의 말재주나 지혜 때문이 아니라 자신의 약함에도 불구하고 십자가에 못 박히신 그리스도의 말씀, 곧 하느님의 신비를 전하게 해주신 하느님의 힘 때문이었음을 회상하고 있다. 여기서도 '인간의 지혜'와 '하느님의 힘'이 대조된다(1코린 1,18-19; 참조: 로마 3,28; 4,16: 율법과 믿음).

10) 이 단락은 세 부분으로 나뉜다. 바오로는 첫째 부분(1코린 2,6-9)에서 1,21.24에서 언급한 하느님의 지혜를 계속해서 선포한다. 둘째 부분(2,10-12)에서는 신비 속에 감추어진 하느님의 지혜가 하느님의 영을

니다.[11] 7 우리는 하느님의 신비롭고 또 감추어져 있던 지혜를 말합니다.[12] 그것은 세상이 시작되기 전, 하느님께서 우리의 영광을 위하여 미리 정하신

통하여 계시되었다고 한다. 셋째 부분(2,13-16)에서는 자신의 선포가 성령께서 가르쳐 주신 말로 이루어졌다고 단언한다. 바오로는 2,1-5에서는 일인칭 단수로 편지를 썼는데, 2,6-16에서는 일인칭 복수를 사용한다(1,23 참조). 그는 '우리'를 단순히 '우리 그리스도인들'의 의미로 사용하였다. 바오로는 2,6-16에서 하느님의 지혜에 대해 말한다. 코린토 1서에 자주 나오는 '말하다(랄레오λαλέω)' 동사는 단순히 '말하다'라는 의미뿐 아니라 1코린 14,3; 필리 1,14; 1테살 2,2.4.16에서처럼 '전하다/선포하다'를 뜻하기도 한다. 바오로는 1코린 1,18-25에서 세상의 지혜를 부정적으로 언급하지만, 2,6-9에서는 긍정적으로 서술한다. 그는 1,24.30에서 십자가에 못 박히신 그리스도가 하느님의 지혜라고 하였다. 인간의 지혜는, 하느님의 지혜요 힘인 십자가에 못 박히신 그리스도를 어떻게 이해하느냐에 따라서 달라질 수 있다.

11) 바오로가 2,4-5에서 언급한 지혜는 그리스도의 십자가에 관한 복음으로, 코린토 신자들이 자랑으로 여기는 세상의 지혜와 다르다. 코린토 교회 신자들은 자신들의 지혜를 자랑하다가 십자가에 못 박히신 그리스도에 관한 복음의 의미를 잃어버렸다. 바오로는 그리스도인들을 일컬어 "성숙한 이들", '하느님을 사랑하는 이들'(2,9), "영적인 사람"(2,15)이라고 한다. 그리스도인들은 완전하신 하느님을 믿는 이들이기 때문에 성숙하고 거룩한 이들이다. 이들은 2,14에 나오는 "현세적 인간"이나 3,1에 나오는 "육적인 사람"과 대조된다. 그리스도인들은 비록 거룩하고 완전한 사람들은 아니지만 거룩하신 하느님과 그리스도를 믿고 사는 까닭에 성숙한 사람, 성도들이라는 영예를 얻어 누린다.

"이 세상 우두머리들"은 2,8에 다시 한번 나오며, 그들은 '영광의 주님을 십자가에 못 박은 이들'이다. 신약성경 다른 곳에 복수형으로 나오

지혜입니다. 8 이 세상 우두머리들은 아무도 그 지혜를 깨닫지 못하였습니
다.[13] 그들이 깨달았더라면 영광의 주님을[14] 십자가에 못 박지 않았을 것
입니다. 9 그러나 성경에 기록된 그대로 되었습니다.

는 '우두머리들(아르콘테스ἄρχοντες)'은 인간 통치자들을 가리키는데, 단수형인 '아르콘ἄρχων'은 베엘제불과 같은 마귀를 의미한다(마태 9,34; 12,24; 마르 3,22; 루카 11,15; 요한 12,31; 14,30). 인간 통치자들은 종종 예수님 수난사와 함께 나온다(루카 23,13.35; 24,20; 사도 3,17; 4,8.26; 13,27). 바오로가 여기에서 언급한 '이 세상 우두머리들'은 예수님을 죽음으로 몰고 간 당시의 정치, 종교 지도자들인 빌라도와 헤로데와 카야파 같은 이들을 가리킨다(사도 3,13; 13,29 참조).

"파멸하게 되어 있는"은 1코린 1,28에 나오는 "무력하게 만드시려고"와 같은 의미다. 이 세상 우두머리들은 사라져 가는 세상의 유한한 존재들이다(7,31).

12) 바오로는 이 세상 지혜와 반대되는, 지금까지 감추어진 신비인 하느님의 지혜를 특별한 지혜라 일컬으며 복음 선포를 통해 알린다(1,21.24). 이 신비는 십자가에 못 박히신 예수 그리스도(2,2)와 십자가에 관한 말씀(1,18)을 가리킨다. 바오로는 이 두 가지 의미를 구분하지 않는다. 이 지혜의 가르침의 구약성경 배경은 지혜 6,22("이제 나는 지혜가 무엇이며 어떻게 생겨났는지 알려주겠다. 너희에게 어떠한 신비도 감추는 일 없이 지혜가 생겨난 시초부터 자취를 더듬으며 그에 대하여 아는 바를 분명하게 드러내는데 진리에서 벗어나지도 않고")에 나타난다. 하느님께서 이 지혜로 우리를 예수 그리스도를 통하여 당신의 영광에 참여하게 하셨다(로마 6,8 참조).

13) 이 세상 우두머리들인 유다교 지도자들, 빌라도 총독, 헤로데 안티파스, 카야파는 예수 그리스도를 십자가에 못 박았다. 그들은 예수님의 죽음과 부활로 인류가 구원된다는 "하느님의 신비"(1코린 2,1)와 "하느님의 신비롭고 감추어져 있던 지혜"(2,7)를 깨닫지 못하고 '영광의 주님'

"어떠한 눈도 본 적이 없고 어떠한 귀도 들은 적이 없으며
사람의 마음에도 떠오른 적이 없는 것들을
하느님께서는 당신을 사랑하는 이들을 위하여 마련해 두셨다."[15)]

을 십자가에 못 박는 만행을 저질렀다.

14) 바오로는 십자가에 못 박히신 예수 그리스도를 "영광의 주님"이라 부른다. 이 표현은 야고 2,1과 구약성경에도 나온다(탈출 15,6; 16,7; 24,16–17; 29,43; 40,34–35; 레위 9,6.23; 민수 14,10.21–22).

15) 바오로는, 예수님의 죽음과 부활로 인류가 구원된다는 진리는 인간의 지혜로 결코 이해할 수 없고 오직 하느님의 계시를 받은 그리스도인들만이 알아들을 수 있는 신비라고 하면서 구약성경의 말씀들을 인용한다. 바오로의 인용문은 하느님의 지혜인 신비를 그 내용으로 한다. 첫 번째 구절은 칠십인역 이사 64,3과 52,15을 반영하고, 두 번째 구절은 칠십인역 이사 65,16ㄷ 또는 예레 3,16을 반영한다. 마지막 구절은 칠십인역 집회 1,10을 반영한다. 하지만 이 구약성경 구절 중에서 바오로의 인용문과 정확히 일치하는 구절은 없다. 외경 토마스 복음은 이 인용문을 예수님의 말씀으로 전한다. "예수께서 말씀하셨다. '나는 여러분의 눈으로 보지 못한 것, 여러분의 귀가 듣지 못한 것, 손이 만지지 못한 것, 사람의 마음에 떠오르지 못한 것을 주겠다'"(말씀 17). 이는 구약성경의 말씀들과 정확히 일치하지는 않지만 감추어진 신비인 하느님의 지혜를 요약한 것으로 볼 수 있다. 곧 하느님께서는 당신을 사랑하는 이들을 위하여 그 누구도 상상하지 못하는 종말 구원을 준비하셨다는 것이다(로마 8,28 참조).

"하느님께서는 당신을 사랑하는 이들을 위하여 마련해 두셨다"는 구약성경의 중심사상으로(신명 6,5; 7,9; 10,12; 여호 22,5; 23,11; 느헤 1,5; 시편 31,24; 97,10), 그리스도인은 하느님을 사랑하는 사람이라는 바오로의 사상과도 잘 어울린다.

10 하느님께서는 성령을 통하여[16] 그것들을 바로 우리에게[17] 계시해 주셨습니다.[18] 성령께서는 모든 것을, 그리고 하느님의 깊은 비밀까지도 통찰하십니다.[19] 11 그 사람 속에 있는 영이 아니고서야, 어떤 사람이 그 사람의 생각을 알 수 있겠습니까?[20] 마찬가지로, 하느님의 영이 아니고서는

---

16) 바오로는 1코린 2,6–9에서 하느님의 지혜인 십자가 사건을 언급한 뒤, 2,10–16에서는 하느님의 영과 세상의 영을 비교 서술한다. 바오로는, 올바른 지혜는 예수 그리스도의 십자가 사건에 근거해야 하고 동시에 하느님의 영이 내려야 하느님의 지혜를 이해할 수 있다고 말한다. 하느님의 감추어진 신비는 하느님께서 알려주시는데, 성령이 중개자 역할을 하신다. 성령은 하느님께서 그리스도인들을 위하여 마련하신 지혜를 알게 해주실 뿐만 아니라 그리스도인이 하느님을 사랑하는 데 도움을 주신다. 하느님께서는 감추어진 지혜인 신비를 성령을 통하여 '우리'에게 계시해 주시기 때문에 성령을 지닌 사람만이 그 신비를 이해할 수 있다.

17) "우리"는 성령을 받은, 하느님을 사랑하는 그리스도인들을 가리킨다.

18) "계시해 주셨습니다"는 이제까지 감추어져 있던 것이 드러났음을 의미한다. '주셨습니다'라는 표현으로 미루어 성령께서 감추어진 지혜를 이해할 수 있게 해주셨음을 알 수 있다.

19) 성령은 모든 것을, 그리고 하느님의 깊은 비밀까지도 밝히시는 분이다. "하느님의 깊은 비밀"이란 예수 그리스도의 십자가를 통해 드러난 하느님의 지혜를 뜻한다. 오리게네스는 '성령만이 모든 것을 통찰할 수 있기 때문에 하느님의 깊은 비밀을 꿰뚫기 위해서는 성령의 힘을 얻어야 한다'고 하였다(ACCK/NT.IX 77).

20) 바오로는 사람들이 인간의 삶에서 경험하는 것을 예로 들어 성령의 역할을 서술한다. 곧 그 사람 속에 있는 영이 아니고서야 어느 인

아무도 하느님의 생각을 깨닫지 못합니다.[21] 12 우리는 세상의 영이 아니
라, 하느님에게서 오시는 영을 받았습니다.[22] 그래서 하느님께서 우리에게
주신 선물을 알아보게 되었습니다."[23] 13 우리는 이 선물에 관하여, 인간
의 지혜가 가르쳐 준 것이 아니라 성령께서 가르쳐 주신 말로 이야기합니
다.[24] 영적인 것을 영적인 표현으로 설명하는 것입니다.[25]

간이 그 사람의 내면적 진실을 알 수 있겠느냐는 것이다. 이는 인간 누구나 경험하는 인식 원리다. "그 사람의 생각"은 직역하면 '사람의 것들(타 투 안트로푸τὰ τοῦ ἀνθρώπου)'인데, 이는 사람의 말과 생각과 행위 모두를 가리킨다.

21) 인간의 영이 자신의 마음속에 있는 생각과 의지를 알듯이, 하느님의 영이 아니고서는 하느님의 마음속에 있는 인간에 대한 구원 계획을 깨닫지 못한다. "하느님의 생각"은 직역하면 '하느님의 것들(타 투 테우τὰ τοῦ θεοῦ)'인데, 이는 하느님께 속한 모든 것을 뜻한다. 이 구절에는 사람과 하느님, 사람의 영과 하느님의 영, 사람의 것들과 하느님의 것들이 서로 대조되어 나온다.

22) 여기서는 "세상의 영"과 '하느님의 영'을 대조한다. 그리스도인은 세상의 영이 아니라 "하느님에게서 오시는 영"을 받은 이들이다.

23) 하느님께서는 그리스도인들이 당신이 주신 선물을 알아보게 할 목적으로 그들에게 영을 주셨다. 하느님에게서 오시는 영은 신자들에게 하느님께서 당신을 사랑하는 이들을 위하여 준비하신 것을 깨닫게 해 주신다. 바오로는 여기에서 "하느님께서는 당신을 사랑하는 이들을 위하여 마련해 두셨다"(2,9)라는 의미를 더 분명하게 언급한다. 그는 하느님께서 주시는 선물이 구체적으로 무엇인지 밝히지 않지만, 그것은 십자가에 못 박히신 예수 그리스도를 통해 주어지는 종말론적인 구원이다(로마 8,32).

24) 이 단락에서 바오로는 "인간의 지혜가 가르쳐 준 것이 아니라 성

14 그러나 현세적 인간은[26] 하느님의 영에게서 오는 것을 받아들이지 않습니다. 그러한 사람에게는 그것이 어리석음이기 때문입니다. 그것은 영

령께서 가르쳐 주신 말"로 하느님의 지혜인 십자가에 못 박히신 그리스도를 선포한다고 한다.

25) 바오로가 성령께서 가르쳐 주신 말로 그리스도를 선포하는 이유는 영적인 것은 영적인 표현으로 설명되기 때문이다. 이 구절에는 "영적인 것(프네우마티코이스πνευματικοῖς)"과 '설명하다(싱크리논테스συγκρίνοντες)'라는 두 개의 낱말이 나온다. '프네우마티코이스'는 남성적 의미('영적인 사람들') 또는 중성적 의미('영적인 것들')로 번역할 수 있다. 따라서 중성적 의미로 번역하면 '영적인 것을 영적인 것들로 설명한다'는 뜻이고, 남성적 의미로 번역하면 '영적인 것을 영적인 사람들로 설명한다'는 뜻이 된다. 두 가지 번역이 모두 가능하지만 문맥상 바오로가 성숙한 이들과 영적인 사람들에 대해서 말하고 있는 것으로 보아 '영적인 것을 영적인 사람들로 설명한다'로 이해할 수 있다. 하느님의 영에게서 오는 계시들은 하느님의 영을 받은 사람들에 의해서만 받아들여질 수 있다(1코린 2,14.16). 여기에서 나오는 '영'은 '하느님의 영'을 의미한다. 왜냐하면 바오로는 코린토 신자들에게 하느님의 영으로 하느님께서 주시는 선물인 십자가 사건을 올바르게 전하였기 때문이다. 바오로는 처음으로 '영적인(프네우마티코스πνευματικός)'이라는 말을 사용하는데, 2,14.15; 3,1; 9,11; 10,3.4(2번); 12,1; 14,1.37; 15,44(2번).46(2번)에서 나타난다. 이 낱말은 때로는 '현세적인/물질적인(프시키코스ψυχικός)'[2,14; 15,44(2번).46]과 대조되고, 때로는 '육적인(사르키코스σαρκικός)'[3,1.3(2번); 9,11]과도 대조된다. '설명하다'로 번역한 그리스어 '싱크리논테스'는 '비교하다/견주다'(2코린 10,12) 또는 '해석하다'로도 번역할 수 있는데, 여기서는 '해석하다, 설명하다'를 뜻한다.

26) 바오로는 1코린 2,14-16에서 성령을 통하여 주어지는 계시에 대한 인간의 반응을 논하면서 1,18에서 언급한 "멸망할 자들"을 "현세적

적으로만 판단할 수 있기에 그러한 사람은 그것을 깨닫지 못합니다.[27] 15
영적인 사람은 모든 것을 판단할 수 있지만, 그 자신은 아무에게도 판단받
지 않습니다.[28]

16 "누가 주님의 마음을 알아
그분을 가르칠 수 있겠습니까?"[29]

그러나 우리는 그리스도의 마음을 지니고 있습니다.[30]

인간"에 적용한다. 이는 2,15에 나오는 "영적인 사람"과 대조되는 의미다(15,44–45 참조).

27) 현세적 인간은 하느님의 영에게서 오는 것을 받아들이지 않고 깨닫지도 못한다. 이러한 현세적 인간에게 성령에 속한 것들은 단지 어리석게 보일 뿐이다. "'현세적 인간'이란 자기 자신의 생각에 만족하여 행복해하며 성령의 가르침은 받아들이지도 이해하지도 못하는 사람입니다"(키루스의 테오도레투스: ACCK/NT.IX 80).

28) 바오로는 "영적인 사람"은 모든 것을 스스로 판단하는 사람이기 때문에 누구에게도 판단받지 않는다고 한다. 그래서 4,3–4에서 신자들이 비난하는 것에 대해 자신은 영적인 사람이기 때문에 아무에게도 심판받지 않는다고 말한다. 이는 영적인 사람만이 누릴 수 있는 자유다. 그러나 바오로는 코린토 교회의 열광주의자들이 주장하는 자유분방한 태도를 옹호하지는 않는다. 그는 2코린 5,16–17에서 "그러므로 우리는 이제부터 아무도 속된 기준으로 이해하지 않습니다. 우리가 그리스도를 속된 기준으로 이해하였을지라도 이제는 더 이상 그렇게 이해하지 않습니다. 그래서 누구든지 그리스도 안에 있으면 그는 새로운 피조물입니다. 옛것은 지나갔습니다. 보십시오, 새것이 되었습니다"라고 한다.

29) 바오로는 성령을 지닌 사람만이 하느님을 깊이 이해할 수 있다고 하면서 칠십인역 이사 40,13을 인용한다. 그런데 이사 40,13은 칠십인역과 히브리어 구약성경의 번역이 조금 다르다. "주님의 마음"이 히브

복음 선포자의 역할[1)]

3 1 형제 여러분, 여러분에게 이야기할 때, 나는[2)] 여러분을 영적이 아
니라 육적인 사람, 곧 그리스도 안에서는 어린아이와 같은 사람으로

리어 구약성경에서는 '주님의 영'으로, 칠십인역에서는 '주님의 생각'으로 번역되었다. 바오로는 칠십인역을 인용했지만 이사 40,13의 '주님'을 그리스도에 적용하여 '주님(그리스도)의 마음'이라고 하였다. 그 누구도 주님의 마음(영)을 알 수 없지만, 그리스도인은 그리스도의 마음(영)을 지니고 있기에 주님의 마음을 안다.

30) "그리스도의 마음"은 필리 2,5-11에 나오는 '그리스도 찬가'에 잘 드러나 있다. "우리"는 1코린 2,6에 나오는 "성숙한 이들"을 가리키며, 2,10 이하에 나오는 '하느님에게서 오시는 영을 받은 이들'이다. 따라서 하느님의 영을 받은 성숙한 이들은 곧 그리스도의 마음(영)을 지닌 사람들이다.

1) 바오로는 3장에서 코린토 교회 신자들의 다툼과 분쟁으로 생긴 파당 문제를 다시 제기하면서 이러한 파당은 십자가에 못 박히시고 부활하신 예수 그리스도께 대한 믿음이 부족한 데서 비롯한 것임을 분명히 한다. 이 십자가의 복음을 어떻게 이해하느냐에 따라 단단한 음식을 먹을 수 있는 성인인지 아니면 아직도 젖을 먹는 어린아이인지가 결정된다. 바오로는 코린토 교회 신자들이 아직도 그리스도 안에서는 영적으로 미숙한 어린아이처럼 지혜의 말씀인 십자가의 복음을 받아들이지 못하고 자기 자랑과 분열을 일삼고 있다고 나무란다(3,1-4). 그는 영적인 사람과 육적인 사람을 대조하면서 영적인 사람은 성령에 따라 사는 사람이요, 육적인 사람은 자신의 뜻대로 사는 사람이라고 한다. 바오로가 처음 코린토에서 선교할 때 신자들 대부분은 육적인 사람들이었다. 그 후 복음을 받아들이고 그리스도를 믿음으로써 영적인 사람들이 되

대할 수밖에 없었습니다.[3] 2 나는 여러분에게 젖만 먹였을 뿐 단단한 음

었다. 하지만 바오로가 보기에는 신자들이 아직도 젖을 먹는 어린아이와 같은 상태에 있었다. 코린토 신자들은 시간상으로 볼 때 바오로가 전한 십자가의 복음을 잘 받아들여 영적인 사람들, 곧 단단한 음식을 먹는 어른이 되어야 했는데, 여전히 사도들과 선교사들을 중심으로 서로 파당을 형성하여 시기와 싸움을 일삼고 있었다. 바오로는 밭과 씨 뿌리는 이들(선교사들)과 씨앗을 자라게 하시는 하느님과의 관계를 들어 교회나 선교사들은 자라게 하시는 하느님에 비하면 아무것도 아니라고 한다(3,5-17). 3,18-23에서 바오로는 다시 한번 코린토 교회의 문제점을 언급하면서 진정한 지혜는 세상에서 어리석은 자가 되는 것이고 오직 하느님만이 우리의 자랑이라고 한다. 코린토 교회 신자들은 자신들이 사도들과 선교사들에게 종속되었다고 선언했지만, 바오로는 오히려 사도들이나 선교사들은 신자들의 소유이고 신자들은 그리스도의 소유이며 그리스도는 하느님의 소유라고 결론짓는다.

2) 바오로는 2,1-5에서는 '나'로, 2,6-18에서는 '우리'로 편지를 시작했는데 여기서는 다시 "나는"으로 시작한다. 바오로는 일인칭 단수 '나'로 편지를 쓰면서 2,6.13에 나오는 '말하다(랄레오λαλέω)' 동사를 사용한다. 또 1,10.11.26; 2,1과 마찬가지로 신자들을 '형제들(아델포이ἀδελφοί)'이라 지칭함으로써 신자들 모두는 그리스도 안에서 공동체적 연대성을 지닌 이들임을 다시 한번 확인시킨다.

3) 바오로는 신자들이 "육적인 사람" 곧 "어린아이와 같은 사람"이라는 다소 극단적인 표현을 써가며 신자들을 나무란다. '어린아이들(네피오이νηπίοι)'은 영적인 생활이나 그리스도와의 관계에서 아직 미성숙하고 믿음이 부족한 이들을 뜻한다(로마 14,1; 1테살 3,10 참조). 예수님이 바치신 감사 기도에서는 '네피오이'를 "철부지들"(마태 11,25; 루카 10,21)로 번역하였다. 바오로는 '영적인 사람들(프네우마티코이πνευματικοί)'과 '육적인

식은 먹이지 않았습니다.[4] 여러분이 그것을 받아들일 수 없었기 때문입니
다. 사실은 지금도 받아들이지 못합니다.[5] 3 여러분은 아직도 육적인 사

사람들(프시키코이ψυχικοί)'을 대조하였다. 여기서 언급되는 '어린아이'는 1코린 2,6에 나오는 "성숙한 이들(텔레이오이τέλειοι)"에 대한 대비적인 의미로 사용되었다.

바오로는 신자들 중에는 성숙한 이들도 있고 미성숙한 이들도 있음을 인정한다. 성숙과 미성숙을 구분하는 것은 인간의 지식과 인식 능력에 따른 것이 아니라 신앙인으로서 삶의 태도나 행위와 관련이 있다. 바오로가 세운 코린토 교회 신자들 중에는 이방인이 많았는데 그들 가운데 일부는 바오로가 전해준 복음을 받아들이기는 했지만 성숙한 단계까지 이르지 못하고 미성숙한 열광주의에 빠졌다. 그들은 아직도 그리스도 안에서는 어린아이와 같은 신앙 수준에 머물러 있었던 것이다.

4) 바오로는 음식의 비유를 들어 신자들이 아직도 미성숙하다고 지적한다. 어린아이는 젖을 먹은 다음 이유식을 거쳐 비로소 단단한 음식을 먹는다. "젖"과 "단단한 음식"의 대조는 신자들에게 성숙한 신앙생활을 권면하는 히브리서에도 나온다. "사실 시간으로 보면 여러분은 벌써 교사가 되었어야 할 터인데, 아직도 하느님 말씀의 초보적인 원리를 다시 남에게서 배워야 할 필요가 있습니다. 여러분은 단단한 음식이 아니라 젖이 필요한 사람이 되었습니다. 젖을 먹고 사는 사람은 모두 아기이므로, 옳고 그름을 가리는 일에 서툽니다. 단단한 음식은 성숙한 사람들을 위한 것입니다. 그들은 경험으로, 좋고 나쁜 것을 분별하는 훈련된 지각을 가지고 있습니다"(히브 5,12-14; 참조: 1베드 2,2).

5) "지금도 받아들이지 못합니다"는 신자들이 성숙한 신앙생활을 할 때가 이미 지났는데도 아직 미성숙의 단계에만 머물러 있는 데 대한 바오로의 실망적인 탄식이다. 그래서 바오로는 젖을 먹고 있는 신자들에게 단단한 음식을 먹이지 않았다고 한다. 코린토 교회 신자들은 과

람입니다.[6] 여러분 가운데에서 시기와 싸움이 일고 있는데, 여러분을 육적인 사람이 아니라고, 인간의 방식대로 살아가는 사람이 아니라고 할 수 있습니까?[7] 4 어떤 이는 "나는 바오로 편이다" 하고 어떤 이는 "나는 아폴로 편이다"[8] 하고 있으니, 여러분을 속된 사람이 아니라고 할 수 있습니까?[9]

거에도 지혜의 말씀을 받아들일 수 없었고 지금도 받아들이지 못한다.

6) 바오로는 코린토 신자들이 아직도 이교도의 관습과 세속적인 문화에 젖어있다고 지적한다.

7) 바오로는 코린토 교회 신자들이 육적인 인간에 머물러 있는 것은 그들의 행동 때문이라고 한다. 신자들은 십자가에 못 박히고 부활하신 예수 그리스도를 믿는다고 하면서도 "시기(젤로스ζῆλος)와 싸움(에리스ἔρις)"을 일삼고 있으니(로마 13,13; 2코린 12,20; 갈라 5,20 참조) 육적이고 어린아이와 같은 사람들인 것이다. 이 시기와 싸움은 2코린 12,20의 악덕목록에도 나온다. 로마의 주교 클레멘스는 95년경에 쓴 '코린토인들에게 보낸 편지'에서 자주 시기, 질투, 다툼이라는 용어를 사용하였다(3,2; 4,7; 5,5; 6,4; 9,1). 이러한 점으로 미루어 볼 때 코린토 교회의 상황은 매우 우려할 만한 수준이었다는 것을 알 수 있다.

8) 바오로는 1코린 1,10-12에서 언급했던 분열을 다시 상기시킨다. 코린토 교회에 파당이 생긴 것은 코린토 교회를 세운 바오로와 그의 뒤를 이어 공동체를 인도했던 아폴로를 추종하는 이들 사이에 파벌이 조성되었기 때문이다. 바오로가 여기에서 자신과 아폴로만을 거론한 것은 두 사람이 가장 잘 알려진 선교사로서, 서로 경쟁 관계에 있는 것이 아니라 동역자임을 강조하기 위해서다.

9) "여러분을 속된 사람이 아니라고 할 수 있습니까?"는 세상적 삶의 방식을 따라 시기와 싸움을 일삼는 신자들의 신앙 수준이 세상 사람들과 다를 바 없기에 나무라는 표현이다. 요한 크리소스토무스는 "파벌은 코린토 신자들 사이에 시기를 낳았고 그것은 그들을 육적으로 만들

5[10)] 도대체 아폴로가 무엇입니까? 바오로가 무엇입니까? 아폴로와 나
는 주님께서 우리 각자에게 정해주신 대로, 여러분을 믿음으로 이끈 일꾼
일 따름입니다.[11)] 6 나는 심고 아폴로는 물을 주었습니다. 그러나 자라게

었습니다. 육적 인간이 되자 그들은 더 영적인 종류의 진리에 대해 들을 수 있는 자유를 잃어버렸습니다"라고 하였다(ACCK/NT.IX 83).

10) 바오로는 이 단락에서 클로에 집안 사람들에게 들은 소식(1,11-12)인, 코린토 교회에서 복음을 전한 선교사들로 인하여 갈라진 파당 문제를 다시 거론한다. 바오로는 3,4에서처럼 두 사람, 곧 아폴로와 자신을 언급한다. 바오로는 자신과 아폴로의 관계가 '하느님의 협력자', '하느님의 밭', '하느님의 건물'이라고 함으로써 선교사들의 역할에 대한 신자들의 이해를 바로잡으려고 한다. 그는 3,4과 달리 아폴로의 이름을 자신보다 먼저 언급하는데, 이것은 아폴로를 추종하는 이들이 많았음을 간접적으로 보여준다. 그러나 그는 아폴로를 비난하거나 적대자로 생각하지 않는다. 두 사람은 모두 동역자요, 종이요, 심부름꾼일 뿐이기 때문이다. 바오로는 아폴로가 전한 복음의 내용이 자신이 전한 것과 크게 다르지 않음을 인정한다(3,6-9). 또한 코린토 교회의 분열은 공동체가 하나 되는 것을 깨트리는 결과를 초래할 뿐만 아니라 복음 선포자인 자신과 아폴로에게도 큰 걸림돌이 된다고 판단하였다. 그래서 '나', '아폴로', '우리', '여러분', '하느님'이라는 주어를 사용하여 서로의 관계를 명백히 규정하고 있다.

11) 아폴로와 바오로는 하느님의 일꾼들이다(2코린 6,4; 11,23 참조). "일꾼"으로 번역된 그리스어 '디아코노스διάκονος'는 '봉사자'를 뜻하며 구체적으로는 식탁 봉사자를 가리킨다. 바오로는 복음 선포의 역할을 수행하는 이들을 가리켜 이 낱말을 사용하는데, 3,6에서는 "새 계약의 일꾼", 1테살 3,2에서는 "하느님의 협력자", 로마 16,1에서는 "교회의 일꾼"으로 표현하였다. 바오로는 의문대명사로 '누구(티스τίς)'가 아닌 '무엇(티

하신 분은 하느님이십니다.[12] 7 그러니 심는 이나 물을 주는 이는 아무것
도 아닙니다. 오로지 자라게 하시는 하느님만이 중요합니다.[13] 8 심는 이

τί)'을 사용하여 바오로나 아폴로의 출신보다는 무엇을 하는 사람인지, 곧 사도의 역할이 무엇인지를 강조한다.

12) 바오로는 자신과 아폴로의 역할을 농사에 비유하여, 자신이 씨를 뿌렸고 그 후에 아폴로가 물을 주었다고 한다. 하지만 그 씨를 자라게 하시는 분은 자신도 아폴로도 아니고 오직 하느님이시라고 한다. 여기서 '심다(에피테우사ἐφύτευσα)' 동사와 '물을 주다(에포티센ἐπότισεν)' 동사는 단순 과거형으로 일회적인 사건을 뜻하는 반면에, '자라게 하다(에욱사넨ηὔξανεν)' 동사는 미완료형으로 현재도 지속되는 행위를 뜻한다. 바오로와 아폴로는 단순히 심고 물을 주는 행위에 그쳤지만 계속해서 자라게 하시는 분은 하느님이시다. 바오로는 하느님만이 자라게 하시는 분임을 분명하게 언급함으로써 하느님의 은총을 강조한다(로마 9,16; 2코린 9,10). 따라서 공동체 내에서 '바오로 편'이니 '아폴로 편'이니 하는 것은 무의미하며 공동체의 일치를 깨뜨릴 뿐이다. 바오로는 씨를 심었고 아폴로는 물을 주었다는 것은 '두 사람의 역할은 서로 달랐지만 공동체를 위해서 그들이 한 일은 모두 하느님의 일이었음'을 보여준다(요한 크리소스토무스: ACCK/NT.IX 85).

13) 바오로는 농사에 비유한 6절 말씀을 반복한 뒤 문장 끝에다 "하느님(테오스θεός)"을 배치하여 하느님만이 중요함을 강조한다. 바오로와 아폴로는 코린토 신자들에게 어떤 충성을 요구할 권리가 없다. 그들은 아무것도 아니다. 이 구절에는 심는 이와 물을 주는 이의 이름이 구체적으로 나오지 않지만, 바오로나 아폴로 그리고 바오로보다 앞선 사도들과 선교사들을 가리킨다(갈라 2,6 참조). 바오로나 아폴로 그리고 다른 선교사들은 공동체를 위해 나름대로 수고하였지만, 하느님의 눈으로 볼 때는 모두 같은 사람들로서 자신들이 한 일에 따라 보상을 받을 뿐

나 물을 주는 이나 같은 일을 하여, 저마다 수고한 만큼 자기 삯을 받을 뿐입니다.[14] 9 우리는 하느님의 협력자고,[15] 여러분은 하느님의 밭이며 하느

이다. 바오로를 비롯한 선교사들은 하느님께서 하시는 일의 도구요 종일 따름이다.

14) 심는 이나 물을 주는 이 모두가 소중한 까닭은 역할만 다를 뿐 하느님께서 저마다의 수고를 받아주시기 때문이다. 심는 이와 물을 주는 이는 같은 일꾼으로서 이들의 역할은 다르지만 차등이 없으며, 활동하는 목적이나 동기 또한 모두 같다. 이처럼 바오로나 아폴로는 경쟁자로서가 아니라 동등한 일꾼으로서 코린토에서 활동하였다. 이 두 사람은 맡은 바에 따라 수고를 하고 그 수고에 따라 각자의 삯을 받을 뿐이다. 이는 선교사 각자의 책임이 매우 중요함을 말해준다. 바오로는 "저마다 수고한 만큼"이라는 표현을 사용하는데, 여기서 '수고(코포스κόπος)'는 복음 전파에 힘쓴 일을 가리킨다. "삯(미스토스μισθός)"은 선교사들이 복음 전파에 힘쓴 결과로 받게 되는 선물이다.

15) 접속사 '가르(γάρ, 왜냐하면)'가 이 절을 8절과 연결하는데, 여기서는 "우리"(바오로와 아폴로)와 "여러분"(코린토 교회 신자들)이 대조를 이룬다. 또한 이 절에는 '하느님'이 세 번 나오는데 이는 1코린 3,5-7의 의미를 반복한 것이다. 복음은 "하느님의 힘"(1,18)을 드러내기에 복음을 전하는 심부름꾼들은 하느님과 함께 일하는 사람들이다.

바오로는, 자신과 아폴로는 "하느님의 협력자"이고 신자들은 "하느님의 밭이며 하느님의 건물"이라고 한다. "하느님의 협력자(신에르고이 테우συνεργοί θεοῦ)"(1테살 3,2)는 두 가지 의미로 이해된다. 첫째는 하느님과 함께 일하는 하느님의 동료 일꾼들을 가리킨다. 바오로는 2코린 6,1에서 자신과 동료 선교사들을 "하느님과 함께 일하는 사람"이라고 한다. 둘째는 각자에게 주어진 역할을 함께함으로써 하느님을 섬기는 일에 종사하는 하느님의 일꾼을 가리킨다. 따라서 바오로와 아폴로는 하느님과

님의 건물입니다.[16]

10 나는 하느님께서 베푸신 은총에 따라 지혜로운 건축가로서 기초를 놓았고, 다른 사람은 집을 짓고 있습니다.[17] 그러나 어떻게 집을 지을지 저

함께, 하느님을 위해서 일하는 협력자요 동역자이며 복음 선포 여정에 함께하는 동반자다. 바오로는 '프리스카와 아퀼라'를 자신의 "협력자들(신에르구스συνεργούς)"(로마 16,3)이라고 부른다.

16) 바오로는 농사 비유를 마무리하면서 코린토 공동체를 "하느님의 밭(테우 게오르기온θεοῦ γεώργιον)"이라고 부른다. 밭은 하느님께 속한 것이지 아폴로나 바오로에게 속한 것이 아니다. 이 비유는 구약성경에서 이스라엘 백성을 포도밭으로 언급한 것을 연상시킨다(이사 5,1–7). 또한 바오로는 코린토 공동체를 "하느님의 건물(테우 오이코도메θεοῦ οἰκοδομή)"이라고 하는데, 1코린 14장과 2코린 12,19에서 공동체의 성장을 언급하면서 이 낱말을 사용한다. 바오로는 복음을 전하는 선교사들은 협력자로서 하느님의 일을 함께 수행하는 일꾼이기 때문에 결코 개인을 내세워서는 안 되고, 신자들이 이 일꾼을 중심으로 파당을 이루어서도 안 된다고 한다.

17) 1코린 3,10–15은 복음을 전하는 선교사들의 역할이 마지막 때에 어떻게 드러나는지에 관해 말한다. 바오로는 앞에서 자신과 아폴로를 농부에 비유했는데, 여기서는 집을 짓는 지혜로운 건축가에 비유한다. "지혜로운 건축가(소포스 아르키텍톤σοφὸς ἀρχιτέκτων)"라는 낱말은 신약성경에서 오직 이곳에만 나오며, 칠십인역 이사 3,3에서 온 것이다. 바오로는, 자신은 건축가로서 "기초를 놓았고"(아테카ᾄθηκα: 과거) 다른 사람은 그 기초 위에 "집을 짓고 있습니다"(에포이코도메이ἐποικοδομεῖ: 현재)라고 말한다. 그는 자신이 코린토에서 복음을 전한 것은 자신을 사도로 부르신 하느님의 특별한 은총 때문이라고 한다.

바오로의 편지에는 '하느님의 은총'이라는 표현이 종종 나온다(로마

마다 잘 살펴야 합니다. 11 아무도 이미 놓인 기초 외에 다른 기초를 놓을
수 없기 때문입니다.[18] 그 기초는 예수 그리스도이십니다.[19] 12 그 기초 위
에 어떤 이가 금이나 은이나 보석이나 나무나 풀이나 짚으로 집을 짓는다

12,3-6; 15,15; 1코린 15,10; 갈라 2,9). 하느님의 은총은 하느님의 교회를 심하게 박해했던 바오로가 하느님의 사도로 부르심을 받은 것이 얼마나 은혜로운 일인지를 보여준다. 바오로는 코린토 교회의 기초를 놓았고 다른 사람이 집을 짓고 있다고 말함으로써 자신의 뒤를 이어 복음을 선포할 다른 선교사들의 역할을 강조한다. 암브로시아스테르는 "'지혜로운 건축가'는 구원자께서 전하신 것과 똑같은 복음을 전하는 사람입니다. 나중에 다른 사람들이 그 기초 위에 집을 짓습니다"라고 하였다(ACCK/NT.IX 86). '하느님의 집을 짓는다'는 표현은 이 편지에서 매우 중요한데, 바오로는 '오이코도메(οἰκοδομῆ, 건설)'라는 낱말을 '건물을 짓다'라는 의미가 아닌 하느님의 집인 공동체의 '성장'이라는 의미로 사용한다(1코린 14,3-5.12.17.26).

18) 바오로는 "이미 놓인 기초", 곧 예수 그리스도 외에 다른 기초는 있을 수 없다고 한다. 그는 2코린 11,4에서는 어떤 사람이 와서 다른 예수님을 선포하고, 갈라 1,7.9에서는 신자들이 다른 복음으로 돌아섰다고 언급한다. 하지만 다른 예수님, 다른 복음은 실제로는 있지도 않다.

19) 바오로는 '베드로 편'이라는 파당을 형성한 이들을 겨냥해서 교회의 기초는 예수 그리스도이심을 말한다. 예수님은 시몬을 베드로라고 부르시면서 '이 반석(베드로) 위에 내 교회를 세우겠다'고 약속하셨다(마태 16,17-18). 코린토 교회 신자 중 일부는 이 말씀에 따라 베드로를 교회의 기초로 여기며 추종했을 것이다. 이에 바오로는 교회의 기초는 베드로가 아니라 예수 그리스도이심을 분명히 한다. 예수 그리스도께서 교회의 기초가 되신다는 사상은 에페 2,20에서 더 구체적으로 나타난다. "여러분은 사도들과 예언자들의 기초 위에 세워진 건물이고, 그리스도 예

면,[20] 13 심판 날에 모든 것이 드러나기 때문에 저마다 한 일도 명백해질 것입니다. 그날은 불로 나타날 것입니다. 그리고 저마다 한 일이 어떤 것인지 그 불이 가려낼 것입니다.[21] 14 어떤 이가 그 기초 위에 지은 건물이 그대로 남으면 그는 삯을 받게 되고,[22] 15 어떤 이가 그 기초 위에 지은 건

수님께서는 바로 모퉁잇돌이십니다."

20) "어떤 이(티스τις)"는 특정한 개인이나 공동체가 아니다. 바오로는 기초 위에 세워진 구조물의 건축 자재 여섯 가지를 열거하는데, '금, 은, 보석'은 값지고 오래 보존되는 재료로서 1역대 29,2; 2역대 32,27; 잠언 8,10-11; 다니 11,38에도 언급된다. 나머지 '나무, 풀, 짚'은 값싸고 불에 타 없어지기 쉬운 재료들이라고 한다.

21) "심판 날"은 그리스어 본문에서는 단순히 '그날(헤 헤메라ἡ ἡμέρα)'이다. 1코린 1,8의 "예수 그리스도의 날"을 의미하며 여기서는 '심판의 날'로 옮겼다(이사 13,6.9; 요엘 1,15; 2,1.11; 말라 3,19). 그날에 하느님께서 사람들의 숨겨진 것들을 심판하시면 저마다 행한 일이 드러나게 될 것이다(2코린 5,10; 묵시 20,12). 복음 선포자들이 공동체를 건설하는 일, 곧 교회의 성장을 위하여 얼마나 기여했는지가 종말 심판 때('그날') 환히 드러난다는 것이다. 바오로는 심판의 방법으로 "불"을 언급한다. 불에 의한 심판은 구약성경에 나오는 종말론적 표상이다(이사 31,9; 43,2; 66,15-16; 스바 1,18; 말라 3,2-3.19). 하느님께서는 종말 심판 때 불로 건축 재료가 견고한지 부실한지를 심판하신다(마태 3,12; 13,40; 2테살 1,8). 대장장이가 쇠붙이를 불 속에 집어넣어 불순물을 없애듯이, 종말 심판 때에도 견고하지 못한 건축 재료들은 쉽게 타 없어지고 단단한 재료들은 남아있게 된다.

22) "남으면(메네이μενεῖ)"은 삼인칭 단수 미래형 동사로 '남게 되면'이라는 뜻이다. 만일 건축 자재들이 불을 견디어 내고 그대로 남는다면 건축가에게 좋은 보상이 주어질 것이다. 그래서 바오로는 불의 심판의 결과를 긍정적인 조건문으로 언급한다. 그러나 반대로 부정적인 결과를

물이 타 버리면 그는 손해를 입게 됩니다.[23] 그 자신은 구원을 받겠지만 불 속에서 겨우 목숨을 건지듯 할 것입니다.[24]

언급하기도 한다. 곧 14절은 불의 심판을 이겨낸 경우를 말하고, 15ㄱ절은 불의 심판을 견디지 못한 경우를 말한다. 바오로는 2코린 5,10에서 모든 그리스도인은 그리스도의 심판대 앞에서 각자 행한 행실에 따라 심판을 받아야 한다고 말한다.

"삯(미스토스μισθός)"이 무엇인지 분명하게 표현되지 않았지만 구원을 의미하는 것은 아니다. 왜냐하면 15절에서 비록 건물이 타 버리면 건축가는 손해를 입겠지만 그도 구원을 받을 수 있다고 하였기 때문이다. 따라서 '삯'은 영원한 구원과는 다른 것이다(1코린 3,8 참조).

23) "손해를 입게 됩니다" 동사는 그리스어 본문에서 '제미오테세타이ζημιωθήσεται'로 미래 수동태형이다. 이 동사는 14절에 나오는 '그는 삯을 받게 될 것이다'와 대조되며 '삯을 빼앗길 것이다'라는 뜻이다.

24) 바오로는 복음 선포자는 자신이 세운 건물이 불에 타버려 손해를 입게 되는 경우에도 구원은 받을 수 있다고 한다. 구원을 받는 것과 보상을 받는 것은 서로 별개라는 말이다. 구원은 하느님께서 무상으로 주시는 선물이고, 상은 공로로 받는 것이기 때문이다. 바오로는 "구원을 받겠지만"으로 번역된 '소테세타이σωθήσεται' 동사를 구원론적인 의미로 사용한다(로마 5,9.10; 8,24; 9,27; 10,9.13; 11,14.26; 1코린 1,18.21; 5,5; 7,16; 9,22; 10,33; 15,2; 2코린 2,15; 1테살 2,16). "불 속에서(디아 피로스διὰ πυρός)"는 직역하면 '불을 거쳐서 가듯이'인데, 대 그레고리우스(540-604년, 『대화록』 *Dialogues* 4.41.5) 시대부터 1코린 3,11-15은 '정화시키는 연옥 불'에 대한 서방교회의 가르침에 인용되었다. 대 그레고리우스는 "이승에서의 선한 행실로 그런 정화를 받을 자격을 갖추지 않은 이상, 장차 올 세상에서는 아무리 사소한 잘못도 정화될 기회가 없음을 잊어버려서는 안 됩니다"라고 하였다(ACCK/NT.IX 91).

16 여러분이 하느님의 성전이고 하느님의 영께서 여러분 안에 계시다
는 사실을 여러분은 모릅니까?[25] 17 누구든지 하느님의 성전을 파괴하면
하느님께서도 그자를 파멸시키실 것입니다. 하느님의 성전은 거룩하기 때
문입니다. 여러분이 바로 하느님의 성전입니다.[26]

---

25) 바오로는 논쟁의 분위기를 바꾸어 코린토 신자들이 응당 알아야 할 것이 무엇인지에 대해 의문형 문장을 사용하여 언급한다. 바오로가 이 편지에서 자주 사용하는 수사학적인 질문 "모릅니까?"가 이곳에 처음으로 나온다(로마 6,16; 1코린 5,6; 6,2.3.9.15.16.19; 9,13.24). "하느님의 성전"은 유딧 4,2과 다니 5,3에 나오는 낱말로 예루살렘에 있는 성전을 가리키는데, 바오로는 여기서 비유적인 의미로 사용한다. 그리스도인들의 모임은 외형적인 건물이 아니라 하느님께서 거처하시는 곳, 하느님께서 그리스도인들과 만나는 곳이다. 이러한 의미는 "하느님의 영께서 여러분 안에 계시다는 사실을 여러분은 모릅니까?"에 잘 드러나 있다. 교회는 하느님의 영과 그리스도의 영이 계신 곳이다. 교회뿐만 아니라 그리스도인들도 하느님의 성전이기에 하느님의 영과 그리스도의 영이 계신 곳이다(로마 8,9; 1코린 6,19). 따라서 하느님의 성전을 더럽히는 것은 곧 하느님의 영을 슬프게 하는 일이다(에페 4,30; 1테살 5,19 참조).

26) 바오로는 그리스도인 공동체를 "누구든지(티스τις)"라고 하였지만, 특별히 코린토에서 활동했던 선교사들을 염두에 두고 이 표현을 쓴 것이다. 하느님의 거룩한 영이 이제는 인간의 손으로 만든 성전에 계신 것이 아니라(1열왕 8,27; 이사 66,1; 사도 7,48-50) 그리스도의 몸인 교회 공동체에 머무르신다. 따라서 하느님의 성전인 교회를 파괴하면 하느님으로부터 그에 상응하는 심판을 받게 될 것이다. 하느님의 성전인 교회는 어떤 경우에도 '거룩함'이 훼손되어서는 안 된다. 그래서 바오로는 이 거룩함을 훼손하는 코린토 교회 신자들에게 교회의 존재 의미와 교회 공동체 구성원으로서의 책임을 강조한다. '거룩한(하기오스ἅγιος)'은 구약성

18[27] 아무도 자신을 속여서는 안 됩니다.[28] 여러분 가운데 자기가 이 세상에서 지혜로운 이라고 생각하는 사람이 있으면, 그가 지혜롭게 되기 위

경에서 하느님께 드리기 위해 구별된 사람이나 물건의 성격을 나타낼 때 사용한 낱말로 성전 자체를 가리키기도 한다(민수 3,38; 시편 11,4; 65,5; 79,1; 에제 45,18). 따라서 예루살렘 성전이 거룩하다면 코린토 공동체 또한 거룩해야 하며, 공동체를 깨뜨리는 것은 하느님께 속한 성소를 깨뜨리는 것이 된다. 코린토 공동체가 거룩한 것은 하느님의 영이 공동체 안에 머무르시기 때문이다.

27) 바오로는 1코린 3,18-23에서 세상 지혜를 자랑하며 분열을 일삼는 코린토 교회 신자들의 잘못된 행위를 지적한다. 바오로는 신자들이 차라리 어리석은 이들이 되어 하느님의 지혜를 얻는 진정한 지혜로운 자들이 되라고 하면서 칠십인역 욥 5,13과 시편 94,11을 인용한다. 1코린 3장의 결론인 18-23절은 간단한 권고의 성격을 띠고 있다. 바오로는 1,18-25에서 논한 지혜와 어리석음을 다시 언급하는데, 직분이 있는 어느 한 사람에게 충실한 것은 그리스도인들의 올바른 자세가 아니다. 한 사람에게 충실한 것 때문에 신자들 사이에 분쟁과 싸움이 발생해서는 더더욱 안 되는 일이다. 이는 세상에서는 지혜로운 것처럼 보이지만 하느님께서 보시기에는 어리석은 일이다. 바오로는 이 세상의 지혜는 하느님께서 보시기에 어리석은 것이라 결론지어(1,18-20 참조) 누구도 세상 어떤 것을 자랑하지 말라고 권고한다. 그는 이러한 논쟁 분위기를 4,1-5에서도 계속 이어간다. 바오로는 아무도 자신을 속이지 말라는 권고와 함께 코린토 교회 신자들이 세상 지혜를 자랑하고 선교사들을 중심으로 파당 짓는 행위를 나무란다.

28) 바오로는 삼인칭 단수 부정 명령형(1코린 6,9; 15,33; 갈라 6,7; 2테살 2,3 참조)을 사용하여 "아무도 자신을 속여서는 안 됩니다"라고 코린토 교

해서는 어리석은 이가 되어야 합니다.[29)] 19 이 세상의 지혜가 하느님께는
어리석음이기 때문입니다.[30)] 성경에 이렇게 기록되어 있습니다.[31)]

"그분께서는 지혜롭다는 자들을 그들의 꾀로 붙잡으신다."

20 또 이렇게 기록되어 있습니다.

회 신자들에게 권고한다. 자신을 속이는 것은 위험한 일이며, 하느님의 백성을 분열시키는 행위다. 왜냐하면 그런 행위는 외부에서 오는 것이 아니라 에페 5,6("여러분은 어느 누구의 허황한 말에도 속아 넘어가지 마십시오")이 지적하듯이 인간의 '허황한 말'에서 나오기 때문이다.

29) 바오로는, 참된 지혜는 이 세상에서 어리석은 자가 되는 것이라는 역설적 진리를 말하면서, 그리스도 안에 계시된 하느님의 지혜는 세상 기준으로 볼 때 어리석게 보이는 '십자가의 말씀'을 받아들일 때만 깨달을 수 있다고 한다. 바오로가 이 세상에서 "어리석은 이"가 되라고 한 것은 인간의 모든 지성적 활동을 포기하라는 말이 아니라 세상의 지혜를 버릴 때에 비로소 하느님의 지혜를 얻을 수 있다는 의미다(야고 1,5; 3,17).

30) "하느님께는(파라 토 테오παρὰ τῷ θεῷ)"을 직역하면 "하느님 앞에서"(로마 2,13)다. 바오로는 여기에서 멸망할 자들에게는 어리석음인 "십자가에 관한 말씀"(1코린 1,18)을 다시 한번 언급한다. 지혜롭게 되기 위해서 어리석은 이가 되어야 하는 이유는 세상의 지혜가 하느님 보시기에 어리석은 것이기 때문이다(1,20).

31) 바오로는 참된 지혜는 이 세상에서 어리석은 이가 되는 것이라고 하면서 이를 뒷받침하기 위해 칠십인역 욥 5,13과 시편 94,11을 인용한다. 키루스의 테오도레투스는 "'이 세상의 지혜'란 하느님 은총이 결여된 지혜입니다. 순전히 인간적이기만 한 지혜이지요"라고 하였다(ACCK/NT.IX 93).

"주님께서는 지혜롭다는 자들의 생각을 아신다.
그것이 허황됨을 아신다."[32)]

21 그러므로 아무도 인간을 두고 자랑해서는 안 됩니다.[33)] 사실 모든
것이 다 여러분의 것입니다.[34)] 22 바오로도 아폴로도 케파도, 세상도 생명

---

32) 바오로는 욥 5,13("그분께서 슬기롭다는 자들을 그들의 꾀로 붙잡으시니 간사한 자들의 의도가 좌절된다네")을 인용하여 하느님께서는 지혜롭다는 자들로 하여금 자신들의 꾀에 빠지게 하신다고 강조하고, 시편 94,11("주님께서는 알고 계시다, 사람들의 생각을, 그들은 입김일 뿐임을")을 인용하여 하느님께서는 지혜롭다는 자들의 생각이 허황된 것임을 아신다고 말한다. 지혜롭다는 자들의 '꾀'는 부정적인 의미로 사용되어 결국은 파멸에 이르게 된다(2코린 4,2; 11,3; 에페 4,14). 지혜롭다는 자들의 '생각' 역시 인간의 계획에 지나지 않아 허황된 것이다(로마 1,21; 필리 2,14). 하느님 앞에서는 자신을 속이는 인간의 어떤 꾀와 생각도 드러날 수밖에 없고 결국 어리석은 것으로 판명된다.

33) 바오로는 계속해서 코린토 신자들이 선교사들을 중심으로 파당을 짓는 문제에 관하여 충고하면서, 인간의 지혜를 자랑하지 말며 인간일 뿐인 선교사들에 속한 것도 자랑하지 말라고 권고한다. 그는 예레 9,22–23을 요약한 1코린 1,29–31에서 "자랑하려는 자는 주님 안에서 자랑하라"(1,31)고 한다.

34) "모든 것(판타 *πάντα*)"과 "여러분(히메이스 *ὑμεῖς*)"은 코린토 공동체 모두를 가리킨다. 바오로는 '나는 바오로 편이다', '나는 아폴로 편이다', '나는 케파 편이다' 하면서 파당을 형성했던 신자들에게 아폴로, 케파를 포함한 모든 것은 '여러분'에게 속한 것이라고 강조한다. 곧 아폴로, 케파뿐만 아니라 그 밖의 모든 피조물도 그리스도인인 코린토 교회 신자들의 것이라는 선언이다.

도 죽음도, 현재도 미래도 다 여러분의 것입니다.[35) 23 그리고 여러분은 그
리스도의 것이고 그리스도는 하느님의 것입니다.[36)

그리스도의 사도[1)

4 1 그러므로 누구든지 우리를[2) 그리스도의 시종으로,[3) 하느님의 신
비를 맡은 관리인으로[4) 생각해야 합니다. 2 무릇 관리인에게 요구되

---

35) 바오로는 21ㄴ절에서 언급한 "모든 것"을 여기에서 구체적으로 나열한다. 바오로가 먼저 자신과 선교사들의 이름을 언급한 것은 그리스도인이 된다는 것은 결코 누군가에게 종속된 존재가 아님을 일깨우기 위해서다. 선교사가 아무리 뛰어나다 해도 하느님이신 창조주의 피조물일 따름이다. 그리스도인은 결코 '나는 누구 편이다'라고 해서는 안 되며 오히려 선교사들이 '나는 여러분의 것입니다'라고 말해야 마땅하다는 것이다. 그뿐만 아니라 바오로는 세상도 생명도 죽음도 그리고 현재도 미래도 그리스도인들에게 종속된다고 말한다. 그는 "다 여러분의 것입니다"를 반복하며 그리스도인들은 누구에게도 종속되지 않는 만물의 주인임을 강조한다.

36) 모든 것이 다 그리스도인들에게 속한다 할지라도 그리스도인들은 자신들을 소유하지 못한다. 왜냐하면 그리스도인은 그리스도께 속하기 때문이다. 사도들이나 선교사들은 신자들에게 그리스도교 신앙을 심고 가꾸는 봉사자들이다. 그러므로 사도들이나 선교사들은 신자들의 소유이고, 신자들은 그리스도의 소유이며, 그리스도는 하느님의 소유다. 이로써 그리스도인은 그리스도를 통하여 하느님을 만나고 하느님에게서 오는 모든 것을 누릴 특권을 갖게 된다. 암브로시아스테르는 "육체적으로나 영적으로나 그리스도께서 우리를 만드셨으므로 우리는 그리스도의 것입니다"라고 하였다(ACCK/NT.IX 94).

1) 바오로는 4,1–5에서 자신을 비롯한 다른 선교사들의 역할을 새롭게 정의한다. 그들은 모두 "일꾼"(3,5) 또는 "하느님의 협력자"(3,9)일 뿐만 아니라, 무엇보다도 '그리스도의 시종으로 하느님의 신비를 맡은 관리인'이다. 바오로는 복음 선포자로서 자신이 하느님 앞에 올바로 서고자 했고 이 일을 다 마친 뒤에 하느님으로부터 칭찬을 받는다는 것을 알았기 때문에 온갖 어려움 속에서도 사도로서의 삶을 충실히 살았다.

2) "우리"는 3,22의 바오로, 아폴로, 케파를 가리키지만, 복음을 전하는 모든 선교사들에게 똑같이 적용될 수 있다.

3) 바오로는 3,5에서 선교사들을 "일꾼들(디아코노이διάκονοι)"로 표현함으로써 그 역할을 드러냈는데, 여기서는 "그리스도의 시종(히페레타스 크리스투ὑπηρέτας Χριστοῦ)"이라고 한다. 이는 자신을 종으로 낮춘 표현으로 선교사들이 그리스도에게 봉사하는 사람들임을 나타낸다.

4) 선교사들은 또한 "하느님의 신비를 맡은 관리인"이다. '관리인(오이코노모스οἰκονόμος)'은 '집'을 뜻하는 '오이코스οἶκος'와 '관리하다'를 뜻하는 '네모νέμο'의 합성어로, 집주인의 재산을 관리하는 사람을 가리키는 호칭이었다(루카 12,42; 16,1.3.8). 바오로는 이 호칭을 그리스도의 복음을 전하는 선교사들에게 적용한다. 교회 안에서 그리스도는 주인이시고 선교사들은 그리스도의 일을 거드는 시종일 뿐이다. 또한 선교사들은 하느님의 신비, 곧 예수님의 죽음과 부활의 신비를 맡아 관리하는 이들이다. '신비(미스테리온μυστήριον)'는 사람의 힘이나 지혜, 상식으로는 도저히 이해할 수 없을 만큼 신기하고 묘하다는 의미지만, 여기서는 전에는 감추어져 있다가 예수 그리스도 안에서 온전히 드러난 하느님의 계획을 의미한다(로마 11,25; 16,25; 1코린 2,7; 13,2; 14,2; 15,51; 콜로 1,26,27; 2,2; 4,3; 2테살 2,7). 한마디로 하느님의 신비는 곧 그리스도다(1코린 2,6–16). 바오로는 이 신비를 전하기 위하여 사도로 부르심을 받아(갈라 1,15–16) 봉사자(마태 25,14; 루카 16,2; 19,11–27 참조)가 되었다. 오리게네스는 "바오로가 코린

는 바는 그가 성실한 사람으로 드러나는 것입니다.[5] 3 그러나 내가 여러분에게 심판을 받든지 세상 법정에서 심판을 받든지, 나에게는 조금도 문제가 되지 않습니다. 나도 나 자신을 심판하지 않습니다.[6] 4 나는 잘못한 것이 없음을 압니다.[7] 그렇다고 내가 무죄 선고를 받았다는 말은 아닙니다. 나를

토에서는 '그리스도의 시종'으로서 행동했고, 반면 에페소에서는 '하느님의 신비를 맡은 관리인'이 되었다"라고 하였다(ACCK/NT.IX 95).

5) 바오로는 관리인에게 요구되는 덕목을 '성실성'이라고 한다. 선교사들은 관리인일 뿐이기에 주인 행세를 해서는 안 되고 맡겨진 일을 주인의 명령에 따라 성실하게 수행해야 한다(마태 25,21.23; 루카 12,42; 16,10-11 참조). "요구되는"의 그리스어 '제테이타이ζητεῖται' 동사는 신적 수동태로 하느님께서 요구하신다는 뜻이다.

6) 바오로는 주인이신 하느님을 위하여 일하는 일꾼으로서 자신을 심판하시는 분은 오직 하느님이시기 때문에 자신에 대하여 사람들이 심판하는 것은 개의치 않는다고 한다. 선교사들에 대한 심판은 종말 심판 때 예수님이 하실 일이지 사람들이 미리 심판할 일이 아니라는 것이다(마태 7,1-5; 루카 6,37-42). 키루스의 테오도레투스는 '바오로는 코린토 신자들의 두 가지 점, 곧 그들의 교만과 남을 판단할 자격도 없으면서 판단하고 단죄하는 것을 나무란다'라고 하였다(ACCK/NT.IX 96).

"내가 여러분에게 심판을 받든지 세상 법정에서 심판을 받든지"는 1코린 1,8의 "주 예수 그리스도의 날", 3,13의 "심판 날"과 대조된다. '세상 법정에서'는 직역하면 '사람들의 날들로부터(히포 안트로피네스 헤메라스 ὑπὸ ἀνθρωπίνης ἡμέρας)'이다. 바오로는 자신도 인간이기 때문에 자기 자신을 심판하지 않는다고 한다.

7) "나는 잘못한 것이 없음을 압니다"는 직역하면 '나는 양심에 거리낄 것이 없습니다'이다. 이는 칠십인역 욥 27,6에 나오는 말이다. 바오로는 욥기에 나오는 낱말들을 사용하여 자신의 양심이 깨끗함을 내세

심판하시는 분은 주님이십니다.[8] 5 그러므로 주님께서 오실 때까지 미리 심판하지 마십시오. 그분께서 어둠 속에 숨겨진 것을 밝히시고 마음속 생각을 드러내실 것입니다.[9] 그때에 저마다 하느님께 칭찬을 받을 것입니다.[10]

우고 있다(2코린 7,2; 필리 3,6ㄴ). 하느님의 교회를 박해하고 없애버리려 했던 바오로는 적대자들과 다른 편에 속한 이들이 가했던 비판들을 언급하면서 어떠한 흠도 없기 때문에 자신의 양심은 깨끗하다고 강조한다. 자신은 누구에게도 양심의 가책이 될 만한 일을 하지 않았다는 것이다.

8) 인간은 스스로 의로워질 수 없다. 의로움은 인간의 판단에 달려 있는 것이 아니라 하느님께서 인정해 주셔야 하기 때문에, 바오로는 자신이 무죄 선고를 받은 것은 아니라고 말한다. 바오로는 자기 자신이나 자신의 선교 역할에 대해 인간적인 판단보다는 하느님의 심판에 따라 의로워질 수 있다고 한다. "주님"은 부활하신 그리스도를 가리킨다. 바오로와 선교사들이 성실했는가를 심판하실 분은 오직 주님이신 예수 그리스도뿐이다.

9) 바오로는 형제들을 심판하는 것은 신자들이 할 일이 아니므로 주님이 다시 오실 때까지 아무도 심판하지 말고 기다리라고 권면한다. 여기서 "때"는 그리스어로 '카이로스*καιρός*'인데 이는 결정적인 때를 가리킨다. '결정적인 때'란 주님께서 어둠 속에 숨겨진 것을 밝히시고 사람들의 마음속 생각들을 드러내실 때다(로마 2,16).

10) 바오로는 주님의 재림 때(1테살 4,16) 부활하신 그리스도께서 인간의 행실들을 심판하실 것이라고 한다. "우리 모두 그리스도의 심판대 앞에 나서야 합니다. 그래서 저마다 좋은 것이든 나쁜 것이든, 이 몸으로 한 일에 따라 갚음을 받게 됩니다"(2코린 5,10). 요한 크리소스토무스는 '우리가 은밀히 저지르는 모든 일을 아시는 하느님만이 벌의 경중을 따져서 정확하게 심판하실 수 있다'라고 하였다(ACCK/NT.IX 97). 하느님께서 인간의 마음 깊은 곳을 살피신다는 말씀은 구약성경에도 잘 드러나 있

6 형제 여러분, 나는 여러분을 위하여 이 모든 것을[11] 나 자신과 아폴로에게 적용시켜 이야기하였습니다.[12] 여러분이 '기록된 것에서 벗어나지 마라' 한 가르침을 우리에게 배워, 저마다 한쪽은 얕보고 다른 쪽은 편들면서 우쭐거리는 일이 없게 하려는 것입니다.[13] 7 누가 그대를 남다르게

다(1사무 16,7; 1열왕 8,39; 지혜 1,6; 집회 42,18). 바오로는, 예수 그리스도께서 심판하러 오실 때에 모든 것이 드러나게 되고(로마 2,16; 묵시 22,12) 하느님으로부터 저마다 칭찬을 받게 될 것이라고 한다. 그는 1코린 3,8에서 선교사들이 저마다 수고한 만큼 받게 되는 보상을 '삯'이라고 했는데, 여기서는 심판 때 하느님으로부터 받게 되는 "칭찬(에파이노스 *ἔπαινος*)"이라고 한다(로마 2,29; 13,3; 1테살 2,4 참조). 바오로는 신자들이 선교사들을 중심으로 파당을 형성하고 자신들이 내세우는 선교사들을 자랑하는 코린토 교회의 상황을 겨냥해서 이러한 말을 하고 있다.

11) "이 모든 것"은 바오로가 1코린 1,10—4,5에서 한 모든 충고를 가리킨다. 바오로는 다시 한번 코린토 신자들을 '형제들'이라고 부른다.

12) "적용시켜 이야기하였습니다"라는 그리스어 '메테스케마티 *μετεσχημάτισα*'는 이해하기 어려운 동사로 '어떤 것의 형태를 바꾸다', '적용하다', '예증하다' 등으로 사용되는데, 여기서는 '적용시켜', '경우를 들어'의 의미로 번역하였다. 곧 바오로는 '이 모든 것'을 자신과 아폴로의 경우에 적용시켜 이야기하였다는 것이다. 바오로는 자신과 아폴로를 예로 들어 복음 선포자들의 역할을 다시 언급한다. 이를 통해 선교사들의 이름을 따라 파당을 짓는 일이 얼마나 잘못된 것인지를 경고하고 있다.

13) '히나(*ἵνα*, …하도록)'로 이어지는 두 문장은 이해하기가 어렵다. 먼저 "기록된 것(게그랍타이 *γέγραπται*)에서 벗어나지 마라"가 무엇을 의미하는지에 대해서는 여러 가지 설이 있지만, 여기서는 바오로가 이미 앞에서 직간접적으로 인용한 성경 구절들(1,19-20.31; 2,9.16; 3,19.20)의 내용을 가리킨다고 볼 수 있다. 이 성경 말씀들을 통하여 바오로는 하느님의 지

보아줍니까?[14] 그대가 가진 것 가운데에서 받지 않은 것이 어디 있습니

혜인 십자가에 못 박히신 그리스도를 잊고 세상 지혜의 잣대로 선교사들을 비교하면서 파당을 짓는 공동체를 꾸짖는다. 그는 공동체 안에서 자기들 마음대로 무슨 일이든 할 수 있다고 생각하는 신자들에게 '기록된 것'에 충실하라고 권면한다. 그리고 이어지는 두 번째 문장이 바오로의 의도를 더 분명하게 보여준다. 바오로는 코린토 신자들이 선교사들을 중심으로 파당을 형성하지 말고 일치와 조화를 이루면서 살아가기를 바란다. 선교사들은 하느님께서 고용한 도구일 뿐이기 때문이다.

"우쭐거리는"의 그리스어 '피시오오*φυσιόω*' 동사는 '우쭐거리다, 부풀리다, 교만하게 하다'를 뜻하는데 4,18–19; 5,2; 8,1; 13,4에 반복하여 나온다. 이 낱말은 코린토 1서를 제외하고 콜로 2,18에 한 번 더 나온다. 이 낱말이 이 편지에만 집중되는 것은 당시 코린토 교회 신자들이 교만과 자만심으로 공동체에 많은 문제를 일으켰음을 반영한다. 여기서 "한 쪽"과 "다른 쪽"은 신자들이 선택하여 추종했던 선교사들을 가리키는 표현이다. 바오로는 자신을 추종하는 이들이 아폴로를 폄하하고, 반대로 아폴로를 따르는 이들이 자신을 폄하함으로써 공동체에 분열을 가져오는 일이 얼마나 어리석은 것인지 책망하고 있다. 아우구스티누스는 "코린토 신자들이 가진 모든 것은 선물로 받은 것이므로 자랑해서는 안 됩니다"라고 하였다(ACCK/NT.IX 98).

14) 바오로는 자기 자랑을 일삼으며 다투는 신자들에게 이인칭 단수 대명사인 "그대"라는 표현을 쓰면서 세 차례 질문한다. 바오로는 편지 수신인의 호칭을 '그대'라고 부르면서 자신의 능력을 하느님께서 주신 선물로 생각하지 않고 그것을 자랑으로 일삼는 신자들을 꾸짖는다. 바오로는 강조하려는 의도로 첫 번째 질문을 한다. "누가 그대를 남다르게 보아줍니까?" 이에 대한 답은 당연히 '어느 누구도 아니다'이다. '남다르게 보아주다'는 그리스어 '디아크리네이*διακρίνει*'를 번역한 것인데, 이 동

까?[15] 모두 받은 것이라면 왜 받지 않은 것인 양 자랑합니까?[16]

8 여러분은[17] 벌써[18] 배가 불렀습니다. 벌써 부자가 되었습니다.[19] 여러분은 우리를 제쳐두고 이미 임금이 되었습니다.[20] 여러분이 정말 임금이

사는 본디 유다인과 이방인 사이의 차별을 나타낼 때 사용하던 낱말로 '차별하다'라는 뜻이다. 하지만 여기서는 다른 사람을 무시하면서 자신의 능력을 과시하는 코린토 신자들의 교만함을 지적하는 말이다. 곧 신자들의 그러한 자만심과 뽐냄을 용인하기 어렵다는 것이다.

15) 두 번째 질문 "그대가 가진 것 가운데에서 받지 않은 것이 어디 있습니까?"에 대한 답은 '아무것도 없다'이다. 특별한 은사를 소유했다고 해서 자랑해서는 안 된다. 왜냐하면 신자들이 받은 모든 은사는 아폴로나 바오로가 아니라 하느님에게서 온 것이기 때문이다. 바오로는 신자들이 믿음을 자신에 의해서 갖게 되었는지, 아니면 아폴로에 의해서 갖게 되었는지는 중요하지 않다고 한다. 믿음은 인간의 노력으로 생겨난 것이 아니고 전적으로 하느님께서 주신 선물이기 때문이다.

16) "모두 받은 것이라면 왜 받지 않은 것인 양 자랑합니까?"라는 세 번째 질문은 두 번째 질문과 연결된다. 바오로는 신자들이 받은 모든 것이 하느님의 선물인데 마치 자기 노력의 산물인 양 생각하고 자랑하는 행위를 나무란다. 신자들이 자랑하는 선교사들 역시 하느님에게서 받은 것을 관리하는 시종일 뿐이다. 그래서 바오로는 "자랑하려는 자는 주님 안에서 자랑하라"(1코린 1,31)고 한다. 아우구스티누스는 "우쭐거리는 사람들은 자신이 자기 노력으로 의롭게 된 줄로 착각합니다. 그래서 주님을 자랑하지 않고 자기를 자랑합니다"라고 하였다(ACCK/NT.IX 99).

17) 바오로는 신자들을 "여러분"이라고 부르면서 반어적 어투로 신자들의 행태를 비꼰다.

18) 바오로는 "벌써(에데ἤδη)"라는 낱말을 반복하여 사용함으로써 신자들이 이제 옛 생활과는 다른 은사의 풍요로움을 누리고 있다고 한다.

되었으면 좋겠습니다. 우리도 여러분과 함께 임금이 될 수 있게 말입니다.
9 내가 생각하기에, 하느님께서는 우리 사도들을 사형 선고를 받은 자처
럼 가장 보잘것없는 사람으로 세우셨습니다. 그래서 우리가 세상과 천사들
과 사람들에게 구경거리가 된 것입니다.[21] 10 우리는 그리스도 때문에 어
리석은 사람이 되고, 여러분은 그리스도 안에서 슬기로운 사람이 되었습니

---

19) 바오로는 '배가 불렀다', '부자가 되었다'라는 말로 모든 것이 풍족한 상태에서 자만심과 자기만족에 빠져있는 신자들을 나무란다.

20) "이미 임금이 되었습니다"라는 말은 코린토 신자들이 현재 누리고 있는 삶에 만족하여 더 이상 목표를 향해 나아가고 있지 않음을 우회적으로 지적한 것이다(필리 3,12–14 참조). 코린토 신자들은 하느님의 나라를 이미 차지한 양 착각하고 자만하며 인간적 삶에 안주하고 있었다.

21) 바오로는 자신을 또다시 '사도'라고 표현한다(1코린 1,1; 9,1). 바오로는 15,7("그다음에는 야고보에게, 또 이어서 다른 모든 사도에게 나타나셨습니다") 에서도 이곳에서처럼 선교 사명을 받은 '다른 모든 사도'를 언급한다. 여기에 언급된 "우리 사도들"은 바오로와 티모테오와 실라스를 가리키는 것으로 추정할 수 있다. 바오로는 계파를 만들고 자랑하는 신자들을 비판하면서 사도들은 사형 선고를 받은 사람, 구경거리가 된 사람, 어리석은 사람, 약한 사람, 멸시를 받는 사람들이 되었다고 한다. 코린토 신자들이 임금 노릇을 하는 것과 달리 바오로 자신을 비롯한 다른 사도들은 가장 보잘것없는 사람들이 되었다는 뜻이다. 바오로는 십자가에 못 박히신 그리스도를 전하는 자신과 다른 사도들은 천상 세계의 존재인 천사들과 지상 세계의 존재인 인간들 모두에게 구경거리가 되었다고 말한다. 이곳에서 처음으로 "천사"가 나타나는데(6,3; 11,10; 13,1), 이 천사라는 말은 단순한 심부름꾼이나 사자가 아니라, 하느님으로부터 온 사신(LXX 창세 16,10–13; 31,11; 32,2)이라는 뜻으로 초월적인 존재를 가리킨다.

다. 우리는 약하고 여러분은 강합니다. 여러분은 명예를 누리고 우리는 멸
시를 받습니다.[22] 11 지금 이 시간까지도, 우리는 주리고 목마르고 헐벗고
매 맞고 집 없이 떠돌아다니고[23] 12 우리 손으로 애써 일합니다.[24] 사람들

---

22) 바오로가 겪은 고난에 관한 기록은 로마 8,35; 2코린 6,4–10; 11,23–29에 다양한 양식으로 실려있다. 바오로는 자신의 고난을 예수 그리스도의 죽음과 연결시킴으로써 자신도 진정한 부활에 동참하고 있음을 강조한다.

바오로는 이 구절에서 동사를 사용하지 않고 "우리"와 "여러분"을 대조하는데, 마지막 두 문장은 교차배열 양식이다. '우리'는 십자가에 못 박히신 그리스도의 어리석음(1코린 1,18.23)을 전한 바오로와 아폴로와 케파 같은 선교사들을 가리킨다. 코린토 신자들이나 당시 사람들의 눈에는 선교사들이 어리석고(1,20–25.27; 3,18), 약하고(1,25.27) 멸시받는 이들로 비추어졌다. 암브로시아스테르의 말처럼 "그리스도를 사랑하는 이들은 세상의 눈으로 볼 때 어리석은 사람들"이다(ACCK/NT.IX 100). 바오로는 자신과 자신의 동료들(우리)은 "그리스도 때문에" 어리석은 사람이 되고, 신자들(여러분)은 "그리스도 안에서" 슬기로운 사람이 되었다고 한다. 그는 '어리석음과 슬기로움', '약함과 강함' 그리고 '멸시와 명예'라는 표현으로 자신들과 신자들을 대조하면서(1,26–27 참조), 그리스도 때문에 어리석음과 약함을 기꺼이 감수한다고 한다. 그는 자신의 어리석음과 약함에서 하느님의 능력이 드러난다는 사실을 알았다(2코린 12,5.9.10; 13,4). 바오로는 파당을 형성한 신자들이 세상에서는 지혜롭고 현명한 이들이라고 줄곧 언급하면서 그리스도 안에서는 어린아이와 같다고 하였다(1코린 3,1). 바오로는 신자들이 그리스도 안에서 슬기로운 사람이 되었다고 하지만, 이는 비꼬는 말이다.

23) 바오로는 더 이상 신자들을 비꼬는 말을 하지 않고 복음을 전파하면서 겪은 고난을 나열한다(2코린 4,8–10; 6,4–5; 11,23–27; 12,10 참조).

이 욕을 하면 축복해 주고 박해를 하면 견디어 내고 13 중상을 하면 좋은
말로 응답합니다.[25] 우리는 세상의 쓰레기처럼, 만민의 찌꺼기처럼 되었습

그는 고난 목록을 열거하면서 "지금 이 시간까지도"라는 표현을 써서 자신의 고난이 계속되어 왔음을 말한다. "헐벗고"로 번역된 그리스어 '김니테우오γυμνιτεύω' 동사는 본디 '초라하게 차려입다'라는 뜻이다. "매 맞고"로 번역된 '콜라피조κολαφίζω' 동사는 '주먹으로 치다'라는 뜻이다. "집 없이 떠돌아다니고"로 번역된 '아스타테오ἀστατέω' 동사는 '발 디딜 곳 없다, 불안정하다'라는 의미인데, 여기서는 '일정한 거처나 정처 없이 떠돌아다니다'라는 뜻이다. "주리고 목마르고"로 표현된 '우리'의 모습과 배가 불렀다(8절)로 표현된 코린토 신자들의 모습이 대조를 이룬다. '주리고 목마르고 헐벗음'은 육신의 고난을 의미하고, '매 맞고 집 없이 떠돌아다니는 것'은 사회적 고난의 상황을 가리킨다(이사 58,7 참조). 바오로는 에페소에서 살아날 가망이 없어 보이는 고난을 겪었다(2코린 1,8-11).

24) 바오로는 신자들로부터 경제적 도움을 받지 않고 아퀼라와 프리스킬라 부부와 함께 천막 만드는 일을 하여(사도 18,3) 생계비와 선교비를 마련하였다(1코린 9,4-18; 2코린 11,9; 12,13; 1테살 2,9; 2테살 3,8).

25) "욕을 하면 축복해 주고 박해를 하면 견디어 내고 중상을 하면 좋은 말로 응답합니다"는 적대자들의 비난에 대한 바오로의 반응을 나타낸다. 바오로는 악을 악으로 갚지 않고 다른 이들의 비난에 대해 관대하게 처신한다. 요한 크리소스토무스의 말처럼 모욕을 당할 때 온유한 마음으로 그 모욕을 견디면 오히려 적수들을 부끄럽게 만들 수 있다(ACCK/NT.IX 100). '욕을 하면 축복해 주고'는 루카 6,28("너희를 저주하는 자들에게 축복하며")의 말씀을, '박해를 하면 견디어 내고'는 마태 5,44("너희를 박해하는 자들을 위하여 기도하여라")의 말씀을 반영한다. 바오로는 예수님의 말씀을 실천하여 신자들에게 본보기가 되는 삶을 살고자 했다.

니다. 지금도 그렇습니다.[26)]

14 나는 여러분을 부끄럽게 하려고 이런 말을 쓰는 것이 아닙니다.[27)] 여러분을 나의 사랑하는 자녀로서 타이르려는 것입니다.[28)] 15 여러분을 그

---

26) 바오로는 1코린 4,11–13에서 고난당하는 모습을 다섯 개의 접속사 '카이(*καί*, 그리고)'를 사용하여 일인칭 복수 현재형 동사로 묘사한다. 이는 바오로의 고난이 과거뿐만 아니라 현재에도 계속되고 있음을 뜻한다. 이곳에 나오는 동사 '파라칼레오*παρακαλέω*'는 '권고하다'(1코린 1,10; 4,16; 14,31; 16,12.15; 2코린 2,8; 5,20; 6,1; 8,6; 9,5; 10,1; 12,18), '위로하다'(2코린 1,4.6; 2,7; 7,6.7.13; 13,11)라는 뜻인데, 여기서는 '좋은 말로 응답하다'로 번역되었다. 바오로는 자신의 선교활동이 당시 사람들에게 비친 두 가지 모습을 "쓰레기(페리카타르마타*περικαθάρματα*)"와 "찌꺼기(페립세마*περίψημα*)"로 묘사한다. '쓰레기'는 잠언 21,18("악인은 의인을 구하는 몸값이 되고 배신자는 올곧은 이들을 구하는 몸값이 된다")에서, 그리고 '찌꺼기'는 토빗 5,19("돈에 돈을 쌓지 마십시오. 그 돈일랑 우리 아이의 몸값으로 여겨버립시다")에서 '몸값'이라는 의미로 나온다. 반면에 애가 3,45에서는 "오물과 폐물"의 의미로 나온다. 바오로는 자신이 예수님의 십자가 사건인 복음을 전하다가 고난을 당한 모습이 마치 이 세상의 쓰레기요, 만민의 찌꺼기 같다고 하면서 사람들의 눈에는 자신과 다른 사도들이 비록 낮은 신분으로 비치지만 그리스도 때문에 견디어 낸다고 한다.

27) 바오로는 코린토 신자들을 달래면서도 권면하려는 다른 어투를 채택한다. 바오로는 코린토 교회의 분열에 대한 이제까지의 긴 논의(1코린 1,10—4,13)를 4,14–21로 마무리하면서 신자들을 부끄럽게 하려고 이 모든 것을 쓰는 것이 아니라고 한다. "이런 말"은 직접적으로는 4,6–13을, 간접적으로는 1,10—3,23을 가리킨다.

28) 바오로는 '엔트레폰(*ἐντρέπων*, 부끄럽게 하다)'과 '누테톤(*νουθετῶν*, 타이르다)'(로마 15,14; 콜로 1,28; 3,16; 1테살 5,12.14; 2테살 3,15)을 대조시키며 코

리스도 안에서 이끌어 주는 인도자가 수없이 많다 하여도[29] 아버지는 많지 않습니다. 그리스도 예수님 안에서 내가 복음을 통하여 여러분의 아버지가 되었습니다.[30] 16 그래서 내가 여러분에게 권고합니다.[31] 나를 본받

린토 신자들을 2코린 6,13에서처럼 "사랑하는 자녀"라고 일컫는다. 그는 이 표현을 통해 자신과 신자들이 아버지와 자녀의 관계임을 강조한다.

29) 바오로는 신자들을 이끌어 주는 인도자가 수없이 많다고 한다. "인도자"는 그리스어로 '파이다고고스*παιδαγωγός*'로 '교사'를 뜻하는데, 여기서는 어린아이들을 돌보아 주는 보호자를 가리킨다. 왜냐하면 당시 그리스 문화권에서는 여섯 살 된 어린아이가 성년이 될 때까지 보호하고 감독하는 역할을 바로 이들이 수행했기 때문이다. '수없이 많다'에 해당하는 그리스어는 '만 명'을 뜻하는 '미리우스*μυρίους*'인데, 여기서는 수사학적 과장법으로 쓰인 표현이다.

30) 바오로는 인도자들은 많지만 아버지는 많지 않다고 하면서 자신이 그리스도 예수님 안에서 복음 선포 활동을 통하여 아버지가 되었다고 한다. "여러분의 아버지가 되었습니다"는 직역하면 '여러분을 낳았습니다(히마스 에겐네사*ὑμᾶς ἐγέννησα*)'이다. 여기에서 사용된 동사 '겐나오*γεννάω*'는 '낳다'라는 뜻인데, 바오로는 필레 10절에서 개종한 노예 오네시모스를 두고 "옥중에서 얻은 내 아들"이라고 표현할 때도 같은 동사를 사용한다.

교부들은 바오로가 말하는 부성을 세 가지 의미로 풀이하였다(Fitzmyer 2008, 221–222). 첫째, 어떤 특별한 의미가 없는 관용적인 표현이다(키루스의 테오도레투스, 다마스쿠스의 성 요한). 둘째, 세례를 받은 이들이 바오로를 아버지로 인식한다는 의미다(오이쿠메니우스). 셋째, 바오로의 복음 선포를 통하여 신자들이 새로운 삶으로 태어났다는 의미다(요한 크리소스토무스). 바오로가 복음을 통하여 그리스도 예수님 안에서 신자들의 영적인 아버지가 되었다고 표현한 이유는 자신이 처음으로 코린토 교회

는 사람이 되십시오.[32] 17 이러한 연유로 내가 티모테오를 여러분에게 보

를 세우고 일 년 육 개월 동안 복음을 전하면서 그들과 함께하였기 때문이다(사도 18,11). 바오로는 여기에서 자신과 신자들의 관계를 아버지와 자녀의 관계로 언급하며, 갈라 4,19; 1테살 2,7에서는 어버이와 자녀의 관계라고 한다.

바오로는 이 편지에서 처음으로 "복음(에우앙겔리온εὐαγγέλιον)"이라는 낱말을 사용하는데, 1코린 9,12.14.18.23; 15,1에 또다시 나온다. 그는 예수 그리스도의 수난과 죽음과 부활로 드러난 하느님의 구원 계획에 대한 기쁜 소식을 복음이라고 한다. '복음'이라는 낱말은 칠십인역에서 온 것으로 '기쁜 소식'(2사무 18,20.22.25.27; 2열왕 7,9) 또는 기쁜 소식을 전하는 이에게 주어지는 보상(2사무 4,10; 18,22)이라는 의미로 나온다. '복음을 전하다'라는 동사 '에우앙겔리조마이εὐαγγελίζομαι'는 이사 52,7; 60,6; 61,1에 나온다.

31) 바오로는 1코린 1,10에서 언급한 '권고하다(파라칼로παρακαλῶ)' 동사를 다시 사용한다.

32) 바오로는 신자들에게 "나를 본받는 사람이 되십시오"라고 권고한다. 바오로는 친서에서 다섯 번에 걸쳐 '본받다(미메오마이μιμέομαι)', '본받는 이(미메테스μιμητής)'라는 낱말을 사용한다(1코린 4,16; 11,1; 에페 5,1; 1테살 1,6; 2,14). 바오로는 신자들에게 직접적으로 그리스도를 본받으라고 하지는 않지만, "내가 그리스도를 본받는 것처럼"(1코린 11,1)이라는 말을 덧붙임으로써 간접적으로 그리스도를 본받으라고 한다. 그는 코린토 신자들이 그리스도를 본받기를 바라면서, 그들이 나약하기 때문에 그들과 다를 바 없는 자신을 본보기로 내세운다. 요한 크리소스토무스는 '바오로가 사람들에게 자신을 본받으라고 훈계하는 것은 그가 그리스도를 본받기 때문'이라고 하였다(ACCK/NT.IX 103). 바오로는 다른 곳에서는 신자들에게 자신이 어려움을 겪을 때 기도해 달라고 요청한다(2코

냈습니다.[33] 그는 내가 주님 안에서 사랑하는 나의 성실한 아들입니다. 내가 어디에 가든지 모든 교회에서 가르치는 그대로, 그리스도 예수님 안에서 지켜야 하는 나의 원칙들을 그가 여러분에게 상기시켜 줄 것입니다.[34]

린 1,10-11; 필리 1,19).

33) 바오로는 신자들이 자신의 어떤 점을 본받아야 하는지 편지를 통해 구체적으로 설명하지 않고 코린토에 티모테오를 보내어 직접 설명하게 한다. 그는 예수 그리스도의 수난의 길을 가는 자신을 신자들이 본받게 하고(1테살 1,6; 2,14 참조) 그들과 함께한다는 마음으로 티모테오를 보내어 자신이 쓴 편지를 전하게 했다.

34) 티모테오는 바오로에게서 듣고 배운 원칙들을 코린토 신자들에게 말로 상기시킬 뿐만 아니라 개인적인 행실로도 전했을 것이다. "나의 원칙들"은 직역하면 '나의 길들(타스 호두스 무τὰς ὁδούς μου)'로, 이는 바오로 사도가 보여준 삶의 방식과 내용 모두를 가리킨다. 티모테오는 선교여행 중 바오로로부터 여러 차례 파견되었다(필리 2,19-24; 1테살 3,2). 1코린 1,1의 인사에 티모테오의 이름이 나오지 않은 것으로 보아 티모테오는 이미 바오로의 뜻을 따라 코린토 교회를 향해 떠났던 것으로 추정된다. 티모테오는 아마도 바오로가 현재 쓰고 있는 코린토 1서보다 먼저 쓴 편지(5,9)를 가지고 갔을 것이다.

바오로는 선교의 일을 적극적으로 도와주는 티모테오를 '나의 아들'이라고 부른다. 티모테오가 어떻게 바오로의 동료 일꾼이 되었는지는 사도 16,1-4에 자세하게 언급되어 있는데, 거기에서는 티모테오가 제자로 표현되었다. 그리스도교 신자가 된 유다인 어머니와 그리스인 아버지 사이에 태어난 티모테오는 리스트라와 이코니온에 있는 형제들에게 평판이 좋았기 때문에 바오로는 그와 함께 선교여행을 하게 되었다. 티모테오는 어머니의 종교를 따라 유다인이었고, 그리스도교로 개종한 다음에는 유다계 그리스도인이 되었다. 바오로는 그 지역의 유다인들에게 호감

18 그런데 어떤 이들은 내가 여러분에게 가지 않을 것으로 여겨 우쭐
거리고 있습니다.[35]
19 주님께서 원하시면 나는 여러분에게 곧 갈 것입니

을 사려고 그를 데려다 할례를 베풀었다. 티모테오는 바오로 편지의 공동 발신인으로 소개되기도 하고(2코린 1,1; 필리 1,1; 1테살 1,1; 비교: 콜로 1,1; 2테살 1,1) 사목 서간인 티모테오 1·2서의 수신인으로 언급되기도 한다(1티모 1,2; 2티모 1,2). 티모테오는 바오로의 다른 편지들에서도 소개된다(로마 16,21; 2코린 1,19; 필리 2,19; 1테살 3,6). 티모테오는 코린토에 이미 와있었고 바오로가 코린토에서 테살로니카 신자들에게 보낸 첫째 서간을 쓸 때도 같이 있었다(1테살 3,2.6). 필리 2,19-22에서 바오로는 필리피 신자들에게 티모테오를 보내면서 그는 자신과 함께 마치 자식과 아버지처럼 복음을 위하여 일하였다고 소개한다. 요한 크리소스토무스는 '바오로는 몹시도 사랑하는 자식 같은 티모테오와 떨어지는 것도 감수하면서 그를 코린토에 보냄으로써 자신이 코린토 신자들을 얼마나 사랑하는지 보여주었다'라고 하였다(ACCK/NT.IX 103).

35) 바오로는 티모테오를 코린토로 보낸 것으로 만족하지 않고 자신이 직접 방문하여 공동체에 만연된 문제들을 해결하려고 한다. 바오로는 자신이 코린토를 방문하지 않을 것이라는 생각으로 자만에 빠져 우쭐거리는 신자들에게 방문을 예고한다. 바오로는 '주님께서 원하시면'이라는 표현을 통해 자신의 모든 계획이 주님의 뜻에 달려있음을 분명히 한다. 코린토 교회 신자들 중 일부는 우쭐거리고 거만하게 굴었다. 바오로는 자신에 대해서 잘못된 판단을 하고, 이미 1코린 4,6에서 지적했듯이 한쪽을 반대하고 다른 쪽을 편들면서 우쭐거리는 '어떤 이들'의 생각을 바로잡아 주려고 한다. 그들은 바오로는 자신들에게 다시 돌아오지 않으리라고 생각하고 아폴로가 다시 오기를 바랐다(16,12 참조).

"어떤 이들"은 선교사들을 중심으로 파당을 만든 이들일 수도 있고 바오로를 비난하는 적대자들일 수도 있다. 그들은 바오로가 없는 동안

다.[36] 그리고 그 우쭐거리는 이들의 말이 아니라 힘을 확인해 보겠습니다.[37]

무절제한 향락에 빠졌으며 바오로가 다시 올지도 모른다는 사실을 간과하고 교만에 빠져 제멋대로 행동하였다.

36) 바오로는 자신이 코린토를 다시 방문할 것이라는 말을 하지 않았기 때문에(필리 2,24 비교) 코린토 교회로 되돌아오지 않을 것으로 판단한 "어떤 이들"의 생각을 반박한다. 바오로는 실제로 첫 번째 편지를 보내고 에페소에서 선교할 때 자신의 사도직을 부인하는 선교사들이 교회에 들이닥쳐 교회를 어지럽힌다는 소식을 듣고 코린토 교회를 두 번째로 방문하였는데(중간 방문), 신자들 대부분은 사이비 선교사들을 따르고 심지어 어떤 무뢰한은 바오로 사도에게 공개적으로 모욕을 가하기도 하였다(2코린 2,5–11; 7,12; 참조: 12,20–21). 바오로는 이 편지를 마무리하면서 다시 방문하겠다는 약속을 공식화하는데(1코린 16,5–9; 참조: 11,34), 구체적으로는 마케도니아를 거쳐 코린토를 방문하겠으며 오순절까지는 에페소에 머물겠다고 한다. 일부 학자들(Héring, Weiss)은 여기에서 언급된 방문 계획과 16,5–9의 방문 계획이 다른 것은 두 본문이 서로 다른 기회에 쓰인 편지의 일부분이기 때문이라고 주장한다. 하지만 시간이 지나면서 바오로의 생각이 달라졌을 수도 있다.

"곧 갈 것입니다"라는 말에는 "주님께서 원하시면"이라는 단서가 붙어있다. 바오로는 16,7에서도 "주님께서 허락하시면" 코린토를 방문해서 여러분과 함께 지내고 싶다는 바람을 피력한다. 이처럼 바오로는 주님이 허락하실 때에만 사도로서의 임무를 수행해야 한다는 것을 인지하고 있었다(사도 18,21; 히브 6,3; 야고 4,15 참조).

37) 바오로는 코린토 교회를 방문해서 우쭐거리는 이들의 "말이 아니라 힘"을 확인해 보겠다고 한다(1코린 2,4.13). 코린토 신자들은 말과 말재주에 너무 빠져서 싸움을 일삼았다. 바오로는 그들의 말재주를 우려하였다. '힘'은 "성령의 힘"(2,4)을 뜻하는데, 바오로는 그들의 말이 성령

20 하느님의 나라는 말이 아니라 힘에 있기 때문입니다.[38)] 21 여러분은 어

과 힘에 바탕을 둔 것인지를 확인해 보겠다고 한다. 여기서 '말'은 1,17과 2,1에 나오는 인간의 "말재주"를 뜻한다. 말과 힘의 대조는 1테살 1,5("그것은 우리 복음이 말로만이 아니라 힘과 성령과 큰 확신으로 여러분에게 전해졌기 때문입니다")에도 실려있다.

38) "하느님의 나라"는 예수님 복음 선포의 핵심인데 공관복음과 달리 이 편지에는 드물게 나온다(1코린 6,9; 15,50; 비교: 15,24). 마르 9,1에서도 '하느님의 나라와 힘'이 함께 언급된다. 하느님의 나라는 마태오 복음에 많이 나오는데, 거기서는 빈번히 '하늘나라'로 언급된다(마태오 복음: 55번; 마르코 복음: 14번; 루카 복음: 38번; 요한 복음: 5번). 하느님의 나라는 주님을 임금으로 언급한 구약성경의 사상으로(1사무 12,12; 시편 47,3–8; 이사 6,5; 33,22; 43,15; 예레 8,19; 미카 2,3) 주님께 부여된 왕권(시편 103,19; 145,11–13; 오바 21절)을 반영한다. 신약성경의 하느님 나라는 오히려 바빌론 유배 시기 이후의 문헌들(LXX 1역대 28,5; 2역대 13,8)에 나오는 '주님의 나라'와 더 가깝다.

구약성경에서 하느님의 나라는 하느님의 구원이 실현되는 때를 기다리는 종말론적인 희망을 나타낸다. 그때가 되면 하느님께서 세상 모든 것을 지배하시고 인간들은 위험과 악과 죄에서 벗어나게 된다. 반면에 신약성경에서는 하느님의 나라가 예수님의 삶과 죽음과 부활로 이미 이루어졌다고 한다. 예수님은 하느님의 나라를 선포하시면서 "하느님의 나라는 너희 가운데에 있다"(루카 17,21) 하고 말씀하셨다. 바오로의 편지에는 하느님의 나라가 드물게 나온다(로마 14,17; 1코린 6,9–10; 15,50; 갈라 5,21; 1테살 2,12; 비교: 1코린 15,24; 에페 5,5; 콜로 1,13; 4,11; 2테살 1,5). 바오로는 교만하고 우쭐거리는 일부 코린토 신자들의 말이 인간의 말로 전락함으로써 자기 자랑만 일삼고 하느님 나라의 힘을 훼손하는 결과를 초래한다고 나무란다(1코린 1,17; 2,1–2). 하느님의 나라와 함께 언급되는 "힘(디나미

느 것을 원합니까?[39] 내가 여러분에게 매를 들고 가는 것입니까? 아니면, 사랑과 온유한 마음으로 가는 것입니까?[40]

ㅅδύναμις)"은 다양하게 해석된다. 곧 '기적을 행하는 힘', '그리스도인의 삶에서 승리한 이들의 힘', '복음의 힘' 등인데 '복음의 힘'이라는 의미가 이 구절과 잘 어울린다(로마 1,16; 1테살 1,5).

39) 바오로는 여기에서 신자들에게 선택을 맡기고 있다(2코린 12,20 참조). 곧 자신의 방문이 아버지와 자녀로서의 상호 신뢰가 쌓이는 방문이 될 것인가, 아니면 교만한 신자들을 벌하고 훈육하는 방문이 될 것인가는 전적으로 신자들의 선택에 달렸다고 한다.

40) "매(ㅎ랍도ㅅῥάβδος)"는 윗사람 또는 교사의 훈육 도구인데, 여기서는 바오로의 권위 있는 능력의 표지를 말한다. 바오로는 사랑스럽지만 성실하지 못한 자녀들에게 필요하다면 기꺼이 매를 사용하려고 한다. "온유한 마음"은 15ㄴ절에 나오는 아버지의 모습을 의미한다. 바오로는 '교회 분열'의 문제를 마무리하면서 신자들에게 매를 들고 가야 하는지 아니면 사랑과 온유한 마음을 가지고 가야 하는지를 묻고 있다.

주제 1. 교회의 분열

어떠한 공동체든지 다양한 사람이 모이는 곳이면 으레 시기와 싸움이 있는 법이다. 코린토 교회도 예외는 아니어서 시기와 싸움으로 신자들 사이에 분열이 생기고 마침내는 파당이 형성되었다. "여러분은 아직도 육적인 사람입니다. 여러분 가운데에서 시기와 싸움이 일고 있는데, 여러분을 육적인 사람이 아니라고, 인간의 방식대로 살아가는 사람이 아니라고 할 수 있습니까?"(1코린 3,3)

1,12에는 '바오로 편', '아폴로 편', '케파 편', '그리스도 편' 이렇게 네 파당이 언급된다. 이 문제에 대해서, 코린토 교회에 네 개의 파당이 존재했다고 주장하는 이들부터 실제로는 바오로와 아폴로 두 파당만 존재했다고 주장하는 이들에 이르기까지 다양한 견해들이 있다. 특히 그리스도 편에 대해서는 의견이 더 분분하

다. 코린토 교회 신자들 대부분은 바오로와 아폴로를 추종하였다. 바오로는 교회를 세운 사도니까, 아폴로는 설교를 잘하니까 그들을 따르는 이들이 많이 생겼을 것이다. 코린토 교회를 세운 바오로가 떠난 뒤 설교 잘하는 아폴로가 오자 신자들은 아폴로의 설교에 감동을 받아 아폴로가 최고라며 추종하는 이들이 생겨났다. 바오로와 아폴로를 추종하는 이들이 서로 시기하고 싸우는 모습을 본 다른 신자들이 '케파'를 거론했을 것이고, 급기야는 '그리스도'가 최고라면서 선교사들을 중심으로 파당을 형성하는 이들을 비꼬았을 것이다. 이러한 신자들의 모습을 보고 바오로를 존경하던 이들이 공동체의 심각성을 느끼고 바오로에게 교회 실상을 전한다. 바오로는 파당은 신자들의 신앙 수준이 유아기적이기 때문에 발생한 것이라고 하면서 "나는 여러분에게 젖만 먹였을 뿐 단단한 음식은 먹이지 않았습니다. 여러분이 그것을 받아들일 수 없었기 때문입니다. 사실은 지금도 받아들이지 못합니다"(3,2)라고 한다.

바오로는 코린토 교회가 복음과는 다른 방향으로 나아갈 때마다 그들의 삶을 바로잡아 주기 위해 그리스도의 십자가 사건을 상기시킨다. 그리스도의 십자가 사건은 하느님께서 세상이 시작되기 전 우리의 영광을 위하여 미리 정하신 구원 사건인데(1,13.17-18.21-24; 2,1-13) 세상 우두머리들은 십자가 사건을 깨닫지 못하고 그것을 어리석음으로 치부해 버린다(2,6-16). 그러나 십자가 사건은 그리스도인들에게는 하느님의 힘이요 지혜요 영이다(1,18.21.24.30; 2,4.10-13). 그러므로 신자들은 선교사들을 중심으로 편 가르기를 해서는 안 되고 '하느님에게서 오는 지혜가 되고, 의로움과 거룩함과 속량이 되신 그리스도'(1,30)께 대한 신앙으로 하나가 되어야 한다. 그리스도인들이 섬겨야 할 분은 오직 그리스도 한 분뿐이다.

교회의 기초 역시 그리스도시다(3,10-15). 따라서 그리스도인들은 누구나 그리스도에게 속한 사람들이다. 선교사들은 결코 교회의 주인이 아니고 그리스도의 가르침에 따라 그리스도인들을 섬기는 봉사자 곧 종들이다. 바오로는 선교사들이 코린토 신자들을 위해 십자가에 처형된 적도 없고 신자들이 선교사의 이름으로 세례를 받은 일도 없는 만큼 선교사들을 중심으로 편 가르기를 하지 말라

2. 불륜과 송사(5,1—6,20)

불륜에 대한 단죄[1)]

5 1 사실은 여러분 가운데에서 불륜이 저질러진다는 소문이 들립니
다.[2)] 이교인들에게서도 볼 수 없는 그런 불륜입니다. 곧 자기 아버지

고 충고한다. 바오로는 "바오로도 아폴로도 케파도, 세상도 생명도 죽음도, 현재도 미래도 다 여러분의 것입니다. 그러나 여러분은 그리스도의 것이고 그리스도는 하느님의 것입니다"(3,22-23)라는 말로써 교회 안에서의 서열은 하느님, 그리스도, 신자들, 선교사들 순임을 강조한다.

1) 바오로는 1코린 1—4장에서 코린토 교회 신자들이 세상 지혜를 자랑하면서 분열을 일으킨 데 대하여 십자가의 진정한 지혜를 가르쳤다. 이제 5장에서는 신자들의 방종으로 인하여 야기된 불륜 문제를 언급하며 "하느님의 성전"(3,16.17)인 교회의 거룩성을 강조한다. 유다인들은 불륜을 싫어했는데, 초기 그리스도교 공동체도 불륜을 교회의 거룩성을 해치는 악행으로 여겼다. 바오로는 불륜을 맨 처음 언급하며, 악행 목록(1코린 6,9–10; 갈라 5,19–21)을 나열한다. 그는 1코린 5,1—6,20에서 코린토 교회에서 발생한 반윤리적 행태를 거론하면서 5장과 6,12–20에서는 불륜 문제를, 6,1–11에서는 소송 문제를 다룬다. 반윤리적 폐단들은 교회 공동체의 거룩함과 일치를 깨뜨리는 비행이다. 바오로는 이러한 불미스러운 일들을 소문으로 들었다고 한다. 그가 이 소문을 "클로에 집안 사람들"(1,11)에게 들었는지, 아니면 16,17에 나오는 "스테파나스와 포르투나투스와 아카이코스"에게 전해 들었는지는 분명하지 않다. 바오로는 신자들에게 불륜을 저지르는 자들과 상종하지 말라고 편지를 써 보낸 적이 있음을 상기시킨다(5,9). 코린토는 경제적으로는 번창하였으나 윤리적으로는 퇴폐한 도시였다. 일부 코린토 신자들은 공동체에 들어

의 아내를 데리고 산다는 것입니다.[3)] 2 그런데도 여러분은 여전히 우쭐거

오기 전에 이교인으로서 퇴폐한 생활에 젖어있었는데 공동체에 들어와서도 과거의 생활을 버리지 못하고 여전히 불륜을 일삼았다. 바오로는 5,1–2에서 불륜을 꾸짖고 5,3–5에서는 그러한 비행을 저지르는 자에게 판결을 내렸다고 하면서 5,6–8에서 파스카 축제와 관련지어 그리스도인의 생활에 대하여 훈계한다. 이어서 5,9–11에서는 반윤리적인 사람들과 관련하여 더욱 구체적인 지침을 내린 뒤, 5,12–13에서 교회 바깥 사람들에 대한 심판 문제를 다룬다.

2) 바오로는 코린토 교회 안에서 발생한 불미스러운 문제, 곧 신자들 가운데 '아버지의 아내'를 데리고 사는 패륜아가 있다는 소식을 구두로 들었다고 한다. "불륜"으로 번역된 그리스어 '포르네이아πορνεία'는 신약성경에 모두 스물여섯 번 나오며 바오로의 편지에만 아홉 번 나온다[1코린 5,1(2번); 6,13.18; 7,2; 2코린 12,21; 갈라 5,19; 에페 5,3; 1테살 4,3]. 그리고 1코린 5,9.10.11; 6,9에서는 '불륜을 저지르는 자(포르노스πόρνος)'로 나타난다.

3) '포르네이아'의 동사 '포르네우오πορνεύω'는 성적 행위와 관련된 용어로 구체적으로 어떠한 행위인지 알 수 없으나 여기서는 '아버지의 아내를 데리고 사는' 패륜을 가리킨다. 랑(F. Lang)은 아버지의 아내가 패륜아의 생모인지 계모인지, 또 이러한 비행이 아버지가 생존해 있는 동안에 벌어진 일인지 아니면 사후에 발생한 일인지, 아버지의 아내를 데리고 사는 비행이 정식 혼인에 의한 것인지 아니면 불륜 관계를 의미하는지 분명하지 않다고 한다. 이에 대해 대부분의 학자는 아버지의 아내를 계모라고 주장한다. 바오로는 어찌 됐든 이런 일은 이교인들에게서도 볼 수 없는 "불륜"이라고 정의함으로써 유다인은 물론 이교인들조차 해서는 안 되는 비행임을 명확하게 규정한다. 레위 18,6–18; 20,11에도 친모와 아들 그리고 계모와 아들 사이에 해서는 안 될 관계들이 언급

립니다.[4] 여러분은 오히려 슬퍼하며, 그러한 일을 저지른 자를 여러분 가운데에서 제거해야 하지 않겠습니까?[5] 3 나는 비록 몸으로는 떨어져 있지만

되어 있는데, 18,29에서는 이를 범한 이들이 파문될 것이라고 한다(신명 23,1; 27,20 참조). 아들이 계모와 성적 관계를 가졌다면, 그것은 돌에 맞아 죽임을 당해야 하는 일이었다. 레위기에서는, 생모와의 관계를 금지할 때는 '어머니'라는 표현을, 계모와의 관계를 금지할 때는 '아버지의 아내'라는 표현을 사용한다.

이로 미루어 이 절에 나오는 "아버지의 아내"는 계모일 것이다. 이 계모가 신자인지 아닌지 분명하게 나타나 있지 않지만, 계모를 꾸짖는 말이 나오지 않는 것으로 보아 그리스도인은 아니었던 것 같다. "데리고 산다(에케인ἔχειν)"라는 낱말은 혼인도 하지 않은 채 성관계를 갖는다는 의미가 아니라 혼인을 통하여 정식 부부가 되었음을 의미한다. 왜냐하면 그리스어 '에케인'은 '가지다'라는 의미로, 혼인 관계로 발생된 남편의 법적 소유권을 가리키기 때문이다.

4) 바오로는 불륜을 저지른 당사자보다 이러한 음행을 보고도 묵과한, 더 나아가서 우쭐거리며 자만심에 빠진 신자들을 나무란다. 그들은 그리스도 안에서 "새로운 피조물"(2코린 5,17; 참조: 갈라 6,15)이 되었고 그리스도인의 자유를 얻었다고 주장했을지 모르지만, 그러한 자유가 방종이나 심지어 범죄행위까지 허용한다는 의미는 아니었다. 오히려 어떤 이는 "나에게는 모든 것이 허용된다"(1코린 6,12)라고 주장하며 자기 합리화를 했을 것이다. '우쭐거리다'로 번역된 그리스어 '페피시오메노이 πεφυσιωμένοι'는 '피시오오φυσιόω' 동사의 완료 수동형으로 4,6에도 나온다. 바오로는 한쪽은 얕보고 다른 쪽은 편들면서 우쭐거리는 신자들의 태도를 언급하면서 이 동사를 사용하였다(4,18.19).

5) 바오로는 신자들에게 슬퍼하라고 하면서 수사학적인 질문을 던진다. 신자들은 그러한 불륜을 저지른 패륜아가 여전히 공동체 안에 머

영으로는 여러분과 함께 있습니다. 그래서 내가 여러분과 함께 있는 것과 다름없이, 그러한 짓을 한 자에게 벌써 판결을 내렸습니다.[6] 4 우리 주 예수님의 이름으로 그렇게 하였습니다. 이제 여러분과 나의 영이 우리 주 예수님의 권능을 가지고 함께 모일 때,[7] 5 그러한 자를 사탄에게 넘겨[8] 그

무르고 있다는 사실을 슬퍼해야 하는데도 그 상황을 제대로 판단하지 못하였다. 그래서 바오로는 공동체에 해를 끼치는 그러한 사람을 추방해야 하지 않느냐고 반문한다. 바오로는 자유를 육을 위하는 구실로 삼지 말라고 했는데(갈라 5,13), 칠십인역 신명 17,5–7은 그런 불륜을 저지르는 자를 아예 돌로 쳐 죽이라고까지 하였다. 그는 1코린 5,13에서 신명 17,7("증인들이 먼저 그에게 손을 대고, 온 백성이 그 뒤를 따라야 한다. 이렇게 너희는 너희 가운데에서 그 악을 치워버려야 한다")을 인용하며 자신의 주장을 마무리한다. 바오로는 한 사람의 불륜이 또 다른 사람의 불륜으로 이어져 공동체의 거룩함과 순결이 손상될 수 있음을 경고한다. 바오로는 코린토 신자들의 화를 돋우려는 것이 아니라 그들이 기꺼이 자신의 뜻을 따르도록 유도하고 있다.

6) 바오로가 격앙된 어조로 공동체를 나무라는 이유는 불륜을 단호하게 심판하기로 마음먹었기 때문이다. 바오로는 "나는"이라는 표현을 사용하여 자신은 지금 공동체와 떨어져 있지만 이 상황에 강력히 대응하겠다는 의지를 표명한다. 그는 비록 몸으로는 떨어져 있지만(2코린 10,11; 13,10 참조) 영으로는 함께해서 이미 그 패륜아를 출교 처분하였다고 한다. 키루스의 테오도레투스는 "바오로는 그것이 얼마나 잘못된 일인지 다시 한번 확인시키며, 아무도 다른 해결책은 기대할 수 없다는 뜻을 내비칩니다"라고 하였다(ACCK/NT.IX 107).

7) 바오로는 신자들에게 공동체의 일원으로서 의무를 다하라고 권고하면서 불륜에 대해서도 일치된 행동을 취하라고 명한다. 그것은 패륜아에 대한 제재가 공동체 내에서 시행되어야 하기 때문이다. 또한 바

육체는 파멸하게 하고 그 영은 주님의 날에 구원을 받게 한다는 것입니다.[9)]

오로는 신자들에게 예수님의 이름으로 모여서(마태 18,20) 자신의 권위와 공동체와의 연대성을 깨달으라고 한다. "주 예수님의 이름으로"는 다른 형태로 여러 곳에 나온다(사도 2,38; 16,18; 1코린 6,11; 콜로 3,17; 2테살 3,6). 바오로는 신자들에게 자신이 패륜아를 심판한 것과 같은 정도의 심판을 하라고 촉구한다. 그는 "나의 영"이라는 표현을 사용하여 예수님이 세우신 공동체의 복음 선포자로서 예수님의 권능을 가지고 공동체와 함께하겠다는 뜻을 피력한다.

8) "넘겨"에 해당하는 그리스어 '파라두나이*παραδοῦναι*'는 '파라디도미*παραδίδωμι*'의 과거 부정사로 1코린 5,3의 '심판하다/판결을 내리다(케크리카*κέκρικα*)'와 연결된다. "그러한 자"는 5,2에 나오는 "그러한 일을 저지른 자"를 가리킨다. 바오로는 불륜을 저지른 자를 이미 사탄에게 넘겨 심판했으니 공동체도 자신의 심판에 동참하라고 촉구한다. 사탄에게 넘긴다(1티모 1,20)는 것은 곧 교회에서 축출하라는 표현과 같은 뜻이다. 구약성경에서 공동체로부터 축출당하는 것은 곧 죽음을 의미했다. 신자가 공동체로부터 추방당하는 것은 사탄이 여전히 세력을 떨치는 영역으로 던져지는 것과 같다. 곧 불륜을 저지른 자가 예수 그리스도의 주권으로부터 사탄의 영역으로 옮겨가는 것을 가리킨다. 바오로는 로마 16,20; 1코린 7,5; 2코린 2,11; 11,14; 12,7; 1테살 2,18에서도 사탄을 언급하는데, 갈라티아서와 필리피서 그리고 필레몬서에는 사탄이라는 말이 나오지 않는다.

9) "파멸"을 뜻하는 '올레트로스*ὄλεθρος*'는 1테살 5,3에도 나오는데, 2테살 1,9("그들은 주님 앞에서, 그분 권능의 영광에서 떨어져 나가 영원한 파멸의 형벌을 받게 됩니다")에서처럼 '영원한 파멸'을 뜻하지는 않는다. "육체(사륵스*σάρξ*)"는 '몸(소마*σῶμα*)'과 같은 의미다(2코린 7,1.5; 갈라 4,13–14). 바오로는 여기에서 육체와 영을 이원론적인 의미로 대조한다(로마 8,5–8; 갈라

6 여러분의 자만은 좋지 않습니다.[10] 적은 누룩이 온 반죽을 부풀린다
는 것을 모릅니까?[11] 7 묵은 누룩을 깨끗이 치우고 새 반죽이 되십시오.[12]

5,17). 하지만 육체라는 낱말을 죽음이 아니라 육체적 고통을 가리키는 의미로 사용한다. 따라서 파멸은 비유적인 표현으로서 종말론적 의미로 이해해야 한다(1코린 10,10–11; 비교: LXX 예레 5,6; 에제 6,14). 곧 2.7.13절이 암시하는 것처럼 하느님의 새로운 백성으로부터 잘못을 저지른 사람이 배제됨으로써 발생하는 일시적인 고통과 파멸로 이해되어야 한다. 이러한 바오로의 생각은 1코린 11,30–32에 잘 드러나 있다. "주님께서 우리를 심판하셔도, 그것은 우리가 이 세상과 함께 단죄받지 않도록 우리를 교육하시는 것입니다."

바오로는 비행을 저지른 개인의 죄보다 불륜을 저지르는 자에게 관용을 베푸는 공동체의 처신에 주목한다. 그러한 행위는 공동체를 위험에 빠뜨리고 주님의 날에 결코 도움이 되지 못한다고 보았기 때문이다. 따라서 신자가 불륜을 저지르는 경우 그를 공동체에서 축출하는 것은 그가 살아있는 동안에 회개하고 돌아와 구원을 얻도록 길을 열어주는 행위다(11,32). 몹수에스티아의 테오도루스는 '불륜을 저지르는 자를 공동체로부터 추방하면 그 사람은 사탄이 다스리는 세상에서 살면서 하느님이 두려운 줄 알게 되어 장차 있을 큰 징벌을 피할 수 있을 것'이라고 하였다(ACCK/NT.IX 107). 따라서 출교 처분은 영원한 추방이 아니라 다시 회개와 구원에 이르는 길을 열어주는 결정으로, 궁극적으로는 사랑의 행위라고 할 수 있다. 바오로는 갈라 6,1에서 어떤 사람이 잘못을 저지르면 온유한 마음으로 그를 바로잡아 주라고 권면한다.

10) 바오로는 여기에서 신자들의 자만을 비판한다. "여러분의 자만"은 신자들의 교만을 가리키는데(1코린 4,6.7.18.19), 5,2에서 언급한 우쭐거리는 행위의 결과다. 신자들은 주님을 자랑해야 하는데(1,31; 3,21; 4,7) 오히려 자신들을 자랑한다.

여러분은 누룩 없는 빵입니다. 우리의 파스카 양이신 그리스도께서 희생되셨기 때문입니다.[13] 8 그러므로[14] 묵은 누룩, 곧 악의와 사악이라는 누룩

---

11) 바오로는 일반적으로 알려진 격언(갈라 5,9)을 인용하여 수사학적인 질문을 던진다. 적은 양으로 온 반죽을 부풀게 하는 "누룩(지메ζύμη)"은 하나가 많은 것에 영향을 끼치는 경우에 사용되는 표현이다. 곧 부적절한 불륜 행위가 공동체에 영향을 미쳐 전체를 오염시킨다는 뜻이다. 1코린 15,33에서도 "나쁜 교제는 좋은 관습을 망칩니다"라는 격언을 인용한다. 만일 공동체가 불륜을 저지르는 자를 잘난 이로 대하거나 묵과함으로써 그가 회개할 기회를 갖지 못한다면 이는 한 개인의 문제가 아니라 공동체 전체의 문제임을 바오로는 누룩을 비유로 이야기하고 있다. 누룩의 교훈은 마태 13,33; 루카 13,20-21에도 나오는데, 여기서와는 달리 누룩을 긍정적인 의미로 언급한다. 요한 크리소스토무스는 '누룩은 조금만 있어도 반죽 전체를 자기와 같은 성질로 만들어 버리듯이, 이 패륜아를 벌하지 않고 그대로 둔다면 패륜의 문제를 당연하게 받아들여 근절하기 어려울 것'이라고 하였다(ACCK/NT.IX 108).

12) 바오로는 누룩을 무교병과 파스카 축제와 연결시킨다. 바오로는 "깨끗이 치우고(에크카타라테ἐκκαθάρατε)"라는 낱말을 사용하는데, 공동체가 묵은 누룩을 깨끗이 치우고 '정화'해서 새로운 반죽이 되어야 한다는 의미다. 바오로는 "묵은 누룩"과 "새 반죽"을 대조하여 한 사람의 죄가 온 교회를 어지럽힐 수 있음을 지적한다.

13) 바오로는, 신자들은 누구나 그리스도로 말미암아 하느님의 백성이 되었기 때문에(1코린 1,2; 6,11) "누룩 없는 빵(아지모이ἄζυμοι)"이라고 한다. 그는 코린토 신자들이 진실로 파스카 양이신 그리스도의 희생으로 새로운 출애굽을 했다는 사실에 비추어, 옛 습관으로부터 깨끗하게 되었음을 깨달아야 한다고 말한다. 따라서 공동체 신자들은 공동체를 더럽히는 요소들을 제거해야 할 의무가 있다. 바오로는 십자가에서 돌아

이 아니라, 순결과 진실이라는 누룩 없는 빵을 가지고 축제를 지냅시다.[15)]

가신(1,18) 예수 그리스도를 파스카 양으로 간주한다(1베드 1,19; 묵시 5,6-12 참조). 그러므로 파스카 어린양이신 그리스도를 통하여 누룩 없는 빵이 된 신자들은 새로운 출애굽을 경험하고 구태의연한 무질서의 속박에서 벗어났으니 이제는 새로운 파스카의 삶을 살아야 한다고 권면한다.

14) 7절에서 복수 명령형을 사용한 바오로는 "그러므로(호스테 ὥστε)"로 이어지는 인과관계 접속어를 사용하여 신자들을 훈계한다.

15) 바오로는 "악의와 사악"과 "순결과 진실"을 대조한다. '악의와 사악'은 한 쌍의 동의어로 칠십인역 집회 25,17.19에서 따온 것이다. 새로운 파스카를 거행하는 그리스도인들은 계속해서 누룩 없는 빵을 먹어야 한다. 바오로는 누룩 없는 빵을 '순결과 진실', 곧 순수하고 성실한 행동으로 설명한다(2코린 1,12; 2,17). 그는 신자들이 파스카의 어린양이신 그리스도를 본받아 누룩 없는 빵이 되었으므로 지난날의 잘못된 삶, 곧 악의와 사악을 버리고 순결하고 진실한 삶을 살아가라고 권면한다. 암브로시아스테르는 "적은 누룩이 온 반죽을 부풀리듯이, 악한 삶은 사람 전체를 더럽힙니다. 그래서 바오로는 우리가 악한 행실만 아니라 죄에 대한 모든 관심을 피하기 바랍니다"라고 하였다(ACCK/NT.IX 109).

파스카 축제는 이스라엘 백성이 이집트에서 탈출한 것을 기념하여 유다 월력으로 니산달 15-21일에 지내는 유다교 최대 명절이다. 축제 전날인 니산달 14일에 유다인들은 예루살렘 성전에서 집집마다 어린양 한 마리씩을 잡고 누룩이 들어간 빵은 깨끗이 치운다. 그리고 니산달 15일 저녁에 온 가족이 어린양의 고기를 먹고 축제 기간 동안 누룩이 들어가지 않은 빵을 먹는다(탈출 12,15.17-18; 23,15; 34,18; 레위 23,6; 신명 16,3). 바오로는 아마도 파스카 축제 기간 동안 에페소에서 이 편지를 쓰면서(1코린 16,8) '누룩'에 관한 격언을 사용하여 누룩이 끼치는 부정적인 영향을 언급한 것 같다. 그는 유다인들이 파스카 축제 때 누룩을 쓸어내어 집

9 나는 전에 써 보낸 편지에서 불륜을 저지르는 자들과 상종하지 말라고 하였습니다.[16] 10 물론 불륜을 저지르는 이 세상 사람들이나 탐욕을 부리는 자들, 그리고 강도들이나 우상 숭배자들과 전혀 상종하지 말라는 것이 아닙니다.[17] 그렇다면 여러분이 아예 이 세상 밖으로 나가야 할 것입니

안을 깨끗이 하듯이 코린토 신자들도 모든 악의를 쓸어버리고 순결하게 지내라고 강한 어조로 호소한다. 바오로는 신자들이 파스카 양이신 그리스도의 대속적 죽음으로 깨끗하게 되었음(1베드 1,2)을 상기시킨다.

16) 바오로는 현재의 코린토 1서를 쓰기 전에도 다른 편지를 써 보냈지만 그 편지는 아쉽게도 전해지지 않는다. 바오로는 "전에 써 보낸 편지"를 언급하면서 과거시제인 '에그랍사*ἔγραψα*' 동사를 사용하는데, 이것은 '내가 쓰고 있다'가 아니라 '내가 썼다'는 뜻이다. 바오로는 전에 썼던 편지에서 불륜을 저지르는 자와 상종하지 말라고 하였는데 코린토 신자들이 공동체 내에서 불륜을 저지른 자와 완전히 결별하는 것은 불가능하다고 반론을 제기했던 것 같다. 바오로는 공동체에서 신앙인이 불륜을 저지르면 그런 자들과 상종하지 말라고 했는데, 신자들은 바오로가 마치 불륜을 저지르는 비신앙인들까지도 상종하지 말라고 가르친 것으로 오해하였다. 이에 바오로는 현재의 코린토 1서를 쓰면서 다시 한번 불륜을 저지르는 자(교우)를 용납하고 상종하는 신자들을 꾸짖는다. 암브로시아스테르는 '바오로가 먼저 쓴 편지로도 신자들의 행동이 바로잡히지 않았기 때문에 두 번째 편지를 썼다'고 하였다(ACCK/NT.IX 110). 바오로는 "바깥 사람들"(12절)이 아니라 공동체 안에 있는 패륜아와 상종하는 코린토 신자들에 대하여 심한 우려를 표하고 있다. '상종하다'로 번역된 그리스어 '신아나미그니스타이*συναναμίγνυσθαι*'는 신약성경에만 나오는데, 칠십인역에는 유사한 동사 '아나미그니미(*ἀναμίγνυμι*, 섞이다, 어울리다, 교제하다)'가 나온다(시편 106,35).

17) 바오로는 이 세상에서 불륜을 저지르는 사람들 이외에 세 부

다.[18] 11 내가 그렇게 쓴 뜻은,[19] 교우라고 하는 사람이 불륜을 저지르는 자거나 탐욕을 부리는 자거나 우상 숭배자거나 중상꾼이거나 주정꾼이거나 강도면 상종하지 말라는 것입니다. 그런 자와는 식사도 함께 하지 마십시오.[20] 12 바깥 사람들을 심판하는 것은 내 일이 아니지 않습니까?[21] 여

류의 사람들을 더 언급한다. 곧 '탐욕을 부리는 자'(플레오네크테스πλεο-νέκτης, 로마 1,29; 집회 14,9 참조)와 '강도'(하르팍스ἅρπαξ, 욥 5,5; 잠언 28,24 참조) 그리고 '우상 숭배자'(에이돌로라트레스εἰδωλολάτρης)'다. 이 사람들은 11절에서 다시 언급되는데 거기서는 불미스러운 행동을 하는 여러 부류의 사람들이 추가된다. 바오로는 그러한 비행에 탐닉한 비신앙인들과 아예 상종하지 말라고 하지는 않는다.

18) 신자들이 이러한 이들과 전혀 관계를 갖지 않으려면 아마도 세상 밖으로 나가야 할 것이다. 코린토가 퇴폐한 도시였던 만큼 신자들이 불륜을 저지르는 자들과 접촉하지 않고 산다는 것은 거의 불가능했다. 그렇다고 해서 신자들이 세상 밖으로 도피하여 은둔생활을 하기도 어렵고 그것이 바람직하다고 볼 수도 없다. 바오로는 신자들이 세상 안에서 살지만 순결하고 진실한 삶을 통하여 신앙을 증거하기를 바라는 마음으로 가르침을 준 것이다(요한 17,15-19; 1코린 7,29-31 참조).

19) "내가 그렇게 쓴 뜻은"이라는 말은 마치 9절에서 언급한 "전에 써 보낸 편지"를 가리키는 것 같지만, 11절의 그리스어 본문 맨 앞에 나오는 '이제(뉜νῦν)'라는 낱말과 '내가 썼다'(에그랍사ἔγραψα: 단순 과거)라는 표현으로 보아 현재 쓰고 있는 편지의 내용을 뜻한다.

20) 바오로는 당시 그리스 문화권에서 행해지던 악행들을 염두에 두고 이 악행 목록을 나열한다. 악행 목록 중 네 가지는 이미 10절에서 언급하였고, 여기서는 다른 두 가지, 곧 "중상꾼"과 "주정꾼"이 추가되었다. '주정꾼(메티소스μέθυσος)'은 술 주정꾼을 가리킨다. 구약성경에서는 나지르인에게 엄격하게 금주를 요구하고(민수 6,3-4) 여러 곳에서 술을 억

러분이 심판할 사람들은 안에 있는 이들이 아닙니까?[22] 13 바깥 사람들
은 하느님께서 심판하실 것입니다.[23] "여러분은 여러분 가운데에서 그 악
인을 제거해 버리십시오.[24]

제하라고 했다(레위 10,9; 예레 35,6.8.14; 에제 44,21). 중상꾼과 주정꾼은 1코린 6,10에 다시 나온다. 바오로는 이런 불륜을 저지르는 신자와는 사귀지도 말고 식사도 함께 하지 말라고 권면한다. 식사를 함께 한다는 것은 성찬례를 염두에 두고 한 말이다. 바오로가 이처럼 심하게 말하는 것은 이방인이었다가 신자가 된 이들의 부도덕한 행위로 오염된 코린토 교회를 회복하고 순수성을 지키기 위해서였다.

21) "바깥 사람들"은 비그리스도인을 가리킨다. 바오로는 9-11절에서 교회 안에 속해있으면서도 불륜을 저지르는 자들에 대해 언급했는데, 이제 비신앙인들인 '바깥 사람들'과 신앙인들인 '안에 있는 이들'을 대조한다.

22) 바오로는 지금 공동체 자체적으로 심판해야 할 대상은 '교회 안에 있는 신앙인들'이라고 한다. 교회의 거룩함을 깨뜨리고 비행을 저지르는 자들을 교회 안에서 축출하라고 심하게 꾸짖는다. 그런 의미에서 모든 교회는 심판 아래 놓여있으며 동시에 모든 교회가 심판자다.

23) 바오로는 교회 밖에 있는 사람들의 심판은 하느님께 맡긴다. 심판은 하느님의 권한이기 때문이다(지혜 12,26; 에제 39,21; 히브 13,4 참조). 하지만 공동체는 교회 안에서 불륜을 저지르는 자들을 추방함으로써 교회의 순수성을 지켜야 한다. 마태오 복음 저자도 견해를 같이하는데, '형제가 죄를 지으면 단둘이 만나 타이르고, 그래도 듣지 않으면 한 사람이나 두 사람을 더 데리고 가서 타이르고, 그래도 그들의 말을 듣지 않으면 교회에 알리고, 교회의 말도 듣지 않으면 파문하라'(마태 18,15-18)고 한다.

24) "제거해 버리십시오"는 5절의 "사탄에게 넘겨"와 같은 뜻이다. 비

행을 저지르는 자들을 공동체로부터 추방하는 내용은 구약성경에도 나온다(LXX 신명 17,7; 19,19; 21,21; 22,21.24; 24,7). 바오로는 앞에서 언급한 심판을 강화하기 위해서 구약성경을 인용한다. "증인들이 먼저 그에게 손을 대고, 온 백성이 그 뒤를 따라야 한다. 이렇게 너희는 너희 가운데에서 그 악을 치워버려야 한다"(신명 17,7). 불륜을 일삼는 자는 더 이상 구원받은 이들에게 속하지 않고 "멸망할 자들"(1코린 1,18)에게 속하기 때문에 코린토 교회 신자들('여러분')은 공동체로부터 악인을 제거해야 한다. 바오로가 구약성경의 표현을 빌려다 쓴 이유는 악인들을 추방하는 일이 아주 옛날부터 있던 일임을 알려주기 위해서다. 모세도 이러한 사람을 축출해야 한다고 생각하여, 여기에서 말하는 것보다 훨씬 엄격하게 그 일을 실행하였다. 요한 크리소스토무스는 "모세였다면 그 남자를 돌로 쳐 죽이게 했겠지만 바오로는 그를 회개로 이끌 생각뿐"이라고 하였다(ACCK/NT.IX 111).

주제 2. 불륜

코린토 교회 신자 중에는 이교도였다가 개종한 이들이 많았다. 이로 인하여 교회 안에 여러 가지 문제가 발생하곤 하였다. '불륜'도 그중 한 가지로, 어떤 이는 자기 아버지의 아내, 곧 계모를 데리고 사는 불륜을 저질렀다. 이러한 일은 유다인은 물론 이교인 사이에서도 일어나서는 안 되는 일이었다. 그런데 코린토 신자들은 이러한 불미스러운 일을 보고도 어떠한 조치도 취하지 않고 심지어 동조하는 이들까지 있었다. 그래서 바오로는 불륜을 저지른 장본인보다 이에 동조한 신자들의 태도를 더 꾸짖는다. 아버지 사후에 계모와 혼인한 신자가 공동체에 알려졌을 때 다른 신자들이 이를 문제 삼지 않자 신자 중에 누군가가 이러한 행위를 그냥 무시해도 되는지 의문이 들어 바오로에게 질문하였던 것 같다. 이 문제에 대해 바오로는 일반적으로 통용될 수 없고 있어서도 안 되는 혼인 관계라고 하며 '불륜'이라는 용어를 사용하여 자신의 생각을 피력한다. 이는 개인의 문제가 아니라

교우끼리의 송사[1)]

6 1 여러분 가운데 누가 다른 사람과 문제가 있을 때, 어찌[2)] 성도들
에게 가지 않고 이교도들에게 가서 심판을 받으려고 한다는 말입니

교회 공동체의 문제였다. 바오로는 이 불미스러운 사건에 대하여 신자들이 보인 반응을 '교만'이라는 말로 나무라면서 그 패륜아를 교회에서 제거하라고 촉구한다. 바오로는 불륜을 저지른 자를 단죄하기보다는 교회의 순수성과 거룩성을 지키기 위해 이 같은 일이 다시는 발생하지 않기를 바라는 마음으로 그를 교회에서 제거하라고 한 것이다.

어떤 사람이 교회에서 축출당한다는 것은 어떤 의미에서는 사탄에게 넘겨지는 것과 같다. 그래서 바오로는 "그러한 자를 사탄에게 넘겨 그 육체는 파멸하게 하고 그 영은 주님의 날에 구원을 받게 한다는 것입니다"(1코린 5,5)라는 말로 그의 구원 가능성을 열어놓는다. 곧 패륜아의 육체는 파멸되어도 그 영만은 회개하여 종말에 구원받게 하고 싶다는 뜻이다. 신자를 교회에서 축출하라는 말은 바오로가 쓴 편지 어디에도 나오지 않는다. 바오로가 이렇게 강경한 어조로 이 사건을 대하는 이유는 이 비행이 개인의 불행일 뿐만 아니라 교회의 불행이기 때문이다. 바오로는 교회가 바깥 사람들에게 거룩하고 흠 없는 공동체로 비추어지기를 바라고 있다.

1) 5장에서 불륜 문제를 다루었던 바오로는 6장에서 코린토 교회에서 발생한 또 다른 문제를 다룬다. 6,1–11은 신자들 사이의 송사 문제고, 6,12–20은 불륜과 그리스도인의 자유 문제다. 이는 공동체 내에 널리 퍼져있던 문제로 신자들은 이미 이 문제들에 대해 잘 알고 있었던 것 같다. 그래서 바오로는 '여러분은 … 모릅니까?'라는 질문을 거듭해서 던지고 있다. 교회는 세상에 선한 영향을 미쳐 세상을 변화시켜야 하는데 오히려 해서는 안 될 일이 공동체 안에서 벌어졌다. 곧 신자들 사이

까?[3] 2 여러분은 성도들이 이 세상을 심판하리라는 것을 모릅니까?[4] 세

에서 벌어진 소송 문제를 교회 밖 세상 법정에 고소하여 해결하려고 했던 것이다. 이에 바오로는 세상을 심판해야 할 교회가 오히려 세상에 의해 심판을 받게 되는 상황에 대해서 책임을 묻고 있다. 바오로는 교회 안에서 발생하는 송사들을 세상 법에 호소하지 말고 교회가 자체적으로 해결하라고 권면하면서(6,1–6), 억울한 일을 당하더라도 차라리 손해를 감수하라고 한다(6,7–8). 이를 위하여 바오로는 신자들이 본래 불의한 자들이었지만 주 예수 그리스도의 이름과 하느님의 영으로 거룩하게 되었고 의롭게 되었음을 상기시킨다(6,9–11).

2) 바오로는 사건 전환 시 격노했음을 표현하는 '톨마오(*Τολμάω*, 감히 …하다)' 동사(로마 5,7; 15,18; 2코린 10,2.12)를 여기에서도 사용하여 수사학적인 질문을 던진다. 수사학적인 질문은 연속해서 일곱 번 나오는데(1코린 6,1.2ㄱ.2ㄴ.3.4.5ㄴ.6), 바오로는 이를 통하여 코린토 신자들을 나무라면서 자신의 입장을 분명하게 피력한다. "여러분 가운데 누가(티스 히몬*τις ὑμῶν*)"는 5,1에서처럼 어떤 한 사람의 경우를 말하는 것 같지만, 여기서는 6,4.8에 사용된 동사들이 복수인 것으로 볼 때 한 개인의 문제로 국한할 수 없다. "문제"로 번역된 그리스어 '프라그마*πρᾶγμα*'는 '행동, 사건, 문제'를 뜻하는데, 상황에 따라 특별한 의미로 사용되기도 한다. 여기서는 신자들 사이에 벌어진 '송사 문제'를 가리키며, "다른 사람"은 교회에서 같이 신앙생활을 하는 동료 그리스도인을 말한다.

3) 바오로는 교회에서 신자들 사이에 문제가 생기면 교회 안에서 해결해야지 왜 이교도들에게 가서 판결을 받으려고 하는지 묻고 있다. "이교도들"은 그리스어 '아디코이*ἄδικοι*'를 번역한 것으로 본래 '불의한 자들'을 뜻한다. 이들은 구약성경에서 정의와 "의로움"(집회 27,8; 이사 51,1)을 추구하지 않는 이방인들을 가리키는데, 여기서는 하느님의 나라를 상속받지 못하는 이들을 뜻한다(1코린 6,9–10). 바오로는 이 낱말을 6,9에서는

상이 여러분에게 심판을 받아야 할 터인데, 여러분은 아주 사소한 송사도 처리할 능력이 없다는 말입니까?[5] 3 우리가 천사들을 심판하리라는 것을

"불의한 자들"로 사용하고, 6,7–8에서는 동사 '아디케오(ἀδικέω, 불의를 저지르다)'로 사용한다. 그는 '아디코이'와 대조되는 낱말로 '하기오이ἅγιοι'를 사용하는데, 이는 '거룩한 이들'이라는 뜻으로 그리스도인들을 가리킨다. 여기서는 '성도들'이라는 의미다(로마 1,7; 필리 1,7 참조).

"성도들에게 가지 않고"는 당시 교회에 재판하는 기구가 따로 있었다는 뜻이라기보다 신자들 가운데에서 시비를 가려줄 지혜로운 이를 염두에 두고 한 말이다.

4) 바오로는 수사학적인 질문을 계속 이어가는데, 1코린 5,12–13에서는 코린토 교회 성도들에게 공동체 안에서 서로를 심판하라고 지적하면서 '바깥 사람들은 하느님께서 심판하실 것'이라고 했다. 그러나 이제 바오로는 하느님을 믿는 성도들에게 세상 심판에 참여하라고 권고한다. 이는 그리스도인들의 종말론적인 운명을 가리키는데, 그리스도께서 세상 심판을 당신의 특권을 소유한 그리스도인들에게 맡기신다는 뜻이다. 곧 지극히 높으신 분의 '거룩한 백성'에게 심판할 권리를 부여한다는 구약성경의 배경을 염두에 둔 표현이다(다니 7,22; 비교: 지혜 3,8; 4,16). 바오로는 유다교와 초기 그리스도교 묵시문학의 종말론적인 사상을 언급한다. 초기 그리스도인들은 그리스도께서 종말 심판을 하실 때 자신들도 그 심판에 동참할 것이라는 희망을 갖고 있었다(마태 19,28; 루카 12,32; 22,30; 묵시 3,21; 20,4 참조). 물론 바오로는 어느 날 세상 법정이 그리스도인 재판관으로 가득 찰 것이라는 의미로 말하는 것은 아니다. '여러분은 … 모릅니까?'라는 질문이 1코린 6장에 여섯 번 나오는데(2.3.9.15.16.19절), 이는 바오로가 어떤 중요한 진술을 할 때 사용하는 수사법이다(로마 6,16; 1코린 3,16; 5,6; 9,13.24 참조).

5) 바오로는 세상이 여러분에게 심판을 받아야 할 터인데 세상을 심

모릅니까? 하물며 일상의 일이야 더 말할 나위가 없지 않습니까?[6] 4 그런
데 이런 일상의 송사가 일어날 경우에도,[7] 여러분은 교회에서 업신여기는
자들을 재판관으로 앉힌다는 말입니까?[8] 5 나는 여러분을 부끄럽게 하려

판할 자들이 왜 이 세상의 사소한 문제를 해결하지 못하느냐고 묻는다. 성도들이 이 세상을 심판한다는 말은 지혜 3,8("그들은 민족들을 통치하고 백성들을 지배할 것이며 주님께서는 그들을 영원히 다스리실 것이다")을 반영한다. 요한 크리소스토무스는 "그리스도인들이 사소한 문제들에 대해 바깥 사람들에게 심판을 받는다는 것은 부끄러운 일입니다. 우리는 훨씬 중요한 일들에 대해서 그들을 심판할 사람들"이라고 하였다(ACCK/NT.IX 113).

6) 바오로는 일인칭 복수('우리')를 사용하여 2절의 수사학적 질문을 새로운 형태로 반복하며 세상 심판이 그리스도인들에게 얼마나 귀한 일인지 일깨운다. 바오로는 그리스도인들이 종말에 세상뿐만 아니라 천사들도 심판한다고 한다(2베드 2,4; 유다 6절 참조). 바오로가 이 사상을 어디서 가져왔는지 분명하지 않지만, 가장 가까운 병행 구절은 1에녹 13—16장과 쿰란 문서(4Q 에녹 1; 4Q 에녹 8)다. 바오로는 세상과 천사들까지도 심판해야 할 신자들이 교회 내 문제를 세상 법정으로 끌고 감으로써 교회의 권위를 실추시키는 행위를 나무란다. 여기에서 "천사들"은 포괄적 의미로 선한 천사와 나쁜 천사를 모두 가리킨다. 바오로는 2코린 12,7에서 "사탄의 하수인"을 언급하는데, '하수인'은 그리스어 '앙겔로스ἄγγελος' 곧 천사를 가리킨다. 키루스의 테오도레투스는 "바오로가 여기서 말하는 '천사들'은 한때 천사였던 마귀들을 가리킵니다"라고 하였다(ACCK/NT.IX 114).

7) 그리스어 본문에 나오는 '비오티카βιωτικά'라는 낱말은 현재의 생활과 관련된 일상적인 일들을 의미하는데, 2절에서 사용된 '크리테리아(κριτήρια, 심판)'의 의미를 고려하면 "일상의 송사"를 가리킨다고 볼 수 있다. 이 낱말이 3절에서는 "일상의 일"로 번역되었다.

고 이 말을 합니다.[9] 여러분 가운데에는 형제들 사이에서 시비를 가려줄 만큼 지혜로운 이가 하나도 없습니까?[10] 6 그래서 형제가 형제에게, 그것

---

8) "교회에서 업신여기는 자들"이 구체적으로 누구를 가리키는지 분명하지 않으나 아마도 이교도 재판관일 것이다. 따라서 교회에서 송사가 발생했을 때 하느님의 백성에 속하지 않는 재판관 앞에 선다는 것은 어리석은 일이다. '앉히다'로 번역된 그리스어 동사 '카티제테καθίζετε'는 재판관에게 권위를 부여하는 행위를 뜻한다. 바오로는 교회의 송사를 해결하기 위해 교회에서 권위를 부여하는, 존경받는 사람을 재판관으로 앉힐 것을 권고한다(탈출 18,21-22; 2역대 19,5-6 참조). 아무리 이교도 재판관이 로마법이나 통상적인 문제에 능력이 있다 할지라도 교회의 관점으로 볼 때에는 그리스도께 속한 사람이 아니기 때문이다. 아우구스티누스는 '바오로는 송사 문제를 교회 안에서 지혜롭고 거룩하며 신실한 사람들이 심판하기를 바라지만, 지혜로운 심판관이 없다면 지위가 낮은 사람에게라도 심판을 맡기기를 바란다'라고 하였다(ACCK/NT.IX 114). 그래야 그리스도인의 일들이 바깥 사람들에게 떠벌려지지 않을 것이고 교회가 자체적으로 정화하려는 노력을 계속할 수 있기 때문이다.

9) 바오로는 신자들이 송사 문제를 이교 법정에 의뢰한 일에 대해서 부끄러워하라고 꾸짖는다. 오리게네스는 '바오로가 코린토 신자들을 꾸짖는 것은 그들에게 지혜를 가르쳤는데도 그들 사이에 참으로 지혜로운 사람이 없기 때문'이라고 하였다(ACCK/NT.IX 114). 바오로는 1코린 4,14에서는 자신이 신자들을 부끄럽게 하려고 편지를 쓰는 것이 아니라고 하였다.

10) "지혜로운 이가 하나도 없습니까?"라는 질문은 스스로 지혜롭다고 자랑하는 코린토 신자들을 비꼬아서 하는 말이다. 바오로는 신자들 사이에서 발생한 사소한 법적인 문제들을 다룰 지혜로운 그리스도인이 공동체 안에 있는지 알고 싶어 한다. 그는 유다교의 지혜로운 재판

도 불신자들 앞에서 재판을 겁니까?[11)]

7 그러므로 여러분이 서로 고소한다는 것부터가 이미 그릇된 일입니다.[12)] 왜 차라리 불의를 그냥 받아들이지 않습니까? 왜 차라리 그냥 속아 주지 않습니까?[13)]
8 여러분은 도리어 스스로 불의를 저지르고 또 속입니

관을 염두에 두고 교회 안에서 발생한 분쟁을 해결할 지혜로운 이를 세울 것을 권면한다. "형제들"은 동료 그리스도인들을 가리킨다(1,1 참조).

11) 바오로는 교회 안에서 어떻게 형제가 형제를 고소할 수 있는지, 더욱이 송사 문제를 어떻게 비신앙인에게 가지고 갈 수 있는지에 대해 묻는다. "형제"는 '믿는 이'를 의미하고, "불신자(아피스토스ἀπίστος)"는 6,1에 나오는 "이교도들"을 가리키는데, 이 낱말은 이곳에서 처음 나온다. 바오로는 이 낱말을 오직 코린토 신자들에게 보낸 편지에서만 사용한다(1코린 7,12–15; 10,27; 14,22–24; 2코린 4,4; 6,14–15). 교회 내의 문제를 공동체가 스스로 해결하지 못하고 세상 법정에 호소하는 것은 어리석은 태도다.

12) 이제 바오로는 좀 더 근본적인 문제로 논쟁을 시작하면서(1코린 6,7–11) 강한 어조로 신자들을 꾸짖는다. "그릇된 일"은 그리스어 '헷테마ἥττημα'를 번역한 것인데 직역하면 '실패'다. 곧 신앙공동체 안에서 신자들끼리 서로 고소하는 행위 자체가 이미 그리스도인들이 실패했다는 증거라는 것이다. 바오로는 송사 문제를 언급하면서 6,1에서는 '프라그마πρᾶγμα'라는 낱말을 사용하고, 여기서는 '크리마κρίμα'라는 낱말을 사용한다. '크리마'는 '심판, 결정'을 뜻하며 누군가에게 취하는 법적 행위를 말한다(LXX 탈출 18,22).

13) 바오로는 교회 내에서 발생한 소송과 그 소송을 중재하기 위해 교회 밖 제삼자에게 호소하는 것을 사랑의 부족으로 인한 실패로 보고 두 가지 질문을 던진다. 그리스도의 사랑의 행위는 로마 12,17–19; 1베드 2,23에 잘 드러나 있다. 바오로는 신자들 사이의 소송 문제에 대해

다. 그것도 형제들을 말입니다.[14] 9 불의한 자들은 하느님의 나라를 차지하지 못하리라는 것을 모릅니까?[15] 착각하지 마십시오.[16] 불륜을 저지르는

세상 법정에 고소하기보다는 오히려 불의를 그냥 받아들이는 편이 더 낫다고 하면서(1코린 13,7; 콜로 3,12–13; 1테살 5,15 참조) 고소 자체를 철회하고 차라리 불의를 받아들이고 그냥 속아주라고 한다. 이렇게 처신해야 하는 이유는 십자가에 달려 돌아가신 예수 그리스도께 대한 신앙과 사랑 때문이다. 이는 예수님이 산상설교에서 말씀하신 가르침을 구체적으로 실천하는 행위다(마태 5,40; 루카 6,29–30). '속아주다'로 번역된 그리스어 '아포스테레오ἀποστερέω' 동사는 '훔치다, 빼앗다'를 의미하는데 종종 다른 사람의 돈과 재산을 몰래 훔치는 행위를 암시하기도 한다. 1코린 7,5에서는 이 낱말이 부부간의 권리를 물리친다는 의미로 사용되었다.

14) 바오로는 수사학적 질문에서 한 단계 더 나아가 신자들의 소송 문제를 비난한다. 코린토 신자들이 서로 고소하고 손해를 입힌 구체적인 사례가 무엇인지는 알 수 없다. 바오로는 신자들이 불의를 받아들이지 않고 속임을 당하지 않기 위해 세상 법정에 고소하는 것 자체가 잘못된 행위라고 한다. 왜냐하면 그들이 소송을 제기한 상대방 역시 믿음의 "형제들"이기 때문이다. 요한 크리소스토무스는 네 가지 죄목으로, '불의를 당하고 참을 줄 모른다는 것, 불의를 범하는 것, 문제의 해결을 불의한 자들에게 맡긴다는 것, 그리고 이러한 일을 동료 신자에게 행한다는 것'을 언급하였다(ACCK/NT.IX 116).

15) 바오로는 다시 "불의한 자들(아디코이ἄδικοι)"을 언급하는데, 이 말이 6,1에서 교회 밖 이교도들을 가리킨 것과 달리 여기서는 '교회 바깥에 있는 이들'만 뜻하지는 않는다. 그는 수사학적인 질문을 던지면서 "하느님의 나라를 차지하지 못하리라는 것을 모릅니까"라고 한다. 하느님의 나라를 차지한다는 표현은 1코린 6,10; 15,50; 갈라 5,21에서도 반복된다. '하느님의 나라'와 함께 나오는 '차지하다(클레로노메오κληρονομέω)'

자도 우상 숭배자도 간음하는 자도 남창도 비역하는 자도, 10 도둑도 탐욕을 부리는 자도 주정꾼도 중상꾼도 강도도 하느님의 나라를 차지하지 못합니다.[17] 11 여러분 가운데에도 이런 자들이 더러 있었습니다. 그러나 여러분

동사는 약속의 땅을 상속받는다는 구약성경을 배경으로 한다(LXX 탈출 23,30; 신명 1,38–39; 1마카 2,56; 시편 25,13; 37,9.11,22; 이사 49,8). 그리스도인들은 하느님의 나라를 차지하도록 부르심을 받았지만 악을 행한다면 그들 역시 하느님의 나라를 차지하지 못할 수도 있다.

16) "착각하지 마십시오(메 플라나스테μὴ πλανᾶσθε)"라는 명령은 권면에서 자주 사용되는 표현이다(1코린 15,33; 갈라 6,7; 야고 1,16 참조).

17) 바오로는 9–10절에서 하느님의 나라를 차지하지 못하는 불의한 이들의 처신 열 가지를 나열한다. 처음 일곱 가지는 부정을 뜻하는 접속사 '우테οὔτε'로 구분되고, 마지막 세 가지는 '우οὐ', '우크οὐχ'로 연결된다. 이것은 바오로의 두 번째 악행 목록이며, 첫 번째 목록은 1코린 5,10–11에서 볼 수 있다. 갈라 5,19–21("육의 행실은 자명합니다. 그것은 곧 불륜, 더러움, 방탕, 우상 숭배, 마술, 적개심, 분쟁, 시기, 격분, 이기심, 분열, 분파, 질투, 만취, 흥청대는 술판, 그 밖에 이와 비슷한 것들입니다")에도 악덕 목록이 나열되어 있는데, 바오로가 이 목록을 스스로 작성했는지 아니면 유다 전통에서 빌려왔는지는 명확히 알 수 없다.

'불륜을 저지르는 자들(포르노이πόρνοι)'이란 간음하는 자들을 가리킨다(1코린 5,1; 6,13.15–18; 1티모 1,10 참조). '우상 숭배자들(에이돌로라트라이 εἰδωλολάτραι)'은 구약성경에서 간통 또는 간음과 연결되는데, 간음은 일반적으로 우상 숭배 또는 배신을 가리키는 용어로 사용되었다(민수 14,33; 지혜 14,12; 예레 2,20–23; 3,6–10; 호세 4,11; 6,10). 바오로에게 '간음하는 자들(모이코이μοιχοί)'은 결혼한 배우자에게 충실하지 못한 남성을 가리키는데, 이 문맥에서는 여성도 포함한 의미로 사용된다. 로마서에는 특별히 '모이칼리스(μοιχαλίς, 간음한 여자)'라는 여성 명사가 나온다(로마 7,3).

은 주 예수 그리스도의 이름과 우리 하느님의 영으로 깨끗이 씻겼습니다.[18)]

바오로는 간음을 비난하면서(13,9) 십계명의 금지명령(탈출 20,14; 신명 5,18)을 반복한다. '남창들'로 번역된 그리스어 '말라코이μαλακοί'는 '부드러운, 고운'을 의미하며, 루카 7,25에서는 '옷'을 꾸미는 형용사로 사용된다. 그러나 이 낱말은 고대 헬라 세계에서 성관계에 수동적인 사람, 곧 남색의 상대가 되었던 소년을 가리키는 뜻으로 종종 사용되었다.

'비역하는 자들(아르세노코이타이ἀρσενοκοῖται)'이라는 낱말은 1티모 1,10에도 나오는데, 칠십인역이나 다른 유다 문헌에는 나오지 않는다. '아르세노코이ἀρσενοκοῖ'는 '아르센(ἄρσην, 남성)'과 '코이테(κοίτη, 침대, 성관계)'의 합성명사로 남성들끼리의 성관계를 뜻한다. 따라서 이 낱말은 '남색자들'로 번역되기도 한다. 이와 같은 의미는 로마 13,13과 칠십인역 민수 5,20에서 확인되는데, 이는 칠십인역 레위 20,13을 반영한다. '도둑질하는 자들(클렙타이κλέπται)'은 1코린 5,10에 나오는 "강도들"과 관련된 낱말이다(로마 2,21; 13,9; 1베드 4,15 비교). '탐욕을 부리는 자들(플레오넥타이πλεονέκται)'은 자신들의 몫보다 더 많은 것을 탐하는 이들을 가리킨다(1코린 5,10; 에페 5,5 참조). '주정꾼들', '중상꾼들', '강도들'에 대해서는 1코린 5,11의 주해를, '하느님의 나라를 차지하지 못하다'에 대해서는 6,9의 주해를 참조하라.

여기에 언급된 열 가지 악행 목록은 성적 음란과 물질의 탐욕과 관련된 것들이다. 요한 크리소스토무스는 "바오로는 지금 열거한 죄에 대해서만 비난하는 것이 아니라 모든 죄를 똑같이 단죄"한다고 하였다(ACCK/NT.IX 117). 곧 특정한 죄를 공격하는 것이 아니라 양심에 거리끼는 모든 과오를 깨닫도록 훈계한다는 것이다.

18) 코린토 신자들 중 일부는 의심할 여지 없이 개종 전에 바오로가 나열한 악행 목록에 나오는 행위를 저지르던 불의한 자들이었다. 바오로는 이러한 자들이 예수 그리스도의 이름과 하느님의 영으로 깨끗이

그리고 거룩하게 되었고[19] 또 의롭게 되었습니다.[20]

불륜과 그리스도인의 자유[21]

12 "나에게는 모든 것이 허용된다" 하지만,[22] 모든 것이 유익하지는 않습니

씻겼다고 선언한다. "씻겼습니다"는 6,9–10에 언급된 불의한 자들이 세례를 통하여 그리스도인이 되었음을 의미한다(사도 22,16; 에페 5,26 참조).

19) "거룩하게 되었고"는 신자들이 그리스도를 통하여 거룩하신 하느님과 관계를 맺고 살아가기에 거룩한 성도가 되었다는 의미다.

20) "의롭게 되었습니다"는 로마 5,19의 언급처럼 하느님과 바른 관계를 갖게 되었다는 뜻이다. '깨끗해지고, 거룩하게 되고, 의롭게 된 것'은 시간적 순서이지 논리적 순서로 언급된 것이 아니며 세 동사의 주체는 하느님이시다. 이 세 동사들이 단순 과거로 사용된 것을 보면 이것은 이미 일어난 영적 현상임을 알 수 있다. 곧 코린토 교회 신자들은 이미 깨끗해졌고, 거룩하게 되었으며, 의롭게 되었다. 이는 1코린 1,30에 나오는 구원 개념과 일치한다. 세례로 깨끗해지고, 거룩하게 되고, 의롭게 된 것은 분명히 성령의 작용이다(1티모 3,16 참조).

21) 바오로는 1코린 5장에서 시작한 불륜 문제에 관한 논의를 인간의 자유라는 폭넓은 배경에서 계속 이어간다. 5장에서는 자기 아버지의 아내를 데리고 사는 불륜, 곧 근친상간에 대한 논의를 전개했는데, 여기서는 신자들이 탕녀와 결합하는 문란한 성 윤리 문제를 다룬다. 그는 인간의 자유에 관한 태도를 요약하는 구호 두 가지와 먹는 음식에 관한 또 다른 구호를 인용하는 것으로 자신의 논의를 시작한다. 그리고 수사학적 질문을 통해, 특별히 신자들에게 인간의 자유에 비추어 몸과 성생활의 목적을 일깨우면서, 그리스도인의 자유는 불륜과 아무런 관련이 없음을 다섯 가지 이유를 들어 설명한다. 첫째, 인간의 몸은 주님

다.[23] "나에게는 모든 것이 허용됩니다."[24] 그러나 나는 아무것도 나를 좌우하지 못하게 하겠습니다.[25] 13 "음식은 배를 위하여 있고 배는 음식을

을 위하여 있다(6,13). 둘째, 그리스도인들의 몸은 부활하신 그리스도의 지체다(6,14-15). 셋째, 그리스도인들은 주님과 결합하여 그분과 한 영이 된다(6,17). 넷째, 그리스도인들의 몸은 하느님께로부터 받은 성령의 성전이다(6,19). 다섯째, 그리스도인들은 하느님께서 값을 치르고 산 이들이다(6,20). 따라서 그리스도인들은 자신들의 몸으로 하느님을 영광스럽게 해야 한다. 바오로는 육체적인 몸의 중요성과 그것을 어떻게 관리해야 하는가를 언급하고, 도덕적으로 문란한 행위, 곧 그리스도인의 자유를 내세워 부부의 관계가 아닌 탕녀와 결합하는 것이 얼마나 잘못된 행동인지 경고한다.

22) "나에게는 모든 것이 허용된다"는 방종을 일삼는 신자들이 그리스도인의 자유를 빙자해서 외친 구호다. 이 구호는 12절에 두 번 나오는데, 바오로는 코린토 신자들이 외치던 구호를 그대로 인용한다.

23) "모든 것이 유익하지는 않습니다"는 집회 37,28("사실 모든 것이 누구에게나 좋은 것이 아니며 모든 것을 누구나 즐기는 것은 아니다")에 나오는 사상을 반영한다. 모든 것이 공동체에 유익한 것이 아니라는 바오로의 생각은 1코린 10,23에 다시 나온다. 개인주의와 이기주의는 공동선에 어떠한 도움도 되지 않는다. 따라서 그리스도인의 자유는 무조건적인 자유가 아니라 공동체에 유익을 가져오는 자유이어야 한다.

24) "나에게는 모든 것이 허용됩니다"는 코린토 신자들이 외친 두 번째 구호다. 첫 번째 구호에서는 '허용된다(엑세스틴*ἔξεστιν*)'라는 비인칭 동사가, 두 번째 구호에서는 '허용됩니다(엑수시아스테소마이*ἐξουσιασθήσομαι*)'라는 미래 수동형 동사가 사용되었다. 이 동사는 '권리, 능력'이라는 뜻을 지닌 '엑수시아*ἐξουσία*'와 관련된다.

25) 바오로는 "나는 아무것도 나를 좌우하지 못하게 하겠습니다"라

위하여 있다" 하지만, 하느님께서는 이것도 저것도 다 없애버리실 것입니다. 몸은 불륜이 아니라 주님을 위하여 있습니다.[26] 그리고 몸을 위해 주시는 분은 주님이십니다.[27] 14 하느님께서 주님을 다시 일으키셨으니, 우리도 당

는 말로써 진실한 그리스도인은 그리스도 안에서 자신을 통제할 수 있어야 한다고 강조한다. 그리스도인의 자유는 하느님의 뜻을 따라 자기 자신의 몸을 거룩하게 하고 이웃 사랑을 실천하는 자유다. 하느님께서 주신 자유는 하느님 이외에 그 어떤 것에도 얽매이지 않는 자유로 결코 방종이 아니다. 키루스의 테오도레투스는 '그리스도인은 더 이상 율법 아래 있지 않으므로 선택할 수 있는 자유가 있지만 어떤 선택은 옳고 어떤 선택은 그르다는 것을 분별할 줄 알아야 한다'고 가르쳤다(ACCK/NT.IX 120).

'나'는 바오로가 자신을 강조하기 위해 사용한 표현인지, 아니면 단순히 구호에 나오는 '나'를 반영한 것인지 구분하기가 어렵지만 두 가지 해석 모두 가능하다.

26) 바오로는 코린토 신자들의 또 다른 구호를 인용하며 자기 생각을 밝힌다. 방종에 빠진 일부 코린토 신자들은 "음식은 배를 위하여 있고 배는 음식을 위하여 있다"라는 구호를 앞세워 몸은 음행을 위한 것이요 음행은 몸을 위한 것이라고 주장하였다. 이에 바오로는 하느님께서 불륜을 일삼는 몸을 심판 때 없애버리실 것이라고 하면서, "몸은 불륜이 아니라 주님을 위하여" 있는 것이라고 말한다. 그는 '몸은 주님을 위하여 있다'라는 말을 통해 그리스도인의 몸은 그리스도와 밀접히 연결되어 있음을 강조한다.

바오로는 코린토 신자들의 구호에 대해 반박한다. '배(코일리아κοιλία)'는 몸의 일부다. 인간의 육체적인 몸은 올바른 성관계를 위한 것이지 불륜을 위한 것이 아니며, 자유분방한 성 풍조는 거룩하고 순결하게 되기를 원하시는 하느님의 뜻에 어긋나기 때문이다. 요한 크리소스토무스는

신의 힘으로 다시 일으키실 것입니다.[28)]

15 여러분의 몸이 그리스도의 지체라는 것을 모릅니까? 그런데 그리스도의 지체를 떼어다가 탕녀의 지체로 만들 수 있겠습니까?[29)] 결코 그럴

"바오로가 비난하는 것은 육체의 본성이 아니라 육체를 남용하는 제어되지 않는 정신의 방종함입니다"라고 하였다(ACCK/NT.IX 120).

27) 바오로는 코린토 신자들의 주장과는 달리 하느님께서는 인간의 몸을 단순히 음행에 사용하는 것 이상의 계획을 가지고 계시다고 말한다. 왜냐하면 인간 존재는 궁극적으로 주님 곧 부활하신 그리스도께 속하기 때문이다. 바오로는 14절과 이어지는 구절들에서 이 사실을 분명히 밝힌다(1테살 4,3-7.17ㄴ 참조). 바오로는 몸이 주님을 위하여 있고, "몸을 위해 주시는 분은 주님"이시라고 말함으로써 '몸'의 운명과 목적을 분명히 한다. 몸을 결코 제멋대로 사용하여서는 안 된다는 것이다.

28) 바오로는 예수 그리스도의 부활은 하느님 아버지께서 이루신 일이라고 하면서, 하느님에 의해 정해진 그리스도인의 운명을 부활하신 그리스도의 영광스러운 지위와 연결시킨다. 그리스도인의 '몸'은 부활하신 그리스도의 지위에 참여할 운명이다. 바오로가 1코린 1,18에서 언급한 힘, 곧 "그분 부활의 힘"(필리 3,10)은 하느님 아버지께로 소급되어야 한다(로마 8,11; 1코린 15,15.20; 2코린 4,14; 13,4). 따라서 그리스도인의 몸은 예수 그리스도의 부활에 참여할 몸이므로 불륜의 도구로 사용되어서는 안 된다. 그리스도인은 지금은 몸으로 살지만 마지막 날에는 부활하여 "영광스러운 몸"(필리 3,21) 곧 "영적인 몸"(1코린 15,44)으로 살게 될 것이다. 따라서 몸을 불륜의 자리에 내어주는 것은 부활의 몸인 영광스러운 몸을 내어주는 것이다.

29) '여러분은 모릅니까(우크 오이다테 οὐκ οἴδατε)?'라는 질문이 세 번이나 이어진다(6,15.16.19). 이는 당연히 알아야 할 것을 모르는 신자들에 대한 답답함과 불륜을 알고도 저지르는 것에 대한 분노의 표현으로, 코

수 없습니다.[30)] 16 아니면, 탕녀와 결합하는 자는 그와 한 몸이 된다는 것을 모릅니까? "둘이 한 몸이 된다"는 말씀이 있습니다.[31)] 17 그러나 주님과 결합하는 이는 그분과 한 영이 됩니다.[32)] 18 불륜을 멀리하십시오.[33)] 사람

린토 신자들의 불륜이 심각하다는 것을 의미한다. 바오로는 6,2.3.9에서처럼 코린토 신자들에게 설교하듯이 충고하면서 그리스도인의 몸이 '주님을 위하여 있는'(6,13) 이유를 설명한다. 그는 그리스도인의 육체적인 '몸(소마타σώματα)'은 그리스도의 '지체(멜레μέλη)'이며, 교회는 여러 지체를 지닌 그리스도의 몸이라고 한다(로마 12,4–5; 1코린 12,12–27). 바오로는 여기에서 "그리스도의 지체"를 "탕녀의 지체"와 대조하고 있다.

30) '여러분은 모릅니까?'라는 질문에 대한 답은 "결코 그럴 수 없습니다(메 게노이토μή γένοιτο)"로, 강력한 부정이다. 코린토 1서에서는 오직 이곳에만 나오는 이 답변은 로마서와 갈라티아서에서 종종 언급된다.

31) 바오로는 '여러분은 모릅니까'라는 수사학적인 질문으로 다시 한 번 자신이 전한 교훈을 상기시키면서, 탕녀와 결합하여 한 몸이 되는 것을 창세 2,24("남자는 아버지와 어머니를 떠나 아내와 결합하여, 둘이 한 몸이 된다")과 연관시킨다. 불법적인 성관계는 그리스도인이 그리스도의 몸에 속하는 관계임을 거부하는 행위다. 바오로가 이 구절에서 탕녀와 '결합한다'에 사용한 동사는 '콜라오κολλάω'인데, 창세기에 나오는 '결합하다' 동사는 '프로스콜라오προσκολλάω'다. 그리고 이 구절에는 '몸(소마σῶμα)'이라는 낱말이 사용되었는데, 창세기에는 '육(사륵스σάρξ)'이라는 낱말이 사용되었다. 이처럼 바오로는 '육'과 '몸'을 동의어로 이해한다.

32) "한 영(헨 프네우마ἕν πνεῦμα)"은 16절에 나오는 "한 몸(헨 소마ἕν σῶμα)" 또는 '한 육체(헤이스 사륵스εἶς σάρξ)'와 대조된다. 그리고 "주님과 결합하는 이"는 "탕녀와 결합하는 자"와 대조된다. '한 몸'과 '한 영'은 '결합하다'라는 낱말과 연결되어 남녀 간의 육체적인 결합과 신자와 그리스도의 영적인 결합을 표현한다. 남자와 여자가 결합하면 한 몸이 되

이 짓는 다른 모든 죄는 몸 밖에서 이루어지지만, 불륜을 저지르는 자는 자기 몸에 죄를 짓는 것입니다.[34] 19 여러분의 몸이 여러분 안에 계시는 성

고, 신자가 주님과 결합하면 한 영이 된다. 남녀의 성적 결합이 육체적인 몸의 공동체를 이루는 것처럼, 신자와 그리스도와의 결합은 영적인 몸의 공동체를 이룬다. 암브로시아스테르는 "인간이 하느님의 영을 함께 나누게 되는 것은 우리가 주님과 결합할 때입니다"라고 하였다(ACCK/NT.IX 122).

33) "불륜을 멀리하십시오"는 직역하면 '불륜을 피해 달아나십시오'라는 뜻으로 이 단락의 중심 교훈이다. '페우게테(φεύγετε, 멀리하십시오)'라는 명령형 동사는 요셉(파라오의 경호대장)이 포티파르의 아내에게 유혹을 받았을 때 그 자리에서 밖으로 도망친 일(창세 39,12)을 떠올리게 한다. 바오로가 이러한 표현을 쓴 것은 그만큼 코린토 도시가 퇴폐적이어서 코린토 교회에도 불륜의 유혹이 심했음을 보여준다.

34) 바오로는 "사람이 짓는 다른 모든 죄는 몸 밖에서 이루어지지만"이라는 표현으로 불륜은 자기 몸에 직접 죄를 짓는 행위임을 분명히 한다. 예를 들면 폭식, 폭음, 탐욕 등은 인간의 몸과 인격을 손상시키는 행위들로 그것들은 밖에서 몸 안으로 들어온다. 반대로 불륜은 인간의 마음에서 비롯하여 자신의 육체를 더럽히고 다른 사람의 인격마저 손상시킨다. 요한 크리소스토무스는 "다른 죄들과 달리 불륜은 자기 자신에게 죄를 짓는 것입니다"라고 하였다(ACCK/NT.IX 122). 따라서 불륜은 인간의 범죄 중에서도 큰 범죄에 속한다. "자기 몸"이라는 표현은 칠십인역 집회 23,16-17('그의 육체의 몸에 불륜을 저지르는 자는 불이 그를 태워버릴 때까지 멈추지 않을 것이다. 음행을 저지르는 자에게 온갖 빵은 달다. 그는 죽을 때까지 싫증을 모른다')에 나오는 개념을 반영한 것 같다(잠언 20,2; 집회 10,29; 19,2-3 참조). 펠라기우스는 "불륜은 죄를 늘립니다. 두 사람이 관계되어 있고 둘 다 함께 멸망하기 때문입니다"라고 하였다(ACCK/NT.IX 122).

령의 성전임을 모릅니까?[35] 그 성령을 여러분이 하느님에게서 받았고, 또 여러분은 여러분 자신의 것이 아님을 모릅니까?[36] 20 하느님께서 값을 치르고 여러분을 속량해 주셨습니다.[37] 그러니 여러분의 몸으로 하느님을 영

---

35) 바오로는 1코린 3,16에서 코린토 신앙공동체를 "하느님의 성전"이라 부르고 '하느님의 영께서 그 안에 계신다'고 한다. 그러므로 그리스도인 개인은 "성령의 성전"이다. 가발라의 세베리아누스는 '불륜을 저지르는 자는 자기 몸에 해를 끼침으로써 성령의 성전을 더럽힌다'라고 하였다(ACCK/NT.IX 123).

36) 바오로는 다시 한번 '여러분은 모릅니까?'라는 수사학적인 질문을 던진다. '여러분은 여러분 자신의 것이 아니다'라는 말은 그리스도인들의 몸은 자신들의 것이 아니라 '하느님의 것'이라는 의미다. 탈출 19,5("이제 너희가 내 말을 듣고 내 계약을 지키면, 너희는 모든 민족들 가운데에서 나의 소유가 될 것이다. 온 세상이 나의 것이다")에는 시나이산에서 하느님이 모세와 맺은 계약이 언급되어 있다. 바오로는 그리스도인 공동체는 그리스도의 피로 맺은 새로운 계약(1코린 11,25; 2코린 3,6)의 백성으로서 '하느님의 것'이 되었다고 한다.

37) 바오로는 그리스도인들이 자신들의 몸을 함부로 다루어서는 안 되는 이유와 예수 그리스도의 죽음을 언급하면서 예수님이 흘리신 피는 당신을 따르는 이들의 구원을 위하여 치른 값이라고 한다. 그는 "값"의 양이 어느 정도인지, 또 누구를 위하여 치러진 것인지 더 설명하지 않지만 그것은 그리스도의 십자가 사건이 가져다주는 구원 사상과 어울린다. 곧 그리스도인들은 그리스도께서 십자가 위에서 값을 치르심으로써 죄의 속박에서 구원을 받았다는 것이다. 바오로는 여기에서 '에고라스테테ἠγοράσθητε' 동사를 사용하는데, 이 낱말은 '아고라조(ἀγοράζω, 속량하다)' 동사의 과거 수동태형으로, 직역하면 '여러분은 값을 내고 사들인 사람들'이라는 뜻이다.

광스럽게 하십시오.[38)]

"속량"은 은인이 '값(티메τιμή)'을 치르고 노예나 종을 양민으로 만드는 행위로, 노예제도가 통용되던 시절에 사용되던 낱말이다. 그리스도께서는 죄와 죽음의 노예 상태에 있는 사람들을 속량하시기 위해 골고타 언덕에서 당신 목숨을 바치셨다(로마 3,24). 이것이 바로 그리스도인들이 자기 몸이 자기 것이 아니므로 그것을 함부로 사용할 수 없는 이유다. 구약성경에서도 이스라엘 백성이 이집트에서 해방되는 사건에 이와 같은 사상이 나온다(탈출 6,6; 13,3; 시편 103,4; 이사 43,1; 52,3 참조).

38) 바오로는, 그리스도인은 그리스도께서 대신 값을 치름으로써 값없이 하느님의 백성이 되었으니 그 몸으로 하느님을 영광스럽게 하라고 권면한다. 예수 그리스도의 십자가 사건으로 속량된 그리스도인은 성령의 성전인 자신의 몸을 거룩하게 보존하고, 무슨 일을 하든지 그 몸으로 하느님을 영광스럽게 해야 한다(1코린 10,31). 바오로는 필리 1,20에서 신자들에게 "나의 간절한 기대와 희망은, 내가 어떠한 경우에도 부끄러운 일을 당하지 않고, 언제나 그러하였듯이 지금도, 살든지 죽든지 나의 이 몸으로 아주 담대히 그리스도를 찬양하는 것입니다"라는 자신의 뜻을 피력한다.

주제 3. 송사

1코린 6,1-11에서 바오로는 그리스도교 신앙인들 사이의 문제를 이교인의 법정에 가서 해결하려는 행위를 나무라면서, 교회가 세상의 빛과 소금으로서 세상을 변화시켜야 하는데 오히려 세상의 판단을 받으려는 태도를 지적한다. 바오로는 공동체 안에서 일어난 분쟁들은 공동체 스스로 해결하고, 공동체에 시비를 가려줄 지혜로운 사람을 세우고 소송 포기로 생기는 손해는 감수하라고 한다. 하느님을 믿지 않는 이들을 심판해야 할 신자들이 오히려 대수롭지 않은 일로 이교인들에게 달려가는 것은 스스로 그리스도인의 권한을 저버리는 행위요, 어리석고 비

신앙적인 태도다. 당시 아카이아 지방의 일반적인 사건은 총독이 임명한 두 명의 재판관이 판결했고 중요한 사건은 총독이 직접 심판하였다. 바오로는 신자들이 세속 법정에서 판단받기보다는 차라리 불의를 당하고 속아주는 것이 더 나으며, 세속 법정에 소송을 제기하는 것이 오히려 불의한 일이고 스스로를 속이는 행위라고 말한다. 그들이 소송을 제기한 대상은 같은 공동체 안에서 신앙생활을 하는 믿음의 형제들이었다. 세상 속에서 살지만 세상의 가치관이 아닌 예수 그리스도의 이름과 하느님의 영으로 사는 그리스도인들이 소송을 포기하는 일은 악에 굴복하는 행위가 아니라 사랑 때문에 십자가에 달려 죽임을 당하신 그리스도께 대한 신앙과 사랑의 표현이다. 따라서 같은 신앙을 가진 신자끼리 서로 고소하고 공격하는 것은 결국 그리스도의 몸인 교회에 손상을 입히는 행위가 된다.

II. 바오로에게 질의서를 통해 전해진 코린토 교회의 문제들(7,1—14,40)[1]

1) 7장부터 14장까지는 바오로가 교회에서 발생한 여러 가지 문제를 두고 신자들이 자신에게 보낸 질의에 대해 답변을 피력한 내용이다. 바오로는 7장에서 일부 신자들이 내세우는 '남자는 여자와 관계를 맺지 않는 것이 좋다'라는 구호를 인용하면서 답변한다. 바오로는 혼인하지 말고 혼자 지내라는 열광주의자들의 선동으로 혼인은 하지 않았으나 성적 욕구는 참지 못하는 신자들이 보낸 질문에 답하는 기회에 혼인과 미혼, 이혼과 재혼, 독신 등 혼인 윤리에 대한 문제를 포괄적으로 다룬다. 8—10장은 하나의 통일된 주제, 곧 우상에게 바쳤던 제물을 먹는 문제와 신전에서의 음복 문제, 성찬례와 이교 제사, 이웃을 배려하는 마음으로 자유를 유보하라는 교훈 그리고 이스라엘 백성이 광야에서 지냈던 과거 생활과 코린토 교회 신자들의 현재 모습을 대조한다. 10,23—11,1은 우상에게 바쳤던 제물을 먹는 문제에 대하여 바오로가 내린 결론으로, 지식보다는 다른 사람의 양심에 손상이 되는 행동을 유보하라고 한다. 바오로는 더 이상 율법 아래에 있지 않은 자유인이었지만 복음을 효과적으로 전하기 위하여 복음을 듣는 이들의 신분에 맞게 처신하며 기꺼이 종이 되기를 자처하였다. 11,2—14,40 역시 또 하나의 공통된 주제인, 교회 전례 때 발생되는 문제에 대해 다룬다. 바오로는 11장에서는 전례 때 여성들이 취해야 할 자세와 역할을, 12—14장에서는 공동체 안에서 성령의 은사가 어떻게 행사되어야 하는지를 이야기한다. 13장은 '사랑의 찬가'인데, 바오로가 은사 문제를 다루면서 사랑의 찬가를 전하는 것은 사랑이 모든 은사의 바탕이기 때문이다.

코린토 교회 신자들은 여러 가지 궁금한 문제들을 질의서로 만들어 바오로에게 보냈다. 그리스어 본문에는 '페리 데(περὶ δέ, …에 관하여)'라는 표현이 여섯 번 나오는데, 모두 신자들이 바오로에게 보낸 질문들

1. 혼인과 독신(7,1–40)[2]

혼인 문제[3]

7 1 이제 여러분이 써 보낸 것들에 관하여[4] 말하겠습니다. "남자는 여
자와 관계를 맺지 않는 것이 좋다" 하지만,[5] 2 불륜의 위험이 있으니

이다. 바오로가 이러한 질의서를 어떻게 받았는지는 알려지지 않았다. 아마도 16,17에 나오는 스테파나스와 포르투나투스와 아카이코스가 에페소에서 선교하고 있던 바오로에게 질의서를 전하고 그에 대한 답변을 받아왔을 것이다. 7,1에서는 혼인 문제, 7,25에서는 미혼자 문제, 8,1에서는 우상에게 바쳤던 제물 문제, 12,1에서는 성령의 은사 문제, 16,1에서는 모금 문제 그리고 16,12에서는 아폴로 형제에 관한 문제를 다룬다.

2) 7장에서는 17–24절을 제외하면 전반적으로 혼인 문제를 다룬다. 1–7절은 혼인과 독신, 8–9절은 독신자와 과부들, 10–16절은 비그리스도인과 혼인한 신앙인의 이혼 문제, 25–28절은 혼인과 미혼, 29–32ㄱ절은 종말을 앞둔 상황에서의 혼인의 자세, 32ㄴ–35절은 독신생활의 순기능, 36–38절은 약혼녀를 위한 충고, 39–40절은 과부의 재혼 문제를 다룬다.

3) 코린토 교회 신자들 중에는 불륜 문제를 신앙과 분리해서 생각하여 방종한 삶을 사는 이들이 있는가 하면, 혼인을 포함한 모든 성적인 관계를 잘못된 것으로 여겨 '남자는 여자와 관계를 맺지 않는 것이 좋다'라고 주장하는 이들도 있었다. 그래서 신자들은 바오로에게 성적 관계와 신앙의 연관성에 대해 질문하였다. 방종으로 불륜을 저지르는 행위나 금욕주의를 부르짖으며 혼인을 금하는 행위는 모두 열광주의자들이 주장한 이원론적 사고에서 비롯된 것이다. 이 이원론적인 사고가 한편으로는 성적 방종주의로, 다른 한편으로는 성적 금욕주의로 나타났다.

모든 남자는 아내를 두고 모든 여자는 남편을 두십시오.[6] 3 남편은 아내에

바오로는 7,1-9에서 혼인에 대한 자신의 다양한 견해를 밝히면서 혼인도 독신도 하느님으로부터 받은 은사임을 강조한다.

4) '…에 관하여'로 시작되는 질의들(7,1.25; 8,1; 12,1; 16,1.12) 가운데 첫 번째는 혼인 문제다. 코린토 교회 신자들은 공동체의 설립자이자 이제는 멀리 떨어져 있는 바오로에게 조언을 구하고 있다. 이 주제는 5—6장에서 다룬 성 윤리 문제와 관련이 있다.

5) 코린토 신자들 가운데에는 독신주의자들이 있었는데 이들은 "남자는 여자와 관계를 맺지 않는 것이 좋다"고 주장했고 바오로는 이들의 주장에 원칙적으로 동의하였다(7,7.8.26.38). 그런데 바오로가 권고하는 내용의 핵심을 제대로 이해하지 못한 일부 신자들은 혼인을 하지 않은 채 퇴폐적인 행위를 일삼았다. '관계를 맺는다(하프테스타이ἅπτεσθαι)'는 말은 성적 결합을 의미한다(창세 20,4.6; 룻 2,9; 잠언 6,29 참조). 바오로는 원칙적으로는 열광주의자들의 구호를 받아들이면서도 혼인 자체를 거부하거나 반대하지 않는다. '좋다(칼론καλόν)'는 칠십인역 창세 2,18의 말씀인 "사람이 혼자 있는 것이 좋지 않으니"를 연상시킨다. 바오로도 혼인이 하느님의 뜻임을 알고 있었다.

6) 바오로는 정욕을 자제하기 힘들어 불륜에 빠지게 될 위험성이 있으니 혼인하라고 한다. 이는 혼인은 현실적이고 육체적인 것이지 결코 영적이고 정신적인 것만은 아니라는 사실을 말한다. '불륜(포르네이아 πορνεία)'은 사람으로서 지켜야 할 도리에서 벗어난 것을 의미하는데, 여기서는 인간 사이에서 발생하는 간음 행위를 가리킨다. 바오로는 이미 1코린 6,16.18에서 불륜을 멀리하라고 했고 여기서는 혼인과 관련하여 이 문제를 더 분명하게 제시한다.

"불륜의 위험이 있으니"는 직역하면 '불륜 때문에(디아 타스 포르네이아

게 의무를 이행하고,[7] 마찬가지로 아내는 남편에게 의무를 이행해야 합니다.[8] 4 아내의 몸은 아내가 아니라 남편의 것이고, 마찬가지로 남편의 몸은 남편이 아니라 아내의 것입니다.[9] 5 서로 상대방의 요구를 물리치지 마

스διὰ τὰς πορνείας)'인데 이는 불륜을 멀리하라는 뜻이다. 바오로는 1테살 4,3에서도 불륜을 멀리하라고 권고한다. 각자 아내와 남편을 두라는 말은 "남자는 아버지와 어머니를 떠나 아내와 결합하여, 둘이 한 몸이 될 것이다"(마태 19,5; 참조: 창세 1,27; 2,18-24; 5,2)라는 말씀을 반영한다. 바오로는 이 말씀을 탕녀와 결합해서는 안 되는 논거로 인용하였다(1코린 6,16). "두십시오"로 번역된 명령형 동사인 '에케토ἐχέτω'는 '혼인하라'는 뜻이다. 같은 낱말이 5,1에도 나오는데, 거기서는 아버지의 아내를 데리고 산다는 의미로 쓰였다.

7) 바오로는 교차배열법을 써서 남편과 아내에게 서로 의무를 다하라고 한다. 여기에서 사용된 그리스어 '아포디도토(ἀποδιδότω, 의무를 이행하라)'는 '아포디도미(ἀποδίδωμι, 주다)' 동사의 삼인칭 단수 명령형으로, 이는 남편과 아내가 서로 부부의 의무를 다하라는 표현이다. 남편의 몸은 혼인하면 자신의 몸이 아니듯이 아내의 몸도 마찬가지로 자신의 몸이 아니다. 부부는 혼인 생활에서 동등한 권리와 책임을 갖기에(에페 5,21 참조) 권리를 주장하기보다는 서로 의무를 다해야 한다. 성적인 의무도 이에 해당한다.

8) "마찬가지로(호모이오스ὁμοίως)"는 부부에게 똑같이 부여되는 의무를 강조한 표현으로 부부는 성적 관계에서 어떠한 차별도 없어야 함을 보여준다. "남편"으로 번역된 '호 아네르ὁ ἀνὴρ'는 '남자' 또는 '사람'이라는 뜻인 동시에 '남편'을 의미할 수 있으며, "아내"로 번역된 '헤 기네 ἡ γυνή'는 '여자'라는 뜻인 동시에 '아내'를 의미할 수 있다. 1코린 7,1에서는 일반적인 원칙에 따라 '남자'와 '여자'로 번역되었다. 그러나 7,2에서 이 낱말들이 '남편'과 '아내'로 번역된 것은 바오로가 여기에서 논의

십시오.[10] 다만 기도에 전념하려고 얼마 동안 합의한 경우는 예외입니다. 그 뒤에 다시 합치십시오.[11] 여러분이 절제하지 못하는 틈을 타 사탄이 여러분을 유혹할 수 있기 때문입니다.[12] 6 그러나 그렇게 합의하여도 괜찮다

하는 관점이 일부일처제의 혼인이기 때문이다. 암브로시아스테르는, 남편과 아내는 한 몸, 한뜻이기에 부부관계에 있어 서로의 뜻에 따르라고 하였다(ACCK/NT.IX 125).

9) 바오로는 부부의 권리와 의무는 동등하고 상호적임을 강조한다. '아내의 몸은 남편의 것이고, 남편의 몸은 아내의 것이다'라는 말은 남편과 아내는 부부간의 의무와 성적인 권리를 동등하게 갖는다는 의미다. 고대 사회에서 부부는 서로가 성적인 관계를 원할 때 호응해 주는 것이 도리였을 것이다. 혼인 생활에서 남녀의 이와 같은 동등성은 유다교에서도, 스토아철학에서도 찾아볼 수 없다.

10) 코린토 신자 중에는 혼인의 권리를 저버리고 상대방의 성적 요구를 거부하는 이들이 있었던 것 같다. 바오로는 그런 이들을 향해 상대방의 요구를 물리치지 말라고 권고한다. 곧 상대방에게서 부부생활을 할 권리를 빼앗아 상대방이 혼자 지내게 하지 말라는 뜻이다. 혼인한 이들의 몸은 서로 배우자에게 속한 몸이므로 이유 없이 자신의 몸을 배우자에게서 멀리하는 것은 배우자에게서 그 몸을 빼앗는 것이나 마찬가지다.

11) 바오로는 배우자가 서로 기도할 목적으로 "얼마 동안 합의한 경우" 성적 요구를 유보할 수 있다고 한다. '얼마 동안'은 '제한된 시간 동안'이라는 뜻이다. 하지만 성적 관계를 절제한 시간을 너무 오래 지속해서는 안 된다고 한다. 이러한 성적 절제도 단순한 금욕을 위해서가 아니라, 기도에 전념하기 위해서 제한된 시간 동안만 허용되어야 한다. 유다교에서는 남자들이 기도하기 위해서나 율법을 공부하기 위해서 아내 곁을 얼마 동안 떠나있는 관례가 있었다.

12) 부부가 상대방의 요구를 절제하는 시간이 길어지면 사탄이 "절

는 뜻이지 명령하는 것은 아닙니다.[13)] 7 나는 모든 사람이 나와 같아지기를 바랍니다.[14)] 그러나 이 사람은 이런 은사, 저 사람은 저런 은사, 저마다

제하지 못하는(아크라시아ἀκρασία)" 부부를 유혹하여 타락의 길로 가게 한다. 여기에 나오는 사탄은 파멸시키는 자라기보다는 악의 길로 유혹하는 존재다. 1테살 3,5("이러한 이유로 나도 더 참을 수가 없어 여러분의 믿음을 알아보려고 티모테오를 보냈습니다. 유혹하는 자가 여러분을 유혹해서 우리의 노고를 헛되게 하지 않을까 염려되었기 때문입니다")에서도 사탄은 '유혹하는 자'로 불린다. 유다교에서는 부부가 서로 떨어져 있는 시간을 힐렐 학파는 일주일, 샴마이 학파는 이주일, 토라를 공부하는 학생은 삼십 일로 규정한다(Strack and Billerbeck).

13) 그리스어 본문 맨 앞에 나오는 '투토τοῦτο'는 직역하면 '이것'으로, 1코린 7,5의 "절제"를 가리킨다. 바오로는 부부간의 절제는 합의하면 좋다는 뜻으로 한 말이지 명령하는 것은 아니라고 한다. 곧 일시적으로 부부관계를 중단하라는 권면은 강제성을 띤 명령이 아니라는 말이다. 부부가 어떤 목적으로 동거하지 않기로 합의했다면 그것은 잠깐이어야 하고 다시 결합하기 위한 것이어야 한다.

14) 바오로는 모든 사람이 자신처럼 혼인하지 않고 독신으로 지내거나 아니면 적어도 혼인하지 않고도 살아갈 수 있도록 육적 유혹을 자제할 수 있기를 바란다. 그는 7,8에서도 모든 이가 자신처럼 독신으로 지냈으면 하는 바람을 피력한다. 요한 크리소스토무스는 '바오로는 어려운 문제에 관해 이야기할 때 자신을 본보기로 내세우는 경우가 많다고 하면서 이 대목도 그런 경우'라고 하였다(ACCK/NT.IX 127).

"바랍니다(텔로θέλω)" 동사는 현재형으로, 바오로는 실현 가능하고 또 실현해야 하는 바람을 표현할 때 현재형 동사를 사용한다. 이 동사는 7,32; 10,20.27; 11,3; 14,5에서도 비슷하게 사용된다. 반면에 자신이 달성할 수 없는 바람을 표현할 때는 미완료형 동사를 사용한다(갈라

하느님에게서 고유한 은사를 받습니다.[15)]

8 혼자 사는 이들과 과부들에게 말합니다. 그들은 나처럼 그냥 지내는 것이 좋습니다.[16)] 9 그러나 자제할 수 없으면 혼인하십시오.[17)] 욕정에 불

4,20; 참조: 로마 9,3).

15) 바오로는 "우리는 저마다 하느님께서 베푸신 은총에 따라 서로 다른 은사를 가지고 있습니다"(로마 12,6)라고 한다. 따라서 독신생활이나 혼인 생활은 개인 선호의 문제가 아니라 개인에게 주어진 하느님의 선물이다. 그는 여기에서 혼인 생활이나 독신생활을 하느님에게서 받은 고유한 은사로 여긴다. 독신의 은사는 갈라 5,23에 나오는 성령의 열매 가운데 하나인 "절제(엥크라테이아ἐγκράτεια)"를 필요로 한다. 하지만 바오로는 독신생활에 있어서 단순히 절제하는 것보다 동기가 더 중요한 이유를 1코린 7,25-35에서 언급한다. 그는 명령이나 충고와 같은 용어를 사용하지 않고 혼인이나 독신 모두 하느님의 선물인 부르심이라고 말한다. 모든 사람이 똑같은 은사를 받은 것이 아니기 때문에 혼인할 것인지 독신으로 살 것인지는 각 사람에게 주어진 은사에 따라 결정해야 한다.

16) 바오로는 혼인을 자제해야 하는 원칙에 대한 논의를 마무리하면서 혼인의 상태에 있지 않은 신자들을 언급한다. "혼자 사는 이들(토이스 아가모이스τοίς ἀγάμοις)"은 남성 복수 형태로 쓰였으나 혼인하지 않은 남녀노소 모두를 가리키며, 신약성경에서는 오직 1코린 7장에만 네 번 나온다(8.11.32.34절). 이 낱말은 7,11에서는 이혼한 여자를, 7,32에서는 혼인하지 않은 남자를, 그리고 7,34에서는 처녀를 가리킨다. 바오로가 혼인에 대한 관심을 표명하는 이 절에서는 이 낱말이 '과부들'과 함께 나온다. "과부들(타이스 케라이스ταῖς χήραις)"은 전에 혼인했으나 지금은 남편 없이 혼자 사는 여성들을 뜻한다(1티모 5,3-16 참조). 바오로는 이들에게 자신처럼 홀로 지내라고 권면한다.

바오로는 1코린 7,1에서는 '좋다(칼론καλόν)'라는 형용사를, 7,7에서

타는 것보다 혼인하는 편이 낫습니다.[18]

10 혼인한 이들에게 분부합니다.[19] 내가 아니라 주님께서 분부하시는 것입니다.[20] 아내는 남편과 헤어져서는 안 됩니다.[21] 11 — 만일 헤어졌으

는 '바랍니다(텔로θέλω)'라는 동사를 사용하여 자기 생각이 명령이 아님을 밝혔는데, 여기서도 "좋습니다(칼론καλόν)"라는 낱말을 써서 다시 한 번 명령이 아님을 강조한다. 바오로가 전에 혼인한 적이 있는지 없는지는 분명하게 알 수 없지만 코린토 신자들에게 보낸 첫째 편지를 쓸 무렵에는 홀몸이었음이 분명하다(7,7–8; 9,5).

17) 바오로는 자제하는 것이 불가능하다면 혼인하라고 권면한다. 바오로는 결코 금욕주의를 주장하지 않는다. 그가 명령형 동사(가메사토산 γαμησάτωσαν)를 사용하여 '혼인하라'고 한 것은 혼인을 반대하거나 깎아내리지 않았음을 보여준다.

18) 바오로는 '더 좋은'이라는 뜻의 형용사 '크레잇톤κρεῖττον'과 '욕정에 불타다'라는 부정사 '피루스타이πυροῦσθαι'를 사용하여, 더욱 행복한 삶은 혼인하려는 욕망을 품지 않는 독신의 상태이지만 자제하지 못하여 욕정에 불타는 것보다는 혼인하는 것이 낫다고 한다. 그는 성적 본능을 충족시키기 위해서는 혼인해야 함에도 혼인하지 않은 채 성적 욕구만을 충족시키려는 삶을 경계한다.

19) 바오로는 혼인의 또 다른 문제를 다룬다. 바오로는 앞에서 아직 혼인하지 않은 이들과 과부들에게 혼인하지 않은 상태로 지내라고 권고하였는데, 혼인한 상태인 이들에게는 헤어지지 말라고 주님의 이름으로 명령한다.

20) 바오로는 혼인한 이들에게 헤어지지 말라고 하면서, 이것이 주님의 명령임을 분명히 한다. 이 명령은 "하느님께서 맺어주신 것을 사람이 갈라놓아서는 안 된다"(마태 19,6; 마르 10,9; 참조: 루카 16,18)라는 주님의 말씀에 따른 것이다. 바오로는 의도적으로 예수님의 이혼 금지 명령을

면 혼자 지내든가 남편과 화해해야 합니다.[22] — 그리고 남편은 아내를 버려서는 안 됩니다.

12 그 밖의 사람들에게는 주님이 아니라 내가 말합니다.[23] 어떤 형제

인용하여 혼인한 믿는 이들에게 절대적이고 무조건적인 형식으로 전한다. '분부하다'로 번역된 동사 '파랑겔로παραγγέλλω'는 1코린 11,17과 1테살 4,11에도 나오는데 '명령하다, 지시하다'라는 뜻이다.

21) 유다교에서는 남자가 부인에게 이혼증서를 써서 손에 쥐여주고 자기 집에서 마음대로 내보낼 수 있었다(신명 24,1–4 참조). 하지만 예수님은 이혼 불가를 선언하셨다(마태 5,32; 마르 10,1–12; 루카 16,18). 바오로는 이에 근거하여 아내는 남편과 헤어지지 말고, 남편도 아내를 버리지 말라고 명령한다. 바오로는 아내에게는 '헤어지다(코리스테나이χωρισθῆναι)'라는 수동형 동사를, 남편에게는 '버리다(아피에나이ἀφιέναι)'라는 능동형 동사를 사용하는데, 행동의 주체에 따라 다르게 쓸 뿐이지 의미상의 차이는 없다. 이는 오직 남자만이 여자를 소박할 수 있다는 당시 유다 사회의 시대상을 반영한 표현이다. 당시에 여자는 남자를 소박할 수 없었다. 그러나 1코린 7,13에서는 아내에게도 남편을 버려서는 안 된다고 한다.

22) 바오로는 이혼하려는 아내에게 이혼 금지 명령을 내리지만, 근본적으로 남편과 아내 모두에게 해당하는 명령이다. 그는 헤어졌으면 혼자 지내든지 아니면 이혼한 상대방과 화해하고 다시 결합하라고 한다. "화해"는 하느님께서 예수 그리스도의 십자가 사건을 통하여 인류와 화해하신 사건을 반영한다(2코린 5,18–19).

23) "그 밖의 사람들'(호이 로이포이οἱ λοιποί)"은 비그리스도인들과 혼인한 코린토 교회 그리스도인들을 뜻한다고 볼 수 있다. 그것은 이 구절이 비그리스도인들과 혼인한 그리스도인들의 이혼 문제를 다루고 있기 때문이다. 바오로는 다른 곳에서는 이교인들을 언급하면서(필리 1,13; 1테살 4,13; 5,6) '그 밖의 사람들'이라고 한다.

에게 신자 아닌 아내가 있는데 그 아내가 계속 남편과 함께 살기를 원하면,
그 아내를 버려서는 안 됩니다. 13 또 어떤 부인에게 신자 아닌 남편이 있
는데 그가 계속 아내와 함께 살기를 원하면, 그 남편을 버려서는 안 됩니
다.[24] 14 신자 아닌 남편은 아내로 말미암아 거룩해졌고, 신자 아닌 아내
는 그 남편으로 말미암아 거룩해졌기 때문입니다.[25] 그렇지 않으면 여러분

"내가 말합니다"는 바오로가 1코린 7장에서 하느님의 부르심을 받은 사도로서 자신의 권위를 내세울 때 자주 사용한 표현이다(8.10.12.25.35.40절). 그리스도인들과 비그리스도인들 사이의 혼인은 초대교회가 이방인들을 상대로 선교하면서부터 발생했기 때문에 바오로는 자신의 권위를 내세우며 이에 대한 견해를 밝힌다.

24) 유다 사회에서는 유다인들이 이방인들과 혼인하는 것을 금했다. 코린토 교회에서 비그리스도인들과 혼인한 그리스도인들 중 일부는 혼인 생활에서 갈등이 생기자 이혼을 요구했던 것 같다. 이에 바오로는 부부 중 한쪽만 그리스도인인 경우 어떻게 처신해야 하는지 조언한다. 비그리스도인 아내와 남편이 그리스도인 남편과 아내와 계속 살기를 원한다면 그리스도인 배우자는 비그리스도인 배우자를 버리지 말고 함께 살라고 한다. 곧 그리스도인이냐 비그리스도인이냐가 이혼 사유가 될 수 없다는 뜻이다. 특히 비그리스도인과 혼인한 그리스도인 배우자가 먼저 이혼 요구를 해서는 안 된다.

25) 바오로는 그리스도인 배우자가 비그리스도인 배우자와 혼인 생활을 계속해야 하는 이유를 밝힌다. 바오로는 이 구절에서 "아내로 말미암아(엔 테 기나이키ἐν τῇ γυναικί)"와 "남편으로 말미암아(엔 토 아델포ἐν τῷ ἀδελφῷ)"라는 표현을 사용한다. '엔ἐν'은 '말미암아, 때문에' 등으로 번역되는데, 장소('…안에')를 가리키는 의미로도 쓰인다. 그리고 '아델포ἀδελφῷ'는 '형제'라는 뜻인데 사본에 따라서 '남편(안드리ἀνδρί)', '믿는 남편(안드리 토 피스토ἀνδρί τῷ πιστῷ)'으로 표현되기도 한다.

의 자녀도 더러울 터이지만, 사실은 그들도 거룩합니다.[26)]

바오로는 신자 아닌 남편과 아내에 대해서 '헤기아스타이(ἡγίασται, 거룩해졌다)'라는 낱말을 사용하는데, 이는 '하기아조(ἁγιάζω, 성별하다, 거룩하게 하다)' 동사의 완료 수동형으로 하느님에 의해 성별聖別되었다는 뜻이다(LXX 탈출 29,37.43-44 참조). 바오로가 거룩하다 동사를 완료 수동형 시제로 사용한 것은 비그리스도인 남편과 아내도 이미 하느님으로부터 거룩하게 되었음을 말하기 위해서다. '거룩해지다'라는 말은 '더러운(아카타르타ἀκάθαρτά)'과 대조된다. 코린토 교회 일부 신자들은 이방인과의 혼인이 자칫 그리스도인 부부와 공동체를 더럽힐지도 모른다고 우려했던 것 같다. 하지만 바오로는 그리스도인 배우자에게 비그리스도인과의 혼인은 합법적이므로 믿지 않는 남편이 믿는 아내를 통하여 하느님의 약속된 백성에 참여하도록 힘쓰라고 한다. 혼인 생활이 반드시 거룩한 생활이라고는 할 수 없지만, 비그리스도인 배우자는 모범을 보여주는 그리스도인 배우자의 삶을 통하여 거룩해질 수 있다. 남편과 아내가 혼인 생활에서 상대방을 통하여 거룩해지는 것은 부모와 자녀의 관계에서도 마찬가지다.

26) 바오로는 부부 중 어느 한 편이라도 신자면 배우자와 그 자녀들도 거룩해질 수 있다고 말한다. "여러분의 자녀"는 문맥상 믿지 않는 이들이나 세례받지 않은 이들을 가리킨다고 볼 수 있다. 따라서 신자와 비신자의 혼인으로 태어난 자녀들 역시 부모의 사랑으로 거룩해진다. 왜냐하면 자녀들은 그들의 부모 중 한 사람이 비신자라 할지라도 그리스도인 공동체의 일원이 되기 때문이다. 이처럼 자녀들은 '지금' 그들이 누리고 있는 영적인 환경으로부터 혜택을 받아 이미 거룩하게 되었다. 가발라의 세베리아누스는 "자녀가 깨끗하고 거룩하며 불신으로 더러워지지 않았다면, 부모의 신앙이 승리를 거둔 것입니다"라고 하였다(ACCK/NT.IX 132).

15 그러나 신자 아닌 쪽에서 헤어지겠다면 헤어지십시오.[27] 그러한 경우에는 형제나 자매가 속박을 받지 않습니다.[28] 하느님께서는 여러분을 평화롭게 살라고 부르셨습니다.[29] 16 아내 된 이여, 그대가 남편을 구원할 수

---

27) 바오로는 그리스도인 배우자에게 비그리스도인 배우자가 헤어지자고 요구하면 헤어지라고 한다. 이는 1코린 7,12-14에서 바오로가 배우자를 버려서는 안 된다고 한 경우와는 다른, 유다교의 이혼 명령과 비슷하다(에즈 10,3.19). 바오로가 여기에서 사용한 "헤어지십시오(코리제스토*χωριζέσθω*)"는 '코리조*χωρίζω*' 동사의 현재 명령형으로 지금 헤어지라는 뜻이다.

28) 바오로는 비그리스도인 배우자가 헤어지기를 원하면 헤어지라고 하면서 이러한 경우 형제나 자매는 속박을 받지 않는다고 한다. 여기서 '속박을 받다(데둘로타이*δεδούλωται*)' 동사는 노예 상태를 표현할 때 사용하는 전문 용어인데, 이는 로마 7,3과 1코린 12,13에 나오는 '자유로운 사람'과 대조된다. 비그리스도인 배우자가 이혼을 원하면 그리스도인 배우자는 이혼하고 재혼해도 무방하다는 바오로의 이 결정을 가톨릭교회에서는 '바오로의 특전'(『교회 법전』 1143조)이라고 부른다.

29) 바오로는 신자 배우자가 먼저 이혼을 요구해서는 안 되지만 비신자 배우자가 헤어지기를 원하면 헤어지라고 한다. "평화롭게 살라고(엔 데 에이레네*ἐν δὲ εἰρήνῃ*)"는 직역하면 '평화 가운데'로, 하느님은 남자와 여자가 평화롭게 살도록 부르셨다는 뜻이다. 따라서 그리스도인 배우자가 이혼을 한다면 하느님의 뜻인 평화가 깨질 수밖에 없기 때문에 그리스도인 배우자는 평화를 위하여 혼인 생활을 지속해야 한다. 하지만 비그리스도인 배우자가 그리스도인 배우자에게 헤어지자고 하면 그리스도인 배우자는 그 문제로 다투어서 평화를 깨뜨리기보다 헤어지는 편이 낫다는 것이다. 왜냐하면 하느님께서는 그리스도인들을 평화롭게 살라고 부르셨기 때문이다(로마 12,18; 14,19; 1코린 14,33; 2티모 2,22; 히브 12,14;

있을지 혹시 압니까? 그리고 남편 된 이여, 그대가 아내를 구원할 수 있을지 혹시 압니까?[30)]

1베드 3,11). 그러므로 하느님으로부터 부르심을 받은 그리스도인 배우자는 비신자 배우자가 떠난 뒤 현재 자신이 살아가고 있는 새로운 조건에서 평화를 누리며 살아야 한다. 아우구스티누스는 "그리스도인인 남편은 그가 그리스도인이라는 이유로 (비그리스도인) 아내가 함께 살기를 거부할 경우, 비록 합법적으로 혼인한 사이라 하더라도 아내를 버리는 것이 잘못이 아닙니다"라고 하였다(ACCK/NT.IX 132). 키루스의 테오도레투스 역시 "믿는 이가 먼저 이혼을 요구해서는 안 됩니다. 그러나 신자가 아닌 배우자가 갈라서기를 원한다면, 신자인 배우자는 비난받을 일이 없습니다"라고 하였다(ACCK/NT.IX 132).

30) 바오로는 그리스도인 배우자가 가능한 한 비그리스도인 배우자와 함께 계속 살아야 하는 이유를 이중의 수사학적인 질문을 통하여 제시한다. 곧 그리스도인 남편과 아내로 말미암아 비그리스도인 아내와 남편이 구원받을 가능성에 대하여 말한다. '구원할 것이다(소세이스*σώσεις*)' 동사가 여기서는 로마 5,9–10에 언급된 그리스도의 피로 말미암아 구원받는다는 뜻보다는 로마 11,14; 1코린 9,22에 나오는 비그리스도인을 그리스도교 신앙과 생활에 참여하게 하여 구원받게 한다는 의미다. "구원할 수 있을지 혹시 압니까?"는 비그리스도인 배우자도 그리스도교 신앙을 통하여 구원받을 수 있다는 가능성을 전제한 질문이다. 그리스도인 배우자가 비그리스도인 배우자와 헤어지지 않고 함께 혼인 생활을 이어가는 것은 비그리스도인 배우자도 언젠가 구원에 이를 수 있는 가능성을 열어놓는 것이다. 암브로시아스테르는 "바오로가 이렇게 말하는 것은 신자 아닌 배우자가 그리스도의 이름을 미워하지 않는다면 언제든 믿음으로 올 가능성이 있기 때문입니다"라고 하였다(ACCK/NT.IX 132).

주님께서 정해주신 삶[31)]

17 아무튼 주님께서 각자에게 정해주신 대로, 하느님께서 각자를 부르셨을 때의 상태대로 살아가십시오.[32)] 이것이 내가 모든 교회에 내리는 지시

---

31) 앞에서 혼인과 독신, 이혼, 비그리스도인과의 혼인 문제를 다룬 바오로는, 이제 신자들에게 주님께서 각자에게 정해주신 대로 살아가라고 권면한다. 하느님께서 부르셨을 때의 상태를 상기하고 그 안에 머무르라는 것이다. 이는 바오로가 자신이 세운 공동체에 복음을 전하며 끊임없이 강조한 교훈이다. 삶에 있어서 인종적·사회적·법적 신분은 그리 중요하지 않다. 누가 할례받은 유다인인지 할례받지 않은 이방인인지, 누가 종인지 자유인인지는 문제가 되지 않는다. 공동체 구성원들이 유다계 그리스도인일 수도 있고 이방계 그리스도인일 수도 있다. 그리스도인의 삶에서 가장 중요한 것은, 누구나 예수님의 가르침에 봉사하고 순종하는 관계를 통하여 하느님 앞에 서있는 존재라는 사실이다. 따라서 혼인이나 이혼을 통해 사회적 신분을 바꾸려는 것은 부르심을 받은 그리스도인의 더욱더 중요하고도 근본적인 의무를 저버리는 행위다. 바오로는 여기서 혼인을 한 사람이든 안 한 사람이든, 할례받은 사람이든 할례받지 않은 사람이든, 종이든 자유인이든 모두 그리스도 안에서 하나임을 역설한다. 이는 갈라 3,26-28("여러분은 모두 그리스도 예수님 안에서 믿음으로 하느님의 자녀가 되었습니다. 그리스도와 하나 되는 세례를 받은 여러분은 다 그리스도를 입었습니다. 그래서 유다인도 그리스인도 없고, 종도 자유인도 없으며, 남자도 여자도 없습니다. 여러분은 모두 그리스도 예수님 안에서 하나입니다")을 떠올리게 한다.

32) 바오로는 여기에서 '각자'라는 말을 반복 사용하여 신자들이 자신의 신분을 바꾸려 하지 말고 "주님께서 각자에게 정해주신 대로, 하느님께서 각자를 부르셨을 때의 상태대로" 살아가라고 권면한다(1코린

입니다.[33] 18 누가 할례받은 몸으로 부르심을 받았습니까? 할례받은 흔적을 없애려고 하지 마십시오. 누가 할례받지 않은 몸으로 부르심을 받았습니

7,20.24). 바오로는 7,7에서 '이 사람은 이런 은사, 저 사람은 저런 은사를 저마다 하느님에게서 받았다'라고 한다. 따라서 그리스도인 개개인은 자신에게 주신 하느님의 은사를 기억하고 하느님의 부르심을 상기하면서 자신들이 처해있는 자리에서 주님을 위해 살아가라는 것이다.

그는 이 절을 '에이 메εἰ μὴ'로 시작하는데 '다만, 아무튼, 그 밖에, 그러나, 그럼에도' 등으로 번역할 수 있다. 이는 7,15에서 바오로가 신자에게 신자 아닌 쪽에서 헤어지자고 하면 헤어지라고 한 말을 염두에 둔 표현이다. 신자 배우자는 비신자 배우자와 헤어져도 무방하지만 다만 주님께서 각자에게 정해주신 대로 살아가야 한다. '정해주신 대로'로 번역된 그리스어 '에메리센ἐμέρισεν'은 '메리조μερίζω' 동사의 단순 과거형으로 '몫을 나누어 준다'라는 뜻이다(2코린 10,13). '부르셨을 때'로 번역된 그리스어 '케클레켄κέκληκεν'은 '부르다'라는 뜻의 동사 '칼레오καλέω'의 완료형이다. 여기에서 '부르심'은 구원이나 그리스도인으로 부르셨음을 의미할 뿐만 아니라(1코린 1,9), 어떤 인종적·법적·사회적 신분으로의 부르심을 가리킨다. 똑같은 동사가 7,18.21–22에도 나온다.

"살아가십시오"로 번역된 그리스어 '페리파테이토περιπατείτω'는 '걸어가다'라는 뜻의 동사 '페리파테오περιπατέω'의 현재 명령형인데, 여기서는 그리스도인이 취해야 할 자세를 비유적으로 표현한 것이다(3,3).

33) "지시입니다"로 번역된 '디아타소마이διατάσσομαι'는 '디아타소(διατάσσω, 지시하다)' 동사의 중간태인데, 일부 사본(D, F, G)은 '디다스코διδάσκω' 곧 '가르치다'로 읽는다. 이는 4,17의 영향을 받은 것으로 보인다(11,34; 16,1 비교). 바오로가 각자 부르심 받았을 때의 상태대로 살아가라고 한 것은, 신앙인들에게는 외적인 세상 질서가 무의미하다고 주장하는 열광주의자들을 겨냥하여 한 말이다.

까? 할례를 받으려고 하지 마십시오.[34] 19 할례를 받았느냐 받지 않았느냐는 대수롭지 않습니다.[35] 하느님의 계명을 지키는 일만이 중요합니다.[36]

---

34) 바오로는 7,8-11에서 혼인하지 않은 사람은 독신으로, 이미 혼인한 사람은 혼인 생활을 계속 이어가라고 했는데, 여기에서는 유다인은 유다인으로, 이방인은 이방인으로 살아가라고 한다. 곧 할례받은 유다인은 굳이 그 흔적을 없애려고 하지 말고, 할례받지 않은 이방인은 굳이 할례를 받으려고 하지 말라는 것이다. 그리스도교로 개종한 이방인은 할례받을 필요가 없다. 바오로는 갈라 2,3에서 자신의 협력자인 티토는 그리스 사람이었는데 그에게 할례를 강요하지 않았다고 한다(2코린 8,23; 갈라 5,2-12; 6,12-15 참조). 펠라기우스는 '할례받은 사람은 그 당시 필요해서 받았기 때문에 그 일을 후회해서는 안 되고, 할례받지 않은 사람을 할례받게 하려고 해서도 안 된다'라고 하였다(ACCK/NT.IX 134).

바오로가 여기에서 사용한 '에피스파스토(ἐπισπάσθω, 흔적을 없애다)' 동사는 '에피스파오ἐπισπάω' 동사의 중간태 명령형이다. 신약성경에서 할례받은 사람이 인위적으로 그 흔적을 제거할 때 사용된 낱말로 이곳에만 나온다. '에피스파스토'는 벌거벗고 하는 경기들이 안티오코스 4세 에피파네스의 헬라화 정책 아래 예루살렘 체육관에 도입되었을 때 행해진 포피 복원 시도를 가리킨다. 실제로 마카베오 독립전쟁 이전에 일부 팔레스티나 유다인들은 예루살렘에서 열린 헬라화된 경기에 참여하기 위해 할례받은 흔적을 없애려고 하였다(1마카 1,15; 요세푸스, 『유다 고대사』 12,5,1).

35) 바오로는 할례와 하느님의 계명을 대조하여 "할례를 받았느냐 받지 않았느냐"는 전혀 문제가 되지 않고 하느님의 계명을 지키는 일만이 중요하다고 한다(갈라 5,6; 6,15 참조). 그런데 그는 유다인으로서 할례를 중요하게 생각하였다. 하느님께서 아브라함과 그의 후손들에게 할례를 명령한 것을 알고 있었기 때문이다(창세 17,10).

20 저마다 부르심을 받았을 때의 상태대로 지내십시오.[37)]
21 그대가 부르심을 받았을 때에 종이었습니까? 그것에 마음을 쓰지

---

36) 바오로는 갈라 5,2의 "만일 여러분이 할례를 받는다면 그리스도는 여러분에게 아무 소용이 없을 것입니다"라는 말을 반복한다. 바오로에 따르면 할례받고도 하느님의 계명을 지키지 않을 수 있고, 반대로 할례받지 않고도 하느님의 계명을 지킬 수 있다(로마 2,25-29 참조). '계명을 지킴(테레시스 엔톨론τήρησις ἐντολῶν)'은 집회 32,23("모든 일에서 너 자신을 지켜라. 이것도 계명을 지키는 것이다")을 연상시키는 표현으로, 인종적 배경과 사회적 신분에 상관없이 그리스도인 개개인에게 요구되는 명령이다. 바오로는 하느님께서 창세 17,9-13에서 명령하신 할례와는 다른 계명을 언급하는데, 하느님의 계명을 그리스도의 법인 사랑으로 간주한다. 따라서 하느님의 계명을 지키는 것은 그것이 관습이든 도덕이든 법이든 근본적으로 예수 그리스도 안에 계시된 하느님의 뜻에 따라 사는 삶을 의미한다.

37) 바오로는 '부르심을 받았을 때의 상태대로 지내라'(17.24절)는 말을 반복한다. 그는 로마 11,29; 필리 3,14에서도 부르심의 신학적 의미를 밝히는데(에페 4,1; 2테살 1,11; 2티모 1,9 참조) 이곳에서 언급된 부르심의 의미와는 다르다. 여기에서의 부르심은 어떤 이가 유다인이든 이방인이든, 종이든 자유인이든 상관없이 그리스도인으로 불리는 때의 상태를 가리킨다. 곧 각자는 자신이 현재 처한 상태대로 부르심을 받는다. 바오로는 그리스도인이 그런 상태를 계속 이어가는 것이 하느님의 뜻임을 강조한다.

"지내십시오"는 그리스어 '메네토μενέτω'를 번역한 것이다. 이 낱말은 '메노μένω' 동사의 명령형으로 '머무르십시오'라는 뜻이다. 이 명령은 1코린 7,17의 "살아가십시오"와 7,21의 "이용하십시오"라는 말과 같은 뜻이다. 따라서 '지내십시오'라는 말은 자신이 부르심 받았을 때의 상태를

마십시오.[38] 자유인이 될 수 있다 하여도 오히려 지금의 상태를 잘 이용하
십시오.[39] 22 주님 안에서 부르심을 받은 종은 이미 주님 안에서 해방된

잘 이용하고 유지하며 살아가라는 뜻이다. 하느님께서는 우리의 사회적 지위나 상태가 아니라 하느님께로 향한 우리의 의지와 마음에 관심을 갖고 계시기 때문이다.

38) 바오로는 7,18–20에서는 유다인과 이방인을, 7,21–23에서는 종과 자유인을 대조한다. 그는 1,26에서 코린토 교회 신자들이 부르심을 받았을 때 부유하고 유력한 이들도 있었지만 대부분 사회적 지위가 낮았다고 한다. 여기서는 누군가 종으로 있을 때 부르심을 받았으면 마음 쓰지 말고 종의 상태에 계속 머무르라고 한다. "종"은 이곳과 7,22–23; 12,13에 나오는데, 고대문화와 그리스–로마법에서는 '살아있는 도구'를 가리켰다. 종은 어떠한 권리도 갖지 못했으며 주인 이외에는 누구에게도 봉사할 의무가 없었다.

39) "자유인이 될 수 있다 하여도 오히려 지금의 상태를 잘 이용하십시오"라는 구절은 번역과 해석에 어려움이 따른다. '잘 이용하십시오(말론 크레사이 μᾶλλον χρῆσαι)'에 대해서는 네 가지 다른 해석이 제시된다. 첫째, 비록 자유인이 된다 해도 종처럼 더 열심히 일하라는 뜻이다. 둘째, 만일 종에서 해방되어 자유인이 된다면 자유인으로서 꼭 하느님의 부르심에 따라 살라는 뜻이다. 셋째, 현재 상태인 종의 신분을 더 잘 이용하라는 뜻이다. 넷째, 자유인이 될 기회가 있으면 그 기회를 잘 이용하라는 뜻이다. 이 네 가지 중 어떠한 해석도 그리스도교 신앙에 비추어 볼 때 만족스럽지 못하다. 바오로는 당시의 노예제도가 좋은 제도가 아니라는 인식은 하고 있었지만, 로마제국의 강제 점령 상황에서 노예제도를 공개적으로 비판하기란 쉽지 않았다. 하지만 갈라 3,28이나 필레몬서를 보면 바오로는 그리스도 공동체 안에서 노예도 주인과 같이 하느님의 자녀와 형제로 규정하고 있다. 바오로에게 신앙인의 신분이 종이냐

자유인입니다.[40] 마찬가지로 부르심을 받은 자유인은 그리스도의 종입니다.[41] 23 하느님께서 값을 치르고 여러분을 속량해 주셨습니다.[42] 사람의 종이 되지 마십시오.[43] 24 형제 여러분, 저마다 부르심을 받았을 때의 상

자유인이냐는 중요하지 않았다. 과거에 종이었든 자유인이었든 현재 그리스도인으로 살아가는 데는 아무 영향도 미치지 않는다.

40) 바오로는 부르심을 받았을 때의 신분이 종이든 자유인이든 중요하지 않은 이유를 밝힌다. 그것은 부르심을 받았을 때 종이었던 사람도 이미 주님 안에서 "해방된 자유인"이기 때문이다. 따라서 종의 신분을 가진 사람은 그 신분 상태를 기꺼이 감수하라는 것이다.

41) 그리스도께 "부르심을 받은 자유인은 그리스도의 종"이다(로마 1,1; 갈라 1,10; 필리 1,1). 바오로는 종이냐 자유인이냐가 아니라 그리스도를 통해 하느님의 부르심을 받았는지 받지 않았는지를 더 중요하게 여긴다. 바오로는 사회적 자유보다 신앙적 자유를 앞세우며 교회 안에서는 그 어떤 사회적 지위나 경제적 수준으로 인한 차별로 불미스러운 일이 발생해서는 안 된다고 교훈한다. 그들 모두는 사회적 신분과 상관없이 그리스도를 믿는 믿음 안에서 하느님의 자녀이며 자유인이기 때문이다. 사회적 신분이 종이라 하더라도 하느님 안에서는 그리스도의 희생으로 인하여 주님 안에서 해방된 자유인이 될 수 있으며, 반면에 사회적 신분이 높은 자유인도 그리스도의 종이 될 수 있다.

42) 바오로는 성적 불륜으로부터 코린토 신자들을 보호하고, 신자들에게 그들의 몸은 성령의 성전이기에 무엇이든 마음대로 할 수 있는 것이 아님을 상기시키기 위해 "하느님께서 값을 치르고 여러분을 속량해 주셨습니다"(1코린 6,20)라는 말씀을 반복한다. "여러분은 그리스도의 것"(3,23)이기 때문에 종이나 자유인이나 모두 그리스도교 공동체 안에서 동등하다는 것이다.

43) "사람의 종"은 7,22에 나오는 "그리스도의 종"과 대조된다. 그리

태대로 하느님과 함께 지내십시오.[44)]

혼인과 미혼[45)]

25 미혼자들에 관해서는[46)] 내가 주님의 명령을 받은 바가 없습니다. 그러

스도인은 누구나 사람의 종이 아니라 그리스도의 종이다(레위 25,55 참조). 대 바실리우스는 '인간의 값은 그리스도의 피'라고 하면서 '하느님께서 값을 치르고 속량해 주셨으니 사람의 종이 되지 말라'고 하였다(ACCK/NT.IX 136). 히에로니무스는 '창조주께서 피조물을 위해 당신 피를 흘리신 것보다 더 비싼 값은 있을 수 없다'고 하였다(ACCK/NT.IX 136).

44) 바오로는 다시 한번 "부르심을 받았을 때의 상태대로 하느님과 함께" 머무르라고 한다. 이는 사실상 1코린 7,17.20에서 언급된 근본적인 원칙을 반복한 것이다. 바오로가 계속해서 이런 말을 한 것은 자신이 사람들에게 가르친 대로 몸소 실천하고자 노력했기 때문이다.

45) 바오로는 7,8에서 "혼자 사는 이들"을 언급했는데, 여기서는 미혼자들에게 권고한다. '미혼자(헤 파르테노스ἡ παρθένος)'는 7,28.34에서 혼인할 나이임에도 아직 혼인하지 않은 여자를 가리킨다. 주석가들은 종종 7,25–35에 나오는 '헤 파르테노스'를 넓은 의미로 해석했다. 왜냐하면 이 낱말이 7,27ㄱ에서는 남편을, 7,27ㄷ에서는 이혼한 독신 남자를, 7,32ㄴ에서는 혼인한 남자와 대조하여 혼인하지 않은 남자를 가리키기 때문이다.

코린토 신자들이 바오로에게 질의서에 써 보낸 것(7,1ㄱ)이 미혼자들에 관한 것인지는 확신할 수 없지만, 가능성을 배제할 수는 없다. 바오로가 7,10에서는 주님의 말씀을 들어 혼인한 이들에게 분부했는데, 여기서는 주님의 말씀을 언급하지 않고 믿을 만한 자로서 미혼자들에게 세 가지 이유를 들며 지금 그대로 지내는 것이 좋다(7,7–8)고 충고한다. 그

이유는 첫째, 현재의 재난 때문에(7,26) 이 세상의 형체가 사라지고 있고(7,31ㄴ), 때가 얼마 남지 않았기 때문이다(7,29ㄴ). 바오로는 이러한 종말론적인 확신으로 7,17.20.24에서 언급한 원칙을 기혼자와 미혼자들에게 일반적으로 적용한다. "지금 그대로 있는 것이 사람에게 좋다"(7,26). 둘째, 바오로는 신자들이 걱정 없이 살기를 바라기 때문에(7,32ㄱ) 혼인, 슬픔, 기쁨, 소유, 심지어 세상조차도 포기하라고 한다. 그러한 문제들에 관심을 두기보다는 주님을 섬기는 일이 더 중요하기 때문이다. 셋째, 혼인하지 않은 이는 주님을 기쁘게 하는 일에 더 많이 투신할 수 있기 때문이다(7,32ㄴ). 혼인하지 않은 이는 어떻게 하면 주님을 기쁘게 해드릴 수 있을까 하는 생각으로 주님의 일을 걱정하면서 아무런 방해도 받지 않고 주님을 섬길 수 있다. '미혼'은 하느님이 주신 좋은(칼론καλόν, 7,8.26) 선물이다(7,7ㄱ.28-29.32ㄱ.38). 미혼자에 대한 바오로의 견해는 구약성경에 나타난 미혼 개념과 대조된다. 판관 11,37-40에 나오는 입타의 딸은 그저 처녀로 죽는 것에 대해 한탄한다. 아모 5,2에서는 처녀 이스라엘이 쓰러지는 것을 두고 애도한다(요엘 1,8 참조). 애가 1,15에는 짓밟힌 처녀 딸 유다가 언급된다. 이처럼 구약성경에 나오는 처녀의 의미와 바오로가 언급한 처녀의 개념은 완전히 다르다.

바오로는 미혼자들에 대해 언급한 뒤(1코린 7,25-28), 종말을 앞두고 어떻게 살아가야 하는지 권면하고(7,29-31), 혼인한 사람은 배우자의 마음을 헤아리지만 혼인하지 않은 사람은 몸으로나 영으로 거룩해지려고 주님의 일을 걱정한다고 말한다(7,32-35). 마지막으로 약혼녀에 대한 충고(7,36-38)와 과부에 대한 권면(7,39-40)으로 이 단락을 끝맺는다.

46) 바오로는 이제 "미혼자들(하이 파르테노이αἱ παρθένοι)"에게 충고한다. 미혼자들은 7,28.34.36.37.38에 산발적으로 나오기 때문에 그들이 누구를 가리키는지 분명하지 않다. 고대 사회에서 '파르테노스παρθένος'는 남자 경험이 없는 여자를, 칠십인역 레위 21,3에서는 남편 없이 사는

나 주님의 자비를 입어 믿을 만한 사람이 된 자로서 의견을 내놓습니다.[47]
26 현재의 재난 때문에 지금 그대로 있는 것이 사람에게 좋다고 나는 생
각합니다.[48] 27 그대는 아내에게 매여있습니까? 갈라서려고 하지 마십시

처녀를 가리킨다. 1코린 7,34.36.37.38에서 '파르테노스'가 여성으로 언급되는 것으로 보아 28절에서도 여성의 의미일 것이다. 그러나 25절에서는 남성으로도 여성으로도 읽을 수 있다. 왜냐하면 26절은 그 함축된 의미를 '사람(안트로포스ἄνθροπος)'에게까지 연장하기 때문이다. 그리고 32절에서는 이 낱말이 '혼인하지 않은 남자(호 아가모스ὁ ἄγαμος)'를 가리키기도 한다(7,8 참조). 이 낱말이 2코린 11,2("나는 하느님의 열정을 가지고 여러분을 위하여 열정을 다하고 있습니다. 사실 나는 여러분을 순결한 처녀로 한 남자에게, 곧 그리스도께 바치려고 그분과 약혼시켰습니다")에서는 비유적인 의미로 나타난다.

47) 바오로는 미혼자들에 관해서는 주님으로부터 어떤 명령도 받지 않았다고 하면서 주님의 자비를 입어 자신의 의견을 내놓는다고 한다(1코린 1,10; 7,40; 2코린 8,10). 이는 바오로가 인용할 만한 주님의 직접적인 명령이 없다 하더라도 자신의 충고는 하느님의 자비에 힘입은 것이므로 신뢰할 만하다는 뜻이다. 그는 자기 자랑을 하기 위해서가 아니라 자신이 주님으로부터 위임을 받은 사도임을 강조하기 위해서 이런 말을 하고 있다(1코린 4,1; 1테살 2,4).

48) 바오로는 '좋다(칼론καλόν)'라는 말을 두 번이나(그리스어 본문에는 두 번 나온다) 사용하여 신자들이 자기 생각에 동의해 줄 것을 바라면서 17.20.24절에서 진술한 원칙을 되풀이한다. 그것은 "현재의 재난" 때문이다. 여기서 '재난'으로 번역된 그리스어 '아낭케ἀνάγκη'는 '필요, 곤경'을 의미하지만, 묵시문학에서는 종종 '핍박, 환난'을 뜻한다(루카 21,23; 2코린 6,4; 요세푸스, 『유다 전쟁사』 5.13.7). '현재의 재난'이란 예수님 재림 때 있을 종말론적인 재난, 곧 마지막 날에 닥칠 곤경을 가리킨다(다니 12,1; 묵시 7,14 참조). 이는 스바 1,15("그날은 분노의 날, 환난과 고난의 날, 파멸과 파

오.[49] 그대는 아내와 갈라졌습니까? 아내를 얻으려고 하지 마십시오.[50]
28 그러나 그대가 혼인하더라도 죄를 짓는 것은 아닙니다.[51] 또 처녀가 혼
인하더라도 죄를 짓는 것은 아닙니다.[52] 그러나 그렇게 혼인하는 이들은

괴의 날, 어둠과 암흑의 날, 구름과 먹구름의 날이다")에 나오는 재앙과 고난의 날과 유사하다. 예레 16,2-4에서는 주님께서 예레미야에게 바빌론 땅에 다가올 운명을 생각해서 아내를 얻지 말고 아들딸도 낳지 말라고 하셨다. 바오로는 주님의 재림이 임박했으니 미혼자들은 현재의 상태로 지내라고 한다. 암브로시아스테르는 "바오로는 순결을 지키며 사는 것이 더 낫다고 가르칩니다. 그 편이 하느님을 더 기쁘게 해드리기 때문이기도 하고 종말 시기의 상황을 사는 더 분별 있는 길이기 때문입니다"라고 하였다(ACCK/NT.IX 138).

49) '매여있다(데데사이δέδεσαι)'는 '데오δέω' 동사의 완료형으로, 과거에 한 혼인으로 여태껏 매여있고 지금도 계속 매여있다는 뜻이다. 여기서 바오로는 혼인을 했다면 하느님의 뜻으로 받아들이고 현재의 상태를 이어가라고 한다. 바오로는 1코린 7,20에서 저마다 부르심을 받은 때의 상태대로 지내라고 권면하였다.

50) '갈라졌다(렐리사이λέλυσαι)' 역시 '리오λύω' 동사의 완료형으로, 어떤 이유로 과거에 갈라져 지금도 계속 갈라진 상태에 있다는 뜻이다. 바오로는 이미 아내와 갈라진 남자는 아내를 다시 얻으려고 하지 말고, 갈라진 채 현재의 상태로 살아가라고 권면한다.

51) "그대"는 코린토 교회의 남자를 가리킨다. 코린토 교회 신자들 가운데에는 미혼자들이 혼인을 하면 죄를 짓는 것이므로 독신으로 지내야 한다고 주장하는 이들이 있었던 것 같다. 하지만 바오로는 신자들의 합당한 혼인은 결코 죄가 아니라고 선언한다.

52) "처녀"가 누구를 가리키는지는 분명하지 않지만 '파르테노스(παρθένος, 처녀)' 앞에 나온 여성관사 '헤ἡ'가 일반적인 용법으로 쓰인 것

현세의 고통을 겪을 것입니다.[53] 나는 여러분이 그것을 면하게 하고 싶습니다.[54]

29 형제 여러분, 내가 말하려는 것은 이것입니다. 때가 얼마 남지 않았습니다.[55] 이제부터 아내가 있는 사람은 아내가 없는 사람처럼,[56] 30 우

이므로 특정하지 않은 '어떤 처녀'일 것이다. 처녀가 혼인해도 죄를 짓는 것은 아니다. 곧 남자와 여자는 똑같이 혼인할 자유가 있다.

53) 바오로는 자신의 충고를 받아들이지 않은 이들이 육신의 시련을 겪을 것을 염려해서 아끼는 마음으로 혼인하지 않고 지내기를 바란다. "현세의 고통"으로 번역된 그리스어 '트립시스θλῖψις'는 7,26에서는 재림 때 나타날 종말론적인 재난을, 여기에서는 부부가 당대에 겪을 수밖에 없는 현세적 갈등을 가리킨다. '고통'은 인간의 육체를 힘들게 하는데(2코린 2,4; 12,7 참조), 성적 유혹뿐만 아니라 배우자나 자녀들 때문에 이 세상에서 많은 이들이 겪게 되는 고통스럽고 힘든 삶을 암시한다.

54) 바오로는 미혼 남녀에게 혼인이 죄가 되기 때문이 아니라, 마지막 때에 당할 육신의 고통을 덜어주기 위해서 혼인하지 않은 채로 지내라고 권면한다. 암브로시아스테르는 '혼인은 허용된 것이기 때문에 혼인해도 죄를 짓는 것은 아니지만, 혼인을 거부하면 그는 공로를 이룬 것이며 하늘에서 화관을 얻는다'라고 하였다(ACCK/NT.IX 138).

55) 바오로는 미혼자들과 관련한 내용을 계속해서 다루기 전에, '때가 얼마 남지 않은'(로마 13,11; 1베드 4,7) 세상에서 그리스도인이 어떻게 살아야 하는가를 교훈한다. "때(호 카이로스ὁ καιρός)"는 종말론적인, 결정적인 때를 가리키는데, 바오로가 로마 3,26에서 언급한 '엔 토 닌 카이로 ἐν τῷ νῦν καιρῷ' 곧 중대한 때다.

"얼마 남지 않았습니다"로 번역한 '신에스탈메노스συνεσταλμένος'는 '시스텔로συστέλλω' 동사의 완료 수동태 분사형으로, 직역하면 '단축되었다, 줄여졌다'라는 뜻이다(마르 13,20 비교). 그러나 여기서는 문맥상 때

는 사람은 울지 않는 사람처럼, 기뻐하는 사람은 기뻐하지 않는 사람처럼, 물건을 산 사람은 그것을 가지고 있지 않은 사람처럼,[57] 31 세상을 이용하는 사람은 이용하지 않는 사람처럼 사십시오. 이 세상의 형체가 사라지

가 얼마 남지 않았음을 암시한다. 바오로는 신자들에게 코린토 그리스도인 공동체가 살아가고 있는 현재의 시대가 영원할 것으로 생각해서는 안 된다고 강조한다.

56) "이제부터"로 번역된 '토 로이폰*τὸ λοιπόν*'은 '그러므로'로 번역할 수 있지만 여기서는 문맥상 시간적 의미를 가리킨다. 바오로는 혼인 생활을 반대하거나 배우자와 자녀들에 대한 책임을 포기하라고 권면하지 않는다. 그러나 그는 신자들이 아내와 자녀들이 없는 것처럼 살기를 바란다. 그것은 임박한 위기의 때가 얼마 남지 않았기 때문이다. 바오로가 아내가 있는 사람은 아내가 없는 사람처럼 살라고 한 것이 남편과 아내가 혼인 생활을 하면서 금욕생활을 하라는 뜻은 아니다.

바오로는 1코린 7,29–31에서 '호스 메(*ὡς μή*, 마치 …가 아닌 것처럼)'라는 표현을 다섯 번 사용하는데, "아내가 있는 사람은 아내가 없는 사람처럼" 지내라는 권면이 그 첫 번째다. 이러한 권고를 반복하는 이유는 임박한 위기의 때에 더 중요한 것이 무엇인지를 알아야 하기 때문이다.

57) 바오로가 종말론적인 관점에서 언급한 세 부류의 사람들은 '우는 사람들', '기뻐하는 사람들', '물건을 산 사람들'이다. 이들은 다가올 위기로 인해 영향을 받는 사람들이다. 이 대립적 긴장은 단순히 현재와 미래 사이에 있는 것이 아니라, 그리스도인과 비그리스도인들이 처한 세상 사이에 놓여있다. 7,30–31에 언급된 네 가지 대립은 무반응과 무관심을 강조하는 스토아식 논박에 나오는 대립들과 비교할 수 있지만, 오히려 바오로가 4,10–13ㄱ에서 언급한 것과 비교하는 것이 더 적절하다(4에즈 16,42–45 참조). 바오로는 혼인한 이들에게 금욕생활을 강요하지 않듯이 스토아철학의 무관심을 옹호하지 않는다. 바오로는 로마 12,15에서

고 있기 때문입니다.[58)]

32 나는 여러분이 걱정 없이 살기를 바랍니다.[59)] 혼인하지 않은 남자

"기뻐하는 이들과 함께 기뻐하고 우는 이들과 함께 우십시오"라고 말한다. 암브로시아스테르는 "세상 종말이 가까웠음을 아는 이들은 자신들이 곧 위로를 받으리라는 것을 알며 그래서 그 희망으로 서로를 위로합니다"라고 하였다(ACCK/NT.IX 139).

58) 바오로는 이 세상에 머물도록 하느님께 부르심을 받은 이들은 오히려 세상을 이용하지 않는 사람처럼 살라고 한다. 또한 그는 로마 12,2에서 신자들에게 현세에 동화되지 말라고 권면한다. 그리스도인들은 세상에서 하느님께서 주신 모든 것을 하느님 안에서 옳게 사용할 수 있지만, 결코 그것에 종속되어 살아서는 안 된다. 왜냐하면 이 세상의 '형체(스케마σχῆμα)'는 사라지고 말 것이기 때문이다. 바오로는 모든 피조물의 유한성보다는 이 세상의 모든 제도가 영속하지 못하고 사라진다는 사실을 더 강조한다. 여기에서 사용된 '사라지다(파라게이παράγει)' 동사는 칠십인역 시편 144,4('인간의 날들은 지나가는 그림자 같은 것이다')에서 쓰인 동사와 동일하다.

59) 바오로는 이제 종말이 임박하여 곧 사라지게 될 이 세상에서 남편과 아내가 어떻게 살아야 하는지에 대해 말한다. 그는, 남편과 아내는 어떻게 하면 주님을 기쁘게 해드릴 수 있을까 하고 주님의 일을 걱정하면서 살라고 권면한다. 혼인이나 세상일에 얽매여 사는 이들은 소유와 관계가 사라질 세상에서 불안을 느낄 수밖에 없기에 신자들이 걱정 없이 살기를 바라는 것이다. '걱정 없이 살기를 바란다'는 바오로의 말은 이미 1코린 7,28에서 언급한 내용을 가리킬 수도 있지만, 더 직접적으로는 이어지는 구절들을 가리킨다. 왜냐하면 "걱정 없이(하메림누스 ἀμερίμνους)"라는 형용사는 다음 문장에 나오는 '걱정하다(메림나μεριμνᾷ)' 동사와 연결되기 때문이다.

는 어떻게 하면 주님을 기쁘게 해드릴 수 있을까 하고 주님의 일을 걱정합니다.[60] 33 그러나 혼인한 남자는 어떻게 하면 아내를 기쁘게 할 수 있을까 하고 세상일을 걱정합니다.[61] 34 그래서 그는 마음이 갈라집니다.[62] 남편이 없는 여자와 처녀는 몸으로나 영으로나 거룩해지려고 주님의 일을 걱정합니다.[63] 그러나 혼인한 여자는 어떻게 하면 남편을 기쁘게 할 수 있을까

---

60) 바오로는 "혼인하지 않은 남자"에게 사목적인 관심을 표명하면서 '걱정하다'라는 말을 계속 사용한다(7,32–34). 바오로는 혼인하지 않은 남자는 아내와 자녀들 그리고 세상과 관련된 다른 일을 걱정하지 않기 때문에 주님의 일에 집중할 수 있다고 한다. '주님을 기쁘게 해드린다'라는 말은 바오로가 인간의 행위에 동기를 부여하려 할 때 나타난다(로마 8,8; 2코린 5,9; 1테살 2,4.15; 4,1). "주님의 일(타 투 키리우τὰ τοῦ κυρίου)"이 무엇을 가리키는지는 불분명하다. 주님의 일을 기도, 미사 참례, 선행, 좁은 범위의 선교 등으로 생각하는 이들이 있지만, 이런 행위들은 주님의 일을 하며 살기 위해 혼인하지 않는 동기로 충분하지 못하다. 주님의 일을 금욕적인 생활, 절제된 행실, 자기 성찰로 이해하는 이들도 있다.

61) 이 절은 단순히 앞절과 상반되는 진술이다. "세상일(타 투 코스무 τὰ τοῦ κόσμου)"은 '주님의 일'을 대신하고, "아내"는 '주님'을 대신한 것이다. 바오로는 하느님 일에 온 마음을 쓰는 자신의 상황과 혼인한 사람의 경우를 비교하면서 혼인은 축복받을 일이지만 이 두 가지는 함께 병행할 수 없다고 말한다.

62) "갈라집니다"로 번역된 그리스어 '메메리스타이μεμέρισται'는 '메리조(μερίζω, 갈라지다)' 동사의 완료 수동형으로 '갈라져 있다'라는 뜻인데, 33절의 결론이기도 하다. 바오로는 혼인한 남자가 아내도 기쁘게 하고 주님도 기쁘게 해드리려고 마음을 쓰다 보면 그의 관심이 나뉠 수밖에 없다고 한다.

63) 바오로는 남자에게 했던 말을 여자에게 똑같이 한다. 곧 "남편

하고 세상일을 걱정합니다.[64] 35 나는 여러분 자신의 이익을 위하여 이 말을 합니다.[65] 여러분에게 굴레를 씌우려는 것이 아니라, 아무런 방해도 받지 않고서 품위 있고 충실하게 주님을 섬기게 하려는 것입니다.[66]

이 없는 여자와 처녀는 … 주님의 일을 걱정합니다"는 32ㄴ절의 병행문이다. 바오로는 이처럼 처녀를 혼인하지 않은 남자와 동등하게 다루면서 남편이 없는 여자와 처녀를 구분하여 말한다. '남편이 없는 여자'는 혼인하지 않은 처녀이거나 과부일 수도 있고, 이혼해서 남편과 헤어진 여자이거나 독신녀를 가리킬 수도 있다. 또한 혼인을 거부하는 여자를 뜻할 수도 있어 남편이 없는 여자가 정확히 어떤 여자를 가리키는지는 확인하기 어렵다. 여기서 '처녀'는 성 경험이 없는 혼인하지 않은 여자를 가리킨다. 바오로는 혼인하지 않은 남자는 주님을 기쁘게 해드리려고 주님의 일을 걱정한다고 했는데, 혼인하지 않은 여자는 자신의 몸과 영이 거룩해지려고 주님의 일을 걱정한다고 한다. 그는 성적인 관계를 끊어야만 거룩해질 수 있다는 의미로 이런 말을 하는 것이 아니다. 이 구절을 혼인한 여자는 육체와 영혼이 거룩해지도록 부르심을 받지 않았다는 뜻으로 이해해서도 안 된다. 이는 혼인을 한 사람도 하지 않은 사람도 그리스도인이라면 누구나 거룩하게 살아야 한다는 의미다. 바오로는 여러 곳에서 혼인과 상관없이 그리스도인은 자신의 몸을 거룩하게 해야 한다고 말한다(로마 6,12; 12,1; 1코린 6,13.15.19.20; 2코린 4,10; 갈라 6,17; 필리 1,20; 1테살 5,23 참조). 바오로는 종말론적 관점에서 혼인한 이들이 세상사에만 몰두하지 말고 주님의 일을 걱정하면서 거룩하게 살 것을 강조한다.

64) "혼인한 여자는 어떻게 하면 남편을 기쁘게 할 수 있을까 하고 세상일을 걱정합니다"는 33절에 나오는 혼인한 남자에게 한 말과 짝을 이룬다.

65) 바오로는 자신을 위해서가 아니라 코린토 교회와 신자들의 이익을 위해서 혼인과 미혼에 대한 자신의 견해를 밝힌다.

36 어떤 사람이 자기 약혼녀에게[67] 잘못한다는 생각이 들고 열정까지

---

66) 바오로는 신자들에게 굴레를 씌우려는 것이 아니라고 한다. "굴레"로 번역된 그리스어 '브로콘βρόχον'은 '올가미, 구속, 속박'이라는 뜻으로 견유학파 철학자 시노페의 디오게네스(기원전 412/404–323년)가 쓴 용어다. 바오로는 견유학파에서 사용한 '브로콘'이라는 용어를, 코린토 신자들의 자유를 빼앗거나 박탈하려는 것이 아니라 오히려 신자들이 품위 있고 충실하게 주님과 공동체를 섬기는 데 더 나은 역할을 하도록 사용하였다. 그는 처녀에게 권면하면서 세 가지 낱말을 사용한다. '에우스케몬εὔσχημον'은 '예의 바른, 정당한'이라는 뜻이며, '에우파레드론εὐπάρεδρον'은 '하느님 어좌에 자리를 같이한 지혜'(지혜 9,4)처럼 주님을 섬기는 일에 '합당한'을 의미한다. 그리고 '아페리스파스토스ἀπερισπάστως'는 '방해나 장애받는 일 없이'를 뜻하는데, 직역하면 '딴생각 없이, 걱정 없이'로 1코린 7,34의 "마음이 갈라집니다"와 대조를 이룬다. 7,35 전체를 아우르는 낱말은 '토 심포론τὸ σύμφορον'으로 '유익한'이라는 뜻이다. 바오로는 남자나 여자 모두 혼인을 하지 않으면 어떤 장애나 방해도 받지 않고 혼인으로 인하여 초래되는 모든 어려움에서 벗어나 주님을 섬길 수 있다고 한다.

67) 바오로는 이제 특수한 상태에 있는 약혼녀의 혼인 문제를 다룬다(7,36–38). 이 부분은 오랫동안 논란이 된 구절이다. 왜냐하면 여기에 나오는 "어떤 사람(티스τις)"이 누구를 가리키는지 불분명하고, "약혼녀"로 번역된 '파르테노스παρθένος'의 뜻도 모호하기 때문이다. 여기서 '어떤 사람'은 약혼녀의 남자다. 곧 약혼한 두 남녀가 정식으로 혼인하기 전에 성관계를 갖지 않기로 합의했지만, 후에 자제하지 못한 남자를 가리킨다. '파르테노스'는 '처녀 딸', '약혼한 처녀', '여자의 결심을 존중하는 혼인하지 않은 남자와 금욕적인 동거를 하는 그리스도인 처녀'로 해석되어 왔는데, 여기서는 '약혼녀'를 가리킨다.

넘쳐 혼인해야 한다면, 원하는 대로 하십시오.[68] 그가 죄를 짓는 것이 아니니, 그 두 사람은 혼인하십시오.[69] 37 그러나 마음속으로 뜻을 단단히 굳히고 어떠한 강요도 없이 자기의 의지를 제어할 힘이 있어서 약혼녀를 그대로 두겠다고 마음속으로 작정하였다면, 그것은 잘하는 일입니다.[70] 38 이

---

68) 바오로는 7,9에서처럼 여기서도 '혼인하십시오'라고 권면한다. 물론 바오로는 약혼녀가 그대로 남아있기를, 곧 혼인하지 않은 채로 지내기를 바란다. 그 이유는 약혼녀가 주님의 일을 걱정하고 몸으로나 영으로나 거룩해지도록 하기 위해서다(7,34). '잘못하다'로 번역된 '아스케모네인ἀσχημονεῖν'은 '부당하게 처신하다, 떳떳하지 못하다'라는 뜻으로, 7,35의 '에우스케몬(εὔσχημον, 정당한)'과 대조된다. 여기에서 약혼녀에게 잘못한 부당한 처신이 무엇인지는 분명하지 않지만, 문맥상 사회적·법적·도덕적으로 잘못한 일을 가리킨다. "열정까지 넘쳐(히페라크모스ὑπέρακμος)"의 주어는 남자와 여자 모두 가능한데 '혼기가 지난, 성적 열정이 넘치는'으로 번역할 수 있다.

69) 바오로는 어떤 약혼녀가 혼인 적령기에 이르고 약혼남도 열정이 넘쳐 혼인하고 싶어 하면 원하는 대로 혼인하라고 한다. 약혼한 사람들이 혼인하는 것은 결코 죄를 짓는 일이 아니기 때문이다(7,9.28). 암브로시아스테르는 "어떤 이가 진심으로 혼인하고 싶어 한다면, 혼인은 허용된 일이니만큼 몰래 나쁜 짓을 하고 부끄러워하느니 공개적으로 혼인하는 편이 낫습니다"라고 하였다(ACCK/NT.IX 142).

70) 바오로는 혼인이 예정된 상황에서 남자가 자유롭게 자신의 신념을 표하는 방식을 언급하면서, 약혼한 남자가 약혼한 여자를 어떤 강요에 의해서가 아니라 의지를 제어할 힘이 있어서 혼인하지 않기로 마음을 굳히고 약혼녀를 그대로 두기로 마음속으로 작정했다면 그대로 두라고 한다. 이는 성적 충동을 제어하고 절제할 수 있는 남자에게 적용되는 말이다.

와 같이 자기 약혼녀와 혼인하는 사람도 잘하는 것이지만, 혼인하지 않는 사람은 더 잘하는 것입니다.[71]

과부의 재혼[72]

39 아내는 남편이 살아있는 동안 남편에게 매여있습니다.[73] 그러나 남편이 죽으면 자기가 원하는 남자와 혼인할 자유가 있습니다.[74] 다만 그 일은

---

71) 바오로는 이 구절에서 '호 가미존ὁ γαμίζων'이라는 낱말을 두 번 사용한다. '가미존γαμίζων'은 '어떤 여자를 혼인시키다'라는 뜻을 지닌 '가미조γαμίζω'의 현재분사형 동사로서 아버지가 그의 딸을 혼인시킨다는 뜻이지만, 여기서는 단순히 '혼인하다'라는 의미다(마태 24,38; 마르 12,25; 루카 17,27 참조). 따라서 이 동사의 주어는 약혼한 젊은 남녀를 가리킨다. 바오로는 일관되게 혼인하지 않는 것이 더 좋은 일이지만 약혼한 남녀가 상황과 처지에 따라 혼인한다고 해도 그것이 죄가 되지 않으며 잘하는 일이라고 한다.

72) 바오로는 이미 1코린 7,8-9에서 언급한 그리스도인 과부의 재혼 문제를 다시 다룬다. 바오로는 로마 7,2에서 "혼인한 여자는 남편이 살아있는 동안에만 율법으로 그에게 매여있습니다. 그러나 남편이 죽으면 남편과 관련된 율법에서 풀려납니다"라고 말한다. 곧 아내는 남편이 살아있는 동안만 남편에게 매여있으므로 이혼 금지 명령도 남편이 살아있는 동안에만 유효하다는 뜻이다.

73) "아내는 남편이 살아있는 동안 남편에게 매여있습니다"라는 혼인 개념은 바오로가 1코린 7,10에서 말한 내용을 전제하고 있다. 이는 유다 전통의 관점에서 정식화된 것이다.

74) "죽으면"의 그리스어 '코이메테κοιμηθῇ'는 '코이마오(κοιμάω, 잠들다)' 동사의 단순 과거 가정법 수동형이다. '잠들다'는 죽음을 완곡하게

주님 안에서 이루어져야 합니다.[75] 40 그러나 내 의견으로는 과부도 그대로 지내는 것이 더 행복합니다.[76] 나 역시 하느님의 영을 모시고 있다고 생각합니다.[77]

표현한 말이다(1코린 11,30; 15,6.18.20.51; 1테살 4,13-15; LXX 창세 47,30; 신명 31,16; 1열왕 11,43 참조). 바오로는 1코린 7,8에서 과부는 혼인하지 말라고 했지만, 여기서는 과부가 원하는 남자와 혼인할 자유가 있다고 한다. 이 과부의 상태는 신명 21,14("그러나 그 여자가 너희 마음에 들지 않으면 마음대로 가게 하되, 돈을 받고 팔 수는 없다. 너희가 그 여자를 욕되게 하였으므로 함부로 다루어서는 안 된다")에 나오는 여자의 경우와 유사하다. 남편이 죽으면 과부는 누구나 자유롭게 혼인할 수 있다.

75) 바오로는 과부의 혼인은 "주님 안에서" 이루어져야 한다는 조건을 전제한다. 이는 같은 주님을 믿는 그리스도인 남자와 혼인해야 한다는 의미다. 바오로는 동족 간 혼인 규정에 언급된 유다교의 개념을 코린토 신자들에게로 확대시키고 있다(신명 7,3; 에즈 9,2). 1티모 5,14("그러므로 나는 젊은 과부들이 재혼하여 자녀를 낳고 집안을 꾸려나가…")로 볼 때 바오로는 젊은 과부들이 재혼하여 자녀를 낳고 집안을 꾸려나가는 것을 인정하였다.

76) 바오로는 금욕주의자들에게 혼인은 죄가 아니며 그리스도인은 한 번 이상 혼인할 수 있지만 권할 만한 것은 아니라면서 과부에게 현재의 상태 그대로 지내라고 권면한다. 바오로는 1코린 7,8에서 했던 권면을 반복하는데, 여기서는 그것을 "내 의견"이라고 한다. 바오로는 7,10의 '분부하다'와 7,25의 '명령'과 다르게 '의견'이라는 낱말을 사용한다. "더 행복합니다(마카리오테라 μακαριωτέρα)"는 '마카리오스(μακάριος, 행복한)'의 비교급으로 참행복(마태 5,3-12)에 나오는 낱말이다(로마 14,22 비교).

77) 바오로는 자신이 "하느님의 영"을 모시고 있기 때문에(1코린 2,16;

7,25 참조) 과부가 재혼하지 않고 그대로 지내는 것이 하느님께서 보시기에 더 행복하다고 말할 수 있다고 한다. 하느님의 영을 모시고 있다는 것은 바오로가 새 계약의 일꾼으로서 하느님의 복음을 전할 자격을 갖추었음을 의미한다. "나 역시(카고κἀγώ)"라는 표현으로 미루어 바오로 이외에 코린토 교회 금욕주의자들도 자신들의 견해를 뒷받침하기 위하여 하느님의 영을 내세웠던 것 같다.

주제 4. 혼인 윤리

1코린 7장은 17-24절을 제외하면 전반적으로 혼인, 이혼, 독신, 재혼 문제를 다루는데 그 표현이 매끄럽지 못해 일목요연한 풀이가 쉽지 않다. 바오로가 그리스도인의 자유를 구실삼아 탕녀와 결합하는 신자들을 꾸짖는 내용(6,12-20)과 7장 전체의 내용으로 미루어 볼 때 코린토 교회 신자들은 아마도 혼인과 독신 문제에 관해서 바오로에게 질의서를 통해 질문한 것 같다. 코린토 교회에는 혼인을 죄로 여겨 신자들에게 혼인하지 말 것을 강요하는 열광주의자들이 있었다. 이에 바오로는 혼인은 죄가 아님을 분명히 밝힌다(7,28.36). 그리고 혼인한 경우 남편과 아내는 상대방을 서로 존중하고 혼인의 의무 특히 배우자로서 성적 의무를 다하라고 권면한다(7,1-5). 바오로는 혼인한 부부에게 주님의 분부라고 하면서 아내는 남편과 헤어져서는 안 된다고 충고한다(7,10-14). 아마도 코린토 교회 신자 중에는 비신자 남편과의 결혼생활에서 오는 어려움 때문에 이혼하려는 신자 아내들이 있었던 것 같다. 이에 바오로는 이혼을 생각하는 신자 아내에게 남편도 언젠가 세례받고 구원에 이르게 될 가능성이 있음을 믿고, 남편과 이혼하지 말고 함께 살라고 한다.

바오로는 혼인에 대해 교훈하면서 신자들에게 될 수 있으면 자신처럼 홀몸으로 지내라고 권면한다. 바오로는 종말의 때가 얼마 남지 않았고 이 세상의 형체가 사라지고 있으니 굳이 혼인하지 말고 세상 종말을 준비하는 마음으로, 가능하면 독신으로 살라고 권고한다. 또한 그는 혼인한 남자는 어떻게 하면 아내의 마음에 들까 걱정하고 혼인한 여자도 어떻게 하면 남편의 마음에 들까 걱정

2. 우상에게 바쳤던 제물과 자유 문제(8,1—11,1)[1]

우상에게 바쳤던 제물[2]

8 1 우상에게 바쳤던 제물에 관하여 말하겠습니다.[3] "우리 모두 지식이 있다"는 것을 우리도 압니다.[4] 그러나 지식은 교만하게 하고 사랑

하게 되므로 주님의 일을 걱정하고 주님을 기쁘게 해드리기 위해서 독신으로 살아가라고 한다.

로마 가톨릭교회는 지금까지 사제의 독신생활을 고수하고 있다. 성공회 사제들은 자유롭게 혼인 생활을 한다. 정교회 사제들은 선택이 자유로워 부제 서품 전에 혼인 여부를 결정한다. 다만 수도사제와 주교는 독신이어야 한다. 반면에 개신교는 독신보다는 성직자의 혼인을 더 강조한다. 가톨릭교회에서 사제 독신생활이 하나의 제도로 정착하기 시작한 때는 2세기 중엽이고, 4세기 말에 이르러 사제 독신 제도가 교회법으로 성직자들에게 적용되기 시작하였다. 서방교회는 유스티니아누스 1세 치세(527-565년) 때부터 부제급 이상의 성직자들은 독신으로 살도록 하였다. 반면에 동방교회는 692년 콘스탄티노폴리스에서 열린 교회회의에서 일반 부제들과 사제들은 혼인하고 주교들은 독신으로 살도록 결정하였다. 그 결과 동방교회에선 독신자들이 모여 사는 수도원에서 주교가 배출된다. 가톨릭교회는 그 후 카르타고 교회회의, 제1·2차 라테라노공의회, 트리엔트공의회 그리고 제2차 바티칸공의회에서 '독신생활은 교회법의 명령일 뿐 아니라 겸손히 청해야 할 하느님의 고귀한 선물'임을 재천명하였다. 바오로는 "주님께서 각자에게 정해주신 대로, 하느님께서 각자를 부르셨을 때의 상태대로 살아가십시오"(7,17)라고 하면서 "혼인하는 사람도 잘하는 것이지만, 혼인하지 않는 사람은 더 잘하는 것입니다"(7,38)라는 혼인의 기본 원칙을 제시한다.

1) 바오로는 이제 또 다른 주제를 언급하는데, 이번에도 '…에 관하여'라는 표현으로 시작한다. 8장의 주제는 11,1까지 이어지며, 간접적으

로는 10,14–22과 11,17–34에 나오는 주님의 만찬 문제와도 연관된다.

2) 8장과 10,14–22은 우상에게 바쳤던 제물에 관해 언급한다. 그 당시 그리스–로마에서는 짐승을 잡으면 고기의 가장 좋은 부위는 신전에 번제물로 바치고 나머지는 가까운 시장에 내다 팔았기에 코린토 시장에서 파는 고기는 대부분 이교 신전에서 도살된 것들이었다. 그런데 코린토 교회 신자들 대부분은 이방인이었다가 그리스도교로 개종한 이들이었으므로 자연스럽게 제사 지낸 고기를 시장에서 사 먹기도 하고 이교인 친척이나 친구 집에서 함께 먹기도 하였다. 이 때문에 공동체는 제사 지낸 고기를 먹는 문제를 두고 둘로 갈라지게 되었다. 한 부류는 이른바 지식이 있다는 대범한 신자들로서 이 세상에 우상이란 없으니 제사 지낸 고기를 마음대로 먹어도 된다고 주장하였다. 다른 부류는 소심한 신자들로서 그리스도인이 된 뒤에도 우상을 믿었던 상태에서 아직 자유롭지 못했기 때문에, 우상에게 바친 제물을 귀신에 씐 고기로 여겨 먹기를 꺼렸다. 이러한 분열 때문에 코린토 교회 신자들은 제사 지낸 고기를 먹는 문제와 이교 신전 제사에 참여하여 음복하는 문제를 해결하고자 당시 에페소에서 선교하던 바오로에게 편지를 보낸 것이다. 이에 바오로는 8,1—11,1에서 자신의 견해를 밝힌다.

3) 신자들이 바오로에게 던진 질문은 우상에게 바쳤던 고기를 먹는 문제였다. "우상에게 바쳤던 제물"로 번역된 그리스어 '에이돌로티톤*εἰδωλόθυτον*'은 신약성경에 아홉 번 나오는데 다섯 번은 코린토 1서(8,1.4.7.10; 10,19)에, 나머지 네 번은 사도 15,29; 21,25; 묵시 2,14.20에 나온다(『열두 사도들의 가르침』 6,3 참조). 그리스 문화권에서는 '히에로티톤*ἱερόθυτον*'을 쓰기도 하는데 바오로도 1코린 10,28에서 이 낱말을 사용한다. 이 두 낱말을 명확하게 구분하기란 쉽지 않다. 8,7ㄴ 이하를 보면 코린토 신자들은 우상에게 바쳤던 고기 자체가 아니라 신자들이 우상 신전에서 그 고기를 먹는 문제에 대해 질문했던 것 같다(8,10). 바오로는

은 성장하게 합니다.[5] 2 자기가 무엇을 안다고 생각하는 사람은 마땅히 알

이 문제를 지식과 사랑의 관점에서 다룬다. '…에 관하여(페리 데περὶ δὲ)'에 대해서는 7,1 주해를 참조하라.

4) "우리 모두 지식이 있다"는 코린토 교회의 대범한 신자들이 내세운 구호로, 그 정도는 분별할 만한 지식이 있다는 뜻이다. 6,12에서도 코린토 교회의 방종한 신자들이 그리스도인의 자유를 빙자하여 '나에게는 모든 것이 허용된다'는 구호를 외쳤다. 여기에서 지식은 성령의 은사로 주어진 지식이 아니다. 이 지식이 은사라면 바오로가 '지식은 교만하게 한다'는 말을 하지 않았을 것이기 때문이다. '지식이 있다'는 표현은 칠십인역 2마카 6,30; 호세 4,6에도 나온다. 바오로는 코린토 신자들과 자신을 동일시하고 연대감을 느끼게 하기 위해 "우리도 압니다(오이다멘 οἴδαμεν)" 동사를 사용하는데, 이 낱말은 다른 곳에서도 언급된다(로마 2,2; 3,19; 7,14; 8,22.28; 1코린 8,4; 2코린 5,1).

5) 바오로는 지식을 바르게 사용하지 않으면 교만으로 바뀔 수 있다고 하면서 코린토 신자들의 교만한 행동을 지적하기 위해 '피시오이 φυσιοῖ' 동사를 사용한다(1코린 4,6.18.19; 5,2). 이는 직역하면 '부풀다, 우쭐해지다'로 '교만하게 하다'라는 뜻이다. 바오로는 이 낱말을 지식과 연결하여 사랑이 없는 지식은 자칫 사람 마음을 부풀게 해서 교만하게 만들 수 있다고 한다. 곧 대범한 신자들이 내세우는 지식은 자신들을 교만에 빠뜨리고 소심한 신자들을 곤경에 빠지게 한다. 반면에 사랑은 공동체를 바르게 건설하는 데 도움이 된다(3,9.10.12.14; 10,23; 14,3-5.12.17.26). 사랑은 모든 그리스도인의 행동과 자유의 척도다. 아우구스티누스는 '사랑이 깃들어 있을 때만 지식은 유익하고, 사랑 없는 지식은 교만하다'라고 하였다(ACCK/NT.IX 145).

바오로는 문맥은 다르지만 4,21에서 '사랑과 온유', 13장 특히 13,4에서 '사랑과 교만'을 언급한다. 또한 필리 1,9-10에서 '필리피 교회 신

아야 할 것을 아직 알지 못합니다.[6] 3 그러나 하느님을 사랑하는 사람은,
하느님께서도 그를 알아주십니다.[7]

자들의 사랑이 지식과 온갖 이해로 풍부해져서 무엇이 옳은지 분별할 줄 알게 되기'를 기도한다. 암브로시아스테르는 '바오로가 지식이란 사랑과 잘 조합되어 있을 때 참으로 위대한 것이고 그것을 지닌 사람에게 무척 유용하다는 뜻으로 지식과 사랑의 관계를 언급했다'라고 하였다(ACCK/NT.IX 145). 요한 크리소스토무스는 "오만은 분열을 부추기지만 사랑은 사람들을 한데 끌어모아 참된 지식으로 이끕니다"라고 하였다(ACCK/NT.IX 145).

6) 바오로는 '지식은 교만하게 하고 사랑은 성장하게 합니다'를 설명하기 위해 1코린 8,2–3에서 두 가지 조건문을 제시한다. 첫째 조건문은 "자기가 무엇을 안다고 생각하는 사람은 마땅히 알아야 할 것을 아직 알지 못합니다"로, 이러한 사람은 지식의 일부, 곧 하느님에 대한 단편적인 지식만 알 뿐이고, 마땅히 알아야 하는 '하느님은 사랑'이라는 지식과 '하느님을 사랑하는 지식'은 아직 모른다는 것이다. 사랑이 따르지 않는 지식은 사물에 대한 판단이 앞서고 편협한 시각을 갖게 하기 쉬워 이웃에게 걸림돌이 될 뿐이다. 이런 의미에서 사랑은 지식보다 더 중요하다.

7) 둘째 조건문은 "하느님을 사랑하는 사람은, 하느님께서도 그를 알아주십니다"이다. '하느님을 사랑하는 사람'이라는 표현은 이미 2,9에서 언급하였고 로마 8,28("하느님을 사랑하는 이들, 그분의 계획에 따라 부르심을 받은 이들에게는 모든 것이 함께 작용하여 선을 이룬다는 것을 우리는 압니다")에도 나온다. 이 조건문의 귀결절인 '하느님께서도 그를 알아주십니다(후토스 에그노스타이 히프 아우투οὗτος ἔγνωσται ὑπ' αὐτοῦ)'는 불분명한 문장이다. 남성 대명사 '후토스οὗτος'와 '아우투αὐτοῦ'가 각각 '어떤 사람(티스τις)'을 언급할 수도 있고 '하느님(테오스θεός)'을 가리킬 수도 있기 때문이다. 그리스어 본문을 직역하면 '이 사람이 그에 의해 알려지게 된다'이므

4 그런데 우상에게 바쳤던 제물과 관련하여, 우리는 "세상에 우상이란 없다"는 것과 "하느님은 한 분밖에 계시지 않는다"는 것을 알고 있습니다.[8]

로, 이 귀결절은 '하느님께서 그 사람에 의해 알려지게 된다' 또는 '그 사람이 하느님에 의해 알려지게 된다'로 번역할 수 있다. 여기서는 '하느님을 사랑하는 그 사람은 하느님에 의해서 알려지게 된다'로 볼 수 있다. 바오로가 언급한 '하느님께서도 그를 알아주십니다'라는 말은 칠십인역 민수 16,5을 반영하며, 2티모 2,19("하느님께서 놓으신 튼튼한 기초는 그대로 서있으며, 거기에는 '주님께서는 당신의 사람들을 아신다', …는 말씀이 봉인처럼 새겨져 있습니다")에도 인용되었다.

바오로는 다른 곳에서도 '우리가 하느님을 사랑하면 하느님께서도 우리를 알아주신다'라고 한다(1코린 13,12; 14,38; 갈라 4,9 참조). '알아주다'의 그리스어 '에그노스타이ἔγνωσται'는 '기노스코(γινώσκω, 알다)' 동사의 완료 수동형으로 하느님에 의해 알려지게 된다는 뜻이다. 그것은 곧 하느님께서 선택하셨음을 의미한다(탈출 33,12.17; 시편 139,1; 144,3; 예레 1,5; 아모 3,2; 로마 8,29-30; 갈라 4,9). 이는 하느님께서 먼저 그 사람을 사랑하셨다는 뜻이다. 그러므로 누구든지 하느님을 사랑하는 것은 하느님께서 이미 그 사람을 선택하셨다는 증거다. 바오로는 1절에서 언급한 사랑의 역할을 계속 강조한다. 사랑 없는 지식은 무의미하기 때문이다.

8) 바오로는 여기서 다시 한번 지식이 있다고 자처하는 코린토 신자들이 사용한 두 가지 구호를 인용한다. 그것은 "세상에 우상이란 없다"와 "하느님은 한 분밖에 계시지 않는다"인데, 이 두 병행문의 그리스어 본문은 동사가 없는 문장이다. 우선 '우덴 에이돌론 엔 코스모οὐδὲν εἴδωλον ἐν κόσμῳ'는 '세상에는 우상이 없음' 또는 '세상에 있는 우상은 아무것도 아님'으로 번역할 수 있다. 또 '우데이스 테오스 에이 메 헤이스οὐδεὶς θεὸς εἰ μὴ εἷς'는 직역하면 '한 분 외에는 누구도 하느님이 아님'이다. 이 두 가지 구호는 우상은 존재하지 않는다는 것과 한 분 하느님

5 하늘에도 땅에도 이른바 신들이 있다 하지만 — 과연 신도 많고 주님도
많습니다만[9] — 6 우리에게는 하느님 아버지 한 분이 계실 뿐입니다.[10] 모

이 계신다는 사실을 강조한다. 바오로는 1테살 1,9("여러분이 어떻게 우상들을 버리고 하느님께 돌아서서 살아계신 참하느님을 섬기게 되었는지")에서 우상에게는 어떤 신적인 실체도 존재하지 않는다고 말한다. 따라서 우상들에게 바친 음식들로 인해 더럽혀지거나 영향을 받을 수 없다(1코린 10,19).

지식이 있다고 생각하는 코린토 신자들은 이러한 구호를 앞세워 자신들의 권리와 자유를 분별없이 행사하고, 신전 잔치에 참여하여 우상에게 바쳤던 고기를 마음대로 먹어도 된다고 주장하였다. 첫째 구호인 '세상에 우상이란 없다'는 구약성경의 우상 금지 명령을 반영한다(레위 19,4; 26,1). '우상(페셀 פֶּסֶל)'에 대한 히브리어 어원은 불분명하지만 '무익한, 비실재'를 의미한다. 아마도 지식이 있다는 대범한 신자들은 우상을 '아무것도 아니다'라는 의미로 받아들인 것 같다. 둘째 구호는 신명 6,4에 나오는 "이스라엘아, 들어라! 주 우리 하느님은 한 분이신 주님이시다"를 반영한다. 이 구호는 칠십인역 신명 6,4에도 똑같이 나온다. '이스라엘아, 들어라(셰마 이스라엘 שְׁמַע יִשְׂרָאֵל)! 주님은 우리의 하느님이시고 주님은 한 분(야훼 에하드 יהוה אחד)이시다(*ἄκουε, Ἰσεραηλ· κύριος ὁ θεὸς ἡμῶν κύρος εἷς ἐστιν*)'(신명 4,35.39; 이사 44,6.8; 45,5).

9) 바오로는 가나안인들, 이집트인들, 그리스인들, 로마인들이 섬기는 많은 신들과 그들이 주인이라고 부르는 많은 영웅들에 대한 존경심 그리고 그 영웅들을 위해 바친 희생 제물을 알고 있는 듯하다. 그는 그리스 세계의 다신교 상황을 가리켜 '신도 많고 주님도 많다'라고 하면서, 우상에게 바쳤던 고기를 먹을 권리와 자유를 주장하는 지식 있다는 신자들에게 이 사실을 상기시킨다. 우상들 속에 신이 실제로 존재하지는 않지만 많은 이들이 우상들이 존재한다고 생각한다는 것이다. 신과 주님을 복수(테오이*θεοί*/키리오이*κύριοι*)로 표현한 것은 그리스-로마 세계에

든 것이 그분에게서 나왔고 우리는 그분을 향하여 나아갑니다.[11] 또 주님은 예수 그리스도 한 분이 계실 뿐입니다. 모든 것이 그분으로 말미암아 있

만연한 다신교를 반영한 것이고, '하늘에도 땅에도 신들이 있다'는 말도 이방인 세계의 다신교를 의식한 표현이다. 바오로가 여기서 말하는 신들과 주님들은 예수 그리스도의 하느님과는 관련이 없는 것들이다. "이른바 신들"이라고 한 표현이 그런 신들은 실제로 존재하지 않는다는 것을 보여준다. 신명 10,17에서는 "주 너희 하느님은 신들의 신이고 주님들의 주님"이라고 한다. 신(테오스θεός)과 여신(테아θεά)은 당시 그리스-로마 세계에서 인간의 생사를 주관하며 인간에게 은혜를 베푸는 초월적 존재에게 붙여진 호칭이었다(사도 7,40.43; 12,22; 19,37; 28,6; 2테살 2,4). '주님(키리오스κύριος)'은 고대 근동 세계에서 신들과 인간 통치자들에게 부여된 호칭이다.

10) 이 절은 반의反意 접속사를 사용하여 '알라 헤민(ἀλλ' ἡμῖν, 그러나 우리에게는)'으로 시작한다. 바오로는 이 표현으로 우리에게는 하느님 아버지 한 분 외에 다른 신이 없음을 강조한다. "우리"는 '우리 인간'이 아니라 '우리 그리스도인들'을 가리킨다. 바오로는 이제 한 분이신 하느님을 믿는 전통적인 그리스도교 신앙을 언급하는데, 이는 유다교에서 나온 유일신 신앙을 반영한다. 하느님의 유일성은 로마 3,29-30에서도 반복되며, 이 하느님은 유다인뿐만 아니라 다른 민족들의 하느님이시다. 구약성경의 전통을 반영하는 '한 분 하느님(헤이스 테오스εἷς θεός)'(LXX 신명 6,4; 32,39; 이사 43,10-11; 44,6; 45,6)은 바로 "아버지(호 파테르ὁ πατήρ)"이시다.

11) 하느님은 만물의 기원이요, 원천이시며(1코린 11,12 참조) 그리스도인의 존재 목적이다. 바오로는 '하느님 아버지 한 분'께 대한 신앙 고백을 언급한 뒤 두 가지 전치사 구를 사용하여 하느님을 묘사한다. 곧 모든 것이 "그분에게서(엑스 후ἐξ οὗ)" 나왔고, 우리는 "그분을 향하여(에이

고 우리도 그분으로 말미암아 존재합니다.[12)]

7 그렇지만 누구나 다 지식이 있는 것은 아닙니다.[13)] 어떤 이들은 아직까지도 우상에 익숙해져 있기 때문에, 우상에게 바쳤던 제물을 정말로 그

스 아우톤εἰς αὐτόν)" 나아간다. 이는 하느님은 창조의 원천이시고 구원받은 우리 그리스도인들은 그분의 영광을 위하여 존재한다는 뜻이다.

12) 바오로는 또다시 "주님은 예수 그리스도 한 분이 계실 뿐"이라고 신앙을 고백한 뒤 두 가지 전치사 구를 사용하여 예수 그리스도를 묘사한다. 곧 모든 것이 "그분으로 말미암아(디 후δι' οὗ)" 있고, 우리도 "그분으로 말미암아(디 아우투δι' αὐτοῦ)" 존재한다. 이는 예수 그리스도가 창조의 중개자이자 구원의 중개자가 되신다는 뜻이다. 창조의 근원이시며 목적이신 하느님께서는 중개자인 예수 그리스도를 통하여 창조와 구원 역사를 이루신다. 이러한 사상은 그리스도 찬가인 콜로 1,15-20에 잘 드러나 있다. '주님은 예수 그리스도 한 분이시다'라는 고백은 로마 10,9; 1코린 12,3; 필리 2,11에서도 잘 나타난다.

바오로는 하느님에 대한 호칭으로 '아버지(호 파테르ὁ πατήρ)'를 사용한다(로마 1,7; 6,4; 8,15; 15,6; 1코린 1,3; 15,24; 2코린 1,2.3; 11,31). 구약성경에서 하느님은 이스라엘 모두의 아버지로 인식된다. '우리 모두의 아버지는 한 분이 아니시더냐? 한 분이신 하느님께서 우리를 창조하지 않으셨더냐?'(LXX 말라 2,10; 참조: 신명 32,6; 시편 103,13; 이사 63,16; 64,7; 예레 3,19; 31,9) 바오로가 언급한 '한 분 하느님'은 나뉠 수 없는, 분리될 수 없는 독특한 존재임은 물론 '많은' 신들과 대조되는 '하나'의 신이심을 의미한다. "만물의 아버지이신 하느님도 한 분이십니다"(에페 4,6).

13) 바오로는 1코린 8,4-6에서 하느님 아버지도 한 분이시고 주님도 예수 그리스도 한 분이심을 설명한 뒤 다시 지식 문제로 돌아가 누구나 다 지식이 있는 것은 아니라고 한다.

렇게 알고 먹습니다.[14] 그리고 그들의 약한 양심이 더럽혀집니다.[15] 8 음
식이 우리를 하느님께 가까이 데려다주지 않습니다. 그것을 먹지 않는다고

---

14) "아직까지도"라는 말은 유다계 그리스도인들이 아니라 전에 이교도였던 코린토 그리스도인들을 염두에 둔 표현이다. 코린토 신자 중에는 이전에 가졌던 사고방식에서 벗어나지 못하고 여전히 우상에게 바친 제물을 먹는 것은 신을 기념하기 위한 것이라고 생각하는 이들이 있었다. 그들은 그동안 참된 신이라고 믿어온 신들이 사실은 아무것도 아니라는 주장을 받아들이기 힘들어했다. 이에 바오로는 세상에 우상이란 없고 하느님은 오직 한 분뿐이라는 참지식을 모든 사람이 소유하고 있는 것은 아니기 때문에 신자들 중 일부는 옛 관습을 버리지 못하고 아직도 우상에 익숙해져 있다고 말한다. 코린토 교회에서 그리스도교로 개종한 이들 중에는 그리스도교의 유일신 사상과 부활하신 그리스도를 믿음으로 받아들이지 못하는 소심한 신자들이 있었다. 그런가 하면 세상에 우상이란 없다고 하면서 자신의 지식을 뽐내며 성전 제사에 참여하여 아무 거리낌 없이 고기를 먹는 대범한 신자들도 있었다.

15) 대범한 신자들이 말하는 소심한 신자들은 지식도 없고 우상에게 바친 제물을 먹으면서 양심의 가책을 느꼈으며, 대부분 이교인이었다가 개종한 뒤 신앙공동체에 들어왔지만 옛 관습과 행동양식에 여전히 젖어있었다. 이 소심한 신자들이 직면한 위기는 우상에게 바쳤던 제물을 먹는다면 그들의 양심이 더럽혀진다는 것이었다. 이것이 바오로가 논의한 중요한 문제다. 바오로는 소심한 이들을 8,9과 8,11에서 '약한 사람들'이라고 하는데, 여기서는 '약함'을 그들의 '양심'에 적용한다. 지식이 있다는 이들의 행동은 '약한 이들', 곧 양심이 약한 신자들을 잘못 판단하게 하여 이교 신전에서 제사 지낸 고기를 먹는 데 참여하게 한다. 소심한 이들은 이교 신들이 존재하지 않는다는 확신을 분명하게 갖지 못했기 때문에 신전에서 고기를 먹는 것은 결국 우상 숭배 행위가 된다

우리의 형편이 나빠지는 것도 아니고, 그것을 먹는다고 우리의 형편이 나아지는 것도 아닙니다.[16] 9 다만 여러분의 이 자유가 믿음이 약한 이들에게

고 생각하였다.

바오로는 4,4에서 '나는 잘못한 것이 없습니다'라고 하면서 '시노이다σύνοιδα' 동사를 사용했는데, '시네이데시스συνείδησις' 곧 '양심'이라는 명사는 여기에서 처음으로 사용한다(로마 2,15; 9,1; 13,5; 1코린 8,10.12; 10,25.27.28.29; 2코린 1,12; 4,2; 5,11). 칠십인역 욥 27,6에도 '시노이다 에마우토(σύνοιδα ἐμαυτῷ, 나는 양심이 있다)' 동사가 나온다. 지식이 있다는 이들, 곧 우상이란 없다고 주장하는 이들은 이교 신전에서 먹는 고기를 우상에게 바친 희생 제물로 여기지 않았다. 반면에 소심한 신자들은 우상에게 바친 제물로 알고 먹음으로써 그들의 양심이 더럽혀진다고 생각하였다. 모든 이들이 우상은 없다는 지식을 가지고 있으면 아무 문제가 없겠지만 코린토 신자들 모두가 그러한 지식을 소유한 것은 아니었다. 우상을 영적 힘을 지닌 실재로 믿어온 이들 가운데 일부는 그리스도인이 된 이후에도 여전히 우상에게 바친 제물이 종교적으로 의미가 있다고 여겼다. 바오로는 여기서 소심한 이들을 강하게 만들려고 하지 않고 대범한 신자들로 하여금 소심한 그리스도인 형제들에게 신앙의 걸림돌이 되지 않도록 배려하라고 권고하면서, 1코린 8,7-13절에서 '약한'이라는 낱말을 다섯 번이나 사용하여 양심이 약한 소심한 신자들에 대한 사랑과 배려가 중요함을 보여준다. 바오로는 10,14-22에서는 조금 다른 관점에서 이 문제를 다룬다.

16) "음식이 우리를 하느님께 가까이 데려다주지 않습니다"는 대범한 신자들이 내세운 주장이다. 이는 음식을 먹는다고 해서 그 음식이 우리를 하느님 심판대에 데려가지 않는다는 뜻이기도 하고, 또한 음식을 먹거나 먹지 않는다고 해서 처벌을 받거나 보상을 받는 것이 아니라

장애물이 되지 않도록 조심하십시오.[17] 10 지식이 있다는 그대가 우상의 신전에 앉아 먹는 것을 누가 본다면,[18] 그의 약한 양심도 우상에게 바쳤던

는 뜻이기도 하다. 코린토 교회의 대범한 신자들은 우상 제물을 먹는다고 해서 그리스도인으로서의 신분이나 자유를 잃어버리는 것도 아니고, 반대로 소심한 신자들처럼 제물 음식을 안 먹는다고 해서 이익을 얻는 것도 아니라고 주장하였다. 바오로는 원칙적으로 대범한 신자들의 주장에 동의하여 우상 제물을 먹지 않는다고 손해 볼 것도 없고, 먹는다고 해서 이로울 것도 없다고 말한다. 음식이 인간을 하느님께 데려다주지도 않고 물러서게 하지도 않는다는 것이다. 곧 음식 자체는 어떤 의미가 있는 것이 아니다. 이는 신자들이 우상에게 바친 고기를 먹거나 먹지 않을 자유가 있다는 것을 의미한다. 하지만 이 자유가 다른 사람, 좀 더 구체적으로 소심한 신자들의 양심을 더럽힌다면 참다운 자유일 수 없다. 그리스도인들은 사랑 안에서 처신해야 하며 특히 소심한 신자들의 양심을 배려해야 한다.

17) 바오로는 지식이 있다는 코린토 신자들("여러분")에게 그들의 생각이 동료 신자들에게 미칠 영향에 주목하며 명령한다. 원칙적으로는 그들의 생각에 동의하면서도 그들의 주장에 따라 행동하지는 않는다. "자유"로 번역된 그리스어 '헤 엑수시아ἡ ἐξουσία'는 '권리, 권한, 권위'라는 뜻으로, 어떤 종류의 음식을 먹을 수 있는 권리를 가리킨다. 이는 6,12과 10,23에 나오는 '(나에게는) 모든 것이 허용된다'는 구호를 떠올리게 한다. 이 권리는 그리스도인 행동의 궁극적인 기준이 될 수 없다. 왜냐하면 이러한 권리와 자유는 자칫 소심한 동료 신자들이 성숙한 신앙인으로 성장하는 데 "장애물"이 될 수 있기 때문이다. 여기서 '자유'와 '장애물'이 서로 대조되며, 로마 14,13에서도 이와 매우 유사한 방식으로 '장애물과 걸림돌'이 사용된다. 바오로는 계속해서 지식을 소유한 이들이 누리는 권리(자유)의 남용에 대해 자신의 논의를 이어간다.

제물을 먹을 수 있게끔 용기를 얻지 않겠습니까?[19] 11 그래서 약한 그 사
람은 그대의 지식 때문에 멸망하게 됩니다.[20] 그리스도께서는 그 형제를

---

18) 바오로는 이제 지식이 있다는 개인("그대")에게 분명하게 교훈한다. 그가 우상의 신전에 앉아 먹는 것을 소심한 신자가 보게 된다면 그 양심에 더는 거리낌이 없어져 충동을 받아(용기를 얻어) 제물을 먹게 된다는 것이다. "신전(에이돌레이온 εἰδωλεῖον)"은 칠십인역에도 나온다(1마카 1,47; 10,83; 다니 1,2; 1에스드라 2,7). '먹다'로 번역된 동사 '카타케이마이 κατάκειμαι'는 '식탁에 기대어 눕다'라는 뜻이다(마르 14,3; 루카 5,29; 7,37).

19) 바오로는 대범한 신자가 우상의 신전에서 식탁에 기대어 음식을 먹는 것을 본 소심한 신자가 우상에게 바쳤던 음식임을 알고도 그 고기를 먹는다면 그의 약한 양심이 더럽혀진다고 한다. 곧 더 이상 양심에 거리낌 없이 먹게 된다는 말이다. 바오로는 믿음이 약한 형제가 세상에 우상이란 없다는 것을 알아서가 아니라 우상에게 바쳤던 고기에 어떤 영적인 힘이 있어서 그것을 먹으면 그 힘을 얻을 수 있다고 잘못 생각하여 그것을 먹고자 하는 유혹에 빠지지 않을까 걱정한다. 따라서 대범한 신자들이 우상의 신전에서 행해지는 축제에 참여하여 음식을 먹으면서 소심한 신자들에게도 동참하도록 강요하는 것은, 소심한 신자들의 양심을 지키게 하는 것이 아니다. 왜냐하면 그와 같은 처신은 더 이상 소심한 신자들의 양심과 신앙에 유익하지 않기 때문이다. 우상의 신전에 참여하여 제물을 먹도록 권유받은 이들은 결국 우상 숭배에 빠지게 될 것이다. 바오로는 우상들과 우상들에게 바쳤던 음식에 관한 지식을 가진 이들에게 허용된 자유를 부정하지는 않지만, 이웃을 배려하는 마음에서 그러한 자유를 사용하지 말라고 권면한다.

20) 바오로는 소심한 신자는 대범한 신자의 지식 때문에 멸망하게 된다고 말하며 문장 첫머리에 '아폴리타이(ἀπόλλυται, 멸망하게 될 것이다)'

위해서도 돌아가셨습니다.[21] 12 여러분이 이렇게 형제들에게 죄를 짓고[22] 약한 그들의 양심에 상처를 입히는 것은[23] 그리스도께 죄를 짓는 것입니

라는 동사를 사용하여 이 사실을 강조한다. 그리고 접속사 '가르(γάρ, 왜냐하면)'를 사용하여 자신의 진술을 1코린 8,10에 나오는 구체적인 사례와 8,9에서 자신이 한 권면과 연결한다.

21) 바오로는 대범한 신자들에게 전통을 인용하면서 "그리스도께서는 그 형제를 위해서도 돌아가셨습니다"라고 말한다(로마 5,6.8; 1코린 15,3; 1테살 5,10 참조). 로마 14,15에서도 "그대의 음식으로 형제를 파멸시키지 마십시오. 그리스도께서 그 사람을 위하여 돌아가셨습니다"라고 한다. 바오로는 '약한 양심'뿐만 아니라 여기서 형제라고 부르는 '약한 사람(호 아스테논ὁ ἀσθενῶν)'에게도 관심을 보인다. 대범한 신자들은 자신을 기준으로 한 지식과 양심에 따라 행동하기 때문에 그들의 형제인 소심한 신자들을 멸망에 이르게 한다. 이는 하느님의 일을 먼저 생각하지 않는 행위로, 결국 공동체의 성장에 해악을 끼칠 뿐이다.

22) 바오로는 1코린 8,9에서와 마찬가지로 이인칭 복수 "여러분"을 다시 사용한다. 그것은 바오로가 8,10에서 언급한 예와 그 의미를 모든 코린토 신자들에게 상기시키기 위해서다. 바오로의 강조점은 신자들에게 주는 권면뿐만 아니라 부사인 '후토스(οὕτος, 이렇게)'와 문장 끝에 나오는 '크리스토스(Χριστός, 그리스도)'에 있다. 또한 6,18에서 사용한 '…에게 죄를 짓다(하마르타논테스 에이스ἁμαρτάνοντες εἰς)'라는 표현을 사용하는데, 이는 신약성경의 다른 곳에도 나오며(루카 15,18.21; 17,4; 사도 25,8) 칠십인역의 용법을 반영한 것이다(LXX 창세 20,6; 탈출 10,16).

23) '양심에 상처를 입힌다'는 양심에 타격을 준다는 뜻으로 대범한 신자들이 소심한 신자들을 존중하지 않고 잘못 인도하여 우상 숭배에 빠지게 하는 것을 의미한다. 이로 인하여 소심한 신자들은 양심에 상처를 입게 되고 결국 멸망에 이르게 된다.

다.[24] 13 그러므로 음식이 내 형제를 죄짓게 한다면, 나는 내 형제를 죄짓게 하지 않도록 차라리 고기를 영영 먹지 않겠습니다.[25]

---

24) 바오로는 동료 신자들을 멸망에 이르게 하는 행동은 결국 동료 신자들에게 죄를 짓는 것이고 그리스도에게까지 죄를 짓는 것이라고 한다(마태 18,6–7; 25,41–46; 마르 9,42). 왜냐하면 그리스도께서는 그러한 동료 신자를 위해서도 돌아가셨기 때문이다. 바오로가 다마스쿠스로 가는 길에서 만난 부활하신 주님께서는 당신을 박해하는 사울(바오로)에게 "왜 나를 박해하느냐?" 하신다. 그 소리를 듣고 사울이 "주님, 주님은 누구십니까?" 하고 묻자 주님께서는 "나는 네가 박해하는 예수다"라고 말씀하셨다(사도 9,4–5). 이는 형제들을 박해하고 죄를 짓는 것이 곧 그리스도를 박해하고 죄를 짓는 것이라는 의미다. 아우구스티누스는 '우리가 다른 사람의 약함을 참아주고 사랑하는 것은 그의 좋은 자질 때문이 아니라 주님께서 그를 위해 돌아가신 것을 알기 때문'이라고 하였다(ACCK/NT.IX 151).

25) 바오로는 이제 우상에게 바쳤던 고기를 먹는 문제를 마무리한다. 그는 간접적으로 자신을 그리스도인의 모범으로 내세운다(1코린 4,16; 11,1 참조). 바오로는 지식을 소유한 이들처럼 자신도 똑같은 권리를 가지고 있지만 기꺼이 그것을 포기하겠다고 한다. 바오로는 동료 그리스도인들에 대한 관심과 사랑이 우상들에 대한 추상적인 지식보다 훨씬 더 중요하다고 가르친다. 그렇게 함으로써 사랑은 성장하게 된다(8,1ㄷ). 그는 우상에게 바쳤던 고기만이 아니라 아예 고기를 먹지 않겠다고 말하며 "영영"이라는 표현을 사용함으로써 자신의 단호한 결심을 드러낸다. 바오로는 여기서 '죄짓게 하다', '걸려 넘어지게 하다'라는 그리스어 '스칸달리조*σκανδαλίζω*'를 사용하는데, 이는 8,9에 나오는 "장애물(프로스콤마 *πρόσκομμα*)"과 관련이 있다.

주제 5. 지식과 사랑

코린토 교회 신자들은 그리스도인들이 이교 신전에서 우상에게 바쳤던 제물을 먹어도 좋은지 먹어서는 안 되는지에 대한 문제를 서로 논의하였다. 당시 코린토 사회에서 우상 제물을 먹지 않고 살기란 쉽지 않았다. 왜냐하면 밖에서 먹는 음식 대부분이 우상에게 바쳤던 제물이었기 때문이다. 코린토 신자들 중 이교도였다가 그리스도인이 된 이방인 그리스도인들은 우상을 섬기던 습관에서 벗어나지 못해 제물을 먹을 때면 양심의 가책을 느낄 수밖에 없었다. 반면에 세상에 우상이란 없고 오직 하느님 한 분만 계신다는 지식을 소유한 이들은 우상 제물을 아무 거리낌 없이 마음대로 먹었다.

바오로는 일단 세상에 우상이란 없으므로 우상 제물을 먹어도 아무 문제가 없다는 이른바 대범한 신자들의 주장에 동의하면서도, 대범한 신자들의 지식이 교만에 빠지게 함으로써 참으로 알아야 할 더 중요한 문제를 보지 못하고 있음을 지적한다. 바오로는 1코린 8,2에서 '무엇을 안다고 생각하는 사람은 마땅히 알아야 할 것을 아직 알지 못한다'고 말한다. 그들은 자신들이 지닌 지식이 다른 사람들을 넘어뜨릴 수 있음을 모르고 있었다. 바오로가 8,6에서 언급한 그리스도교의 전통적인 가르침에 대한 지식을 누구나 가졌다면 아무 문제가 없지만, 이러한 지식을 갖지 못한 이들은 우상 제물 문제에 대해 자유롭지 못했다. 우상 제물을 먹은 이들은 신앙적으로 양심의 가책을 느끼고 심지어 교회를 떠나려고 하는 사태에까지 이르렀다. 바오로는 우상에게 바쳤던 제물 문제를 다루면서 양심의 가책을 느끼는 소심한 신자들이 아니라 자신들이 소유한 지식을 앞세워 거리낌 없이 우상 제물을 먹는 일에 자유로웠던 이른바 대범한 신자들에게 충고한다. "다만 여러분의 이 자유가 믿음이 약한 이들에게 장애가 되지 않도록 조심하십시오"(8,9).

오늘날 교회 안에서도 이런 현상이 계속되고 있다. 교회 신자들 사이에 싸움이 나고 원수가 되고 독선적이 되는 이유는 바로 자기 나름의 기준이 있기 때문이다. 곧 다른 사람은 자기보다 신앙적으로 부족해 보이기 때문에 자신이 생각하는 하느님의 뜻을 적용하여 남을 판단한다. 교회에서 아무리 이웃 사랑을 강조해도

사도의 본보기[1)]

9 1 내가 자유인이 아닙니까? 내가 사도가 아닙니까?[2)] 내가 우리 주
예수님을 뵙지 못하였다는 말입니까?[3)] 여러분이 바로 주님 안에서

소용이 없는 것은 바로 그들이 지닌 지식 때문이다. 바오로는 이런 이들을 향해, 약한 신자들 편에 서서 그들의 눈높이에 맞추어 처신하라고 충고한다. 그리스도인의 지식, 자유, 신앙은 매우 고귀한 것이지만 지식이나 신앙의 정도는 각자 다르기에 지식보다는 사랑을 앞세우라고 한다. 내 지식, 자유, 신앙이 이론상으로 아무리 옳다고 해도 그것을 행동으로 옮길 때 약한 형제의 양심에 상처를 준다면 유보해야 한다. 약한 사람이 그것으로 인하여 넘어진다면 멸망할 수도 있기 때문이다. 지식과 사랑이 조화를 이루면 그리스도인들은 서로 타인을 배려하게 되고, 이로써 교회는 사랑의 공동체로 바로 서게 될 것이다.

1) 9장은 우상에게 바쳤던 제물 문제를 언급하는 8장과 10장 사이에 놓여있어 언뜻 보면 우상 제물 문제와 상관없는 것처럼 보이지만 8,13과 연관시켜 이해해야 한다. 바오로는 자신이 소심한 신자들을 죄짓게 하지 않으려고 제사 지낸 고기를 먹지 않는다고 해서 자유인이 아니냐고 하고 반문한다(9,1). 바오로는 자신의 확신에 따라 제사 지낸 고기를 먹을 수 있는 자유인이지만 소심한 신자들을 배려하여 사도로서 누릴 수 있는 권리까지 포기할 용의가 있다고 선언했다. 이는 하느님의 사랑 안에 바탕을 두지 않는 모든 행위는 끊어버리겠다는 단호한 의지의 표명이다. 바오로의 이러한 선언 때문에 신자 중에는 바오로의 사도적 권위나 진정성을 의심하는 이들이 있었다.

바오로는 8장에서 지식에 바탕을 둔 자유와 권리는 소심한 형제들에 대한 사랑 때문에 자제되어야 한다고 충고했는데, 이제 9장에서는 사도의 권리마저도 사랑 때문에 버리겠다고 한다. 그는 9,1–18에서 구약성경과 주님의 명령을 제시하면서 자신이 사도로서의 권위나 권리를 행

사한 이유를 언급한 뒤 조심스럽게 그러한 권리들을 포기한 이유를 설명한다. 그것은 자신이 사도로서의 권위가 없어서가 아니라 사랑을 위해 자발적으로 한 행동임을 강조한다. 9,19–23에서는 자신을 코린토 공동체를 위한 모범으로 제시하면서, 자신은 믿음으로 말미암아 누구에게도 매이지 않은 자유인이지만 다른 이들을 구원하려는 희망으로 모든 이들을 위한 종이 되었다고 한다. 그리고 9,24–27에서 코린토 신자들에게 하느님께서 약속하신 썩지 않는 화관을 얻기 위하여 절제의 생활을 하면서 목표를 향하여 달리라고 권면한다.

9장에는 많은 질문들이 나온다. 첫째, 네 개의 단순한 수사학적인 질문이 1절에 나오는데, 이 질문들은 모두 일인칭 단수를 사용하였다. 이어서 세 개의 진술이 뒤따르며(2–3절) 이는 모두 바오로가 자신의 사도직을 변호하는 내용들이다. 둘째, 4–8절에 여덟 개의 질문이 나오는데, 세 가지는 일인칭 복수로 나타난다(4.5.6절). 이는 바오로의 사도적 권리(먹을 권리, 마실 권리, 아내를 데리고 다닐 권리, 따로 벌이를 하지 않아도 되는 권리)를 확립하는 질문으로, 성경 인용을 덧붙인다. 셋째, 두 가지 수사학적인 질문(9ㄴ.10ㄱ절)은 복음을 전하는 이들에게 보여주시는 하느님의 관심에 관한 질문이다. 넷째, 일인칭 복수 조건문의 형식을 지닌 두 가지 질문(11.12ㄱ절)은 뿌려진 영적인 씨와 물질적인 추수를 대조하고, 바오로와 다른 복음 선포자들을 비교한다. 그리고 바오로의 첫 번째 결론을 제시하는 두 가지 진술(12ㄴ.12ㄷ절)로 이어진다. 다섯째, 복합적인 수사학적 질문(13절)이 나오는데, 바오로를 성전 봉사자들과 비교한다. 이 질문에 이어서 복음을 전하는 이들에 관한 주님의 명령이 나온다(14절). 여섯째, 또 다른 수사학적인 질문(18ㄱ절)이 나오는데, 이는 바오로가 받을 삯(보상)에 대한 견해다. 일곱째, 경기장에서 달리기하는 이들과 권투 선수의 예를 소개하는 마지막 수사학적인 질문이 나온다(24ㄱ절). 바오로는 여기서 복음을 전하는 데 있어서 자신이 실격자가 되지 않으려고 절

이루어진 나의 업적이 아닙니까?[4] 2 내가 다른 이들에게는 사도가 아니라

제된 생활을 한다고 말한다.

이 복잡한 일련의 수사학적인 질문 중에서 다음 세 가지 핵심 진술은 바오로의 근본적인 태도를 드러낸다. "그러나 우리는 그러한 권리를 행사하지 않았습니다"(12ㄴ절), "그러나 나는 그러한 권리를 하나도 행사하지 않았습니다"(15ㄱ절), "나는 복음을 위하여 이 모든 일을 합니다. 나도 복음에 동참하려는 것입니다"(23절). 여기서 바오로가 말하려는 핵심은 유다인과 그리스인 모두에게 똑같이 복음을 전하는 것이 자신의 의무라는 것이다(16–22절). 바오로는 자기 절제와 목표를 향해 끝까지 달리는 운동경기를 예로 들면서 자신의 논의를 끝맺는다.

2) 바오로는 1절에서 네 가지 수사학적 질문을 제기하는데 각각의 질문은 '우크(οὐκ, 아니)'라는 부정사를 써서 긍정적인 답변을 이끈다. 그는 8,13의 진술을 이어가면서 일인칭 단수('나')를 사용하여 자신의 개인적인 자유에 대해 반문하며, 이미 7,22.39에서 사용한 형용사 '엘레우테로스(ἐλεύθερος, 자유로운)'를 또다시 사용한다. 이 질문들은 코린토 신자들에게 바오로의 사도로서의 자유를 확인시켜 준다. 곧 교회를 위해 자신의 자유를 포기했다고 해서 바오로가 자유인이 아니라는 주장은 맞지 않다는 것이다.

3) "내가 우리 주 예수님을 뵙지 못하였다는 말입니까?"는 바오로 자신이 사도로 부르심을 받았음을 계속해서 주장하는 질문이다. 바오로는 부활하신 그리스도의 증인이다. 그는 15,8에서 부활하신 그리스도께서 자신에게 나타나셨다고 단언한다. 또 갈라 1,16에서는 하느님께서 "내가 당신의 아드님을 다른 민족들에게 전할 수 있도록 그분을 내 안에 계시해 주셨습니다"라고 한다(로마 11,13; 2코린 11,5; 12,11–12 참조).

4) "여러분이 바로 주님 안에서 이루어진 나의 업적이 아닙니까?"는 바오로 자신이 코린토라는 이방 도시에 공동체를 세우고 예수 그리스도

할지라도 여러분에게는 분명히 사도입니다.[5] 여러분이야말로 주님 안에서 이루어지는 내 사도직의 증표입니다.[6]

의 복음을 전한 것은 자신이 사도라는 사실을 증거하는 구체적인 표시요, 자신의 업적이라는 말이다(1코린 3,6.10; 4,15; 2코린 10,13–16; 12,12 참조). 곧 자신이 코린토 교회의 설립자임을 간접적으로 언급한다. 1절에 나오는 네 가지 질문으로 미루어 바오로가 자신의 사도직을 비난하는 적대자들로부터 많은 공격을 받았음을 알 수 있다.

5) 바오로는 자신이 사도임이 분명하고 교린토 교회 신자들이야말로 자기 사도직의 증표라고 한다. "다른 이들에게는 사도가 아니라 할지라도"라는 표현으로 보아 바오로의 사도직을 부인하는 이들이 있었음을 알 수 있다. 하지만 바오로는 자신이 코린토 교회를 세운 만큼 적어도 코린토 신자들에게는 사도라고 말한다(1코린 9,3; 2코린 10,1–11; 11,7–15; 12,11–12; 13,1–10; 갈라 1,1.22–23 참조). 바오로가 언급한 '다른 이들(호이 알로이*οἱ ἄλλοι*)'이 누구를 가리키는지는 불분명하다. 다른 이들은 바오로가 세우지 않은 다른 지역교회에 속한 그리스도인들을 가리킬 수도 있지만, 여기서는 바오로를 공격했던 코린토 교회 내의 적대자를 가리키는 것 같다.

6) 바오로는 고대 사회에서 무엇을 증명할 때 사용되던 전문 용어를 사용하여 자신의 사도직을 주장한다. '스프라기스*σφραγίς*'는 소유권을 보증하는 동시에 법적 효력을 입증하는 수단인 "증표"를 가리킨다. 이는 중요한 문서의 진위를 확인하기 위해 도장을 찍는 것을 의미한다(로마 4,11; 2코린 1,22 참조). 바오로는 자신이 전한 복음을 믿어 구원을 얻게 된 코린토 교회야말로 자기 사도직의 증표라고 한다. 그는 코린토 교회는 자신의 사도직을 확인하는 "추천서"(2코린 3,2–3)라고 한다. 따라서 다른 사람들은 바오로를 사도로 인정하지 않을지라도 코린토 신자들은 인정해야 한다는 것이다.

3 나를 심판하는 자들에게 나는 이렇게 변론합니다.[7)] 4[8)] 우리는 먹고
마실 권리가 없다는 말입니까? 5 우리는 다른 사도들이나 주님의 형제들이
나 케파처럼 신자 아내를 데리고 다닐 권리가 없다는 말입니까?[9)] 6 또 나

---

7) 바오로는 자신의 사도직을 문제 삼으며 심판하는 자들에게 자신을 변호하기 시작한다. "심판하는 자들"은 "다른 이들"(1코린 9,2)을 가리킨다. '심판하는'으로 번역된 그리스어 '아나크리누신*ἀνακρίνουσιν*'은 '아나크리노*ἀνακρίνω*' 동사의 현재분사형으로서 '비난하는, 비판하는'이라는 뜻이다(4,3-4 비교). "이렇게(하우테*αὕτη*)"는 그리스어 본문에서는 문장 끝에 나오며, 바오로가 자신의 사도적 권위를 변호하는 모든 말을 가리킨다. 코린토 교회에는 바오로의 사도직을 의심하여 시험하려는 이들이 있었다. 바오로는 코린토 교회가 받을 상처 때문에 자신을 비난하는 자들을 무시할 수 없었다. 이에 바오로는 '나의 변론'이라는 표현을 써서 적대자들에게 자신을 변호한다.

8) 바오로는 계속해서 새로운 일련의 수사학적 질문을 제시한다. 처음 두 질문은 '메 우크(*μὴ οὐκ*, 없다는 말입니까?)'로 시작하는데, 이는 긍정적인 답변을 기대하게 한다. "우리"는 바오로와 바르나바를 염두에 둔 표현이다(9,6). 바오로는 여기서 공동체로부터 생계비를 받아 먹고 마실 권리를 언급한다. 곧 바오로와 바르나바는 생계를 위한 노동을 하지 않아도 교회로부터 재정적 지원을 받을 권리가 있었다. 바오로는 이어지는 질문들을 통하여 이 권리를 상세하게 진술한다. 예수님도 제자들을 파견하시면서 "같은 집에 머무르면서 주는 것을 먹고 마셔라. 일꾼이 품삯을 받는 것은 당연하다"(루카 10,7)라고 말씀하셨다.

9) "신자 아내(아델펜 기나이카*ἀδελφὴν γυναῖκα*)"는 직역하면 '자매 아내'다. 여기서 '자매(아델페*ἀδελφή*)'는 단순히 여성 자매라기보다 여성 신자를 의미한다(1코린 1,1; 7,15; 로마 16,1; 필레 2절 참조). '데리고 다니다(페리아게인*περιάγειν*)'는 어떤 여성을 선교여행의 동반자로 삼았음을 가리킨

와 바르나바만 따로 벌이를 하지 않아도 되는 권리가 없습니까?[10] 7 자기

다. 만일 '기나이카'가 '아내'를 뜻한다면 바오로는 자신이 실제로는 행사하지 않은 권한을 주장하고 있는 셈이다. 1코린 7,7ㄱ.8에서 바오로는 자신을 혼인하지 않은 일인칭 단수로 언급한다. 여기서 "우리"는 바오로 자신을 가리키는 편집상의 의미일 수도 있고, '바오로와 바르나바'를 가리킬 수도 있다. 실제 부부의 예로는 프리스카와 아퀼라(로마 16,3), 안드로니코스와 유니아(16,7)를 들 수 있다. 알렉산드리아의 클레멘스는 "사도들은 오롯이 말씀을 선포하는 일에 집중했고 아내를 배우자라기보다는 교우 자매처럼 데리고 다녔습니다. … 그들 덕분에 추문을 일으키는 일 없이 여자들에게 복음이 전해질 수 있었습니다"라고 하였다(ACCK/NT.IX 153).

"다른 사도들"은 바오로, 바르나바, 케파와는 다른 사도들일 것이다. 루카는 사도를 열두 제자로 한정하였지만(루카 6,13), 바오로는 1코린 15,5-7에서 "열두 사도"와 "다른 모든 사도"를 구분한다. 따라서 다른 사도들이 누구인지 분명하게 밝힐 수는 없지만, 사도들 중에는 혼인한 사람도 있고 아내를 선교여행에 데리고 다니는 사람도 있었던 것 같다. 바오로가 '케파'를 마지막에 별도로 언급한 것은 단순히 초대교회의 중요성 때문만이 아니라 그의 영향력이 이미 코린토에 미치고 있었기 때문이다(1,12). 바오로는 케파가 복음을 전하면서 아내를 데리고 다녔다고 말한다. 케파가 코린토에서 바오로 반대파의 선봉장이었다는 일부 주장은 이 편지에서는 전혀 입증할 수 없다. 케파가 아내를 동반하고 코린토 교회를 방문한 적이 있었는지도 알 수 없다. 다만 케파도 코린토 교회 신자들에게 잘 알려진 사도였음은 분명하다. 바오로는 다른 그리스도인들과 마찬가지로 사도들도 혼인할 권리가 있으며 사도들의 아내 또한 자신들이 선교하고 있는 공동체로부터 부양받을 권리가 있다고 말한다.

10) '에 모노스(ἢ μόνος, 홀로, 따로)'는 '에고[ἐγὼ, 나(바오로)]'를 가리킨

가 비용을 대면서 군대에 복무하는 사람이 도대체 어디 있습니까?[11] 포도

다. 바오로는 자신과 바르나바만이 코린토 교회에서 어떤 도움도 받지 않았음을 신자들이 알고 있다는 전제 아래 바르나바를 언급한다. 바오로는 '에르가조마이*ἐργάζομαι*' 동사의 현재 부정사인 '에르가제스타이 *ἐργάζεσθαι*'를 사용하는데, 이 낱말은 '일하다'라는 뜻으로 '손으로 힘들여 일하다'(4,12 참조)를 의미한다.

바르나바는 바오로의 동역자였다(사도 4,36-37; 11,25-26; 13—14장; 15,36-39; 갈라 2,1.9). 바오로가 바르나바를 언급한 것은 바르나바 역시 코린토 교회에 잘 알려져 있었기 때문이다. 코린토 신자들이 어떻게 바르나바를 알게 되었는지는 알 수 없다. 바르나바는 갈라 2,1.9.13에 나온다. 바오로는 제3차 선교여행 말경에 에페소에서 코린토 교회에 편지를 쓰면서 바르나바를 언급하는데, 이는 바오로와 바르나바가 여전히 좋은 친구였음을 암시한다. 사도 4,36에 따르면 바르나바는 "위로의 아들"이라는 뜻으로, 키프로스 태생 레위인이며 본명은 요셉이다. 바르나바는 시리아의 안티오키아에 세워진 교회에서 바오로와 함께 신자들을 만나고 가르쳤으며(9,27; 11,22.30; 12,25) 바오로의 제1차 선교여행 때 동행하였다(13,1.2.7.43.46.50; 14,12.14.20). 바르나바는 49년 예루살렘에서 열린 사도회의에도 바오로와 함께 참석하였다(15,2.12). 바오로는 제2차 선교여행을 떠날 때 요한 마르코에 대한 서로 다른 견해로 바르나바와 갈라서게 되는데(15,36-39), 이 사건 이후로 그에 대한 언급은 나오지 않는다.

바오로는 선교활동을 하면서 자신이 직접 일을 하여 생계비와 전도비를 마련했음을 여러 번 언급한다(사도 18,3; 20,33-35; 1코린 4,12; 2코린 11,7-9; 1테살 2,9 참조). 그는 자신과 사도들이 공동체의 도움을 받을 권리가 있음을 인정하면서도 자신은 그 권리를 포기했다고 강조한다.

11) 바오로가 이 절에서 제기한 질문들에 대한 대답은 '(어느 누구도) 아니다'이다. 바오로는 의문형 문장으로 관심을 유도하여 자신의 뜻

밭을 만들고서 그 열매를 먹지 않는 사람이 어디 있습니까?[12] 양 떼를 치
면서 그 젖을 짜 먹지 않는 사람이 어디 있습니까?[13] 8 내가 인간의 관례에
따라 이런 이야기를 하는 것입니까? 율법도 같은 말을 하지 않습니까?[14] 9

을 강하게 전달한다. 그는 사도들이 마땅히 공동체에서 도움을 받아야 한다는 사실을 세 가지 예를 들어 설명한다.

첫 번째로 사도들을 전쟁 때 조국을 위해 봉사하는 군인에 빗대어 표현한다. 군인들은 음식이나 생계 수단을 스스로 마련하지 않고 나라에 생계유지를 위한 권리를 요구할 수 있다. “비용(옵소니온ὀψώνιον)”은 본래 군인에게 제공되는 식량을 뜻했는데, 나중에 그러한 식량 구입을 위한 돈을 의미하게 되었다.

12) 바오로는 두 번째로 사도들을 포도밭을 가꾸는 사람에 빗대는데, 이는 신명 20,6(“또 포도밭을 가꾸어 놓고서 아직 그 열매를 맛보지 못한 사람이 있느냐?”)을 반영한 것이다. 포도밭을 가꾸는 사람은 포도나무의 열매를 먹을 권리가 있다.

13) 바오로는 세 번째로 사도들을 목동에 빗댄다. 목동은 자신이 기르는 양 떼의 젖을 먹을 권리가 있다. 목동은 자신이 돌보는 양들에게서 이익을 취한다.

군인, 포도밭 가꾸는 이 그리고 목동은 사회적 신분도 다르고 보상 방식도 다르지만, 바오로의 의도를 확실하게 보여준다. 바오로는 이 세 가지 예를 통하여 사도들도 복음을 전하면서 그에 상응하는 보수를 받아 마땅하다고 강조하는 것이다. 아우구스티누스는 ‘복음을 전하는 일에 종사하는 이들은 그들이 영적 양식을 제공하는 교회로부터 육체적 양식과 지원을 받을 권리가 있다’고 하였다(ACCK/NT.IX 154).

14) 이 절의 두 수사학적 질문은 상식적인 기준을 법적·성경적 기준으로 바꾼다. 바오로는 두 질문을 모두 ‘메(μή, 아니다)’로 시작하는데, 첫 번째 질문에서는 부정적 답변을, 두 번째 질문에서는 긍정적 답변을

사실 모세의 율법에, "타작 일을 하는 소에게 부리망을 씌워서는 안 된다"
고 기록되어 있습니다.[15] 하느님께서 소에게 마음을 쓰시는 것입니까?[16]
10 어쨌든 우리를 위하여 말씀하시는 것이 아닙니까? 물론 우리를 위하여

기대한다. 그는 1코린 3,3에서처럼 여기서도 "인간의 관례에 따라"라는 표현을 사용하면서 14,34과 갈라 4,21에서처럼 "율법"을 언급한다. 이는 다음 절에 나오는 모세의 율법을 가리킨다.

15) "모세의 율법"이라는 표현은 바오로의 편지들 가운데 이 구절에서 처음 나온다(루카 2,22; 24,44; 요한 7,23; 사도 13,38; 15,5; 28,23; 히브 10,28 참조). 바오로는 칠십인역 여호 9,2('모세의 율법에 쓰인 것처럼')을 인용한다. 그리고 그 의미는 칠십인역 신명 31,9('모세는 이 율법의 말씀들을 책에다 썼다')에 기초한다. 바오로는 이 율법을 모세라는 언급을 생략한 채 1코린 14,21.34에서도 인용한다. 바오로는 "타작 일을 하는 소에게 부리망을 씌워서는 안 된다"(신명 25,4)라는 말씀을 인용하는데, 이는 한낱 짐승일 뿐인 소에게도 타작 일을 하면서 떨어진 곡식을 먹을 수 있도록 부리망을 씌우지 않는다는 의미다. 바오로는 이 말씀을 인용하여 노동자가 노동을 통해 물질적 이익을 얻는 것이 당연하듯이 사도들도 수고한 만큼의 보상을 받는 것이 당연하다고 말한다.

16) "하느님께서 소에게 마음을 쓰시는 것입니까?"라는 수사학적 질문은 부정적인 답변을 염두에 둔 것이다. 바오로는 구약의 율법은 소와 같은 비이성적인 존재가 아니라 마음과 이성을 지닌 인간을 위해서 제정된 계명임을 말하고 있다. 오리게네스는 '바오로는 하느님께서 이렇게 말씀하시는 것은 소들을 걱정해서가 아니라 그리스도의 복음을 선포한 사도들에게 마음을 쓰신 것'이라고 하였다(ACCK/NT.IX 155). 요한 크리소스토무스는 "하느님께서는 소들에게도 마음을 쓰시니 수고하는 교사들에게는 훨씬 더 마음을 쓰시지 않겠습니까?"라고 반문하였다(ACCK/NT.IX 155).

그렇게 기록된 것입니다.[17] 밭을 가는 이는 마땅히 희망을 가지고 밭을 갈
고, 타작하는 이는 제 몫을 받으리라는 희망으로 그 일을 합니다.[18] 11 우
리가 여러분에게 영적인 씨를 뿌렸다면, 여러분에게서 물질적인 것을 거둔
다고 해서 그것이 지나친 일이겠습니까?[19] 12 다른 이들이 여러분에게 그

---

17) 바오로는 '꼭, 확실히, 오직'을 뜻하는 그리스어 '판토스πάντως'와 일인칭 복수('우리')를 사용하여 '소도 돌보시는 하느님께서 우리 인간은 더욱더 돌보시지 않겠는가?'라고 반문한다. 여기서 '우리'는 바오로와 모든 복음 선포자들을 가리킨다. 바오로가 9절에서 인용한 신명기 말씀은 본래 타작 일을 하는 소도 먹여가며 일을 시켜야지 부리망을 씌워 너무 가혹하게 다루어서는 안 된다는 뜻인데, 바오로는 이를 자신과 자신의 동역자들을 위한 하느님의 말씀으로 해석한다. 따라서 바오로가 두 번씩이나 사용한 "우리를 위하여"는, 구약성경 율법에서 하느님은 소가 아니라 사도들과 복음 선포자들을 염두에 두고 말씀하셨음을 가리킨다.

18) 밭을 갈고 타작하는 이는 그 일로 인해 제 몫을 받으리라는 희망으로 일을 하듯이, 사도들과 복음 선포자들 또한 제 몫을 받으리라는 희망으로 사도직을 수행한다. 바오로는 이 절에서 "희망(엘피스ἐλπίς)"이라는 낱말을 두 번이나 사용한다.

19) 이곳에서도 "우리"는 바오로와 바르나바를 가리킨다. 바오로는 '영적인 것(프네우마티카πνευματικά)'과 '육적인 것(사르키카σαρκικά)'을 대조한다(로마 15,27; 1코린 3,1 비교). 특히 로마 15,27("사실 그들은 예루살렘 성도들에게 빚을 지고 있어서 그렇게 결정하였습니다. 다른 민족들이 예루살렘 성도들의 영적 은혜를 나누어 받았으면, 그들도 물질적인 것으로 성도들을 돌볼 의무가 있습니다")에서 같은 용어를 사용하여 마케도니아와 아카이아의 신자들이 예루살렘 공동체의 가난한 이들을 위하여 베푼 물질적 도움을 말하고 있다. 바오로는 코린토 교회에 영적 씨를 뿌린 사도들이 교회로부터 생계비를 받는 것은 전혀 지나친 것이 아니라고 하면서도, 신자들의 영적인

러한 권리를 갖는다면 우리야 더욱 그러하지 않습니까?[20)]

그러나 우리는 그러한 권리를 행사하지 않았습니다. 오히려 그리스도의 복음에 어떠한 지장도 주지 않으려고 모든 것을 견디어 내고 있습니다.[21)] 13 성전에 봉직하는 이들은 성전에서 양식을 얻고, 제단 일을 맡은 이들은 제단 제물을 나누어 가진다는 것을 여러분은 모릅니까?[22)] 14 마

유익을 위하여 코린토에서 씨를 뿌린 자신은 공동체로부터 물질적인 도움을 요구하지 않는다.

20) "다른 이들"은 바오로가 코린토를 떠난 뒤에 코린토에 와서 복음을 전한 선교사들, 곧 아폴로(1코린 1,12; 3,4.22)나 티모테오(4,17) 같은 이들을 가리킨다. 그들은 복음을 전하면서 공동체로부터 재정적 지원을 받는 권리를 행사했고, 코린토 교회 신자들은 물질적으로 그들을 도왔다.

21) 다른 사도들이 이러한 권리를 행사했다면 코린토 교회를 세우고 복음을 전한 바오로도 마땅히 권리를 내세울 수 있었지만, 그는 복음에 어떠한 지장도 주지 않기 위해 그러한 권리를 스스로 포기하고 무상으로 복음을 전하였다(4,12). 2코린 11,7-9에서도 바오로는 코린토 신자들에게 '보수 없이(도레안δωρεάν)' 복음을 전했다고 말한다. 마케도니아에서 온 형제들이 필요한 것들을 채워주었기 때문이다(2코린 12,13; 1테살 2,9 참조). 바오로의 관심은 언제나 기쁜 소식인 그리스도의 복음을 전하는 일이었다. 바오로는 오직 복음을 전하는 일만을 위해서 자신에게 주어진 어떠한 권리도 포기하겠다고 말한다. 암브로시아스테르는 '바오로는 혹시라도 복음 전파에 방해가 될까 해서 자신의 권리를 행사하지 않기 때문에 자신은 거짓 사도가 아니라고 자신 있게 말할 수 있었다'라고 하였다(ACCK/NT.IX 156).

22) 1코린 9,13-14과 9,15-18은 내용상 서로 대조된다. 9,13-14이 복음을 전하는 이들의 권한을 언급한 반면, 9,15-18은 그 권한을 유보

찬가지로, 주님께서는 복음을 전하는 이들에게 복음으로 생활하라고 지시하셨습니다.[23]

15 그러나 나는 그러한 권리를 하나도 행사하지 않았습니다.[24] 또 나에

한다는 점을 강조하기 때문이다. 바오로는 9,7–12에서 줄곧 언급한 것과 비슷한 논의를 9,13–18에서 또 다른 비교로 전개한다. 그는 더 이상 자신을 군인, 포도밭 가꾸는 이, 목동과 비교하지 않고 성전 봉사자들과 비교한다. 성전에서 봉직하는 이들은 레위인을, 제단 일을 맡은 이들은 사제를 가리킨다. 바오로는 구약 시대에 성전에서 봉직한 레위인과 사제의 역할을 복음 선포자의 역할과 연결시킨다. 성전에서 일하는 사람들은 성전에서 음식을 얻고, 제단에서 제사를 드리는 사제들은 제단의 음식을 나누어 먹는다(민수 18,8–31; 신명 18장). 이와 유사한 규정들이 그리스–로마 신전에서 봉사하는 이들에게도 똑같이 적용되었기 때문에 코린토 교회의 이방계 그리스도인들은 바오로의 논의를 바로 알아들을 수 있었다. "여러분은 모릅니까?"는 당연히 알아야 한다고 강조하는 질문이다(1코린 3,16; 5,6; 6,2.3.9.15.16.19; 9,24).

23) 바오로는 "마찬가지로(후토스 카이οὕτως καί)"라는 표현을 사용하여 예수님 말씀의 권위에서 나온 자신의 논의를 한층 더 심화한다. 그는 공관복음에 실린 예수님의 말씀, 곧 마태 10,10과 루카 10,7에서 예수님이 제자들을 파견할 때 하신 훈시를 인용한다. 예수님은 제자들에게 '일꾼이 자기 먹을 것을 받는 것은 당연하다'고 말씀하셨다. 바오로가 어떻게 이러한 예수님의 말씀을 알게 되었는지는 알 수 없지만, 아마도 자기보다 먼저 사도가 된 이들(갈라 1,17)이나 예루살렘 방문 때 보름 동안 같이 머물렀던 케파(1,18)에게서 전해 들었을 것이다. 이 말씀은 1티모 5,18("사실 성경도 '타작 일을 하는 소에게 부리망을 씌워서는 안 된다', 또 '일꾼이 품삯을 받는 것은 당연하다'고 말합니다")과 『열두 사도들의 가르침』 13,1('여러분 곁에 머물기를 원하는 참예언자는 누구나 먹을 자격이 있습니다')에도 나온

게 그렇게 해달라고 이런 말을 쓴 것도 아닙니다. 그러느니 차라리 죽는 편
이 낫습니다.[25] 아무도 나의 자랑거리를 헛되게 하지 못할 것입니다.[26] 16
사실은 내가 복음을 선포한다고 해서 그것이 나에게 자랑거리가 되지는 않

다. 바오로가 예수님의 말씀을 인용하는 경우는 드문데, 이 절은 1코린 7,10-11; 11,23-25과 함께 바오로가 예수님의 말씀을 명시적으로 언급한 구절이다. 구약성경이나 예수님의 가르침은 사도들이나 복음 선포자들이 선교활동 중에 공동체로부터 부양받던 관습을 뒷받침해 준다. 실제로 예수님의 말씀에 따라 케파와 다른 사도들은 복음을 전하는 공동체로부터 생계 지원을 받으며 사도직을 수행하였다.

24) 바오로는 "그러나 나는"이라는 표현을 문장 서두에 사용함으로써 자신은 구약성경과 예수님의 말씀을 들어 언급했던 복음 선포자들에게 주어진 특권을 사용하지 않았음을 강조한다.

25) 바오로가 예수님의 말씀을 언급한 것은 코린토 신자들에게 재정적 지원을 해달라는 뜻을 전하기 위해서가 아니었다. 그는 "그러느니 차라리 죽는 편이 낫습니다"라는 과격한 표현을 써 가면서 코린토 신자들의 오해를 불식시킨다.

26) 바오로는 자신의 복음 선포 행위가 신자들에게 자랑거리가 될 수 있지만 그것은 결코 인간적인 자랑이 아님을 강조한다. 바오로가 자신의 자랑거리를 언급한 것은 코린토 교회 신자들의 성숙함을 위해서다. 따라서 '헛되게 하다'라는 표현으로 보아 바오로가 자랑한 자신의 수고와 노력을 누군가가 깎아내린다면 차라리 죽는 편이 낫다고 말할 만큼 적대자들의 비난이 컸음을 알 수 있다. 암브로시아스테르는 "바오로가 '차라리 죽는 편이 낫습니다'라고 한 것은 미래의 구원이라는 견지에서 보았을 때 그 편이 낫다는 것을 알기 때문입니다"라고 하였다(ACCK/NT.IX 158).

습니다. 나로서는 어찌할 수 없는 의무이기 때문입니다. 내가 복음을 선포하지 않는다면 나는 참으로 불행할 것입니다.[27] 17 내가 내 자유의사로 이

27) 바오로는 자신이 행한 복음 선포가 결코 자랑이 될 수 없다고 하는데, 그 이유는 복음 선포는 자신에게 부여된 "의무"이기 때문이다. 이 복음 전파의 의무는 바오로에게 선택의 여지가 없이 마땅히 받아들여야 할 소명이었다. 복음을 전하는 것은 바오로가 선택한 행위가 아니라 하느님께서 지워주신 의무이고 그 의무를 거슬러 복음을 전하지 않으면 불행할 것이라고 한다. 이런 강한 표현은 바오로가 다마스쿠스로 가는 길에서 하느님으로부터 받은 사도직으로의 부르심을 두고 한 말이다(갈라 1,15-16).

바오로는 자신의 부르심을 예레미야(예레 1,6-7; 20,9)와 아모스(아모 3,8)의 소명에 비추어 말한다. 예레미야는 당시 거짓 예언자들이 유다는 절대 멸망하지 않는다고 말할 때 하느님께서 바빌론을 통해 유다를 심판하실 것이라는 예언을 계속하여 많은 핍박을 받았다. 그때 예레미야는 자신의 심정을 다음과 같이 고백했다. "'그분을 기억하지 않고 더 이상 그분의 이름으로 말하지 않으리라' 작정하여도 뼛속에 가두어 둔 주님 말씀이 심장 속에서 불처럼 타오르니 제가 그것을 간직하기에 지쳐 더는 견뎌내지 못하겠습니다"(예레 20,9). 아모스도 "사자가 포효하는데 누가 두려워하지 않을 수 있으랴? 주 하느님께서 말씀하시는데 누가 예언하지 않을 수 있으랴?"(아모 3,8)라고 말한다. 예레미야가 핍박을 받으면서도 하느님의 심판 말씀을 선포하지 않으면 안 되는 예언자로서의 의무(운명)를 토로한 것처럼 바오로 역시 그러한 의무, 운명에 대하여 토로한다. 암브로시아스테르는 복음 선포자의 의무를 다음과 같이 언급했다. "주님께서 파견하신 일꾼은 자기가 원하지 않더라도 자신이 해야 할 일을 합니다. 그 일을 하지 않으면 그 때문에 고통을 겪을 테기 때문입니다. 모세는 원하지 않았지만 파라오에게 가서 말을 전해야 했고(탈출

일을 한다면 나는 삯을 요구할 권리가 있습니다.[28] 그러나 하는 수 없이 한다면 나에게 직무가 맡겨진 것입니다.[29] 18 그렇다면 내가 받는 삯은 무엇입니까? 내가 복음을 선포하면서 그것에 따른 나의 권리를 행사하지 않고 복음을 거저 전하는 것입니다.[30]

4,10; 5,1 참조), 요나는 할 수 없이 니네베 사람들에게 가서 말씀을 선포해야 했습니다(요나 1,1—3,4 참조)"(ACCK/NT.IX 158).

28) 바오로는 이 절에서 '미스토스*μισθός*'라는 낱말을 사용한다. '미스토스'는 행한 일에 대한 '삯, 임금, 품삯'을 뜻한다. 이 품삯은 종말론적인 보상이나 코린토 공동체로부터의 물질적인 지원이 아니라, 바오로가 하고자 하는 주님의 일을 행함으로써 얻어지는 대가를 가리킨다. "이 일"은 '복음을 선포하는 일'이다.

29) "직무"로 번역된 그리스어 '오이코노미안*οἰκονομίαν*'은 1코린 4,1에 나오는 "관리인(오이코노무스*οἰκονόμους*)"을 떠올리게 한다. 고대 그리스 사회에서 관리인은 종이었다. 종은 자기가 한 일에 대해 품삯을 요구하지 않는다. 바오로는 자신을 그리스도 예수님의 종으로 이해하기에 자신이 복음을 선포하는 일을 수행했다고 해서 삯을 요구할 수 없다고 한다. 바오로의 생각은 루카 17,10("이와 같이 너희도 분부를 받은 대로 다 하고 나서, '저희는 쓸모없는 종입니다. 해야 할 일을 하였을 뿐입니다' 하고 말하여라")의 말씀을 연상시킨다.

"맡겨진 것입니다"의 그리스어 '페피스테우마이*πεπίστευμαι*'는 '피스테우오(*πιστεύω*, 믿다, 맡기다)' 동사의 미완료 수동형이다. 따라서 과거에 맡겨진 직무가 현재에도 계속되고 있음을 의미한다.

30) 바오로는 복음 선포자로서 얻게 될 삯을 언급하면서 자신은 결코 그 권리를 행사하지 않겠다고 한다. 그는 그러한 권리를 요구하지 않고 거저 복음을 전하는 것 자체가 자신이 받을 삯이라고 한다. 바오로가 보상을 바라지 않고 복음을 전하는 이유는 그 일이 예수 그리스도

19 나는 아무에게도 매이지 않은 자유인이지만, 되도록 많은 사람을
얻으려고 스스로 모든 사람의 종이 되었습니다.[31)] 20 유다인들을 얻으려
고 유다인들에게는 유다인처럼 되었습니다. 율법 아래 있는 이들을 얻으려

를 통해 자신에게 주어진 하느님의 은혜이기 때문이다(로마 4,4 참조). 바오로는 "삯"을 1코린 9,15에 나오는 "자랑거리(카우케마καύχημα)"와 동일시한다. '무상으로(아다파노스ἀδάπανος)'(마태 10,8; 2코린 11,7 비교) 복음을 전하는 것이 자랑이고, 그것이 곧 자신이 받는 보상이다. 그러므로 무상으로 복음을 전함으로써 하느님으로부터 상급을 받겠다는 뜻이 아니라, 그렇게 함으로써 복음이 효과적으로 선포되는 것이 자랑거리요 보상이라는 뜻이다.

31) 바오로는 1코린 9,1에서 제기한 첫 번째 주제인 '자유' 문제로 되돌아간다. 바오로는 9,20부터 이 주제를 구체적으로 다루면서 9,15–18에서 줄곧 언급했던 자신이 누릴 권리를 유보한 이유에 대해 더 자세히 설명한다. 자신은 그 누구에게도, 어느 것에도 매이지 않은 자유인이지만 더 많은 이들을 얻으려고 스스로 모든 이의 종이 되었다는 것이다. 바오로는 로마 시민으로서 누리는 자유를 언급한 것이 아니다. 바오로가 언급하는 자유는 사도로서 다른 모든 사람으로부터 독립된, 더욱더 근본적인 자유를 뜻한다.

"얻으려고"로 번역된 그리스어 '케르데소κερδήσω'는 유다교 어법을 반영한 선교 용어로 그리스도를 주님으로 믿고 섬기는 신앙인이 되게 한다는 뜻이다(마르 1,17 비교). 암브로시아스테르는 "바오로가 자신은 '아무에게도 매이지 않은 자유인'이라고 주장할 수 있는 것은 그가 칭찬을 바라고 복음을 전하지 않았으며 사람들의 구원 말고는 아무것도 바라지 않았기 때문입니다"라고 하였다(ACCK/NT.IX 160). 알렉산드리아의 키릴루스도 "바오로 사도가 '모든 이에게 모든 것이 된' 것은 그 일로 어떤 이익을 얻기 위해서가 아니라 부분을 잃더라도 모두를 얻기 위해서였습

고, 율법 아래 있는 이들에게는 율법 아래 있지 않으면서도 율법 아래 있는 사람처럼 되었습니다.[32] 21 나는 하느님의 율법 밖에 있지 않고 오히

니다"라고 하였다(ACCK/NT.IX 160).

32) 바오로는 유다인들을 얻기 위해서 유다인처럼 되고, 율법 아래 있는 이들을 얻기 위해서 율법 아래 있는 사람처럼 되었다고 한다. 여기서 바오로는 자신이 유다인이기를 포기할 각오가 되어 있다는 관점에서 이런 이야기를 하는 것이 아니다. 바오로는 2코린 11,22과 필리 3,5에서 단언하듯이 유다인이지만, 이제는 그리스도를 믿는 자로서 더 이상 모세의 율법 아래 있지 않고 은총 아래 있는 자가 되었다(로마 6,15). 그는 죄와 죽음의 법에서 해방된 자이지만(8,1-4), 유다인들을 사랑하여 그들을 복음으로 구원하기 위해 유다인같이 되고 율법을 지켰다(사도 16,1-3; 21,23-26). 바오로는 단순히 혈연의 관점에서 자신이 유다인이 되었다고 말한 것이 아니다.

"유다인들을 얻으려고"는 바오로가 유다인들에게 선교했다는 뜻이다. '율법 아래 있다'는 것은 유다인의 특성이다. 바오로는 로마 6,15에서 그리스도인은 '율법 아래 있지 않고 은총 아래 있다'고 하는데, 여기서 '…아래(히포ὑπό)'라는 전치사는 '…의 지배 아래'라는 의미다(갈라 4,4-5 참조). 따라서 '유다인'과 '율법 아래 있는 이'는 같은 뜻이다. "율법 아래 있는 이들"은 4,5("율법 아래 있는 이들을 속량하시어 우리가 하느님의 자녀 되는 자격을 얻게 하시려는 것이었습니다")에서 유다인들을 가리키고, 반대로 '율법 아래 있지 않은 이들'은 5,18("여러분이 성령의 인도를 받으면 율법 아래 있는 것이 아닙니다")과 로마 6,14-15에 나오는 그리스도인들을 가리킨다.

바오로는 갈라 2,15-16에서 자신과 케파에 대해 언급하면서 "우리는 본디 유다인으로, 죄인들인 이민족이 아닙니다. 그러나 사람은 율법에 따른 행위가 아니라 예수 그리스도께 대한 믿음으로 의롭게 된다는 사실을 우리는 알고 있습니다. 그래서 우리는 율법에 따른 행위가 아니

려 그리스도의 율법 안에 있으면서도, 율법 밖에 있는 이들을 얻으려고 율법 밖에 있는 이들에게는 율법 밖에 있는 사람처럼 되었습니다.[33] 22 약

라 그리스도에 대한 믿음으로 의롭게 되려고 그리스도 예수님을 믿게 되었습니다. 어떠한 인간도 율법에 따른 행위로 의롭게 되지 않기 때문입니다"라고 말한다. 그는 로마 11,13–14에서도 "나는 이민족들의 사도이기도 한 만큼 내 직분을 영광스럽게 생각합니다. 그것은 내가 내 살붙이들을 시기하게 만들어 그들 가운데에서 몇 사람만이라도 구원할 수 있을까 해서입니다"라고 한다.

33) 바오로는 예수 그리스도를 믿음으로써 더 이상 유다인도 이방인도 아닌 사람이 되었지만, 복음을 위해 '율법 아래 있는 이들'이나 '율법 밖에 있는 이들'처럼 산다고 한다. 율법 밖에 있는 이들은 모세의 율법을 준수할 의무가 없는 이방인들이나 그리스인들을 가리킨다. 바오로 자신은 법규들을 무시하지 않았고 무법자도 아니지만, 이방인들을 얻으려고 율법 밖에 있는 사람들처럼 살았다. 이는 "이민족들의 사도"(로마 11,13)인 자신의 확신을 표명한 진술이다. 바오로는 이러한 확신을 갈라 2,19–20에서도 언급한다. "나는 하느님을 위하여 살려고, 율법과 관련해서는 이미 율법으로 말미암아 죽었습니다. 나는 그리스도와 함께 십자가에 못 박혔습니다. 이제는 내가 사는 것이 아니라 그리스도께서 내 안에 사시는 것입니다. 내가 지금 육신 안에서 사는 것은, 나를 사랑하시고 나를 위하여 당신 자신을 바치신 하느님의 아드님에 대한 믿음으로 사는 것입니다."

그는 이민족들을 '율법이 없는 이들(아노모이ἄνομοι)'로 언급하면서, 자신도 율법이 없는 이와 동일시한다. 하지만 바오로는 하느님의 눈으로 볼 때 율법을 지키지 않는 무법자가 아니다. 그것은 모세의 율법과는 다른 법인 "그리스도의 율법" 안에 있기 때문이다. 바오로는 한때 모세가 이스라엘 백성에게 전해준 하느님의 율법 아래 있는 존재로 살았지

한 이들을 얻으려고 약한 이들에게는 약한 사람처럼 되었습니다.[34] 나는 어떻게 해서든지 몇 사람이라도 구원하려고, 모든 이에게 모든 것이 되었

만, 이제는 그리스도에게 법적으로 매여있다고 한다. 이는 예수 그리스도께서 십자가 사건을 통해 보여주신 하느님 사랑의 법을 말한다. '그리스도의 율법'이라는 말은 이곳과 갈라 6,2 이외에 바오로의 편지 어디에도 나오지 않는다. 바오로는 '율법 밖에 있는' 이방인들처럼 되었다는 말이 자신을 무법자로 오해하게 할 수 있어서 그리스도인으로서 '그리스도의 율법 안에 있는' 사람이라고 언급한다. 유다인들에게는 모세의 율법이 곧 하느님의 율법인데, 바오로는 그리스도인으로서 그 둘을 구분하여 하느님의 율법을 그리스도의 율법과 동일시한다. 그리스도의 율법은 모세의 율법과 같은 법전적 규범이 아니라, 믿음에서 비롯된 사랑의 삶, 곧 성령 안에서 드러나는 실천적 원리다. 암브로시아스테르는 '그리스도의 것은 모두 하느님의 것이기 때문에 그리스도의 율법 안에 있는 것은 하느님의 율법 안에 있는 것'이라고 하였다(ACCK/NT.IX 161). 그리스도의 율법은 예수님이 가르쳐 주신 사랑의 이중 계명을 가리킨다. 바오로는 그리스도인의 믿음을 "사랑으로 행동하는 믿음"(5,6)이라고 언급하고, 로마 13,8.10에서는 사랑이 그리스도인의 삶에서 어떻게 작용하는지를 말한다. "남을 사랑하는 사람은 율법을 완성한 것입니다. 사랑은 이웃에게 악을 저지르지 않습니다. 그러므로 사랑은 율법의 완성입니다."

34) 바오로는 그리스도에게로 인도할 세 부류의 사람들 가운데 마지막으로 "약한 이들"을 언급하는데, 이는 우상에게 바쳤던 제물 문제(1코린 8,7-13)에서 언급된 소심한 신자들을 가리킨다. 하지만 바오로가 이 용어를 로마 14,1; 15,1에서도 사용하는 것으로 보아 좀 더 넓은 의미로 이해해야 한다. 약한 이들은 아직도 율법주의에서 완전히 벗어나지 못한 그리스도인들을 가리키기도 하고, 유다인들과 이방인들 같은 비그리스도인들로 이해되기도 한다. 곧 유다인들과 이방인들을 포함하는 포

습니다.[35] 23 나는 복음을 위하여 이 모든 일을 합니다. 나도 복음에 동참하려는 것입니다.[36]

괄적인 용어다. 따라서 약한 이들이 그리스도인들인지 아닌지를 결정하기란 쉽지 않다. 바오로는 여기서 '모든 이들'에게 자신의 논의를 적용하고 있기 때문이다. 하지만 한 가지 분명한 것은 세 부류의 사람들 가운데 유다인들과 이방인들은 비그리스도인이라는 사실이다. "약한 사람처럼 되었습니다"라는 표현은 바오로 자신이 강한 사람이 되는 권리를 포기했다는 선언이다.

35) 바오로는 1코린 9,20.22ㄱ에서 '되었다' 동사로 단순 과거 '에게노멘ἐγενόμην'을 사용했지만, 9,22ㄴ에서는 지속적 효과를 강조하기 위해 미완료 동사인 '게고나γέγονα'를 사용한다. 바오로는 세 부류의 사람들을 예로 들면서 "모든 것(판타πάντα)" 그리고 "어떻게 해서든지(판토스πάντως)"라는 표현을 사용한다. 여기에는 그들의 사회적·인종적 조건과 종교적 확신이 무엇이든 "모든 이"의 구원을 위한 바오로의 사랑과 관심이 함축되어 있다. 바오로는 10,33에서도 '무슨 일을 하든 모든 사람을 기쁘게 하려고 애쓴다'라고 한다.

'구원하다(소소σώσω)'는 9,19-22에 나오는 '얻다(케르데소κερδήσω)'와 동의어다. '어떻게 해서든지 몇 사람이라도 구원하려고 모든 이에게 모든 것이 되었다'는 말은 바오로의 선교 의지를 피력한다. 암브로시우스는 그리스도를 본받는 바오로의 삶을 다음과 같이 증언하였다. "하느님과 같음을 당연한 것으로 여기지 않으신 분께서 종의 모습을 취하셨습니다. 그분께서는 모든 이에게 구원을 가져오시기 위해 모든 이에게 모든 것이 되셨습니다. 그분을 본받는 바오로는 율법을 버리지 않았지만 율법 밖에 있는 듯이 살았습니다. 그는 자신이 마음을 얻고자 하는 이들의 유익을 위해 살았습니다. 약한 이들을 강하게 만들기 위해 기꺼이 약한 이가 되었습니다"(ACCK/NT.IX 162).

24[37] 경기장에서 달리기하는 이들이 모두 달리지만 상을 받는 사람은 한 사람뿐이라는 것을 여러분은 모릅니까? 이와 같이 여러분도 상을 받을

---

36) 바오로는 복음을 전하는 일이 삶의 목표라고 한다(1코린 1,17; 1테살 2,2). 그것은 바오로가 복음 전하는 일을 자신에게 매우 특별한 소명으로 여겼기 때문이다. 그는 "동참"이라는 표현으로 자신 또한 복음이 약속한 구원에 동참하는 자가 되고자 했음을 강조하며, 1코린 9,22–23에서 '모든 것'이라는 말을 반복함으로써 자신은 복음을 전하는 일이라면 어떤 상황, 어떤 처지에도 적응할 수 있다고 한다. 바오로가 사용한 "나는"이라는 표현은 "나 자신이 실격자가 되지 않으려는 것입니다"(9,27ㄴ)를 반영한다. 바오로가 추구한 삶의 목표는 오직 "복음을 위하여"다. 오리게네스는 "바오로 사도처럼 믿음에서 성숙한 이만이 이렇게 말할 수 있습니다"라고 하였다(ACCK/NT.IX 162).

37) 바오로는 9,24–27에서 복음을 전하는 일과 신앙생활에서 낙오자가 되지 않기 위하여 전심전력해야 한다는 것을 달리기와 권투선수에 비유한다. 유다인들과 달리 그리스–로마인들은 운동경기를 좋아했다. 바오로 시대에는 사 년마다 올림피아에서 올림픽 경기가 열렸고, 델포이에서는 삼 년마다 피티아 경기가 열렸다. 코린토 북쪽에 있는 지협에선 이 년마다 이스트미아 경기가 열렸다. 바오로가 비유한 달리기와 권투 경기는 이스트미아 경기를 반영한 것 같다. 바오로는 이 단락을 9,13처럼 수사학적 질문으로 시작한다(3,16 참조). '달리다(트레코*τρέχω*)' 동사는 육상 경기장에서 거행되는 도보경주에서 나온 낱말이고, '브라베이온*βραβεῖον*'은 육상 경기에서 주어지는 '상, 상금'을 뜻한다. 바오로는 복음을 전하는 이를 마치 경기장에서 전력을 다하여 달리는 선수에 비유한다(갈라 5,7; 필리 2,16; 3,14; 2티모 4,7; 히브 12,1 참조). 경기장에서 전력을 다하는 선수들처럼 복음을 전하는 그리스도인은 하나의 중요한 목표를 향하여 더욱더 자신을 절제하며 전력해야 한다는 것이다.

수 있도록 달리십시오. 25 모든 경기자는 모든 일에 절제를 합니다.[38] 그들은 썩어 없어질 화관을 얻으려고 그렇게 하지만,[39] 우리는 썩지 않는 화관을 얻으려고 하는 것입니다.[40] 26 그러므로 나는 목표가 없는 것처럼 달리지 않습니다. 허공을 치는 것처럼 권투를 하지 않습니다.[41] 27 나는 내 몸

---

38) 1코린 7,9에서 혼인과 관련하여 성적 자제의 의미로 사용된 '엥크라테우오마이(ἐγκρατεύομαι, 절제하다/자제하다)' 동사가 이곳에 다시 나오는데, 여기서는 운동선수에게 요구되는 자기 절제라는 일반적인 의미로 사용되었다. 이 동사의 본래 의미는 '자기 자신을 정복하다'이다(갈라 5,23; 2베드 1,6 참조). "모든 일"은 운동선수들이 경기에서 승리하기 위해 절제해야 하는 과식, 음주, 성관계 등을 가리킨다.

39) 이스트미아 경기에서 사용된 승리의 관(스테파노스στέφανος)은 소나무 잎으로 만든 화관이었다. 우승자에게 주어지는 화관이 귀하고 값진 것이긴 하지만 그러한 화관은 곧 시들고 썩어 없어질 뿐이다.

40) 하느님께서는 그리스도인에게 썩지 않는 영원한 승리의 화관을 주신다(2티모 4,8; 야고 1,12; 1베드 5,4; 묵시 2,10 참조). "우리"는 편집상의 표현이거나 경주자의 모범인 바오로와 바르나바 또는 일반적인 그리스도인들을 의미한다. 어떤 경우든 바오로는 이들과 자신을 동일시하며 '우리'를 '그들'과 대조한다. 경주자들인 '그들'은 시들고 썩어 없어질 화관을 위하여 달리지만 '우리'는 하느님께서 주시는 썩지 않을 영원한 승리의 화관을 위하여 달린다는 것이다. 훌륭한 스승일 뿐만 아니라 탁월한 순교자인 폴리카르푸스(?–155/156년)는 인내로써 불의한 통치자를 제압하였으며 불멸의 월계관을 받았다(폴리카르푸스, 『순교록』 19,1.2).

41) 바오로는 달리기 선수와 권투선수의 비유를 자신에게 적용한다. 달리기 선수가 목표를 향하여 끝까지 달리고 권투선수가 허공을 치지 않고 상대방을 정확히 가격하듯이, 자신도 경주자처럼 뚜렷한 목표를 향해 달리고 허공을 치지 않는 권투선수처럼 자신의 복음을 효과적

을 단련하여 복종시킵니다. 다른 이들에게 복음을 선포하고 나서, 나 자신이 실격자가 되지 않으려는 것입니다.[42)]

으로 전하여 많은 이들을 구원하는 일에 힘쓰겠다고 한다.

여기서 사용된 '피크테우오πυκτεύω' 동사는 '권투하다, 주먹으로 치다'라는 의미다. 암브로시우스 성인은 바오로의 모습을 다음과 같이 묘사하였다. "경기에 참여하는 운동선수처럼 그는 경기장으로 들어섭니다. 그는 고개를 들어 하늘을 바라봅니다. … 그는 자신의 임무가 기다리고 있는 것을 봅니다. … 그는 자신의 육체가 경기에서 그를 좌절시키는 일이 없도록 그것을 단련하며 자비의 기름을 바릅니다. 그는 나날이 덕을 실천하는 훈련을 합니다. 그는 자신의 몸에 흙을 묻히며 경기를 끝까지 해낸다는 확신을 가지고 달립니다. 그는 주먹을 휘둘러 보고 창을 던져보지만 허공을 치는 것처럼 하지는 않습니다. … 땅은 인간이 훈련하는 장소고 하늘은 그가 화관을 쓰는 곳입니다"(ACCK/NT.IX 164).

42) 바오로는 운동경기에서 익숙한 표현을 빌려와 '자기 절제'와 '자기 훈련'이라는 주제로 되돌아간다. 바오로가 권투선수처럼 몸을 단련하고 절제 생활을 하면서 복음 전하는 일을 계속하는 것은 이 일을 마친 뒤에 실격자가 되지 않기 위해서다. 그는 "내 몸을 단련하여 복종시킵니다"라는 말로 신자들에게 대접받을 권리를 포기하고(1코린 9,1–18) 참자유를 유보하면서 모든 상황에 적응한다(9,19–23)는 생각을 다시 한번 피력한다.

'단련하여'로 번역된 그리스어 '히포피아조ὑπωπιάζω'는 '눈 아랫부분을 치다, 멍이 들도록 치다'라는 뜻인데, 여기서는 목적어 '내 몸'과 연결되어 '내 몸을 단련하다, 내 몸을 치다'라는 의미다. 암브로시아스테르는 "'몸을 단련한다'는 것은 모든 사치를 끊고 피한다는 뜻입니다. 바오로는 보상에 대해 사람들에게 가르치면서, 자신은 그것을 받지 못하는 일이 없도록 자신의 육체를 단련시키고 있다는 것을 보여줍니다"라고 하였다(ACCK/NT.IX 165). 이어서 나오는 동사 '둘라고고δουλαγωγῶ'는 '노예로 만들다'라는 뜻인데, 여기서는 '내 몸'과 연결되어 '복종시키다'라는 의미다. 히에로니무스는 '우리 영혼이 명령하고 우리 육체가 명령에 복종하면 곧바로 그리스도께서 오셔서 우리와 함께 사실 것'이라고 하였다(ACCK/NT.IX 165).

바오로는 목표에 도달하기 위해 자기를 절제하고 훈련하는 운동선수의 표상을 자신의 사도 직무에 적용한다(필리 3,12–16 비교). 바오로가 복음을 전하면서 보여준 자기 절제와 훈련은 바오로의 삶을 따르는 코린토 신자들에게 모범이 된다. '실격자(아도키모스ἀδόκιμος)'는 어떤 일과 기능에 있어서 쓸모없는 이로 판정받아 버려지는 것을 의미한다(로마 1,28; 2코린 13,5–7 비교). "나 자신이 실격자가 되지 않으려는 것"이라는 말은 자신이 목표에 도달하지 못하는 사람이 될까 봐 두려워한다는 뜻이다(필리 3,12–16 비교).

주제 6. 사도의 권리

바오로는 사도라면 스스로 벌이를 하지 않고 공동체에서 제공해 주는 도움으로 살아갈 수 있는데도 그 권리를 포기했다. 그런데 아이러니하게도 바오로의 이러한 선교방식은 당시 공동체로부터 칭송을 받은 것이 아니라 오히려 의심을 받는 역효과를 가져왔다. 바오로는 1코린 9,4-5에서 "우리는 먹고 마실 권리가 없다는 말입니까? 우리는 다른 사도들이나 주님의 형제들이나 케파처럼 신자 아내를 데리고 다닐 권리가 없다는 말입니까?"라고 반문한다. 곧 자신은 그럴 권리가 충분하다는 것이다. 아마도 신자들 가운데에는 바오로가 스스로 벌어가면서 사는 걸 보며 사도가 아닐 것이라고 말하는 이들이 있었던 것 같다.

이에 바오로는 9,1에서 "내가 자유인이 아닙니까? 내가 사도가 아닙니까? 내가 우리 주 예수님을 뵙지 못하였다는 말입니까? 여러분이 바로 주님 안에서 이루어진 나의 업적이 아닙니까?"라는 수사학적인 질문을 던진다. 이 질문에는 바오로의 사도직에 대해 의심을 품은 이들이 가지고 있던 사도직에 대한 인식이 반영되어 있다. 저들은 아마도 사도란 업적이 있어야 하고 예수님을 직접 본 사람이어야 하며, 생계비 마련에 얽매이지 않고 공동체에서 지원하는 비용으로 살면서 복음을 전하는 이라고 생각했을 것이다. 이에 바오로는 다른 이들이 자신을 사도가 아니라고 하는 것은 이해할 수 있지만 코린토 교회 신자들이 자신의 사도직을 의심하는 것은 도저히 받아들일 수 없다고 한다(9,2).

바오로는 사도들에게 공동체를 통한 재정 지원을 받을 권리가 있음을 논증하면서도 자신은 그 권리를 사용하지 않았다. 그것은 그리스도의 복음에 어떠한 지장도 주지 않기 위해서다(1코린 9,12; 참조: 2코린 11,7-9; 1테살 2,9; 4,11-12). 바오로는 자신이 세운 공동체를 다니면서 예루살렘 교회를 위해 모금 운동을 펼쳤다. 필리피 교회(필리 4,14-18)와 테살로니카 교회(2코린 8,1-13)는 이 모금 운동에 기꺼이 동참한 반면, 상대적으로 부유했던 코린토 교회(12,16)는 인색한 반응을 보였다. 바오로는 예루살렘 교회를 위한 모금 운동이 오해를 불러일으키지 않도록 코린토 교회에서 도움받을 권리를 포기하였다. 바오로가 무상으로 복음을 전한 또 다른 이유는 예수 그리스도의 종으로서 자신의 확고한 의지 때문이었다. 바오로는 1코린 9,18에서 "그렇다면 내가 받는 삯은 무엇입니까? 내가 복음을 선포하면서 그것에 따른 나의 권리를 행사하지 않고 복음을 거저 전하는 것입니다"라고 말한다. 대체로 사람은 누군가로부터 돈이나 도움을 받으면 그 사람에게 부담을 느껴 종속되기 쉽다. 바오로는 누구에게도 예속되지 않고 진정한 자유인으로서 복음을 전하고 싶었다. "나는 아무에게도 매이지 않은 자유인이지만, 되도록 많은 사람을 얻으려고 스스로 모든 사람의 종이 되었습니다"(9,19).

바오로는 코린토 교회 신자들에게 예루살렘 교회를 위한 모금 운동을 펼쳤는데(1코린 16,1-4; 2코린 8—9장), 코린토 교회 사람들 중에는 바오로가 개인적으로 재물을 취하기 위해서 하는 행위라고 비난하는 이들이 있었다. 또한 공동체로부터 지원을 받지 않고 복음을 전하는 바오로를 향하여 그는 사도도 자유인도 아니라고 의심하는 이들이 있었다. 바오로가 사도로서 교회로부터 도움받을 권리가

이스라엘의 역사가 주는 교훈[1]

10 1 형제 여러분, 나는 여러분이 이 사실도 알기를 바랍니다. 우리 조상들은 모두 구름 아래 있었으며 모두 바다를 건넜습니다.[2]

있지만 그 권리를 사용하지 않은 것은 그의 사도직은 그리스도에게서 나온 것이고 그분에게만 속한 것이라고 생각했기 때문이다. 바오로는 남의 신세를 지지 않고 스스로 생계비와 전도비를 마련하여 복음을 전한 진정한 자유인이다. 바오로는 자유로운 사도로서 많은 이들을 얻기 위해 스스로 모든 이들의 종이 되었다.

1) 바오로는 1코린 8장에서 이미 다룬 '우상에게 바쳤던 제물' 문제를 다시 언급한다. 우상에게 바쳤던 제물이라는 표현은 8,1.4.7.10에서 사용되었는데, 10장에서는 19절에 나온다. 바오로는 5,10.11; 6,9에서 언급한 "우상 숭배자"를 10,7에서 언급한다. 그리고 10,14에서는 "우상 숭배를 멀리하십시오"라고 경고한다. 이는 바오로가 6,18에서 "불륜을 멀리하십시오"라고 한 훈계를 떠올리게 한다.

10장에서 1–22절은 한 단락을 이룬다. 곧 1ㄱ절은 논의의 시작이고, 21절은 그 논의에 대한 결론이다. 그리고 22절의 수사학적 질문으로 단락은 끝이 난다. 1–22절은 둘로 나뉘는데, 1–14절은 그리스도인들이 우상 제물을 어떻게 대해야 하는지를, 15–22절은 그들이 주님의 만찬을 어떻게 생각해야 하는지를 설명한다. 바오로는 1–22절에서 '우리 조상들'이라는 표현을 사용하여 이집트에서 벗어난 이스라엘 백성이 광야에서 경험한 역사를 회상한다. 그는 이스라엘 백성이 광야에서 방황할 때 하느님을 원망하고 반항한 모습이 코린토 교회 신자들의 모습과 닮았다고 생각하였다. 그는 이스라엘 백성이 광야에서 한 체험을 네 가지 주제로 다룬다.

첫째, 바오로는 이집트의 속박에서 벗어나 광야 생활을 했던 '모든' 이스라엘 백성에게 하느님께서 베푸신 특권 다섯 가지, 곧 하느님께서 구름 아래에 있는 그들과 어떻게 동행하셨는지, 뒤쫓아 오는 이집트인들을 갈대 바다에서 어떻게 물리쳐 주셨는지, 모세를 통하여 어떻게 인도하셨는지, 그리고 어떻게 음식을 제공하고, 마실 물을 주셨는지를 인용한다(1-4절). 둘째, 바오로는 하느님께서 못마땅해하시는 '이스라엘 백성 가운데 어떤 자들'의 다섯 가지 불순종을 언급한다. 그것은 악을 탐낸 행위, 금송아지를 섬긴 행위, 불륜을 저지른 행위, 주님을 시험한 행위 그리고 주님께 투덜거린 행위다. 이러한 행위 때문에 하느님께서는 이스라엘 백성을 파괴자의 손에 멸망당하게 하셨다(5-10절). 셋째, 이스라엘 백성에게 발생한 모든 사건은 코린토 신자들에게 본보기가 된다. 하느님께서는 우리가 이겨내지 못할 시련을 주시는 분이 아니다. 그러므로 그리스도인은 전적으로 하느님을 믿고 우상 숭배를 멀리해야 한다(11-14절). 넷째, 주님의 식탁에서 그리스도의 몸과 피를 나누는 그리스도인들은 마귀들의 식탁에 참여할 수 없다. 이는 주님을 질투하시게 하는 행위가 된다(15-22절).

바오로는 1-4절에서는 '모두(판테스*πάντες*)'라는 낱말을, 5-10절에서는 '대부분(플레이오네스*πλείονες*)', '그들 가운데 어떤 자(티네스 아우톤*τινες αὐτῶν*)'라는 낱말을 각각 다섯 번 사용한다. 그는 1-14절에서 코린토 교회 신자들이 빠지게 된 우상 숭배의 모습을 이스라엘 백성이 이집트에서 경험한 사건들과 결부시켜 재해석한다. 곧 그 옛날 이스라엘 백성이 겪은 이집트 탈출 사건(예형)은 대부분이 이방인들로 구성된 코린토 교회 신자들의 모습(원형)을 미리 보여준다는 '예형론'을 전개한다. 그리고 15-22절에서는 성찬례와 이교 제사를 비교하며 우상 숭배자들에게 경고한다. 신자들 가운데 대범한 이들이 우상의 존재를 믿지 않는 것은 바람직한 일이지만 그것을 빙자하여 이교 제사에 참여하여 음복하는 것은 비난받아 마땅하다. 아무 거리낌 없이 저지르는 몰지각한 행위로 공동체 안에 문제가 발생했기 때문이다. 코린토 교회의 열광주의자들은 자

2 모두 구름과 바닷속에서 세례를 받아 모세와 하나가 되었습니다.[3] 3 모

신들이 가진 지식을 자랑하면서 문란한 성생활을 하고(5—6장), 자유를 방종으로 왜곡하여 이방인들의 우상 숭배 잔치에 참여하기까지 하였다(8; 10장). 이에 바오로는 그들이 이방인의 신전에서 행해지는 우상 숭배 잔치에 참여하는 것은 스스로를 우상 숭배에 노출시키는 위험한 처신임을 이스라엘 백성이 이집트 탈출 때 겪은 경험을 예로 들어 경고한다.

2) '나는 여러분이 … 알기를 바랍니다'를 직역하면 '나는 여러분이 … 모르고 지내는 것을 바라지 않습니다'이다. 바오로는 반드시 알아야 할 사실을 상기시킬 때 이런 표현을 사용한다(1코린 12,1; 2코린 1,8; 로마 1,13; 11,25; 1테살 4,13). 바오로가 이집트 탈출 시대의 모세와 유다인들을 '우리 조상들(호이 파테레스 헤몬οἱ πατέρες ἡμῶν)'이라고 한 것은 자신도 유다인으로 태어났음을 의미한다. 그는 코린토의 이방계 그리스도인 공동체를 '우리'에 포함시키고 있다. 왜냐하면 그리스도인들은 "하느님의 백성 이스라엘"(갈라 6,16)이기 때문이다. 필리 3,3에서 바오로는 그리스도인들을 "하느님의 영으로 예배하고 그리스도 예수님 앞에서 자랑하며 육적인 것을 신뢰하지 않는 우리야말로 참된 할례를 받은 사람"이라고 한다. 곧 모세와 유다인들이 이방인들로 구성된 코린토 신자들의 혈연적 조상은 아니지만, 그리스도교 신앙인들은 그리스도 안에서 "아브라함의 후손"(갈라 3,29)이기 때문에 그들의 조상이라는 뜻이다.

"우리 조상들은 모두 구름 아래 있었으며 모두 바다를 건넜습니다"는 칠십인역 탈출 13,21–22('하느님께서는 그들을 낮에는 구름 기둥 속에서 길을 인도하시고 … 그리고 밤에는 불기둥이 모든 백성 앞을 떠나지 않았다')을 반영한다. 이스라엘 백성이 이집트를 벗어난 후 경험한 첫 번째 사건은 '구름 아래 있었던 것'(LXX 시편 105,39)과 '바다 가운데로 걸어 들어간 것'(LXX 탈출 14,21–22)이었다. 시편 78,13은 하느님께서 "바다를 가르시어 그들을 건너가게 하시고 물을 둑처럼 세우셨다"라고 한다.

두 똑같은 영적 양식을 먹고, 4 모두 똑같은 영적 음료를 마셨습니다.[4] 그
들은 자기들을 따라오는 영적 바위에서 솟는 물을 마셨는데, 그 바위가 곧
그리스도이셨습니다.[5] 5 그러나 하느님께서는 그들 대부분이 마음에 들지

---

3) 바오로는 그 옛날 이스라엘 백성이 구름에 휩싸여 홍해 바다를 건넌 사건은 '모세와 하나 되는 세례를 받은 셈'이라고 한다. 그는 모세와 하나 되는 세례를 받은 것(예형)은 그리스도와 하나 되는 세례를 받은 것(원형)을 예시하는 사건으로 풀이한다. 당시 그리스도인들은 약식 세례가 아닌 물속에 들어갔다가 나오는 침수 세례를 받았는데, 이스라엘 백성이 홍해를 건널 때 바닷속에 있었으니 세례를 받은 것이나 다름없다는 것이다. 바오로는 옛 이스라엘 백성의 광야 체험을 그리스도인들이 예수님과 하나 되는 세례를 받음으로써 구원을 얻은 체험에 비유하여 해석한다(로마 6,3; 갈라 3,27 참조). 몹수에스티아의 테오도루스는 "'바다'는 물로 받는 세례를, '구름'은 성령 안에서 받는 세례의 은총을 상징합니다"라고 하였다(ACCK/NT.IX 168). 그리스도인들이 예수 그리스도의 이름으로 세례를 받아 구원을 체험했듯이, 그 옛날 이집트에서 벗어난 이스라엘 백성도 모세를 통하여 똑같은 구원 체험을 하였다. 이런 의미에서 모세는 옛 계약의 중개자이고, 예수 그리스도는 새 계약의 중개자(히브 7,22; 8,6; 9,15)이시다.

4) 바오로는 그리스도인들이 성찬례 때 먹고 마시는 빵과 포도주를 이스라엘 백성이 시나이반도 광야 생활 중 먹은 만나(탈출 16,4.15.35; 민수 11,6-9; 신명 8,3)와 그 광야 바위에서 터져 나온 물(탈출 17,1-7; 민수 20,1-13)과 연결한다. 그는 기적의 양식인 만나와 기적의 바위 물(예형)이 성찬례 때의 영적인 양식과 음료(원형)를 표상한다고 풀이했는데, 이는 그리스도께서 베푸신 구원을 가리킨다.

5) 유다교 전통은 탈출 17,6; 민수 20,7-11; 21,16을 근거로 모세가 물을 솟아나게 한 바위는 이스라엘 백성이 광야를 방랑하는 동안 그들

않으셨습니다. 사실 그들은 광야에서 죽어 널브러졌습니다.[6)]

과 함께 다녔다고 하면서 이 바위를 주님과 동일시하였다. 바오로는 그 권능을 선재하시는 그리스도께 적용하여, 그리스도를 생명을 주는 "영적 바위"라고 부른다. 이스라엘 백성이 바위의 물로 생명을 얻었듯이, 그리스도인들은 그리스도에게서 생명을 얻기 때문이다. '바위'는 구약성경에서 하느님을 가리키는 낱말인데, 야곱은 하느님을 '이스라엘의 바위'(창세 49,24)로, 모세는 하느님을 '바위'(신명 32,4.15.18.30.31)로 언급하고, 시편도 하느님을 '바위'로 묘사했다(시편 18,32; 62,3; 71,3; 89,27; 95,1). 바오로는 그리스도를 '바위'라고 부른다. 곧 광야의 이스라엘 백성에게 구원을 가져다준 영적 바위가 그리스도라는 뜻이다. 따라서 이집트에서 벗어난 이스라엘 백성도 바오로 시대의 하느님 백성과 마찬가지로 그리스도를 통하여 구원을 받은 셈이다.

그리스도의 구원은 이처럼 인류의 시초부터 영속성을 갖고 이루어지는 궁극적인 것이라 할 수 있다. 바오로는 양식과 음료를 영적 양식과 음료로 부른다. 하느님께서 광야 생활을 하는 이스라엘 백성이 목숨을 유지할 수 있도록 이 양식과 음료를 주셨기 때문이다. 하느님께서 양식과 음료를 주셨다는 것은 영적 선물을 통하여 그들과 함께하셨음을 상징한다(느헤 9,20). 암브로시아스테르는 '만나와 바위에서 솟은 물을 영적이라고 하는 것은 그것들이 자연의 법칙에 따라서 생겨난 것이 아니라 하느님의 힘으로 이루어진 것이기 때문'이라고 하였다(ACCK/NT.IX 169).

6) 이스라엘 백성 모두가 똑같이 하느님의 구원을 체험했지만 "그들 대부분"은 불순종으로 말미암아 광야에서 죽었다. 이스라엘 백성은 이집트에서 탈출하여 사십 년 동안 광야 생활을 하는 동안 모두 죽고, 오직 두 사람 곧 여푼네의 아들 칼렙과 눈의 아들 여호수아만이 약속의 땅 가나안으로 들어갈 수 있었다(민수 14,16.29.32; 26,65; 시편 78,31). 바오로가 옛 이스라엘의 이야기를 언급한 것은 우상을 숭배하는 코린토 교회

6[7)] 이 일들은 우리를 위한 본보기로 일어났습니다. 그들이 악을 탐냈던 것처럼 우리는 악을 탐내지 말라는 것입니다. 7 성경에 "백성은 앉아서

신자들에게 경고하기 위해서다.

"죽어 널브러졌습니다"에 해당하는 그리스어 동사 '카테스트로테산 κατεστρώθησαν'은 신적 수동형 동사로 하느님에 의해 죽었다는 뜻이다. 요한 크리소스토무스는 '하느님께서 이스라엘 자손에게 그 일들을 해주셨을 때 그들은 약속의 땅에 있지 않았기 때문에 하느님께서는 그들에게 약속된 땅을 보도록 허락하지 않으셨을 뿐 아니라 심한 징벌을 내리셨다'고 하였다(ACCK/NT.IX 170).

7) 6–10절은 이스라엘 백성이 사십 년 동안 광야에서 저지른 죄와 처벌 네 가지를 열거한다. 그것은 우상 숭배(7절; 탈출 32,4.6.19), 불륜(8절; 민수 25,1–9), 주님을 시험함(9절; 탈출 12,2.7; 민수 14,22; 신명 6,16; 시편 78,18) 그리고 투덜거림(10절; 탈출 16,2–3; 17,3; 민수 14,36; 16,11; 17,6)이다. 이스라엘 백성이 저지른 죄악과 처벌은 코린토 신자들이 저지르는 죄악과 처벌을 예시하는 본보기(6절: 티포이τύποι; 11절: 티피코스τυπικῶς = 예형)다. "본보기"로 번역된 그리스어 '티포스τύπος'는 '타격으로 인하여 생긴 흔적, 자국, 형型'을 의미하는데, '복사, 상像, 복제' 그리고 '예'(필리 3,17; 1테살 1,7)라는 의미로 바뀌었다. 바오로는 여기서 그리스어 명사 '에피티메타스(ἐπιθυμητὰς, 탐하는 사람)'와 동사 '에페티메산(ἐπεθύμησαν, 탐하다)'을 사용한다(LXX 민수 11,4.34–35; 시편 78,29–30; 106,14). 이는 광야 생활을 하는 이스라엘 백성이 이집트에서 먹던 음식들(고기, 생선, 오이, 멜론, 리크, 양파, 마늘)을 갈망했음을 뜻하는 낱말이다. 오리게네스는 '이스라엘 백성의 죄들이 본보기로 기록된 것은 우리가 그들의 죄에 대해 읽고 그런 죄들을 피할 줄 알게 하기 위해서'라고 하였다(ACCK/NT.IX 171). 바오로는 이스라엘 민족의 죄를 열거한 뒤 코린토 신자들이 같은 죄를 짓지 않도록 경고한다.

먹고 마시고 일어나 흥청거리며 놀았다"고 기록되어 있듯이, 여러분은 그들 가운데 어떤 자들처럼 우상 숭배자가 되지 마십시오.[8] 8 또 그들 가운데 어떤 자들이 불륜을 저지른 것처럼 우리는 불륜을 저지르지 맙시다. 그들은 하루에 이만 삼천 명이 죽어 넘어졌습니다.[9] 9 그들 가운데 어떤 자들

---

8) 바오로는 6절에서 사용한 일인칭 복수를 이인칭 복수 명령형으로 바꾸어 코린토 신자들에게 우상 숭배의 위험성을 경고하면서, 탈출 32,1-6에 나오는 금송아지 이야기를 인용한다. 이스라엘 백성들은 모세가 사십 일 동안 산에서 내려오지 않자 아론에게 가서 자신들을 이끌 신을 만들어 달라고 청하였다. 아론은 그들의 청을 들어주어 그들이 가져온 금 고리들로 수송아지 상을 만들고 그 신상 앞에 제단을 쌓은 뒤 '내일 주님을 위한 축제를 벌이자'고 선포하였다. 이튿날 백성은 일찍 일어나, 번제물을 올리고 친교 제물을 바치고 앉아서 먹고 마시고 일어나 흥청거리며 놀았다. 이는 이스라엘 백성이 이집트를 탈출한 뒤 불평하며 우상 숭배에 빠진 대표적인 사건이다.

"백성은 앉아서 먹고 마시고 일어나 흥청거리며 놀았다"(LXX 탈출 32,6)는 것은 우상 숭배를 뜻한다. 북왕국 이스라엘을 세운 예로보암은 예루살렘 성전 순례를 막으려고 금송아지 둘을 만들어 하나는 베텔에 놓고, 다른 하나는 단에 두었다(1열왕 12,28-33). 시편 106,19도 "그들은 호렙에서 송아지를 만들고 쇠를 부어 만든 상에 경배하였다"라고 한다. 바오로는 코린토 신자들 가운데 일부가 이교 제사 의식에 참여함으로써 이스라엘 백성이 저지른 우상 숭배와 같은 죄를 짓고 있음을 지적한다.

9) 이스라엘 백성이 저지른 또 다른 죄는 "불륜"이었다. 이스라엘 백성이 시팀에 머물러 있을 때, 백성들은 모압 민족의 여자들과 불륜을 저지르고 그 여자들의 꾐에 빠져 프오르(사해 북동쪽 20킬로미터 지점) 지방의 신 바알(풍요와 다산의 신)을 섬긴 죄로 이만 사천 명이나 되는 많은 이들이 죽었다(민수 25,1-9). 죽은 이들이 이만 사천 명이었는데, 바오로

이 주님을 시험한 것처럼 우리는 그리스도를 시험하지 맙시다.[10] 그들은 뱀
에 물려 죽었습니다.[11] 10 그리고 그들 가운데 어떤 자들이 투덜거린 것처

는 이만 삼천 명이 죽었다고 한다. 죽은 이들의 숫자가 다른 것은 바오로의 착오이거나 다른 사건(26,62)에서 영향을 받았기 때문일 것이다. 거기서는 한 달 이상 된 남자로서 사열을 받은 이들이 모두 이만 삼천 명이었다고 한다. 바오로는 우상 숭배나 불륜으로 죽은 사람의 숫자를 제시함으로써 하느님의 백성이 결코 저질러서는 안 되는 죄임을 강조한다.

10) 바오로는 이스라엘 백성이 광야 생활을 하면서 자주 주님의 인내심을 시험한 사건을 언급한다. 주님을 시험하는 것은 불신앙과 불순종을 보여주는 행위다(탈출 17,2-3.7; 민수 14,22; 신명 6,16; 시편 78,18). 특히 칠십인역 시편 78,18에 나오는 '시험하다' 동사는 이곳에 나오는 '에크페이라조ἐκπειράζω'와 같다. "시험하지 맙시다"는 바오로가 코린토 신자들에게 한 권면으로, 이는 1코린 6장과 8장에서 이미 언급한, 불륜과 우상에게 바쳤던 제물과 관련한 행동을 가리킨다. 옛 '우리의 조상들'이 광야에서 하느님을 시험하였듯이 코린토 신자들도 그리스도를 시험하였다는 것이다. 1테살 4,6에서 바오로는 신자들에게 주님은 보복하시는 분이시니 그분의 인내심을 시험하지 말라고 훈계한다.

11) 바오로는 민수 21,4-9에 나오는 구리 뱀 이야기를 인용한다. 이스라엘 백성은 이집트를 벗어나 광야에 있을 때 하느님과 모세에게 불평을 하여 큰 죄를 지었다. 그때 주님께서 백성에게 독이 있는 불 뱀을 보내시어 그 뱀들이 백성을 물어 죽게 하셨다. 이에 백성이 모세에게 와서 살려달라고 간청하자 모세가 백성을 위해 주님께 기도하니 불 뱀에 물린 사람들이 기둥 위에 달아놓은 구리 뱀을 쳐다보면 죽지 않고 살게 하셨다. 이 구리 뱀(예형)은 십자가에 달리신 예수님(원형)을 미리 보여주는 사건으로 전형적인 예형론이다(요한 3,14-15 참조).

럼 여러분은 투덜거리지 마십시오.[12] 그들은 파괴자의 손에 죽었습니다.[13]
11 이 일들은 본보기로 그들에게 일어난 것인데, 세상 종말에 다다른 우리
에게 경고가 되라고 기록되었습니다.[14] 12 그러므로 서있다고 생각하는 이

---

12) 바오로는 다시 이인칭 복수를 사용하여 명령한다. 그는 이스라엘 백성이 광야 생활을 하면서 하느님과 모세에게 했던 투덜거림(불평)과 원망을 언급한다(LXX 탈출 16,2-3.7-9.12; 민수 11,1; 14,2.27.29.36; 16,11-35; 17,6). 투덜거린다는 것은 하느님을 시험하는 또 다른 행태다. 불평은 백성이 하느님과 모세를 믿지 못해서 나오는 행동이기 때문이다(시편 106,13-15.25-26.28 비교).

13) 바오로는 탈출 12,23("주님께서 이집트인들을 치러 지나시다가, 두 문설주와 상인방에 바른 피를 보시면, 그 문은 거르고 지나가시고 파괴자가 너희 집을 치러 들어가지 못하게 하실 것이다")을 의도하고 이 표현을 쓴 것 같다.

'파괴자(호 올로트레우테스 ὁ ὀλοθρευτής)'는 '멸망시키는 자'를 뜻하는 낱말로 그리스도교 문헌들에만 나오는데, 이와 유사한 표현이 칠십인역 1역대 21,12.15; 지혜 18,25에도 나온다. 바오로는 하느님을 파괴자라고 하는 것에 부담을 느껴 멸망의 권한을 위임받은 천사를 떠올리며 "파괴자의 손"이라는 표현을 사용했을 것이다(탈출 12,23; 2사무 24,16; 1역대 21,12.15; 지혜 18,20-25 참조). 이스라엘 백성은 하느님을 불신하고 지난날 이집트 땅에서 지냈던 때를 그리워하면서 현재의 광야 생활을 불평하였다. 바오로는 코린토 신자들이 이교도였을 때의 옛 생활을 그리워하며 되돌아가려는 행위를 광야에서 이스라엘 백성이 보인 모습과 같다고 보았다.

14) 이제 구약성경에 언급된 이스라엘 조상들의 죄악에 대한 경고를 마무리한다. "이 일들(타우타 ταῦτα)"은 이스라엘 백성이 광야에서 지질렀던 역사적인 사건들, 곧 1코린 10,6-10에서 구체적으로 언급된 백성의 죄들을 가리킨다. 우리의 조상들에게 "본보기로" 일어난 이 일들은 코린

는 넘어지지 않도록 조심하십시오.[15)] 13 여러분에게 닥친 시련은 인간으로

토 당시뿐만 아니라 모든 시대의 그리스도인들에게 경고가 된다. 바오로는 이 본보기를 특히 코린토 교회 신자들에게 적용하여 종말의 때를 살아가는 자신과 코린토 교회 신자들이 결코 해서는 안 될 행위로 교훈한다. "세상 종말에 다다른"은 직역하면 '세상의 끝이 임박해 있는'이다. 여기서 '세상(아이오논αἰώνων)'과 '종말(텔레τέλη)'은 모두 복수다. 이는 세상의 연속을 암시하기도 하고, 과거와 현재 세대의 결말과 오는 세대의 시작이 서로 만났음을 암시하기도 한다. '종말'은 '날들의 끝', 곧 결말이나 목표를 의미한다. 바오로는 '종말에 다다른 우리'라는 표현으로 교회는 이미 종말론적 세대임을 강조함으로써 코린토 교회의 대범한 신자들은 그리스도를 시험한 벌로 종말에 심판을 받을 것이라고 경고한다. 요한 크리소스토무스는 "바오로는 코린토 신자들에게 경각심을 불러일으키기 위해 세상 종말에 대해 이야기합니다. … 이 세상의 징벌은 우리의 현세 삶과 함께 끝나지만 다음 세상의 징벌은 영원히 계속됩니다"라고 하였다(ACCK/NT.IX 173).

15) 바오로는 이스라엘 조상들의 역사가 주는 교훈을 마무리하면서 다시 삼인칭 단수 명령형을 사용한다. 바오로는 격언 형식으로 자기기만을 지적한다. '서있다(히스테미ἵστημι)'는 것은 복음을 믿는 믿음 위에 서있는 그리스도인 존재를 나타내는 표현 방식이다(로마 11,20; 1코린 7,37; 15,1; 2코린 1,24; 갈라 5,1). '넘어지다'는 믿음에서 떨어져 구원에서 이탈되는 것을 의미한다. "넘어지지 않도록"은 1코린 10,8에 나오는 불륜을 저질러 죽어 넘어진 조상들을 연상시킨다. 바오로는 "지식이 있다"(8,1.10)거나 "나에게는 모든 것이 허용된다"(6,12)고 자랑하는 코린토 교회의 대범한 신자들에게 조상들이 겪은 것과 똑같은 운명으로 고통당하지 않도록 충고한다. 암브로시아스테르는 "바오로가 이 말을 하는 대상은 무엇이든 먹어도 된다는 지식을 내세우며 약한 형제들이 걸려 넘어지게 하는

서 이겨내지 못할 시련이 아닙니다.[16] 하느님은 성실하십니다.[17] 그분께서는 여러분에게 능력 이상으로 시련을 겪게 하지 않으십니다. 그리고 시련과 함께 그것을 벗어날 길도 마련해 주십니다.[18]

이들입니다. 자신들은 더 높은 단계에 올라 있다고 생각한 그들은 거짓 사도들의 가르침 때문에 실상 곁길로 샜고, 죄가 있는 것은 자기들인데도 바오로를 비난했습니다"라고 지적하였다(ACCK/NT.IX 173).

코린토 교회 신자들 중에는 세례와 성찬례로 이미 구원을 보장받았다고 우쭐대는 이들이 있었는데, 그들은 외적으로는 서있는 이들로 보이지만 실상은 넘어진 이들이다. 이스라엘 백성은 모압 여인의 유혹을 받아 불륜과 우상 숭배에 빠져 멸망하였다. 이처럼 세례와 성찬례로써 자신들에게는 모든 것이 허용된다고 착각하는 코린토 교회의 대범한 신자들 또한 불륜과 우상 숭배로 멸망할 수 있다는 것을 간과하고 있다.

16) 바오로는 코린토 교회 신자들에게 아직은 그들이 하느님으로부터 오는 시험이나 시련에 직면하지 않았음을 확인시킨다. 만일 어떠한 재앙이나 시험이 있다면 그것은 오직 인간에게서 비롯된 것이고 이겨낼 수 없는 시련은 아니라고 한다. 그것은 지식이 있다고 우쭐대는 이들이 겪는 시련인데, 이것이 10,20-21에 나오는 마귀의 유혹을 뜻하지는 않는다.

17) '성실'은 하느님의 속성 가운데 하나로, 당신의 구원 계획을 끝까지 지키시는 신의가 있으신 분이라는 뜻이다(1코린 1,9; 2코린 1,18; 1테살 5,24).

18) 성실하신 하느님은 종말의 시련도 이겨낼 만큼만 주시고, 시련과 함께 그것을 벗어날 힘도 주신다(마르 13,20). 바오로는 아마도 하느님께서 이스라엘 백성이 광야에서 구리 뱀을 통하여 죽지 않게 해주신 이야기(민수 21,4-9)를 염두에 두고 이 절을 언급한 것 같다. 요한 크리소스토무스는 "바오로는 우리가 견뎌낼 수 없는 시련도 있을 수 있음을 암

성찬례와 이교 제사[19]

14 그러므로 사랑하는 여러분, 우상 숭배를 멀리하십시오.[20] 15 나는 여
러분을 슬기로운 사람으로 여겨 말합니다. 내가 하는 말을 스스로 판단하

시합니다. 어떤 것이 그런 시련입니까? 사실 모든 시련이 그렇습니다. 시련을 견디는 능력은 우리가 청하여 받는 하느님의 은총에서 오기 때문입니다. 하느님께서는 우리에게 인내를 주시고 신속한 구원을 가져다 주십니다. 그러면 시련이 견딜 수 있는 것이 됩니다"라고 하였다(ACCK/NT.IX 173–174).

19) 바오로는 1코린 8,7–13에서 소심한 신자들이 양심의 가책을 느끼면서도 대범한 신자들을 따라 신전에서 음복하고 싶은 충동을 느낄까 봐 대범한 신자들에게 올바른 처신을 하도록 당부하였다. 이제 10,14–22에서 다시 신전에서 음복하는 행위를 나무란다. 그리스도인들은 성찬례에서 그리스도의 몸과 피에 동참하는 만큼, 신전에서 마귀들의 식탁에 참여하여 음복할 수는 없다는 것이다. 그는 우상 숭배를 멀리하라고 하면서 성찬례의 의미를 설명하고(14–17절), 이어서 이교 신전에서 우상에게 바쳤던 제물을 먹는 행위가 우상 숭배임을 교훈한다(18–20절). 바오로는 우상 숭배가 하느님을 질투하시게 하는 행위임을 분명히 한다(21–22절).

20) 바오로는 "그러므로(디오페르διόπερ)"라는 접속사를 사용하며 "우상 숭배"를 멀리하라고 명령한다. 이 접속사는 이곳과 8,13에만 나온다. 우상 숭배란 이교 신전 제사에 참여하여 음복하는 행위를 가리키므로, 그리스도인은 이교 신전에서 거행된 축제에 참석하여 그 식탁에서 함께 음복하던 모든 관습에서 벗어나 오직 '한 분이신 하느님과 한 분이신 예수 그리스도'(8,6)만을 섬겨야 한다(탈출 20,4–6; 신명 5,8–10 참조). 그 이유가 1코린 10,20–21에 언급되어 있다.

십시오.[21] 16 우리가 축복하는 그 축복의 잔은 그리스도의 피에 동참하는
것이 아닙니까? 우리가 떼는 빵은 그리스도의 몸에 동참하는 것이 아닙니
까?[22] 17 빵이 하나이므로 우리는 여럿일지라도 한 몸입니다. 우리 모두

바오로는 코린토 신자들을 "사랑하는 여러분"이라고 부른다. 이는 코린토 신자들에 대한 바오로의 순수한 애정과 친근함을 나타내는 말인데, 바오로는 15,58에서도 같은 표현을 사용한다(필리 2,12; 4,1 참조). "멀리하십시오(페우게테φεύγετε)"라는 명령은 바오로가 "불륜을 멀리하십시오"(1코린 6,18)라고 한 훈계를 떠올리게 한다. 암브로시아스테르는 "바오로는 코린토 신자들의 육체만 아니라 정신도 우상 숭배를 철저히 멀리하여 모든 형태의 유혹을 잘라버릴 수 있도록 그들에게 우상 숭배와는 어떤 관계도 맺지 말라고 훈계합니다. 우상 숭배의 마음을 품게 되면 우상에게서 무엇인가를 기대하게 되고, 우상을 신뢰한다는 것은 하느님에게서 돌아서는 것이기 때문입니다"라고 하였다(ACCK/NT.IX 175).

21) "슬기로운"의 그리스어 '프로니모스φρονίμος'는 '사려 깊은, 현명한 판단력을 지닌, 지혜로운'이라는 뜻이다. 바오로는 4,10에서 코린토 신자들의 지혜를 비꼬듯이 표현하였는데, 여기서는 그들을 슬기로운 사람으로 추켜세운다. 사실 그는 코린토 신자들을 비꼬는 것이 아니라 신자들이 자신의 충고를 잘 깨닫고 올바로 처신해 주기를 호소한 것이다. 곧 바오로는 신자들이 자랑하는 지식에 호소하면서 그들이 올바른 분별력을 가지고 행동하기를 바라고 있다. 바오로가 신자들에게 스스로 판단하라고 충고하는 것은 자신의 논증이 옳음을 확신하기 때문이다.

22) 바오로는 그리스도를 믿는 믿음과 우상을 숭배하는 행위는 도저히 일치할 수 없음을 성찬례와 이교 신전 제사를 들어 설명한다. 그는 성찬례를 언급하면서 '잔'을 '빵'보다 먼저 언급하는데, 성만찬기를 전하는 11,23-26에서는 '빵'을 '잔'보다 먼저 언급한다. 이는 성찬례의 순서가 고정된 예식 없이 다양하게 진행되었음을 뜻한다기보다 바오로가 주

한 빵을 함께 나누기 때문입니다.[23] 18 저 이스라엘 백성을 보십시오. 희

님의 만찬에 담긴 의미를 설명하는 과정에서 바뀐 것이다. 바오로는 다음 절에서 '몸'에 대해서만 언급하는데, 만일 이 절에서 '잔'을 '빵' 뒤에 언급했다면 어색한 표현이 되었을 것이다.

유다인들은 파스카 만찬을 거행할 때 네 번에 걸쳐 포도주를 마셨는데, 그중 세 번째는 누룩 없는 빵과 양고기를 먹은 후에 마셨다. 유다인들은 포도주 잔을 돌리면서 '우리 하느님이시요 세상의 임금님이시며 포도넝쿨에서 열매를 일구어 내시는 주님, 찬양받으소서'라고 찬양 기도를 바쳤다. 또한 빵을 나누면서도 '우리 하느님이시요 세상의 임금님이시며 땅에서 빵을 생산하시는 주님, 찬양받으소서'라고 찬양 기도를 바쳤다. 바오로는 이 잔을 "축복의 잔"이라고 하는데, 축복의 잔은 '찬양의 잔(토 포테리온 테스 에울로기아스τὸ ποτήριον τῆς εὐλογίας)'을 뜻한다. 바오로는 '축복의 잔과 떼는 빵'은 그리스도의 피와 몸에 동참하는 것이라고 한다.

"동참"으로 번역된 그리스어 '코이노니아κοινωνία'는 '친교'라는 뜻이다. 따라서 그리스도인들은 성찬례 때 그리스도의 몸과 피를 받아 모심으로써 그리스도와 친교를 통해 하나가 되고 그리스도인들끼리도 친교를 통해 하나가 된다. 초대교회 신자들 역시 서로 빵을 떼어 나눔으로써 한마음 한 정신으로 일치하여 친교를 이루면서 이상적인 공동체를 이루었다(사도 2,42-47). 『열두 사도들의 가르침』 9,4에서는 그리스도인들 사이의 친교를 '이 빵 조각이 산들 위에 흩어졌다가 모여서 하나가 된 것처럼 주님의 교회를 땅끝에서부터 주님 나라로 모여들게 하소서'라고 표현하였다.

23) 바오로는 그리스도인들이 그리스도의 몸에 동참하는 이유(호티 ὅτι, 왜냐하면)를 유다인과 이방인이 함께 모인 코린토 교회 신자들이 주님의 만찬에 참여하여 하나의 빵을 나눔으로써 진정한 그리스도의 몸으로서의 공동체를 이루기 때문이라고 설명한다. 교회를 '그리스도의 몸'으

생 제물을 먹는 이들은 모두 제단에 동참하는 이들이 아닙니까?[24] 19 그
러니 내가 말하려는 것이 무엇이겠습니까?[25] 우상에게 바쳤던 제물이 무

로 부르는 것은 전적으로 새로운 가르침이다(로마 12장; 1코린 12장; 참조: 에페 2,16; 4,4; 콜로 3,15). 바오로는 여기서 그리스도의 몸을 성찬례에서 빵이 되신 그리스도의 몸, 곧 십자가에 달리신 그리스도의 몸과 연결시킨다. 바오로는 빵이 '하나'임을 두 번이나 언급한다. 그리스도인들은 그리스도의 빵에서 자양분과 마음의 힘을 얻는 신앙의 동반자이기에 바오로는 '우리 모두는 한 빵'이라고 한다.

24) "이스라엘 백성"은 그리스어 '이스라엘 카타 사르카('Ἰσραὴλ κατὰ σάρκα, 육에 따른 이스라엘)'를 옮긴 것으로, 역사상의 이스라엘 백성을 가리킨다(로마 9,4.6 참조). 바오로는 '영에 따라' 세워진 새 이스라엘인 교회 공동체와 대조하여 이 표현을 사용한 것이다. 그는 옛 역사적·민족적 이스라엘과 그리스도를 통해 "하느님의 백성 이스라엘"(갈라 6,16)이라 불린 진정한 이스라엘을 구별한다. 바오로는 로마 4,1; 갈라 4,23에서도 '육에 따른'이라는 표현을 사용한다. 그는 성전에서 제사를 지낸 뒤 제물의 일부를 먹는 사제들(레위 7,6.14-15)을 "제단에 동참하는 이들"이라고 부른다. 감사 잔치에서는 제물 가운데 일부는 하느님께 바치고 나머지는 그 잔치에 참여한 이들이 나누어 먹음으로써 하느님과 잔치에 참여한 이들 사이에 깊은 친교가 이루어진다. 따라서 제물의 음식을 먹는 사람은 바로 제단에 참여하는 자가 되고 이로써 제물을 받으시는 하느님과 친교를 이루게 된다. 반면에, 우상 제물을 먹는 신전 제사에 참여했다면 그것은 곧 마귀들과 사귀는 것이기에 우상 숭배 행위와 다를 것이 없다. 바오로는 코린토 신자들에게 이교 제사에 참여하여 먹고 마시면 그 제사에 동참하는 이들이 된다고 한다.

25) "그러니 내가 말하려는 것이 무엇이겠습니까?"라는 질문은 1코린 10,18만을 언급하는 것이 아니라 10,15에서 바오로가 '내가 말한다

엇이라도 된다는 말입니까? 우상이 무엇이라도 된다는 말입니까?[26] 20 아
닙니다. 사람들이 바치는 제물은 하느님이 아니라 마귀들에게 바치는 것이
라는 말입니다.[27] 나는 여러분이 마귀들과 상종하는 자가 되지 않기를 바
랍니다.[28] 21 여러분이 주님의 잔도 마시고 마귀들의 잔도 마실 수는 없습

(페미φημί)' 동사를 사용하여 우상 숭배에 대해 논의를 시작한 그 부분 전체를 가리킨다.

26) 바오로는 "우상에게 바쳤던 제물이 무엇이라도 된다는 말입니까?"라는 수사학적 질문으로 8,1.4.10에서 언급한 주제를 상기시키면서 하느님 외에는 어떤 신도 존재하지 않기에 우상이나 우상에게 바쳐진 제물은 아무것도 아니라고 한다(8,4-6). 희생 제사를 드린다고 해서 제물에는 어떤 변화도 일어나지 않으며 제물은 신전에 바치기 전이나 후나 똑같은 것이다.

27) "사람들"은 그리스어 원문에서는 '그들'인데, 일부 사본들(P46. ℵ. A. C. P. 33. 81. 104. 1739 등)에서 '이방인들(타 에트네τὰ ἔθνη)'로 나온다. "사람들이 바치는 제물은 하느님이 아니라 마귀들에게 바치는 것"이라는 말은 칠십인역 신명 32,17('그들은 하느님이 아니라 잡신에게 제물을 바쳤다. 그들이 알지도 못하던 갓 들어온 새 신들 너희의 조상들은 두려워하지도 않던 신들이다')을 암시한다. 우상은 실체가 없는 목석일 뿐이기에 아무것도 아니다(시편 96,5; 106,28; 이사 65,11 참조). 따라서 우상 숭배는 하느님께 마땅히 드려야 할 영광이 실재도 없는 우상들에게 돌아가기 때문에 죄가 된다.

28) 그리스도인들이 이교 신전에서 거행되는 잔치에 참여하는 것은 자신들을 마귀들에게 종속시키고 교제하는 행위가 된다. 바오로가 여기서 언급한 말은 우상들의 실재에 대해 1코린 8,4-5에서 말한 것과 일치한다. 바오로는 코린토 교회 신자들에게 우상들의 실체를 말하려는 것이 아니라 우상 숭배자들이나 우상에게 바쳤던 고기를 먹은 이들이 마귀들에게 마음을 빼앗기는 것에 대해 경고한다.

니다.[29] 여러분이 주님의 식탁에도 참여하고 마귀들의 식탁에도 참여할 수는 없습니다.[30] 22 우리가 주님을 질투하시게 하려는 것입니까? 우리가 주님보다 강하다는 말입니까?[31]

---

29) 바오로는 우상에게 바쳤던 고기를 먹는 문제와 관련된 우상 숭배에 관한 논의를 두 가지 부정문으로 병행하며 마무리한다. 그리스도인들이 주님의 만찬에 참여하는 것이 진실로 무엇을 의미하는지를 이해한다면 이교 신들을 공경하여 잔을 나누는 행위는 있을 수 없는 일이라는 것이다. 이 둘은 양립할 수 없기 때문이다. '잔을 마시다'라는 말은 칠십인역 이사 51,17; 에제 23,31–33에 나오는 표현이다.

30) 바오로는 '주님(키리오스κύριος)'을 그리스도론적 호칭으로 사용한다. "주님의 식탁(트라페자 키리우τράπεζα κυρίου)"은 칠십인역 말라 1,7.12에 나오는 주님의 제사상을 가리킨다. 말라키 예언자는 제단에 부정한 빵을 바침으로써 주님의 이름을 더럽힌 유다 사제들을 비난한다. 바오로는 '식탁'의 의미를 칠십인역 이사 65,11에 나오는 이교 신들의 식탁으로 확대 해석한다. 바오로는 신자들이 주님의 잔과 마귀들의 잔을 동시에 마실 수 없으며, 주님의 식탁에도 참여하고 마귀들의 식탁에도 참여할 수는 없다고 한다. 암브로시아스테르는 "마귀들의 잔을 받아 마시는 이는 그리스도의 잔을 모욕하는 것이고, 마귀들의 식탁에서 먹는 이는 그리스도의 식탁, 곧 주님의 제단에 반역을 일으키고 그분의 몸을 또다시 십자가에 못 박는 것입니다"라고 하였다(ACCK/NT.IX 177).

31) 옛 이스라엘 백성은 한때 우상 숭배를 하여 하느님을 분노하시게 했는데, 바오로는 대범한 신자들에게 하느님께서 모세의 노래에 나오는 그러한 분노(신명 32,16.21)를 하시는 일이 없도록 해야 한다고 교훈한다. 하느님께서 분노하시고 질투하시면(탈출 20,4–5; 34,14; 여호 24,19–20; 시편 78,58 참조) 심판을 면할 길이 없기 때문이다. 바오로는 로마 10,19에서는 신명 32,21을 다르게 인용한다. 곧 하느님께서 이스라엘 백성에게 분

무슨 일이나 하느님의 영광을 위하여[32)]

23 "모든 것이 허용된다" 하지만, 모든 것이 유익하지는 않습니다. "모든 것이 허용됩니다." 그러나 모든 것이 성장에 도움이 되지는 않습니다.[33)] 24 누

노하시는 것이 아니라 이스라엘 백성이 복음을 받아들이는 이방인들을 시기하게 하고 분노하게 한다는 것이다. 이 주제에 관한 바오로의 마지막 수사학적인 질문은 '아니요'라는 부정적인 답변을 요구한다. 비록 코린토 교회의 대범한 신자들이 스스로를 강한 자로 생각한다 해도 예수 그리스도이신 주님보다 더 강할 수는 없다. 바오로는 갈라 6,7에서 "하느님은 우롱당하실 분이 아니십니다"라고 한다.

32) 바오로는 1코린 8장부터 시작된 우상에게 바친 제물에 관한 주제를 10,23—11,1에서 다시 반복하고 확인한다. 바오로는 '모든 것이 허용된다'는 코린토 교회 열광주의자들의 구호를 반복하면서 '모든 것이 유익하지는 않다', '모든 것이 성장에 도움이 되지는 않는다'라고 자신의 견해를 피력한다. 곧 자기에게 좋은 것을 찾지 말고 남에게 좋은 것을 찾으라는 말이다. 바오로는 시장에서 파는 것은 양심을 따지지 말고 무엇이든지 먹으라고 한다. 하지만 누가 '이것은 제물로 바쳤던 것입니다'라고 하면 그 사람의 양심을 생각해서 먹지 말라고 한다. 중요한 것은 내 확신, 내 양심이 아니라 다른 사람이 양심의 가책을 받지 않도록 배려하는 마음에서 먹는 것을 유보하라는 것이다. 지식과 확신을 갖고 행동하는 것도 중요하지만, 이웃을 배려하는 마음이 더 중요하다는 교훈이다. 바오로는 이와 관련하여 '나를 본받는 사람이 되라'는 충고로 이 단락을 마무리한다.

33) 불륜의 문제를 다루는 6,12("나에게는 모든 것이 허용된다")의 구호가 두 번 인용된다. 첫 번째 구호는 칠십인역 집회 37,28('모든 것이 누구에게나 좋은 것이 아니다')을 반영하며, 두 번째 구호는 교회론적 의미, 곧 코

구나 자기 좋은 것을 찾지 말고 남에게 좋은 것을 찾으십시오.[34] 25 시장에
서 파는 것은 양심을 따져보지 말고 무엇이든지 먹으십시오.[35] 26 "세상과

린토 그리스도인 공동체의 성장을 소개한다는 점에서 차이가 있다. 반면에 1코린 6,12에서 이 구호는 개인의 양심 문제와 연결된다. 바오로는 '모든 것이 유익하지는 않다', '모든 것이 성장에 도움이 되지는 않는다'라는 말로 그리스도인의 자유를 제한한다. 그리스도인의 자유가 방종이 되지 않기 위해서는 무엇을 위한 자유인가가 중요하다. 자유는 이웃에게 유익이 되고 공동체를 키우고 건설하는 데 도움이 되는 자유이어야 한다.

34) 바오로는 10,24—11,1에서 명령형 동사를 일곱 번 사용하는데, 그 첫 번째가 "찾으십시오(제테이토ζητείτω)"다. 그의 가르침은 8장의 주제로 되돌아간다. 격언 형식을 띤 이 명령은 로마 15,2–3; 필리 2,4–5에 나오는 교훈과 유사한데, 거기서 바오로는 그리스도를 모범으로 제시한다. 그리스도인의 자유는 '자기의' 유익을 위한 것인지 '다른 사람의' 유익을 위한 것인지에 따라 방종인지 아닌지가 구분된다. 오이쿠메니우스는 "문제는 여러분이 무엇을 깨끗한 양심으로 먹는가가 아닙니다. 여러분이 하는 일이 여러분의 형제에게 이로운가 하는 것입니다"라고 하였다(ACCK/NT.IX 179).

35) 두 번째 명령은 "먹으십시오"다. 바오로는 누구든지 시장에서 파는 고기가 우상에게 바쳐진 고기인지 아닌지를 따지지 말고 자유롭게 사서 먹으라고 한다. "시장"으로 번역된 그리스어 '마켈론μάκελλον'이 '정육점'을 의미하는 라틴어 '마첼룸macellum'을 가리키는지에 대해서는 논란이 있다. 후대 그리스어에서는 남성명사 '마켈로스μάκελλος'가 '정육점'을 의미한다. 이교 신들에게 희생 제물로 바쳐진 고기는 때때로 신전 가까이에 있는 시장에서 판매되었는데, 제사 지낸 고기만 팔았는지 아니면 다른 고기들을 포함한 모든 식료품도 함께 팔았는지는 알 수 없다. 시장

그 안에 가득 찬 것들이 주님의 것"이기 때문입니다.[36] 27 불신자 가운데 누가 여러분을 초대하여 여러분이 가고자 한다면, 양심을 따져보지 말고 여러

에서 팔린 음식 가운데 얼마나 많은 음식이 우상들과 관련되었는지 알 방도도 없다. 시장에서 파는 음식 전부가 우상에게 바쳤던 것은 아니겠지만 그 일부가 우상에게 바쳤던 것임은 분명하다. 바오로는 우상 제물일지라도 자유롭게 먹을 수 있으므로 우상 제물인지 아닌지를 따질 필요가 없다고 한다. 그는 원칙적으로 대범한 신자들의 지식과 확신에 동조했다. 바오로는 신전 제사에 참여하여 음복하는 행위는 금하지만, 시장 정육점에서 파는 고기는 따지지 말고 사서 먹으라고 한다. 여기서 말하는 "양심"은 우상이란 존재하지 않는다는 것을 아는 이의 양심이 아니라 우상에게 바쳤던 음식을 사는 것을 옳지 않다고 생각하는 이의 양심이다. 곧 고기를 먹는 이의 양심이 아니라 먹는 것을 보고 거리낌을 느끼는 소심한 신자들의 양심이다.

36) 바오로는 시편 24,1("주님 것이라네, 세상과 그 안에 가득 찬 것들, 누리와 그 안에 사는 것들")을 인용하여 자신의 주장을 뒷받침한다(50,12; 89,12 참조). 이 인용문은 후에 유다인들이 식사 때 바치는 축복기도가 되었다고 한다. 바오로는 이 인용문을 시장에서 파는 것은 무엇이든지 사서 먹으라고 한 두 번째 명령에 대한 이유로 제시한다. 곧 장터에서 파는 모든 음식, 심지어 우상에게 바친 고기도 여전히 하느님께 속한 것이고 인간에게 베푸신 선물 중 하나이기 때문이라는 것이다(로마 14,14 참조). 그러므로 그리스도인들은 아무 거리낌 없이 그 음식들을 먹을 수 있다. "주님(키리오스κύριος)"은 부활하신 그리스도가 아닌 '하느님'을 가리킨다. 아우구스티누스는 "우상에게 속한 것으로 알고 거부했던 것을 그 후에 모르고 먹었다면 그 사람은 죄를 지은 것이 아닙니다. 밭에서 자라는 채소와 모든 열매는 그것들을 창조하신 하느님의 것입니다"라고 하였다(ACCK/NT.IX 179-180).

분 앞에 차려놓는 것은 무엇이든지 먹으십시오.[37] 28 그러나 누가 여러분에게 "이것은 제물로 바쳤던 것입니다" 하고 말하거든, 그것을 알린 사람과 그 양심을 생각하여 먹지 마십시오.[38] 29 내가 말하는 양심은 여러분 자신이

---

37) 바오로의 세 번째 명령("무엇이든지 먹으십시오")은 1코린 10,25-26 말씀에 대한 결론이다. 여기서 바오로는 신자가 아닌 사람 중에 누가 식사에 초대했을 때의 경우를 가정한다. 이러한 때에 그리스도인은 식탁에 올라온 고기가 제사 지낸 고기인지 아닌지를 따지지 말고 먹으라고 한다. 당시 엄격한 유다교 라삐들은 유다인들이 이방인의 집에 가서 식사하는 것을 금하였다. 라삐들 가운데 너그러운 사람들은 이방인들이 식사에 초대하면 초대에는 응하되 그들이 대접하는 음식을 먹지 말고 음식을 준비해 가지고 가서 먹으라고 가르쳤다. 그러나 바오로는 그리스도인들이 믿지 않는 이들의 집에 초대를 받으면 양심을 따져보지 말고 그들이 제공하는 음식을 자유롭게 먹으라고 한다.

"여러분"은 지식이 있다는 이들뿐만 아니라 공동체의 신자 모두를 가리킨다. 코린토 교회 신자들이 이교인 친구들로부터 초대를 받아 먹게 되는 식사는 "마귀들의 식탁"(10,21)에서 행해지는 식사가 아니다. 그 이유는 식사가 행해진 곳이 이교 신전이 아니라 가정집이기 때문이다. "여러분이 가고자 한다면"은 초대받은 이가 자유로운 마음으로 기꺼이 초대에 응할 수 있음을 의미한다.

38) 바오로는 네 번째 명령으로 식사에 초대받은 자리에서 누가 식탁에 놓인 고기가 제물로 바쳤던 것이라고 알려주면 먹지 말라고 한다. 여기서 말하는 식사는 가정에서 행해진 식사를 가리킨다(8,10; 10,21 비교). 만일 이 식사가 우상 신전에서 행해졌다면 그것이 '제물로 바쳤던' 음식이라는 사실을 알릴 필요가 없었을 것이다. 바오로는 우상에게 바쳤던 제물을 언급할 때 '에이돌로티톤 εἰδωλόθυτον'(8,1.4.7.10; 10,19)이라는 낱말을 사용했는데, 여기서는 그리스인들이 사용하는 '히에로티톤

아니라 다른 사람의 양심입니다. 사실 무엇 때문에 내 자유가 남의 양심으
로 판단을 받아야 하겠습니까?[39)] 30 내가 감사하는 마음으로 식사를 함께
하면, 내가 감사하는 그 음식 때문에 비난받을 까닭이 어디 있겠습니까?[40)]

ἱερόθυτον', 곧 제물로 바친 고기라는 낱말을 사용한다.

그런데 "이것은 제물로 바쳤던 것입니다"라고 알려준 사람은 누구일까? 외교인 주인이라는 설(Conzelmann, Lang), 외교인 손님이라는 설(Lietzmann, Fee), 그리고 초대받은 심약한 그리스도인이라는 설(Barrett)이 있는데, 어느 설을 따르든지 내용에는 별 차이가 없다. 외교인 손님이 그리스도인 손님에게 식탁에 놓인 고기가 제사 지낸 고기라는 사실을 알려준 이유는 무엇일까? '당신은 그리스도인인 만큼 이런 고기는 먹지 않는 게 좋다'는 선한 뜻에서 알려주었을까, 아니면 초대받은 그리스도인이 난처해하는 모습을 보면서 고기를 먹는지 시험해 보려는 악의적인 의도로 알려주었을까? 바오로는 이유를 막론하고 제사 지낸 고기라는 사실을 알려준 외교인과 그의 양심을 생각해서 고기를 먹지 말라고 한다. 그래서 그들도 구원받을 수 있는 기회를 얻을 수 있도록 하라는 말이다(10,33).

39) "다른 사람"은 식사에 초대받은 외교인 손님으로 식탁에 놓인 고기가 제물로 바쳤던 것이라고 알려준 사람을 가리킨다. 따라서 바오로가 중요하게 생각하는 것은 먹는 사람의 양심이 아니라 그 고기를 먹는 모습을 보면서 양심에 가책을 받게 될 사람의 양심이다. 그 손님이 양심에 부담을 느껴 우상 제물이라는 사실을 알려준 경우 그리스도인으로서 자신의 자유를 그대로 행사해 버리면 외교인 손님은 그의 양심에 근거해서 비판할 것이니 자신을 비판거리로 만들면서까지 자유를 행사하는 것은 바람직하지 않다는 것이다.

40) 그리스도인이 믿지 않는 주인집에 초대받았을 경우 감사하는 마

31 그러므로 여러분은 먹든지 마시든지, 그리고 무슨 일을 하든지 모든 것을 하느님의 영광을 위하여 하십시오.[41] 32 유다인에게도 그리스인에게도 하느님의 교회에도 방해를 놓는 자가 되지 마십시오.[42] 33 무슨 일

음으로 음식을 먹는다면 비난받을 일은 없다. 사실 그리스도인에게는 음식 자체가 문제 되지 않는다. 그리스도인은 어떤 음식이든 먹을 수 있는 자유가 있기 때문이다. 하지만 이 음식을 먹는 문제로 공동체 내에서 갈등이 발생하고 비난받게 된다면 그러한 자유는 유보해야 한다. 무엇보다도 그리스도인은 선한 양심을 갖고 행동해야 한다. 특히 음식에 관한 한 감사 기도를 드림으로써 자신이 선한 양심을 갖고 행동한다는 것을 보여주어야 한다.

41) 바오로는 다섯 번째 명령으로 그리스도인에게 "모든 것을 하느님의 영광을 위하여 하십시오"라고 한다. 그는 10,29–30에서 사용한 일인칭 단수('나')를 이인칭 복수('여러분')로 바꾸어 무슨 일을 하든지 '하느님의 영광을 위하여' 하라고 권고한다. 그리스도인이 우상 숭배를 일삼거나 교회 내에서 불륜을 저지르거나 심약한 신자의 양심을 아프게 하는 것은 하느님의 영광을 위하는 일이 아니다. 무슨 일이든 하느님의 영광을 위하여 하는 것은 그리스도인의 행동을 규정하는 기준이다(로마 15,7; 2코린 1,20; 필리 1,11; 2,11; 1베드 4,11 참조).

42) 여섯 번째 명령인 "방해를 놓는 자가 되지 마십시오"는 그리스어 '아프로스코포이 기네스테ἀπρόσκοποι γίνεσθε'를 번역한 것인데, 직역하면 '장애물을 놓지 않는 자가 되십시오'다. '방해를 놓지 않는 자'라는 뜻의 '아프로스코포이'는 칠십인역 집회 32,21과 필리 1,10에도 나오는 낱말이다. 바오로는 방해를 놓는 자가 어떤 사람인지에 대해서는 밝히지 않고 유다인과 그리스인 그리고 하느님의 교회를 언급한다. '유다인과 그리스인'은 "바깥 사람들"(1코린 5,12)로, 주로 쌍을 이루어 나온다(로마 1,16; 2,9.10; 1코린 1,22.24; 12,13; 갈라 3,28). 바오로는 그리스도인이라는 말 대신

을 하든 모든 사람을 기쁘게 하려고 애쓰는 나처럼 하십시오.[43] 나는 많은 사람이 구원을 받을 수 있도록, 내가 아니라 그들에게 유익한 것을 찾

에 "하느님의 교회"라는 표현을 사용함으로써 교회는 유다인과 그리스인 그리고 그리스도인들로 구성된 진정한 하느님의 백성임을 말한다.

2세기 교부들은 그리스도인을 유다인, 그리스인에 이은 '제3의 사람'으로 이해하기도 하였다. 하지만 바오로는 결코 그리스도인을 제3의 사람으로 이해하지 않는다. 그는 단지 우상에게 바쳤던 고기를 먹는 문제와 관련해서 세 집단을 언급했을 뿐이다. 곧 이 고기를 먹는 행동이 유다인과 그리스인에게 장애물이 되는 일이 없도록 하라는 명령이다. 우상에게 바쳤던 고기를 먹는 그리스도인을 유다인은 정결하지 못한 사람으로 인식할 것이고, 그리스인은 그리스도인이 신앙을 버리고 이교도였을 때의 생활로 돌아간 것으로 오해할 수 있다. 더 나아가 그리스도교 공동체 내에서 심약한 신자들로 하여금 양심의 가책을 느끼게 하는 행동이 될 수 있다. 그리스도인은 언제나 이웃을 배려하고 사랑함으로써 그들이 걸려 넘어지게 하는 일이 없도록 해야 한다. 대 바실리우스 성인은 "그대가 만나는 이들에게 어떤 식으로도 걸림돌이 되지 마십시오. 형제들을 사랑하는, 명랑하고 온유하며 겸손한 사람이 되십시오. 사치스러운 음식을 탐하여 손님 접대의 뜻을 떨어뜨리지 마십시오"라는 가르침을 주었다(ACCK/NT.IX 182).

43) 바오로는 "무슨 일을 하든 모든 사람을 기쁘게 하려고 애쓰는 나처럼 하십시오"라는 말로써 자신이 1코린 9장에서 언급한 사도의 본보기를 상기시킨다. '기쁘게 하려고'로 번역된 그리스어 '아레스코 ἀρέσκω' 동사는 다양한 의미를 지니는데, 바오로는 이 말을 다른 사람의 비위를 맞춘다는 의미로 사용하지 않았다. 바오로는 다른 곳에서 사람을 기쁘게 하는 것이 권장할 만한 덕은 아니라고 한다. 갈라 1,10; 1테살 2,4에서는 인간적인 환심을 사려고 복음을 전하는 이들을 언급하면

습니다.[44)]

11 1 내가 그리스도를 본받는 것처럼 여러분도 나를 본받는 사람이 되
십시오.[45)]

서 이 낱말을 사용한 반면에, 여기서는 심약한 이들을 믿음으로 인도함으로써 사람들을 기쁘게 한다는 의미로 사용했다.

44) 바오로가 바라는 것은 자기 자신의 유익이 아니라 많은 사람들의 유익을 찾음으로써 공동체의 덕을 세우는 일이다. 바오로가 사목활동을 하는 궁극적인 목표는 모든 이를 구원으로 이끄는 것이다(1코린 1,18.21; 9,22). 이 절의 "모든 사람"과 "많은 사람"은 같은 의미다. 왜냐하면 '많은 사람'은 종종 '모든 사람'의 완곡한 표현으로 사용되기 때문이다(로마 5,15.19; 2코린 2,17 비교). 아우구스티누스는 "바오로 사도는 믿는 이들이 모든 사람을 기쁘게 해주기 바랐습니다. 그는 사람들을 기쁘게 하는 것을 좋아했습니다. 그들의 칭찬에 마음이 부풀어서가 아니라 모든 사람을 기쁘게 함으로써 그들 모두가 그리스도 안에서 교화될 수 있기 때문이었습니다"라고 하였다(ACCK/NT.IX 182).

45) 바오로는 일곱 번째 명령으로, 1코린 4,16에서 했던 명령을 반복한다(필리 3,17). '나를 본받는 사람이 되라'는 말이 1테살 1,6에서는 서술형으로 나오는데, 본받을 대상이 '우리와 주님'이다. 그리고 2,14에서는 본받을 대상이 '하느님의 교회'다. 바오로는 우상에게 바쳤던 고기를 먹는 문제를 다루면서 이미 자신을 모범으로 제시하였다(1코린 8,13). 바오로는 대범한 신자들에게 지식과 확신대로만 살지 말고 다른 사람의 유익을 생각해서 처신하라고 권면한다. 그는 자신이 "그리스도를 본받는" 사람임을 늘 인식했기에 어떠한 자만심이나 오만함도 받아들이기 어려웠다.

3. 전례 문제(11,2-34)[1)]

주제 7. 신전에서의 음복 행위

코린토 교회의 대범한 신자들은 세상에 우상이란 없고 오직 하느님 한 분만 계신다고 하면서 이교 신전에서 거행된 제사에 참여하여 음식을 먹었다(1코린 8,10). 특히 열광주의자들은 신전에서 음식을 먹거나 육체적인 불륜을 저질러도 구원과 아무 상관이 없다고 생각해 방종에 빠져있었다. 이에 바오로는 그들의 행동이 우상숭배에 빠질 수 있음을 경고한다. 과거 이스라엘 백성은 이집트 탈출을 통하여 하느님께서 베푸신 많은 특권을 누렸지만, 광야에서 하느님을 시험하고 우상 숭배에 빠짐으로써 여호수아와 칼렙을 제외하고는 가나안에 들어가지 못하고 광야에서 죽었다. 이집트 탈출 이후 이스라엘 백성은 악을 탐내고, 우상을 숭배하고, 불륜을 저지르고, 주님을 시험하고, 하느님께 투덜거렸다(10,6-10).

바오로는 현재 코린토 신자들의 삶이 이와 같다고 하면서, 신전에서 음식을 먹는 행위를 주님의 성찬과 비교한다. 신전에서 우상에게 바쳤던 제물은 마귀들에게 바친 것이기 때문에 그 음식을 신전에서 먹는 것은 결국 우상 숭배가 된다(10,19-20). 주님의 몸과 피에 동참한 신자들(10,16-17)이 마귀들과 상종할 수는 없다. 신자들에게는 오직 주님의 식탁만이 있을 뿐이다. 바오로는 마귀들의 식탁에서 음식을 먹는 것은 주님을 질투하시게 하는 행위(10,22)로 주님의 심판을 받게 된다고 한다. 그리고 10장을 마무리하면서 무슨 일을 하든지 하느님의 영광을 위하여 하라고 명령한다. 다른 사람들의 행복에 장애가 되는 일이 없도록 하고 모든 사람을 기쁘게 하며 모든 사람의 유익을 추구하는 것이 곧 하느님의 영광을 드러내는 일이다.

1) 바오로는 11,2-16에서 여자 신자들이 머리를 가리지 않고 전례에 참석하여 기도하고 예언하는 문제를 다룬다. 그리고 11,17-34에서는 주님의 만찬 문제를 다루는데, 주님의 만찬 때 발생한 분열 문제를 나무라면서 신자들에게 성만찬을 거룩하게 거행하라고 명한다.

전례 때에 여자들이 가져야 하는 자세[2)]

2 나는 여러분을 칭찬합니다. 여러분이 모든 일에서 나를 기억하고 또 내가

2) 코린토 교회에서 어떤 상황이 발생했기에 바오로가 그리 중요한 것 같지 않은 여성들의 머리 가리는 문제를 심각하게 다루었는지는 명확하지 않다. 특히 11,3–9에 성차별적이고 여성 비하적인 표현이 나오는데, 이 때문에 일부 학자들은 11,3–16을 바오로 이후에 삽입된 것으로 간주하여 17절이 논리적으로 2절과 연결된다고 주장한다. 바오로가 이 단락에서 문제 삼는 것은 여자 신자들이 머리를 가리지 않고 기도하거나 예언하는 행위다. 열다섯 절로 이루어진 이 단락은 두 구절(2.16절)은 중성을, 두 구절(4.14절)은 남성을 언급한다. 그러나 다섯 구절(5.6.10.13.15절)은 여성을, 그리고 여섯 구절(3.7.8.9.11.12절)은 남성과 여성을 함께 언급한다.

바오로는 이 단락에서 코린토 교회 여자 신자들이 머리를 가리지 않고 전례에 참석하는 것을 나무라면서 머리를 가려야 하는 까닭을 장황하게 서술한다. 그는 유다인으로서 동족 여자들이 늘 머리를 가리는 사회 환경에서 살았기 때문에 여자 신자들이 머리를 가리지 않고 전례에 참석하는 것을 받아들일 수 없었다. 아마도 이방계 그리스도인들은 머리를 가리지 않고 전례에 참석한 반면에, 유다계 그리스도인들은 머리를 가리고 참석했을 것이다. 바오로는 여자 신자들이 전례 때 머리를 가려야 하는 논리를 길게 서술한 다음, '우리에게는 그러한 관습이 없고 하느님의 교회에도 없다'(16절)고 결론을 내린다. 바오로가 여기서 내세우는 논리는 교회의 관습이다. 곧 자신이 설립한 모든 교회에서 여자 신자들이 머리를 가리지 않고 전례 모임에 참석하는 경우가 없으니 코린토 교회 여자 신자들도 이 관습을 따르라는 말이다. 바오로는 이 문제를 다루면서 자신이 제시한 논거에 반박할 사람들을 염두에 두고 '누가 논쟁

전한 전통을 그대로 유지하고 있기 때문입니다.[3] 3 그런데 모든 남자의 머
리는 그리스도이시고 아내의 머리는 남편이며 그리스도의 머리는 하느님이
시라는 사실을 여러분이 알기를 바랍니다.[4] 4 어떠한 남자든지 머리에 무

을 벌이고 싶어 할지도 모르지만'이라는 말을 덧붙인다. 그는 그리스도인으로서 그리스도 안에서 남자와 여자는 차별 없이 모두 같다고 하였지만(갈라 3,28), 때로는 유다인으로서 유다인의 보편적 가치관에 따라 남존여비 사상을 피력하기도 하였다.

3) 바오로는 자신을 기억하고 자신이 전해준 전통을 잘 간직하고 있는 코린토 교회 신자들을 칭찬하는 말로 이 단락을 시작한다(1코린 11,17.22 비교). 여기서 '전통들(파라도세이스παραδόσεις)'은 11,3–16에서 논의하게 될 교회 공동체의 관습을 뜻한다(2테살 2,15; 3,6 비교). 전례 때 여자 신자들이 머리를 가리는 관습도 이러한 전통들 가운데 하나다. 바오로가 사용한 '파라디도미(παραδίδωμι, 전해주다)' 동사는 '전통을 전해주다'라는 의미다. 바오로는 이 동사를 로마 1,24.26.28; 4,25; 6,17; 8,32; 1코린 11,23; 13,3; 15,3.24에서도 사용했다(갈라 1,9.12; 필리 4,9; 1테살 2,13; 4,1 참조).

4) 바오로는 "그런데(데δέ)"로 문장을 시작하며 중요한 진술을 한다(로마 1,13; 1코린 3,16; 10,1; 12,1; 콜로 2,1 참조). 그는 "남자의 머리는 그리스도이시고 아내의 머리는 남편이며 그리스도의 머리는 하느님"이라고 하면서 하느님, 그리스도, 남자, 여자 순으로 자리매김한다. 1코린 11,4.7.10에서는 '머리(케팔레κεφαλή)'라는 낱말이 인간의 육체인 머리를 가리키는 의미로 사용되었는데, 여기서는 비유적인 표현으로 '우두머리' 곧 '주인'을 의미한다. 구약성경에서도 대체로 '머리'는 한 공동체의 지도자를 의미한다(판관 10,18; 2사무 22,44; 이사 7,8–9). 그리스어 용법에서 '머리'는 '원천, 근원'을 뜻한다. 따라서 바오로의 진술은 하느님이 그리스도의 우두머리인 것처럼 그리스도 역시 남자의 우두머리이고, 남자는 여

엇을 쓰고 기도하거나 예언하면[5] 자기의 머리를 부끄럽게 하는 것입니다.[6]
5 그러나 어떠한 여자든지 머리를 가리지 않고 기도하거나 예언하면 자기의

자의 우두머리라는 말이다. 남자가 여자의 우두머리라는 것은 창세 3,16에 나오는 말씀, 곧 "너는 네 남편을 갈망하고 그는 너의 주인이 되리라"라는 말씀을 반영한다. 암브로시아스테르는 하느님, 그리스도, 남자, 여자의 관계를 다음과 같이 풀이하였다. "하느님은 그리스도의 머리이십니다. 하느님께서 그리스도를 낳으셨기 때문입니다. 그리스도는 남자의 머리이십니다. 그리스도께서 남자를 창조하셨기 때문입니다. 그리고 남자는 여자의 머리입니다. 여자는 남자의 옆구리에서 취한 것으로 지어졌기 때문입니다(창세 2,21–22 참조). 이처럼 똑같은 표현이라도 인격체의 차이와 실체적 관계에 따라 의미가 달라집니다"(ACCK/NT.IX 185).

5) 바오로는 남자가 머리에 무엇을 쓰고 기도하거나 예언하면 자기의 머리를 부끄럽게 하는 것이라고 말하는데, 전혀 논리적이지 않고 납득도 되지 않는다. 특히 1코린 11,4–5에서 남자와 여자는 다르다는 전제 아래 논증을 하는데 설득력이 없어 보인다. 하지만 바오로가 말하려고 하는 것은 성별의 차이가 아니라 남자는 머리를 가리지 말고, 여자는 머리를 가리고 기도하거나 예언하라는 데 있다. 이 절에서 처음 나오는 '머리'는 직설적 의미로 신체인 머리를 가리키고, 뒤에 나오는 '머리'는 비유적 의미로 그리스도를 가리킨다(에페 5,23 참조). 여기서 기도와 예언은 공적인 교회 집회에서 행해지는 신심 행위를 가리킨다. 따라서 "기도"는 그 모임의 지도자가 하느님께 큰 소리로 기도드리는 것을 의미하고, "예언"은 성경에 근거한 설교로 하느님의 말씀을 회중에게 전하는 것을 의미한다(1코린 13,9; 14,1.3.22.24.31.39).

6) "부끄럽게 하는 것"이라는 말은 "하느님의 모상이며 영광"(11,7)인 남자의 모습을 감추는 행위를 가리킨다. '자기의 머리를 부끄럽게 한다'는 말은 '자신을 부끄럽게 한다'는 뜻일 것이다. 바오로는 남자가 자신의

머리를 부끄럽게 하는 것입니다. 그러한 여자는 머리가 깎인 여자와 똑같습니다.[7] 6 여자가 머리를 가리지 않으려면 아예 머리를 밀어버리십시오. 머

머리에 무엇을 쓰는 행위를 하느님의 모상과 영광을 가리는 것으로 보았다. 여기서는 모든 사람의 머리이신 그리스도(11,3)를 부끄럽게 한다는 뜻이다. 그렇다면 바오로는 코린토 교회 남자 신자들의 실제 관습을 언급한 것인가, 아니면 머리를 가리지 않고 기도하고 예언하는 여자 신자들의 문제와 짝을 이루기 위해 수사학적으로 언급한 것인가? 아마도 후자가 더 적합할 것이다(11,5.6.7.10.13 참조). 펠라기우스는 "바오로가 이렇게 한탄한 것은 남자들이 자기 머리칼을 가지고 유난을 떨고 여자들은 교회에서 머리칼을 휘날리고 다녔기 때문입니다. 이것은 그들에게 부끄러운 일일 뿐 아니라 불륜을 부추기는 일이기도 했습니다"라고 하였다(ACCK/NT.IX 187).

7) "자기의 머리"는 11,3에 나오는 '남편'을 가리킬 수도 있고, 11,5-6과 연결시키면 신체적인 머리를 뜻할 수도 있다. 주석가들은 '자기의 머리'가 '남편'을 가리킨다고 하는데, 그렇다면 어떻게 여자가 머리를 가리지 않는 것이 여자의 머리인 남자를 부끄럽게 하는 일이 되는가 하고 반문할 수 있다. 유다 사회 여성들의 머리 모양을 이해하는 이들은 바오로의 말이 모두 유다 관습과 관련이 있다고 말한다. 바오로 시대 유다교 여자들은 외출할 때 언제나 머리를 가렸다. 이를 어기면 남편은 아내를 소박할 수 있었다(Strack and Billerbeck). 엄격한 가정에서는 여자들이 외출할 때뿐만 아니라 집 안에서도 머리를 가리고 지냈다. 예수님과 바오로와 동시대를 살았던 알렉산드리아 출신 디아스포라 유다인 필론(기원전 20년?-기원후 50년?)은 '시장이나 대중집회에서 공개적으로 말하고 행동하는 것이나 전쟁을 수행하고 평화를 지키는 공식적인 삶은 남자들만을 위한 일이고, 집을 지키고 규방에 유폐되어 있는 것은 여자에게 적합한 일이다'라고 하였다(요아힘 예레미아스, 『예수시대의 예루살렘』, 452). 이는 여자

리를 밀거나 깎는 것이 여자에게 부끄러운 일이라면 머리를 가리십시오.[8)]

7 남자는 하느님의 모상이며 영광이기 때문에 머리를 가려서는 안 됩니다. 여자는 남자의 영광입니다.[9)] 8 사실 남자가 여자에게서 나온 것이

들의 활동 범위를 집 안으로 국한하고 외출 시 머리를 가리게 하는 관습의 원인을 짐작하게 한다. 곧 여자가 머리를 가리는 것은 바깥 남자들의 시선을 끄는 행동을 원천적으로 차단하기 위함이고, 남편 외에 다른 남자의 성적 충동을 방지하기 위한 것이기도 하다. 따라서 미혼 여자는 순결을 지키는 차원에서, 기혼 여자는 남편 외에 다른 남자에게 머리카락을 보여서는 안 되기 때문에 머리를 가려야 했다.

8) "머리를 밀어버리십시오"라는 그리스어 '케이라스토*κειράσθω*'는 사역형 동사로 직역하면 '여자가 스스로 머리를 깎게 하라'는 뜻이다. 바오로는 이렇게 비꼬는 투로 머리를 가리지 않는 여자를 나무란다. 이 말은 지나치고 무례한 것처럼 여겨질지 모르지만 의도가 분명하다. 곧 여자들은 전례에 참석할 때 머리를 가리라는 말이다. 바오로는 여자가 머리를 밀거나 깎아버리는 것은 부끄러움의 표시가 된다는 사회적 통념에 호소하며 머리를 가리라고 명령한다.

"머리를 가리십시오"라는 그리스어 '카타칼립테스토*κατακαλυπτέσθω*' 역시 사역형 동사로 직역하면 '여자가 스스로 자신의 머리를 가리게 하라'는 뜻이다. 바오로는, 남자는 단발머리, 여자는 긴 머리카락을 가리는 것이 당시의 관습이었기 때문에 관습에 어울리는 차림을 요구한다.

9) 바오로는 창세기에 나오는 창조 설화에 근거하여 남녀 차별적 발언으로 논증을 이어간다. 그는 구약성경과 유다교적 관점에서 남자는 하느님의 모상이며 영광이기 때문에 그 영광스러운 모습을 드러내야지 가려서는 안 된다고 한다. 2코린 4,4에서는 그리스도를 하느님의 모상과 영광으로 보았다. 이와 비슷한 표현으로 유다교에서는 정숙한 부인을 '남자의 영광'이라고 하였다(예루살렘 탈무드, 크투보트 11,3 참조).

아니라 여자가 남자에게서 나왔습니다.[10] 9 또한 남자가 여자를 위하여 창조된 것이 아니라 여자가 남자를 위하여 창조되었습니다.[11] 10 그러므로 여자는 천사들을 생각하여, 그 머리에 권한의 표지를 지니고 있어야 합니

"하느님의 모상이며 영광"은 칠십인역 창세 1,26('우리의 모상과 모습')에서 따온 표현이다. 창세기에 따르면 "하느님께서는 이렇게 당신의 모습으로 사람을 창조하셨다. 하느님의 모습으로 사람을 창조하시되 남자와 여자로 그들을 창조하셨다"(1,27)라고 한다. 하느님의 모습으로 사람을 창조하셨다는 말씀은 남자와 여자 모두에게 해당된다. 하지만 바오로는 남자와 여자의 차이를 드러내기 위하여, 여자도 하느님의 모습이라는 사실을 말하지 않는다. 그러면서 "남자는 하느님의 모상이고 영광"이며 "여자는 남자의 영광"이라고 한다. 이는 남자와 여자는 각기 더 높은 존재에게 영광이 된다는 말이다. 창세기의 창조 이야기(2장)에서는 하느님의 모습이라는 표현이 나오지 않지만, 바오로가 언급한 대로 남자가 먼저 창조되고 여자는 협력자로서 남자로부터 만들어졌다고 한다.

10) 바오로는 2,7.20–23을 근거로 남자가 먼저 지음을 받았고 이어서 여자가 남자의 갈빗대에서 나왔다고 한다. 바오로는 갈라티아서에서 인종적, 사회적, 성적 차이에도 불구하고 세례받은 이들은 모두 그리스도 안에서 하나이고 아브라함의 후손이며 약속에 따른 상속자라고 한다(갈라 3,27–29).

11) 창세 2,18.20은 여자가 남자의 협력자로 창조되었다고 한다. "그에게 알맞은 협력자"(2,18)는 히브리어로 '에제르 케네그도 עזר כנגדו'이고, 그리스어로는 '아우토 보에톤 카트 아우톤 αὐτῷ βοηθὸν κατ' αὐτόν'이다. 이는 남자와 여자가 완전히 대등한, 서로 없어서는 안 될 존재로서의 협력자라는 뜻이다. 곧 남자와 여자는 대등한 관계라는 말이다. 하지만 바오로와 교부들은 이 말씀을 남자가 여자보다 우월하다는 뜻으로 언급한다. 키루스의 테오도레투스는 "남자의 우위를 입증하는 데는 이 구절

다.[12] 11 그러나 주님 안에서는 남자 없이 여자가 있을 수 없고 여자 없이 남자가 있을 수 없습니다.[13] 12 여자가 남자에게서 나온 것과 마찬가지로 남자도 여자를 통하여 태어나기 때문입니다. 그러나 모든 것이 하느님에게

로 충분합니다. 여자는 남자를 섬기도록 창조되었기 때문입니다. 그 반대가 아닙니다"라고 하였다(ACCK/NT.IX 189).

12) 바오로는 이 구절을 1코린 11,8–9과 연결시키는데, 그가 여성 차별적인 발언을 한 것은 여자는 남자에게 속한 존재이기 때문에 오직 자기 남편을 위해 존재해야 함을 말하기 위해서다. 따라서 "그러므로(디아 투토διὰ τοῦτο)"는 지금까지 언급한 창조 질서(11,7–9) 명령이 계속되고 있음을 보여준다. 곧 여자가 남자에게서 나고 남자를 위해 창조되었으므로 여자는 천사들이 탐내지 않도록 주인인 남편의 권한 아래 있음을 그 머리 위에 표시하라는 것이다. 한마디로 아내는 자기 위에 군림하는 남편의 권위를 인정하는 뜻으로 머리를 가리라는 말이다. '천사들을 생각하여, 그 머리에 권한의 표지를 지녀야 한다'는 표현은 난해하여 명확한 뜻을 밝히기가 쉽지 않다. 바오로는 아마도 창세 6,1–4에 근거하여 여자가 머리를 가리는 것은 여자를 탐하는 천사들을 자극하지 않도록 하기 위해서라는 뜻으로 이 표현을 썼을 것이다. 테르툴리아누스는 "여자는 천사들을 생각하여 머리를 가려야 한다고 바오로 사도는 말하는데, 이는 천사들이 사람의 딸들을 보고 하느님께 반역을 저질렀기 때문입니다(창세 6,2 참조)"라고 하였다(ACCK/NT.IX 189).

13) 앞에서 여성 차별적 발언을 한 바오로가 1코린 11,11–12에서는 남녀평등 사상을 내세운다. "그러나(플렌πλήν)"는 앞에서 언급한 논거와 반대되는 내용임을 가리킨다. 바오로는 지금까지 여자가 남자에게서 나왔다는 창세기의 내용에 근거하여 남자가 여자의 머리이므로 여자는 전례 때 머리를 가려야 한다고 주장하였으나, 이제 그 논리가 맞지 않음을 인정하고 남녀가 함께 창조주 하느님으로부터 나왔다고(창세 1,27–28) 함

서 나옵니다.[14)]

13 여러분 스스로 판단해 보십시오. 여자가 머리를 가리지 않고 하느님께 기도하는 것이 어울리는 일입니까?[15)] 14 이미 자연이 여러분에게 가르쳐 주지 않습니까? 남자가 긴 머리를 하고 다니면 자기에게 수치가 되지

으로써 계속된 자신의 논거를 수정한다. 그리고 "주님 안에서는"이라는 말을 덧붙임으로써 세례로 그리스도와 인연을 맺은 그리스도인들 사이에는 차별이 있을 수 없음을 천명한다(1코린 12,12–13; 갈라 3,28 참조). 요한 크리소스토무스는 "남자의 영광에 대해 이야기한 바오로는 이제 남자가 자신을 과도하게 높이 여겨 여자를 억압하는 일이 없도록 다시 균형을 잡습니다. '주님 안에서는 남자 없이 여자가 있을 수 없고 여자 없이 남자가 있을 수 없습니다.' … 여자는 남자의, 남자는 여자의 근원이고 이 모두의 근원은 하느님이십니다"라고 하였다(ACCK/NT.IX 190).

14) 바오로는 남녀의 상호 의존성과 피조물의 특성을 언급하면서 앞에서 주장하던 자기의 입장을 수정한다. 그는 1코린 11,8에서 여자가 남자에게서 나왔다고 했는데, 여기서는 남자도 여자를 통하여 태어났다고 함으로써 남녀의 동등성을 강조한다. 바오로는 여자가 남자에게서 나온다고 할 때는 전치사 '에크(ἐκ, …로부터)'를 사용하여 근원의 의미를 강조하고, 남자가 여자에게서 나온다고 할 때는 전치사 '디아(διά, …을 통하여)'를 사용하여 도구적 의미를 피력한다. 이어서 바오로는 모든 것은 결국 "하느님에게서(에크 투 테우ἐκ τοῦ θεοῦ)" 나온 것임을 강조한다(1,30; 8,6 참조). 암브로시아스테르는 "바오로는 여자가 자신의 의존적인 지위에 충격을 받거나 남자가 자신의 책임 있는 지위를 자랑삼지 않도록 '모든 것이 하느님에게서 나온다'고 덧붙입니다"라고 하였다(ACCK/NT.IX 190).

15) 바오로는 코린토 교회 신자들의 상식적인 판단에 호소하고 부정적인 답변을 기대하면서 수사학적 질문을 던진다. 이는 여자가 전례에 참석하여 머리를 가리지 않고 기도하는 것은 부적절하다는 뜻이다.

만,[16] 15 여자가 긴 머리를 하고 다니면 자기에게 영광이 된다는 것입니다. 여자는 너울 대신에 긴 머리를 받았기 때문입니다.[17] 16 누가 논쟁을 벌이

---

16) 바오로는 여자들은 전례에서 머리를 가리고 기도하거나 예언하라는 자신의 논거가 신자들을 설득할 수 없음을 느꼈는지 11,13에서는 "여러분 스스로 판단해 보십시오"라고 충고하고, 여기서는 다시 당시에 통용되던 사회 관습에 호소한다. 곧 남자가 긴 머리를 하고 다니면 자기에게 수치가 된다는 것을 자연이 가르쳐 주었다는 것이다. 바오로는 수사학적 질문을 통해 긍정적 답변을 유도한다. 바오로는 "자연(피시스 *φύσις*)"이라는 낱말을 로마 1,26–27; 2,14; 11,21.24; 갈라 2,15; 4,8에서도 사용한다. 로마 1,26에 나오는 자연과 이 구절의 자연은 유사한 병행구를 이룬다. 여기서의 자연은 심오한 신학적인 사상을 가리키기보다 하느님께서 창조하신 자연 질서를 가리킨다. 하느님께서는 남자와 여자를 다르게 만드셨고 각자에게 다른 특징을 주셨다는 것이다. 곧 남자는 짧은 머리가, 여자는 긴 머리가 자연스러운 것으로, 이는 당시 로마 사회와 유다 사회의 일반적인 머리 풍습을 염두에 두고 한 말이다. 바오로는 여기에서 자연을 의인화하여 인간의 스승으로 보았다. 암브로시아스테르는 '남자의 단발 관습은 남자가 머리를 푸는 것을 금지하는 레위기의 규정과 일치한다'고 하였다(ACCK/NT.IX 191; 참조: 레위 10,6).

17) 바오로는 여자들의 머리에 관한 사회적 풍습을 언급하면서 여자들은 전례에 참석할 때 머리를 가려야 한다고 결론짓는다. 여자는 긴 머리를 받았기 때문에 긴 머리를 하고 다니면 자기에게 영광이 된다는 것이다. 바오로는 아마도 긴 머리가 머리를 가려준다는 의도에서 이런 말을 한 것으로 보이는데 설득력을 얻기는 어렵다. 긴 머리가 머리 가리는 것을 대신한다면 굳이 머리를 가리라고 할 필요가 없기 때문이다.

바오로는 전례 때 여자들이 머리를 가려야 하는 이유를 남녀의 위계질서(3–6절), 구약성경의 창조 질서(7–12절) 그리고 자연 질서(14절) 등

고 싶어 할지도 모르지만, 우리에게는 그러한 관습이 없고 하느님의 교회에도 없습니다.[18)]

의 논거를 들어 설명하였는데, 그 어느 것도 여성들을 설득하기 어렵다고 여긴 것 같다.

18) 바오로는 자신의 논리가 궁색하다고 생각했는지 "누가 논쟁을 벌이고 싶어 할지도 모르지만, 우리에게는 그러한 관습이 없고 하느님의 교회에도 없습니다"라고 주장한다. '우리'는 바오로와 협력자들을 가리키고, '하느님의 교회'는 바오로가 자신이 세운 교회들뿐만 아니라 팔레스티나와 시리아 교회 모두를 가리킬 때 자주 사용하는 표현이다(로마 16,4.16; 1코린 7,17; 14,33; 16,1.19; 2코린 8,1.18.19.23.24; 12,13; 갈라 1,2.22; 1테살 2,14 참조).

바오로는 당시의 모든 교회에서 행해지던 풍습을 내세워 여자 신자들로 하여금 전례 때 머리를 가리도록 권면한다.

주제 8. 전례 때 여자들이 머리를 가리는 문제

바오로는 자신이 세운 공동체에 문제가 생기면 사목자로서 편지를 써서 그 문제를 해결하려고 하였다. 바오로는 전례 때 여자들이 머리를 가리는 문제도 사목자적 입장에서 충고한다(1코린 11,2-16). 이 본문을 올바로 이해하기 위해서는, 먼저 공동체에서 발생한 문제를 파악하는 것이 중요하다. 코린토 교회 여자 신자들은 때로는 머리를 가리고, 때로는 머리를 가리지 않고 전례에 참석했다. 헬레니즘 세계의 여자들은 머리를 가리고 외출해야 하는 의무가 유다교만큼 엄격하지는 않았다. 코린토 교회 여자들 역시 머리 가리는 문제에서 자유로웠고 일상생활에서는 머리를 가리지 않았기 때문에 별생각 없이 머리를 가리지 않고 전례에 참석한 것이다.

반면에 남자들은 여자 신자들이 머리를 가리지 않는 것이 자신들의 성적인 관심을 유발시키고 때로는 성적 충동을 일으킨다고 생각했던 것 같다. 이로 인해

주님의 만찬[19]

17 이제 내가 지시하려는 문제와 관련해서는 여러분을 칭찬할 수가 없습니

남자들은 여자들이 두건으로 머리 가리는 문제를 제기했고, 바오로는 이에 다양한 논거를 들어 여자 신자들을 설득한다. 바오로는 또한 여자 신자들이 머리를 가리지 않는 행위가 자칫 교회 밖의 사람들에게 좋지 않은 영향을 끼칠 것을 우려했던 것 같다. 그는 여자 신자들이 머리를 가리지 않고 남자들과 같은 공간에 모여 기도하는 행위가 비신자들에게는 성적 호기심을 부추긴다는 오해를 불러일으킬 수 있다고 생각해서 여자 신자들에게 복장을 단정히 하고 머리를 가리고 전례에 참여하도록 훈계한다. 바오로는 남녀의 차이, 남자의 우월함, 여자의 순종을 언급하는 것에 초점을 둔 것이 아니라 오직 공적 전례 때 여자 신자들이 머리를 가리고 기도하고 예언하라고 권고한 것이다.

19) 바오로는 이 단락에서 코린토 교회의 전례 모임 중 공동식사로 발생한 불미스러운 문제를 다룬다. 코린토 교회 신자들은 토요일 저녁 어느 집에 모여 성찬례 전에 먼저 공동식사를 했는데, 경제적·시간적으로 여유가 있는 신자들은 맛있는 음식을 마련하여 자기들끼리 미리 먹고 마셨다. 그러나 가난한 신자들, 특히 저녁 늦게까지 일하고 온 신자들은 음식이 남아있지 않아 굶주렸을 뿐만 아니라 무엇보다도 무시당했다는 생각에 부끄러움을 느끼지 않을 수 없었다. 그래서 바오로는 남을 배려하지 않는 신자들의 잘못을 나무라고 올바른 공동식사(애찬)와 성찬례(성찬)에 관하여 지침을 내린다. 바오로는 신자들이 교회 모임을 가질 때 신자들 사이에 '분열'이 있다는 말을 들었다고 하는데, 그는 이 분열이 여자 신자들의 머리 가리는 문제보다 훨씬 더 심각하다고 생각하였다.

1코린 11,17-34은 다섯 부분으로 나뉜다. 첫째, 17-22절은 바오로가 코린토 신자들의 잘못을 나무라는 내용이다. 둘째, 23-25절은 바오로가 받아 전해준 주님의 만찬 전승에 대해 다룬다. 셋째, 26-28절은

다. 여러분의 모임이 이익이 아니라 해를 끼치기 때문입니다.[20] 18 우선,[21]
여러분이 교회 모임을 가질 때에 여러분 가운데에 분열이 있다는 말이 들
리는데, 나는 그것이 어느 정도 사실이라고 믿습니다.[22] 19 하기야 여러분

주님의 만찬에 대한 바오로의 이해를 다룬다. 넷째, 29-32절은 분별없이 주님의 만찬을 먹고 마시는 신자들의 행위에 대한 단죄와 심판에 대해 다룬다. 마지막으로, 33-34절은 신자들이 함께 모였을 때 지녀야 할 자세에 대해 다룬다.

20) 바오로는 11,2에서 자신이 전해준 전승들을 잘 간직하고 그 가르침을 충실히 따르는 코린토 신자들을 칭찬했는데, 여기서는 "칭찬할 수가 없습니다"라고 한다. "문제"로 번역된 그리스어 '투토τοῦτο'는 직역하면 '이것'인데, 이는 바오로가 앞에서 이미 말한 것을 가리킬 수도 있고 앞으로 말할 것을 가리킬 수도 있다. 여기서는 후자의 의미로, 주님의 만찬 때 코린토 신자들이 저지른 잘못을 가리키는 것으로 보아야 한다. 왜냐하면 이 단락에서 자주 나오는 '모임'은 단순히 친목 모임이 아니라 공동체의 전례 모임을 가리키기 때문이다(11,17.18.20.33.34; 14,23.26). 바오로가 '여러분의 모임이 해를 끼친다'고 한 이유는, 신자들 사이에 분열이 생겨(11,18) 교회는 업신여김을, 없는 이들은 부끄러움을 당했기 때문이다(11,22).

21) 바오로는 '프로톤 멘(πρῶτον μέν, 첫째로)'으로 이 문장을 시작한다. 보통 '프로톤 멘'이 나오면 그 뒤에는 '데우테론 데(δεύτερον δέ, 둘째로)'가 나와야 한다. 그런데 바오로는 11,20에서 '운(οὖν, 그렇지만, 그러므로, 그러니)'이라는 표현을 써서 자신의 논의를 계속한다. 그러므로 여기서는 '프로톤 멘'의 의미를 '첫째로'보다는 '우선, 무엇보다도 먼저'로 이해해야 한다.

22) 바오로는 앞에서 코린토 신자들의 모임이 이익이 아니라 해를 끼친다고 하였는데, 그 원인이 신자들의 "분열(스키스마타σχίσματα)"이라

가운데에 분파도 있어야 참된 이들이 드러날 것입니다.[23] 20 그렇지만 여

고 구체적으로 말한다. 이 분열이 무엇을 뜻하는지는 분명하지 않지만, 바오로가 1,10–14에서도 '분열'이라는 같은 낱말을 사용하였기 때문에 주석가들은 이 분열이 곧 '파당'을 의미한다고 주장한다. 하지만 여기서의 분열은 파당이 생겨 신자들이 선교사들을 중심으로 갈라졌다는 의미보다는 뒤에 언급되는 부유한 신자들과 가난한 신자들 사이에 생겨난 분열, 곧 사회의 계급, 경제적 수준에 따른 차이에서 오는 분열을 의미한다고 볼 수 있다.

바오로는 5,1에서와 마찬가지로 자신에게 전해진 어떤 소식을 언급하는 의미로 "말이 들리는데(아쿠오ἀκούω)"라는 표현을 사용한다. 요한 크리소스토무스는 '바오로는 신자들이 올바른 생각으로 돌아가도록 격려하고 싶어서 코린토 신자들의 분열에 대해 들은 말을 어느 정도만 믿을 뿐이라고 함으로써 비판의 강도를 낮추었다'고 하였다(ACCK/NT.IX 193). 여기에 나오는 "교회 모임"은 성찬례를 거행하기 위해 모이는 것을 가리키는데, 이 교회는 '가정교회'였음을 짐작할 수 있다(로마 16,5; 1코린 16,19 비교). 왜냐하면 이 시기에 '에클레시아(ἐκκλησία, 교회)'는 아직 외형적인 건물로서의 교회를 의미한 적이 없기 때문이다. 그 실례로 예루살렘 모교회 신자들은 마르코라고 하는 요한의 어머니 마리아의 집에서 모임을 가졌다(사도 12,12). 또한 바오로가 에페소에서 코린토 1서를 쓸 당시, 에페소 신자들은 아퀼라와 프리스카의 집에서 모임을 가졌다(1코린 16,19). 그리고 바오로가 코린토에서 로마서를 쓸 때도 코린토 신자들은 가이오스의 집에서 모임을 가졌다(로마 16,23; 참조: 로마 16,3–5; 콜로 4,15). 이러한 예들은 초창기 교회가 가정교회였음을 보여준다. 바오로는 이미 1코린 10,16–17에서 성찬례에서 신자들은 그리스도의 몸과 피와 친교를 맺음으로써 하나가 된다고 하였다.

23) "분파(하이레시스αἵρεσις)"는 11,18의 '분열(스키스마σχίσμα)'과 다른

러분이 한데 모여서 먹는 것은 주님의 만찬이 아닙니다.[24] 21 그것을 먹을

낱말이다. '스키스마'는 신약성경에 모두 여덟 번(마태 9,16; 마르 2,21; 요한 7,43; 9,16; 10,19; 1코린 1,10; 11,18; 12,25) 나오고, '하이레시스'는 모두 아홉 번 나온다(사도 5,17; 15,5; 24,5.14; 26,5; 28,22; 1코린 11,19; 갈라 5,20; 2베드 2,1). 이 두 낱말의 의미가 서로 같은지 다른지에 대해서는 논란의 여지가 있지만, 문맥상으로 볼 때 의미까지 다르다고 볼 수는 없다. 굳이 그 의미를 구분하자면 '분파는 분열의 결과'다. 신자들이 교회에 함께 모일 때 거기에는 결코 분열이 있어서는 안 되지만, 코린토 교회에는 안타깝게도 분열로 말미암아 분파들이 생기게 되었다. 바오로는 이러한 공동체의 모습을 지적하면서, 한편으로는 이 분파에 휩쓸리지 않고 형제적 사랑으로 공동체의 일치를 위하여 애쓰는 이들이 있음을 언급하고 있다.

24) 코린토 교회 신자들은 주님의 만찬을 먹기 위하여 한자리에 모였는데 신자들 사이에 분열로 말미암아 분파들이 생겨났다. 이에 바오로는 신자들이 한데 모여서 먹는 것은 더 이상 주님의 만찬이 아니라고 나무란다. 여기서 '한데(에피 토 아우토ἐπὶ τὸ αὐτό)'는 '한자리에'라는 뜻으로 '교회 모임'과 같은 의미다. "여러분이 한데 모여서"는 공동체 모임을 가리키는 전문 용어다(사도 1,15; 2,1.44; 1코린 14,23 참조). 신자들이 성찬례를 거행하기 위해 모인 곳은 비교적 부유한 신자의 집이었다. 신자들은 어느 특정한 신자의 집에서만 모인 것이 아니라 신자들 집을 돌아다니며 모임을 가졌기 때문에(사도 18,7; 로마 16,1.3; 1코린 1,16; 16,15) 자연히 공동체 내에 분열이 생길 수밖에 없었다. 예수님이 잡수신 마지막 식사가 만찬이고, 노예들이나 가난한 신자들이 모임에 참석할 수 있는 시간도 저녁뿐이기에, 토요일 저녁이 주님의 만찬을 위해 모이기에 적합한 시간이었을 것이다. "주님의 만찬"이라는 낱말은 신약성경에서 오직 이곳에만 나온다(1코린 10,21; 묵시 19,17 참조). '만찬' 앞에 수식어 '주님의'가 붙은 것으로 미루어 이 식사는 일반적인 식사가 아니라 주님이신 예수님

때, 저마다 먼저 자기 것으로 저녁 식사를 하기 때문에 어떤 이는 배가 고프고 어떤 이는 술에 취합니다.[25] 22 여러분은 먹고 마실 집이 없다는 말

과 관련이 있는 식사라는 뜻이다. 주님의 만찬은 곧 성찬례를 가리킨다.

25) 바오로는 코린토 교회 신자들이 성찬례를 거행하기 위하여 모였을 때 저지른 잘못을 언급한다. 신자들은 주님의 만찬, 곧 성찬례에 앞서 자신들이 가져온 음식을 먹는 공동식사(애찬)를 하였다. 그런데 먼저 온 부유한 신자들이 자신들이 가져온 음식을 미리 먹어버리면 늦게 온 가난한 신자들은 먹을 것이 남아있지 않아 굶주리게 된다. 이는 결국 '주님의 만찬'을 먹는 것이 아니라 '자기 만찬'을 먹어 치우는 셈이 된다. 따라서 미리 먹는 것은 결과적으로 주님의 만찬을 파괴하는 행위로 볼 수 있다.

"자기 것으로 저녁 식사를"은 그리스어 '토 이디온 데이프논*τὸ ἴδιον δεῖπνον*'의 번역인데, 직역하면 '자기 만찬'이다. '자기 만찬'은 '주님의 만찬'과 대조되는 낱말로, 신자들이 가져온 음식을 가리킨다. '식사하다'라는 그리스어 '프로람바노*προλαμβάνω*'는 '미리 먹다'라는 뜻이다. 이 동사는 신약성경에 세 번 나오는데(마르 14,8: …을 앞당겨 행하다; 1코린 11,21: 미리 먹다; 갈라 6,1: 발각되다) 모두 다른 의미로 쓰였다. 이 동사는 전치사 '프로*πρό*'와 '람바노*λαμβάνω*' 동사가 합쳐진 낱말이다. '프로'는 '앞'을 의미하는데, 이는 '시간적인 앞'일 수도 있고 '장소적인 앞'일 수도 있다. 여기서는 문맥으로 보아 '시간적인 앞'으로 보아야 한다. 또한 '람바노'는 '먹다, 취하다'라는 뜻이다. 따라서 '프로람바노' 동사는 '앞서서 먹다, 미리 먹다'를 의미한다.

바오로는 1코린 11,33에서 만찬을 먹으려고 모일 때에는 서로 기다려 주라고 권면한다. 요한 크리소스토무스는 신자들의 이와 같은 식사를 부끄러운 식사라고 하였다. "코린토 신자들은 주님의 만찬을 사적인 식사로 만들어 성만찬의 가장 중요한 특질이 사라지게 함으로써 스스로

입니까? 아니면, 하느님의 교회를 업신여기고 가진 것 없는 이들을 부끄럽게 하려는 것입니까? 내가 여러분에게 무슨 말을 해야 하겠습니까? 여러분을 칭찬해야 하겠습니까? 이 점에서는 칭찬할 수가 없습니다.[26)]

23 사실 나는 주님에게서 받은 것을 여러분에게도 전해주었습니다.[27)]

치욕을 불러오고 있었습니다. 주님의 만찬은 모든 이가 참여하는 것이어야 합니다. 이 만찬을 세우신 주인의 재산은 한 종이나 다른 한 종의 것이 아니라 모든 이가 똑같이 나누도록 되어있기 때문입니다"(ACCK/NT.IX 194). 알렉산드리아의 클레멘스는 "어떤 사람이 부유한데 절제가 없이 물릴 줄 모르고 계속 먹는다면, 그는 특별한 방식으로 창피한 짓을 하는 것이며 이는 두 가지 이유에서 잘못입니다. 첫째, 가진 것 없는 사람들의 짐을 더 무겁게 하고 있습니다. 둘째, 그는 가진 자들 앞에서 자신의 무절제를 그대로 드러내고 있습니다"라고 하였다(ACCK/NT.IX 194).

26) 바오로는 코린토 교회 신자들에게 부정적인 답변을 기대하면서 수사학적 질문을 던진다(9,4.5 참조). 그는 11,17에서처럼 신자들을 칭찬할 수가 없다고 말한다. 그리고 11,33-34에서 공동체 모임이 있는 날 배가 고프면 집에서 미리 먹도록 하고 공동체에 모여서는 서로 기다렸다가 함께 식사를 하라고 권면한다. 공동체가 모였을 때 다른 이들을 기다리지 않고 미리 음식을 먹는 행위는 가난한 이들을 부끄럽게 하는 것이고, 결과적으로 하느님의 교회를 업신여기는 일과 같기 때문이다. 바오로는 신자들에게 이른바 '애찬'이라고 하는 공동체 회식과 이어서 거행되는 '성찬례'가 결코 무관한 것이 아님을 일깨운다. 애찬을 올바로 행하느냐 못하느냐가 성찬례를 올바로 거행하느냐 못하느냐를 결정짓는 전제조건이기 때문이다.

27) 바오로는 코린토 교회 신자들의 잘못된 성찬례 관행을 바로잡기 위해 자신이 주님에게서 받은 성찬례 전승을 공동체에 제시한다(11,23-26). 바오로가 전해 받아 전해준 것이 예수님으로부터 유래되었다는 사

곧 주 예수님께서는 잡히시던 날 밤에 빵을 들고 24 감사를 드리신 다음,
그것을 떼어 주시며 말씀하셨습니다.[28] "이는 너희를 위한 내 몸이다. 너

실은 "주님에게서 받은 것을 여러분에게도 전해주었습니다"라는 표현에 잘 드러나 있다. 그는 여기에서 '전해 받다(파라람바노παραλαμβάνω)'와 '전해주다(파라디도미παραδίδωμι)' 동사를 사용하는데, 이 동사들은 유다교에서 라삐들이 전승 문장들을 전수하는 데 사용했던 용어들로서 히브리어 '키벨 민 קבל מן'과 '마사르 르 מסר ל'의 그리스어식 표현이다. '파라람바노' 동사는 신약성경에 모두 마흔아홉 번 나오며 코린토 1서에는 세 번(11,23; 15,1.3) 나온다. 그리고 '파라디도미' 동사는 신약성경에 백이십 번 나오는데, 1코린 5,5; 11,23; 13,3; 15,3.24과 2코린 4,11에 나온다.

이 구절만 보면 바오로가 성찬례 전승을 환상이나 꿈을 통하여 주님께 직접 받은 것으로 간주하기 쉽다(갈라 1,12 참조). 하지만 이 전승은 환상이나 꿈을 통하여 바오로에게 전해진 것도 아니고, 예수님의 최후 만찬을 목격한 증인에게서 직접 받은 것도 아니다. 따라서 '주님에게서 받은 것'이라는 표현은, 이 성찬례 전승이 전승자들의 입에서 입으로 바오로에게 전해졌고 비록 예수님의 최후 만찬과 똑같은 형태는 아닐지라도 그 형식과 의미만은 최후 만찬에서 유래했음이 틀림없다는 뜻이다. 바오로가 이 전승을 어디에서 전해 받았는지는 명확하지 않지만, 다마스쿠스나 안티오키아 교회로부터 받았을 것이다. 그런데 이 두 공동체는 예루살렘 모교회에서 온 선교사들이 세웠으므로 성찬례 전승은 궁극적으로 예루살렘 공동체에서 전해졌다고 할 수 있다.

28) 1코린 11,23ㄴ-24ㄱ은 예수님이 최후 만찬에서 빵을 손에 들고 감사를 드리신 다음 떼어주시면서 하신 말씀, 곧 빵에 관한 설명어다. 바오로에 따르면 최후 만찬을 거행한 때는 '주 예수님께서 잡히시던 날 밤'이라고 한다. '잡히시던'의 그리스어 '파레디데토παρεδίδετο' 동사는 11,23ㄱ의 '전해주다(파라디도미παραδίδωμι)' 동사의 수동형으로, 직역하면

희는 나를 기억하여 이를 행하여라."[29] 25 또 만찬을 드신 뒤에 같은 모양

'넘겨지다'라는 뜻이다. 이 동사는 공관복음의 수난 사화(마태 26,15; 마르 14,10.21; 루카 22,4.21)에 나온다. 마르코의 수난 사화를 보면 유다 이스카리옷이 예수님을 대사제에게 넘겨주기로 한 약속(마르 14,10.44)과 최고 의회가 예수님을 빌라도에게 넘겨주었다는 말씀(15,1)에서 '넘겨주다' 동사가 사용되었는데, 여기서 같은 낱말을 사용한 것은 이 성찬례 전승이 예수님이 처형되시기 전날 밤에 제자들과 함께하신 최후 만찬에서 비롯된 것임을 말해준다. 바오로도 예수님이 하느님에 의해 죽음으로 넘겨지셨다는 표현을 할 때 이 동사를 사용하였다(로마 4,25; 8,32; 갈라 2,20). 루스페의 풀겐티우스는 "바오로는 '사실 나는 주님에게서 받은 것을 여러분에게도 전해주었습니다'라는 말로 가장 거룩한 신비인 최후 만찬을 상기"시켰다고 하였다(ACCK/NT.IX 195).

"빵을 들고(엘라벤 아르톤*ἔλαβεν ἄρτον*)"라는 표현은 마태 26,26; 마르 14,22; 루카 22,19에도 나온다. '빵'으로 번역된 그리스어 '아르토스*ἄρτος*'는 누룩을 넣은 일반적인 빵을 뜻한다. 칠십인역에서는 누룩을 넣지 않은 빵을 언급할 때 '아지모스*ἄζυμος*'를 사용하였는데(레위 2,4; 8,26; 민수 6,19), 이 낱말은 신약성경에도 아홉 번 나오며 모두 누룩을 넣지 않은 빵의 의미로 사용되었다(마태 26,17; 마르 14,1.12; 루카 22,1.7; 사도 12,3; 20,6; 1코린 5,7.8).

29) 예수님 당시 유다인들은 전식, 본식, 후식의 순서로 회식을 거행하였다. 전식이 나오면 손님 각자가 찬양 기도를 바친다. 전식으로 흔히 포도주가 나왔기 때문에 전작이라 불리기도 한다. 전식이 끝나면 손님들은 모두 손을 씻는다. 본식 때는 가장이나 주빈이 빵을 들고 찬양 기도를 드린 다음 손님들에게 나누어 준다. 기도문은 다음과 같다. '우리 하느님이시요 세상의 임금님이시며 땅에서 빵을 생산하시는 주님, 찬양받으소서'(바빌론 탈무드, 브라코트 35ㄱ). 새로운 음식이 나올 때마다 가

으로 잔을 들어 말씀하셨습니다. "이 잔은 내 피로 맺는 새 계약이다. 너희

장이나 주빈이 찬양 기도를 드린다. 본식 때 손님이 포도주를 마시는 경우 포도주 잔을 받을 때마다 각자 '우리 하느님이시요 세상의 임금님이시며 포도 열매를 만드시는 주님, 찬양받으소서'라고 기도한다. 본식이 끝나면 손님들은 모두 손을 씻는다. 후식 때는 가장이나 주빈이 큰 잔(1코린 10,16: "축복의 잔")을 들고 긴 찬양 기도를 드린 다음 한 모금 마시고 나면 손님들이 돌려가며 마신다. 그런 다음 다 같이 시편을 노래하는 것으로 친목 잔치가 끝난다.

예수님은 유다인들의 회식 순서에 따라 제자들과 만찬을 거행하셨다. 바오로가 전해준 성찬례 전승에는 유다교 회식 중 전식 부분이 나오지 않는다. 실제로는 전식이 있었겠지만, 전승 과정 중에 누락되었을 것으로 본다. 본식 때 예수님은 빵을 들고 감사를 드리신 다음, 그것을 떼어 나누어 주셨다. '떼다(에클라센ἔκλασεν)' 동사는 단순 과거로, 빵을 떼는 동작이 끝났음을 의미한다. 예수님은 빵을 떼어 제자들에게 나누어 주시면서 "이는 너희를 위한 내 몸이다"라고 하셨다. '이는(투토τοῦτο)'은 빵을 가리킨다. 예수님이 활동하신 당시의 모국어 아람어는 서술어 없이 낱말들을 나열해서 동격을 나타낸다. 따라서 '이는 내 몸입니다'를 아람어로 재번역하면 단순히 '이는 내 몸'이 된다. 유다인들의 수사법에는 어떤 사물의 한 부분을 들어 전체를 표현하는 제유법이 있었다. 그러므로 예수님이 '내 몸'이라고 하신 것은 단순히 예수님의 신체를 가리키는 것이 아니라 예수님 자신을 뜻한다. 따라서 빵을 제자들에게 나누어 주시면서 하신 말씀은 '받으시오, 이는 나의 전부'가 된다.

예수님은 시시각각 다가오는 죽음을 예감하시면서 제자들을 위해 당신 목숨을 바치시겠다는 뜻으로 이러한 말씀을 하셨다. '내 몸이다'를 꾸미는 수식어인 '너희를 위한'에는 예수님의 죽음이 대속적 죽음이라는 의미가 담겨있다. 대속적 죽음이란 예수님이 많은 이들의 죄를 대신

는 이 잔을 마실 때마다 나를 기억하여 이를 행하여라."[30] 26 사실 주님께

하여 자신을 내어주셨다는 뜻이다. 바오로는 여러 곳에서 예수님의 이러한 사상을 언급하였다(로마 3,25; 4,25; 5,6.8; 8,3.32; 14,15; 1코린 1,13; 8,11; 15,3; 2코린 5,14.15; 갈라 1,4; 2,20; 3,13; 1테살 5,10).

"너희는 나를 기억하여 이를 행하여라"는 1코린 11,24ㄴ.25ㄴ과 루카 22,19에 나온다. 이 반복 실행 명령은 초대교회가 주일마다 거행하는 성찬례 재현를 정당화하기 위해 만들어 놓은 규정이었을 것이다. 세월이 흐르면서 교회의 전례 규정이 예수님의 말씀으로 바뀌어 설명어에 덧붙여졌다. 이는 그리스도인들은 일요일마다 성찬례를 거행해야 한다는 당위성을 부여하는 그리스도교회의 지침(1코린 16,2; 『열두 사도들의 가르침』 14,1)으로서, 오늘날 미사통상문 안에 들어있는 전례지침서rubrica 같은 것이다. 이 반복 실행 명령에 나오는 '기억(아남네시스ἀνάμνησις)'이라는 낱말은 루카 22,19; 1코린 11,24.25; 히브 10,3에만 나오며, 칠십인역에는 다섯 번 나온다(레위 24,7; 민수 10,10; 시편 38,1; 70,1; 지혜 16,6).

30) 후식에 즈음하여 예수님은 유다인들의 회식 절차에 따라 "축복의 잔"(1코린 10,16)을 들고 찬양 기도를 바치신 다음 제자들에게 잔을 돌리셨다. 여기서 "만찬을 드신 뒤에"라는 표현은 방금 나눈 빵을 드셨다는 뜻이 아니라 음식을 드셨음을 뜻한다. 이를 근거로 바오로가 활동하던 시기에 행해진 성찬례의 모습을 살펴볼 수 있다. 곧 성찬례는 공동체 회식이라고 하는 애찬과 함께 거행되었는데, 빵을 나누는 행위와 잔을 나누는 행위가 연속적으로 일어난 것이 아니라 이 두 행위 사이에 만찬이 있었음을 알 수 있다.

예수님은 만찬을 드신 후에 잔을 들고서 "이 잔은 내 피로 맺는 새 계약이다"라고 말씀하신다. 마르 14,24에도 같은 말씀이 나오는데, 거기서는 단순히 "내 계약의 피"라고 한다. 이 '계약의 피'는 탈출 24,4-8에서 온 것으로, 최후 만찬 뒤 예수님이 흘리시게 될 피가 바로 그 계약

서 오실 때까지, 여러분은 이 빵을 먹고 이 잔을 마실 적마다 주님의 죽음을 전하는 것입니다.[31]

의 피라는 뜻이다. 그 계약을 통해 하느님께서는 이스라엘을 당신 백성으로 삼으시고 이스라엘은 오직 하느님만을 섬기기로 약속하였다. 하느님께서는 계약을 지키셨지만, 이스라엘은 그 약속을 저버리고 하느님을 멀리하였다. 그래서 예레미야 예언자가 "새 계약"(예레 31,31–34; 32,37–41)을 예고했는데, 장차 때가 되면 하느님께서 당신의 백성을 '기억하실 것이며'(31,20) 당신 백성과 '새로운 계약'을 맺으심으로써 백성은 죄가 사하여지고 새로운 계약 관계에 놓이게 될 것이라고 하였다. 하느님께서 장차 이스라엘과 맺으실 새로운 계약은 이스라엘 백성들의 마음에 새겨져 영원히 지속될 것이다. 바오로는 '내 피로 맺는 새 계약이다'에서, 하느님께서 예레미야에게 약속하신 새로운 계약이 바로 예수 그리스도의 죽음을 통해 완성되었다고 말한다. 예수님은 새로운 계약을 세우시기 위해 돌아가신 분이기에 성찬례를 거행할 때마다 그리스도인들 사이에는 새로운 계약의 공동체가 형성된다. '계약(디아테케διαθήκη)'이라는 낱말은 신약성경에 모두 서른세 번 나오는데, 코린토 1서에는 오직 이곳에만 '새 계약'이라는 표현으로 나오고, 2코린 3,14에서는 "옛 계약(팔라이에 디아테케παλαιή διαθήκη)"이라는 표현으로 나온다. '옛 계약'은 바오로가 '새 계약'과 짝을 맞추기 위해 사용한 용어로 볼 수 있다.

31) 바오로가 전해 받아 전해준 성찬례 전승은 사실상 1코린 11,25에서 끝난다. 따라서 이 절은 바오로가 전해 받은 전승에 포함된 말씀이라기보다 11,23ㄴ–25의 성찬례 전승에 대한 바오로의 개인적인 이해다. 바오로는 이를 통해 코린토 교회 신자들에게 성찬례를 거행할 때마다 "주님의 죽음"에 담긴 의미를 늘 되새기도록 일깨운다. 그리스도교 공동체가 행해야 할 것은 빵과 포도주의 나눔이요, 기억해야 할 분은 그리스도이며, 알려야 할 것은 주님의 죽음이다. 이 일은 주님께서 오실 때까지

계속되어야 한다. 따라서 그리스도인들은 그리스도의 몸인 빵과 그리스도의 피인 포도주를 먹고 마실 때마다 예수님 죽음의 의미를 되새기고 그 죽음을 그분이 재림하실 때까지 알려야 하는 것이다.

"주님께서 오실 때까지(아크리 후 엘테ἄχρι οὗ ἐλθη)"는 종말론적인 표현으로 예수님의 재림을 뜻한다. 1세기 그리스도인들은 성찬례를 거행할 때마다 예수님이 하루빨리 재림하시기를 기다리면서 "마라나 타!(우리 주님 오소서!)"(1코린 16,22; 『열두 사도들의 가르침』 10,6)라는 환호성을 외쳤다. 따라서 '주님께서 오실 때까지'는 '마라나타'와 일맥상통하는 표현이다. 그리스도인들은 "이 빵을 먹고 이 잔을 마실 적마다" 단순히 먹고 마시는 것이 아니라 빵과 잔에 부활하시어 임재하시는 그리스도를 모시는 것이다. 아울러 지난날 우리 죄를 사하시기 위해 돌아가신 주님의 죽음을 전하는 것이다. 그리고 빵과 잔에 현존하시지만 현상적으로는 부재하시는 주님께서 오실 때를 기다리는 것이다. 이 성찬례 제정문은 로마 가톨릭교회의 미사에서 신자들이 다 함께 바치는 신앙 고백문에 잘 드러나 있다. '주님께서 오실 때까지(희망), 주님의 죽음을 전하며(회상), 부활을 선포하나이다(현존).' 이 신앙 고백문은 리마 예식서에도 똑같이 들어있다. '주 예수여, 당신의 죽음을 우리가 선포하고, 당신의 부활을 우리가 기뻐하나이다. 영광 가운데 당신의 오심을 우리가 기다리나이다'(박근원 1987, 38).

코린토 교회 신자들은 성찬례를 거행하면서 예수님의 죽음이 주는 의미를 언제나 새롭게 깨달았으며 주님의 죽음을 전하였다. 암브로시우스는 성찬례에 담긴 의미를 다음과 같이 풀이하였다. "우리는 성체를 받아 모실 때마다 주님의 죽음을 전합니다. 그분의 죽음을 전한다는 것은 죄의 용서를 전하는 것입니다. 그분께서 피를 쏟으실 때마다 죄의 용서를 위해 쏟으시는 것이라면, 그분께서 나의 죄를 없애주시도록 나는 언제나 그분을 받아 모셔야 합니다. 언제나 죄짓는 나에겐 언제나 치료제

27 그러므로 부당하게 주님의 빵을 먹거나 그분의 잔을 마시는 자는
주님의 몸과 피에 죄를 짓게 됩니다.[32] 28 그러니 각 사람은 자신을 돌이켜
보고 나서 이 빵을 먹고 이 잔을 마셔야 합니다.[33] 29 주님의 몸을 분별없

가 있어야 하기 때문입니다"(ACCK/NT.IX 197). 알렉산드리아의 키릴루스는 "우리는 하느님의 외아드님이신 예수 그리스도의 육에 따른 죽음을 전하고 그분께서 죽은 이들 가운데에서 부활하시고 하늘에 오르셨음을 고백하며, 핏물이 떨어지지 않는 희생 제사를 교회에서 거행합니다. 그리스도의 거룩한 살과 고귀한 피에 참여함으로써 우리는 영적 축복에 다가가며 거룩해집니다"라고 하였다(ACCK/NT.IX 197).

32) 바오로는 코린토 교회 신자들이 성찬례를 거룩하게 거행하지 않으면 하느님의 심판을 받을 것이라고 경고한다. 곧 성찬례를 부당하게 행사하는 자는 주님의 죽음에 대해 책임을 지게 될 것이다. 그는 28절에서 '돌이켜 보다(도키마조δοκιμάζω)', 29.31절에서 '분별하다(디아크리노διακρίνω)', 31.32절에서 '심판하다(크리노κρίνω)', 32절에서 '단죄하다(카타크리노κατακρίνω)' 등의 동사를 사용하여 성찬례를 바르게 거행하지 않을 경우에 다가올 심판의 의미를 강조한다.

바오로는 "부당하게(아낙시오스ἀναξίως)" 빵을 먹거나 잔을 마시는 사람은 주님의 몸과 피에 죄를 짓는 것과 같다고 말한다. 여기서 부당하게 빵을 먹거나 잔을 마신다는 것은 공동체 회식(애찬)을 그리스도인답지 않게 행하고서 성찬례를 거행하는 행위를 말한다. 교회를 업신여기고 가난한 이들을 부끄럽게 하는 행위는 성찬례 때 주님의 몸과 피를 부당하게 모시는 것과 같다는 뜻이다. "죄를 짓게 됩니다(에노코스 에스타이ἔνοχος ἔσται)"는 미래형으로 종말론적인 심판과 관련된 죄를 가리킨다(8,11-12 참조). 아우구스티누스는 '주님의 몸과 피를 부당하게 먹고 마신다는 의미는 영적 동반자인 동료를 조롱하고 하찮게 여기며 먹고 마시는 것'이라고 풀이하였다(ACCK/NT.IX 199).

이 먹고 마시는 자는 자신에 대한 심판을 먹고 마시는 것입니다.[34] 30 그
래서 여러분 가운데에 몸이 약한 사람과 병든 사람이 많고, 또 이미 죽은
이들도 적지 않은 것입니다.[35] 31 우리가 자신을 잘 분별하면 심판을 받지

---

33) 바오로는 신자들에게 잘못을 저지르지 않도록 먼저 자신을 돌아보고(11,28.31) 성찬례를 거행하라고 권고한다. 곧 성찬례에 참여할 준비가 되어있는지를 스스로 성찰하면서 되돌아보라는 말이다. "돌이켜 보고(도키마제토δοκιμαζέτω)"는 "참된 이들"(11,19)을 연상시킨다(2코린 13,5–6 비교). 암브로시아스테르는 "주님의 성찬에 참여하는 이는 경건한 마음과 두려움을 지니고 거기에 참여해야 한다고 바오로 사도는 가르칩니다. 그래야 자신이 받아 모실 그 몸의 주인을 받들어 모셔야 한다는 것을 정신이 이해하게 됩니다"라고 하였다(ACCK/NT.IX 199).

34) 주님의 몸을 "분별없이(메 디아크리논μὴ διακρίνων)" 먹고 마신다는 의미는 공동체 회식에서 경제적으로 부유한 신자들이 상대적으로 가난한 신자들을 무시하는 태도를 가리킨다(1코린 11,21–22). 따라서 '부당하게' 빵을 먹고 잔을 마시는 행위와 주님의 몸을 '분별없이' 먹고 마시는 행위는 공동체 회식에서 부유한 신자들이 자신들이 가져온 음식을 미리 먹는 바람에 배고픈 사람과 술 취한 사람이 생기게 한다. 이런 잘못을 저지르는 자들은 결국 자기들에게 내려질 심판을 먹고 마시는 것이다. 그들은 스스로 분별없이 주님의 몸과 피를 먹고 마심으로써 자신들을 단죄하는 심판을 초래한다.

35) 바오로는 공동체에 몸이 약한 사람과 병든 사람이 많고 이미 죽은 이들이 적지 않은 것은 이웃 사랑을 저버린 이들의 신자답지 않은 행동에 대해 주님이 심판하신 것이라고 한다. 그는 애찬과 성찬례를 부당하게 거행함으로써 공동체에 병든 이들과 죽은 이들이 많이 발생한 것이라 여기고, 이를 하느님의 심판과 연결시킨다.

않을 것입니다.[36] 32 그러나 주님께서 우리를 심판하셔도, 그것은 우리가
이 세상과 함께 단죄받지 않도록 우리를 교육하시는 것입니다.[37]

33 그러므로 나의 형제 여러분, 여러분이 만찬을 먹으려고 모일 때에
는 서로 기다려 주십시오.[38] 34 배가 고픈 사람은 집에서 미리 먹어, 여러

---

36) 바오로는 11,31–32에서 '심판하다, 분별하다, 단죄하다' 동사들을 사용하여 신자들에게 어떻게 성찬례를 거행해야 하는지 잘 분별하라고 권면한다. '분별하다'는 11,28에 나오는 '자신을 돌이켜 보다'와 같은 뜻이다. 또 신자들이 자신을 돌이켜 보고 주님의 몸을 잘 분별한다면 심판을 피할 수 있게 된다고 충고한다.

37) 바오로는 신자들 중 일부가 몸이 약해지고 죽는 일까지 발생하는 것은 성찬례를 올바로 거행하지 않은 데 대한 심판이지만, 영원한 심판을 받지 않도록 교육하기 위한 심판이라고 한다. '교육하다'의 그리스어 '파이데우오메타*παιδευόμεθα*'는 '교정, 훈육, 징계'를 뜻한다. 곧 주님께서는 사랑하는 이들에게 회개하고 바르게 살아갈 기회를 주시기 위해 그들을 단련시키신다는 뜻이다(잠언 3,12; 히브 12,5–10 참조). 알렉산드리아의 클레멘스는 주님께서 우리를 교육하기 위해 응징하신다고 하였다. "'주님께서 우리를 심판하셔도, 그것은 우리가 이 세상과 함께 단죄받지 않도록 우리를 교육하시는 것입니다.' 일찍이 예언자도 이렇게 말했습니다. '주님께서 나를 그토록 벌하셨어도 죽음에 내버리지는 않으셨네'(시편 118,18)"(ACCK/NT.IX 200).

38) 바오로는 신자들에게 성찬례를 올바로 거행하라고 충고한다. 무엇보다도 성찬례를 거행하기 위하여 모일 때 먼저 온 신자들은 늦게 오는 신자들을 기다려 그들과 함께 음식을 나누라고 한다. 바오로는 "나의 형제 여러분"이라는 말로 신자들 모두가 그리스도 안에서 한 형제자매임을 확인시킨다.

분의 모임이 심판받는 일이 없게 하십시오. 그 밖의 것은 내가 가서 일러 주겠습니다.[39]

---

39) 바오로는 부유한 신자들에게, 배가 고파서 가난한 신자들이 공동식사 시간에 도착할 때까지 기다릴 수 없으면 집에서 미리 먹고 오라고 충고한다. 그렇게 하지 않고 그들이 지금처럼 몰지각한 행동을 하면 공동체의 의미는 사라지고 결국 심판을 받기 위해 모이는 꼴이 된다. 바오로는 그 밖에 다른 문제들에 대해서는 자신이 계획하고 있는 코린토 교회 방문 때(1코린 16,5) 일러주겠다고 한다. 이는 코린토 교회 전례 모임 때 발생한 문제, 곧 여자가 머리를 가리는 문제와 성찬례에서 발생한 불미스러운 문제 이외에 또 다른 문제들이 있었음을 암시한다. 바오로는 마케도니아를 거쳐 코린토로 가서 그곳에서 겨울을 지내게 되기를 바란다(4,19; 16,5-9).

주제 9. 초대교회의 성찬례

부활하신 예수님의 발현을 체험한 제자들이 오순절에 예루살렘 교회를 설립하면서 만든 예식이 세례와 성찬이다. 성찬례는 유다인의 회식 절차에 따라 제자들과 함께 잡수신 예수님의 최후 만찬을 본떠 만들어졌다. 초대교회의 그리스도인들은 예수님이 최후 만찬을 거행하면서 하신 말씀들을 전승을 통해 익히 알고 있었으며, 그 말씀들 속에 담겨있는 의미들을 되새겼을 뿐만 아니라 여기에다 또 다른 의미들을 덧붙여 성찬례를 거행하였다.

1. 명칭 가톨릭교회에서 전례의 핵심인 성찬의 명칭은 다양하다. 먼저, 초대 그리스도교 신앙공동체가 함께 나눈 공동체 회식을 일컬어 "주님의 만찬"(1코린 11,20)이라 하였다. 또한 회식 때 가장이나 주빈이 빵을 들고 하느님께 찬양 기도를 바친 다음 빵을 떼어 나누어 준 데에서 비롯하여 '빵을 뗌', '빵을 나눔'(루카 24,35; 사도 2,42.46; 20,7.11; 1코린 10,16)이라는 명칭이 생겨났고, 1세기 말엽부터는 '감사제'라는 명칭을 사용하기도 하였다. 오늘날 가톨릭교회에서 사용하는 '미사'라는

명칭은 5세기 중엽 통용되기 시작했는데, 그 어원의 유래와 의미는 명확하지 않지만 성찬례를 마치면서 라틴어로 '이테, 미사 에스트(Ite, missa est)'라고 말한 데서 생긴 명칭인 것 같다. 이는 미사가 끝났으니 해산하라는 선언이며, 단순히 해산을 선언한 것이 아니라 세상으로 돌아가 복음을 전하기 위해 해산하라는 말이다. 이처럼 성찬의 명칭은 다양하게 전해오고 있지만, 예수님의 최후 만찬을 이어받아 교회가 거행하는 예식인 '성만찬'을 줄여서 '성찬'이라고 표현하는 것이 적절하다고 볼 수 있다.

2. 성찬례 일시 그리스도인들은 '주간 첫날'(1코린 16,2; 참조: 루카 24,13; 사도 20,7) 또는 '일요일'(유스티누스, 『첫째 호교론』 67,3)에 모여 성찬례를 거행하였다. 그리스도인들이 일요일에 모여 성찬례를 지낸 까닭은 예수님이 금요일에 처형되시고 일요일에 부활하셨다고 여겼기 때문이다(『첫째 호교론』 67,7). 그래서 1세기 말엽부터 주간 첫날 또는 일요일을 일컬어 '주님의 날'(『열두 사도들의 가르침』 14,1)이라 하였다. 당시 유다인의 일요일은 토요일 저녁 해가 질 때부터 일요일 저녁 해가 질 때까지를 말한다. 초창기 유다계 그리스도인들은 유다교의 시간 개념에 따라 일요일 낮보다는 토요일 저녁에 모여 성찬례를 거행하였다(루카 24,29-30; 사도 20,7 참조). 그러다가 시대가 바뀌면서 성찬례 거행 시간이 일요일 아침으로 바뀌었다. 비티니아 속주의 총독 플리니우스 2세가 112년경 트라야누스 황제에게 그리스도인들의 실태를 보고한 서간에는, 비티니아 지방 그리스도인들은 일요일 새벽 해가 뜨기 전에 모여 미사를 드리고 헤어졌다가 점심때나 저녁때 다시 모여 함께 회식(애찬)을 가졌다고 기록되어 있다(『서간집』 *Epistulae* 10권 제96신 7항).

3. 성찬례 장소 313년에 콘스탄티누스 대제가 신앙의 자유를 선언하기 전까지는 건물로서의 교회가 없었다. 그리스도인들이 신앙의 자유를 얻지 못한 까닭에 숨어 지내야 하는 상황이었고 교회를 지을 형편도 못 되었기 때문이다. 따라서 로마 박해 때에는 지하 묘지에 숨어서 성찬례를 거행하였고 박해가 덜할 때면 신자들 집에서 성찬례를 거행하였다. 초창기 그리스도교 신자들은 집집마다 돌아가면서 성찬례를 거행하였다(사도 2,46-47 참조). 교회는 본래 건물에서 형성된 공

동체가 아니라 가정에서 모인 신앙공동체였다(로마 16,5; 1코린 16,19; 콜로 4,15; 필레 2절 참조).

4. 성찬례 주례 30년경 오순절 성령강림 사건으로 시작된 예루살렘 모교회의 지도자들은 열두 사도와 일곱 봉사자였다. 이들 다음으로 예루살렘 교회를 돌본 이들은 원로들이다(사도 11,30; 15,2.4.6.22.23; 16,4; 21,18). 예루살렘 모교회에서는 주로 이들이 성찬례를 집전했을 것으로 추정된다. 44년경 시리아의 안티오키아에 세워진 공동체에서는 바르나바와 바오로가 교회를 돌보았다. 바오로가 45년부터 58년경까지 지중해 주변의 여러 도시에 세운 교회에서 사도들과 선교사들이 많이 생겼다. 따라서 어느 지역교회에 사도가 방문했을 때는 그가 성찬례를 집전했겠지만, 사도가 없는 공동체에서는 그 지역교회의 연장자나 원로, 주빈이 집전했을 것이다. 코린토 교회 신자들은 바오로가 없을 때는 자기들끼리 성찬례를 거행하였다(1코린 11,17-22). 이처럼 신약 시대에는 교계제도가 확립되지 않았기 때문에 지역교회마다 교회 지도자들의 직분 이름이 달랐다.

바오로 친서에 나타난 교직자들

- '감독들과 봉사자들'(필리 1,1)
- '애쓰며 주님 안에서 여러분을 이끌고 타이르는 이들'(1테살 5,12)
- '첫째가 사도들이고 둘째가 예언자들이며 셋째가 교사들'(1코린 12,28)

차명 서간에 나타난 교직자들

- '어떤 이들은 사도로, 어떤 이들은 예언자로, 어떤 이들은 복음 선포자로, 어떤 이들은 목자나 교사로'(에페 4,11)

사목 서간에 나타난 교직자들

- '감독'(1티모 3,1-7; 티토 1,7-9)
- '봉사자들'(1티모 3,8-13)
- '원로들'(1티모 5,17-22; 티토 1,5-6)

* 『열두 사도들의 가르침』이 쓰인 100년경 시리아 교회에는 두 부류의 교회 지도자들이 있었다. 첫째 부류는 사도들과 예언자들로서 이들은 성령의 영

감을 받아 이 교회 저 교회로 떠돌아다니면서 복음을 전했던 떠돌이 선교사들이다(11; 13장). 둘째 부류는 지역교회에서 뽑힌 교회 책임자들로서 감독들과 봉사자들이다(15장). 사도들과 예언자들이 교회에 찾아올 때면 그들이 성찬례를 집전하고(10,7) 그들이 없을 때는 감독들과 봉사자들이 그 직무를 이행하였다(15,1).

* 110년경 안티오키아의 주교 이냐시우스가 쓴 '스미르나인들에게 보내는 편지' 8,1-2에 현행 가톨릭교회의 교계제도와 유사한 성직 계급이 비로소 나타난다. 이 편지에 따르면 110년경에 이미 교회에는 세 부류의 성직자들, 곧 주교(에피스코포스*ἐπισκόπος*)와 사제(프레스비테리오스*πρεσβύτεριος*) 그리고 부제(디아코노스*διακόνος*)가 있었다. 이냐시우스는 스미르나 교회에 편지를 보내면서 주교와 주교가 지정하는 사람만이 성찬례를 집전할 수 있다고 하였다(박미경 역주 2000, 123-124).

5. 성찬례 절차 30년 예루살렘에서 탄생한 모교회는 예수님의 최후 만찬을 본떠 성찬례를 거행하였다. 신자들은 토요일 저녁에 모여서 최후 만찬 순서에 따라 주례자가 빵을 들고 찬양 기도를 바친 다음 신자들에게 나누어 주면서 다 같이 저녁 식사를 하고(본식), 끝에 가서 또다시 주례자가 포도주 잔을 들고 찬양 기도를 바친 다음 신자들이 마시게 했을 것이다(후식). 이와 같은 순서로 진행된 성찬례에 관한 전거는 남아있지 않지만 1코린 11,17-22을 통하여 성찬례와 식사가 함께 거행되었음을 추정할 수 있다. 코린토 교회 신자들은 식사(애찬)를 먼저 하고 성찬례를 거행했을 것이다. 100년경에 쓰인 시리아 지방의 교회 규범서 『열두 사도들의 가르침』 9—10장은 애찬기이고 14장은 성찬기다. 특히 9,1—10,6에 나오는 감사 기도문은 공동체 식사 때 드린 기도이고, 그 식사에 이어 예언자들의 주례로 성만찬을 집전했다(10,7). 100년경 시리아 교회에서도 신자들은 애찬을 하고 이어서 성찬례를 거행하였다. 애찬과 성찬례가 완전히 분리되기 시작한 첫 번째 전거는 총독 플리니우스 2세가 112년경 트라야누스 황제에게 보낸 편지에 나타난다. 더 확실한 증거는 100년경 사마리아의 플라비아 네인폴리스(나블루스)에

4. 은사 문제(12,1—14,40)[1)]

서 태어나 165년경에 순교한 유스티누스가 155년경에 써서 안토니우스 피우스 황제에게 보낸 『첫째 호교론』 65, 67장이다. 이는 현존하는 문헌들 가운데 성찬례 절차를 상세하게 전하는 첫 번째 근거로, 식사에 관한 언급은 없다. 이에 따르면 155년경 지역교회에서는 공동식사(애찬)가 없어지고 성찬례만이 거행되었는데, 성찬례는 세례식에 이어서 거행되었고 예수님의 최후 만찬의 기본 절차를 이루는 행위와 말씀을 중심으로 세 부분, 곧 예물 준비, 찬양 기도, 영성체 순으로 구성되었다고 한다. 또한 일요일에 거행된 성찬례를 보도하는데, 2세기 초엽부터 성찬례 앞에 있던 공동식사가 사라지면서 그 자리에 말씀 전례가 성찬례의 고정 요소로 정착되었음을 보여준다.

(1) 독서: 사도들의 회고록이나 예언자들의 책들을 읽는다.

(2) 강론: 모임의 지도자는 복음서들과 예언서들의 행적을 본받도록 모든 이를 훈계하고 권면하는 강론을 한다.

(3) 공동 기도: 강론이 끝난 후에 모두 함께 일어서서 기도를 바친다.

(4) 말씀 전례가 끝난 뒤에 성찬례가 이어진다.

이 『첫째 호교론』 65, 67장에는 오늘날 가톨릭교회에서 거행되는 미사와 비슷한 요소들이 많이 나타나 있다. 특히 성찬례가 그리스도교 예배의 중심을 이루게 되었고, 주님의 부활을 기념하는 주일마다 신자들이 함께 모여 이를 거행하였다. 따라서 현행 가톨릭교회의 성찬례는 2세기 초부터 그 모습을 갖추기 시작했다고 볼 수 있다.

1) 바오로는 코린토 1서에서 신자들이 보내온 질문들에 답변할 때면 '페리 데(περὶ δέ, …에 관하여)' 형식을 즐겨 사용한다(7,1.25; 8,1; 12,1; 16,1.12). 바오로가 여기에서 다루는 영의 은사 문제도 신자들이 보낸 질문들 가운데 하나다. 12—14장에는 여러 은사와 직분에 관한 내용이 실려있는데, 신자들이 이 은사들 모두에 대해 질문했다고 보기는 어렵다.

하나이신 성령과 여러 은사[2)]

12 1 형제 여러분, 나는 여러분이 성령의 은사에 관해서도 알기를 바
랍니다.[3)] 2 여러분이 이교인이었을 때에[4)] 말도 하지 못하는 우상

아마도 어느 한 가지 은사로 인하여 공동체에 문제가 생겼고, 그 때문에 신자들이 바오로에게 질의서를 써 보냈을 것이다. 코린토 교회의 상황으로 미루어 볼 때 질의서에는 신령한 언어를 말하는 은사에 대한 질문이 있었을 것이다. 이 신령한 은사를 개신교에서는 방언이라 부른다. 신령한 언어는 '혀'를 뜻하는 그리스어 '글로싸*γλῶσσα*'와 '말'을 뜻하는 '랄리아*λάλια*'로 이루어진 합성어로, 성령의 작용에 의하여 혀로 말하는 소리를 의미한다. 코린토 교회 신자들 중 일부는 전에 이교도였을 때 코린토와 인접한 델포이의 아폴로 신전에서 행해진 신탁을 받으려고 여자 점쟁이 피티아에게 찾아가곤 하였다. 당시 피티아는 월계수 잎사귀를 씹으며 무의식 상태에서 알아들을 수 없는 말을 하기도 하고 괴성을 지르기도 하였다. 이것을 신탁이라고 하는데, 이 신탁을 풀이하는 시인이 그 내용을 육각운율시Hexameter로 적어서 신탁을 받으러 온 이들에게 주었다(Ortkemper 1993, 130).

코린토 신자들 가운데에는 이러한 현상과 비슷한 신령한 언어 은사에 탐닉하여 이해하기 어려운 말을 하는 이들이 있었다. 신령한 언어를 구사하는 이들은 마치 대단한 능력을 소유한 것처럼 우쭐대며 신령한 언어를 구사하지 못하는 신자들을 깔보았다. 반면에 신령한 언어를 구사하지 못하는 이들은 신령한 언어로 말하는 이들을 정신 나간 사람으로 취급하였다. 이로 인하여 공동체 안에 갈등과 분열이 생겼다. 바오로는 이러한 공동체의 실상을 접하고서 신령한 언어에 대한 생각을 밝히는 기회에 성령의 은사들(카리스마타*χαρίσματα*)에 대해 포괄적으로 서술한다. 12장은 성령의 은사 아홉 가지와 직무들 그리고 은사의 다양성

과 은사가 주어지는 목적에 대해 언급한다. 또한 어떤 은사가 성령의 작용에 따른 것인지 식별하는 기준을 제시한다. 12,8–10은 '은사 목록'을 12,28–30은 '직무 목록'을 다룬다.

2) 바오로는 신자들이 한 분이신 성령과 성령께서 베푸시는 은사에 관해서 알기를 바라고 있다. 그는 신자들이 이교인이었을 때 우상을 섬기던 모습을 상기시킨 뒤에 이제는 그들이 성령으로 말미암아 그리스도 안에서 새로운 사람이 되었다고 한다.

3) 바오로는 '나는 여러분이 모르고 지내는 것을 바라지 않습니다' 라는 표현(10,1 주해 참조)과 함께 새로운 주제인 성령의 은사 문제를 다룬다. "성령의 은사"로 번역된 그리스어 '프네우마티콘πνευματικῶν'은 속격 복수형으로 남성 복수('영적인 사람들')도 되고 중성 복수('영적인 것들')도 된다. 은사 문제를 다루는 14,1에서 같은 낱말이 중성 복수(프네우마티카πνευματικά)로 사용된 점으로 미루어 여기서도 중성 복수로 사용되었을 것이다. 하지만 바오로가 같은 낱말을 '영적인 사람들'(2,15; 3,1; 12,3.7–11.28–30; 14,37)로도, '성령의 은사들'(12,4.9.31; 14,1)로도 사용하고 있기에 어느 하나로 결론짓기는 어렵다. 따라서 이 낱말은 문맥에 따라 이해해야 한다. 곧 12,4–6과 연결하면 '성령의 은사들'로, 12,7–11과 연결하면 '성령의 사람들'로 이해할 수 있다. 형식 면에서는 중성 복수인 성령의 은사들이 더 자연스럽고, 내용 면에서는 남성 복수인 영적인 사람들이 더 잘 어울린다. 어느 번역을 택해도 의미상에는 별 차이가 없다. 영적인 사람들이란 곧 성령의 은사를 받은 이들이기 때문이다.

4) 바오로는 신자들이 이교인이었을 때 어떻게 처신했는지를 상기시킨다(갈라 4,8; 1테살 1,9; 4,5). "이교인(에트네ἔθνη)"은 이스라엘의 하느님을 공경하지 않는 이들을 가리킨다(LXX 신명 18,9; 2열왕 17,8; 지혜 14,11; 15,15; 로마 3,29; 9,24; 11,13; 15,10). 코린토 교회 신자들 가운데는 유다인들도 있었지만 대다수는 이교인들이었다(사도 18,8).

들에게 이끌려 정신없이 휩쓸렸다는 것을 여러분은 알고 있습니다.[5] 3 그래서[6] 내가 여러분에게 일러둡니다. 하느님의 영에 힘입어 말하는 사람은 아무도 "예수는 저주를 받아라" 할 수 없고, 성령에 힘입지 않고서는 아무도 "예수님은 주님이시다" 할 수 없습니다.[7]

---

5) 코린토 교회 신자들은 이전에 하느님을 알지 못했기 때문에 말도 하지 못하는 우상들에게 이끌리곤 하였다. "말도 하지 못하는 우상들(타 에이돌라 타 아포나τὰ εἴδωλα τὰ ἄφωνα)"이라는 말은 유다인들이 주님과 비교하여 이방인의 우상들을 조소할 때 사용한 표현이다(1열왕 18,26–29; 시편 115,4–8; 이사 46,7; 바룩 6,7; 하바 2,18). 이는 바오로가 황홀경 상태에서 자신도 이해하지 못하는 소리인 신령한 언어를 말하는 이들을 겨냥해서 한 말이다. 바오로는 신자들이 성령의 은사를 받고서 보여준 행동이 마치 이교인이었을 때 행한 열광주의적 현상과 비슷하다고 한다. 암브로시아스테르는 '바오로가 신자들에게 예전에 살아가던 방식을 상기시킨 이유는 사람 손으로 만든 우상을 섬기며 마귀들의 뜻에 따라 이리저리 끌려다니던 그들이 이제 하느님을 섬기는 이들이 되었으니 하느님 마음에 들도록 율법의 본보기를 따라 살게 하기 위해서'라고 하였다(ACCK/NT.IX 202).

6) 바오로는 신자들이 보내온 질문에 대하여 "그래서(디오διό)"로 답변을 시작한다. 이는 앞 절에서 언급한 '여러분도 알고 있는 지식'에 비추어 말하겠다는 표현이다.

7) 바오로는 이미 "하느님의 영"(1코린 2,10–11.14; 7,40), "하느님에게서 오시는 영"(2,12), '여러분 안에 계시는 하느님의 영'(3,16) 그리고 "우리 하느님의 영"(6,11)에 대해 언급하였다. 그는 하느님의 영에 힘입어 말하는 이는 누구나 나자렛 예수님에 대해서 저주의 말을 할 수 없다고 한다. 바오로는 2코린 8,1과 갈라 1,11에서처럼, "여러분에게 일러둡니다"라는 말(1코린 15,1 참조)로 은사 문제에 대한 논의를 시작하면서 참된 은사와

4 은사는 여러 가지지만 성령은 같은 성령이십니다.[8] 5 직분은 여러 가

가짜 은사를 구분하는 기준을 제시한다. 곧 하느님의 영에 힘입어 "예수님은 주님이시다"라는 신앙 고백이 동반되면 참된 은사요, "예수는 저주를 받아라"라는 말이 동반되면 가짜 은사라는 것이다(로마 12,6 참조).

하느님의 영에 힘입은 사람이 '예수는 저주를 받아라(아나테마 예수스'Ἀνάθεμα Ἰησοῦς)'라고 말할 수 없다는 것은 당연한데, 바오로가 굳이 이런 표현을 사용한 이유에 대하여 다양한 해석이 제시되었다. 우선 이 구호는 나무에 매달린 사람은 하느님의 저주를 받은 자라는 유다교의 개념(신명 21,22-23)을 확대해석한 것이라고 한다. 이 신명기에 나오는 저주는 갈라 3,13에서 십자가에 달리신 그리스도에게 적용되고 있다. 또 로마제국 당시 황제숭배로 인하여 박해를 받는 그리스도인들에게 '예수는 저주를 받으라'고 선언하도록 강요한 데서 온 구호라고도 한다. 그리고 황홀경 상태에 빠진 그리스도인들이 영지주의 사상에 젖어 하늘 그리스도만을 믿고 땅 예수에 대해서는 저주했던 모습을 연상시키는 말일 수도 있다고 한다. 하지만 어떠한 해석도 받아들이기에는 근거가 부족하다. '예수는 저주를 받으라'는 저주문은 바오로가 '예수님은 주님이시다'라는 신앙 고백문을 강조하기 위하여 삽입한 수사학적인 표현으로 볼 수 있다. 암브로시우스는 "성령에 힘입지 않고서는 '예수님은 주님이시다' 할 수 없다면, 성령에 힘입지 않고서는 주님을 전할 수 없는 것이 확실합니다"라고 하였다(ACCK/NT.IX 203).

8) 바오로는 1코린 12,4-6에서 은사와 직분과 활동의 다양성에 대해 언급한다. 이 단락에서 각각 세 번씩 반복되는 "여러 가지(디아이레세이스διαιρέσεις)"와 "같은(토 아우토τὸ αὐτό/호 아우토스ὁ αὐτός)"이라는 표현은 은사의 다양성과 그 은사를 베푸시는 분과의 관계를 잘 보여준다. '여러 가지'는 은사, 직분, 활동을, '같은'은 성령, 주님, 하느님을 수식하여, 은사와 직분과 활동의 다양성이 성령, 주님, 하느님이라는 삼위일체의 형

지지만 주님은 같은 주님이십니다.[9] 6 활동은 여러 가지지만 모든 사람 안에서 모든 활동을 일으키시는 분은 같은 하느님이십니다.[10] 7 하느님께서

태로 제시된다. 곧 모든 은사는 성령께서, 모든 직분은 주님께서, 모든 활동은 하느님께서 베푸신다는 것이다.

바오로는 성령께서 주시는 선물을 '은사들(카리스마타χαρίσματα)'이라고 부른다. 곧 은사는 사람의 노력으로 얻은 것이 아니라 성령께서 각자에게 베풀어 주시는 선물이다. 성령은 한 분이시지만 은사는 받는 이들이나 공동체의 필요에 따라서 각각 다르게 나타난다. '여러 가지'로 번역된 그리스어 '디아이레세이스'는 신약성경에서 오직 이 단락에만 나오는데, '차이, 다양성' 등을 의미한다. 곧 성령은 같은 성령이시지만 성령께서 주시는 선물인 은사는 여러 가지라는 뜻이다. 요한 크리소스토무스는 '여러분이 받은 은사가 다른 사람이 받은 은사와 다르다 하더라도 그것을 주신 분은 같은 분이시므로 여러분과 그 사람은 같은 샘의 물을 마신 것이기 때문에 똑같은 영예를 받은 것'이라고 하였다(ACCK/NT.IX 205).

9) "직분"은 그리스어로 '디아코니아διακονία'이며, 섬기는 일, 곧 봉사의 직책을 뜻한다. 섬기는 직책은 여러 가지지만 섬김의 대상인 주님은 오직 한 분, 같은 주님이시다. 로마 12,7에서 바오로는 직분을 공동체를 위한 봉사로 언급한다. 1코린 3,5에서는 직분이 아폴로와 바오로에게 일꾼이라는 의미로 사용되었다. 16,15에서 직분은 스테파나스와 그 집안 사람들의 직무로 언급된다. 2코린 4,1; 5,18; 6,3에서는 직분이 바오로 자신의 직무를 가리킨다. 직분은 사람에 따라, 공동체의 필요에 따라 서로 다른 모습으로 나타나지만, 그 모든 직분은 주님에게서 나왔으니 궁극적으로 주님을 위해 사용해야 한다. 그리스도인은 주님의 종이기 때문이다(로마 1,1; 1코린 4,1 참조).

10) "활동"으로 번역된 그리스어 '에네르게마ἐνέργημα'는 신약성경에

각 사람에게 공동선을 위하여 성령을 드러내 보여주십니다.[11] 8 그리하여

서 오직 이곳과 10절에만 나오는데, '직분'과는 성격이 다른, 공동체의 유익을 증진하기 위해 수행하는 '일'을 뜻한다. '활동' 역시 은사와 직분처럼 사람에 따라 공동체의 필요에 따라 다르게 나타난다(갈라 2,8; 필리 2,13 참조). 이러한 활동은 하느님에 의해 신자들에게 베풀어진다(로마 5,11; 2코린 3,3; 5,18 참조). "같은 하느님"은 "같은 성령"(1코린 12,4), "같은 주님"(12,5)과 함께 삼위일체의 신적인 원천을 연결한다.

11) 바오로는 12,7–11에서 은사가 주어지는 목적과 다양한 은사 아홉 가지를 언급한다. 이 은사 목록은 12,28–30에 나오는 은사 목록과 유사하다. 두 은사 목록은 내용이 일치하지 않으며 순서도 다르게 나오지만 한 가지 공통점은 신령한 언어 은사와 그 해석의 은사가 은사 목록의 맨 마지막에 나온다는 것이다.

바오로는 12,3에서 은사들이 참된 은사인지 거짓 은사인지를 구분하는 그리스도론적 기준을 제시했는데, 여기서는 교회론적 기준을 언급한다. 곧 공동선에 도움이 되면 참된 은사요, 공동선을 해치면 거짓 은사다. 바오로는 "각 사람에게(헤카스토ἑκάστῳ)"와 "공동선을 위하여(심페론συμφέρον)"에 강조점을 둔다. 은사는 개인보다는 공동체의 유익을 위해 주어진다는 것이다. '각 사람'은 다양성뿐만 아니라 개별성을 가리킨다. 바오로는 공동체에서 한 사람도 빠짐없이 모두가 은사를 받았다고 생각한다. 성령은 모두에게 다른 방식으로 작용한다. '드러내심' 명사가 중요한 의미를 갖는데, "성령의 열매"(갈라 5,22)와 다르지 않다.

"성령을 드러내 보여주십니다"의 그리스어 본문은 '헤 파네로시스 투 프네우마토스ἡ φανέρωσις τοῦ πνεύματος'인데, 여기서 성령은 주격으로도 목적격으로도 번역이 가능하다. 주격으로 번역하면 '성령이 자기 자신을 드러내신다'라는 뜻이고, 목적격으로 번역하면 '하느님께서 성령을 드러내신다'라는 뜻이 된다. 아마도 성령이 공동체에 속한 다른 사람들

어떤 이에게는 성령을 통하여 지혜의 말씀이, 어떤 이에게는 같은 성령에 따라 지식의 말씀이 주어집니다.[12]
9 어떤 이에게는 같은 성령 안에서 믿음이,

에게 은사들을 주심으로써 당신을 드러내 보이신다는 뜻일 것이다(2코린 4,2 참조). 암브로시아스테르는 '사람이 은사를 받는 것은 선한 행실의 본보기를 보임으로써 자신과 다른 이들에게 유익을 주기 위해서'라고 하였다(ACCK/NT.IX 207).

12) 바오로는 1코린 12,8−10에서 공동선을 위하여 주어지는 은사 아홉 가지를 열거한다. 이 은사 목록은 로마 12,6−8과 에페 4,11−13에도 나오지만, 내용에 차이가 있다. 이는 바오로가 아홉 가지 은사 외에 또 다른 은사들을 알고 있었음을 보여준다. 바오로가 이 은사들의 가치 서열을 염두에 두고 의도적으로 분류하였는지는 명확하지 않으나 은사 목록이 비체계적인 것만은 분명하다. 여기에 나열된 은사들은 말씀 선포 기능을 가진 지혜의 말씀과 지식의 말씀 은사, 초자연적인 능력을 발휘하는 믿음, 치유, 기적 은사, 그리고 의사소통과 관계되는 예언, 영들의 식별, 신령한 언어, 신령한 언어 해석 은사다.

여기서 지혜의 말씀 은사와 지식의 말씀 은사의 차이를 분명하게 구분하기란 쉽지 않다. 바오로가 친서에서 '지혜'를 언급한 곳은 로마 11,33을 제외하면 모두 1코린 1—2장에 집중되어 있다. '지식'도 친서 가운데 주로 코린토 1·2서에 부분적으로 나오는 점으로 미루어 지혜와 마찬가지로 바오로의 사상에 있어서 그리 큰 비중을 차지하지는 않은 것 같다. 이 지혜의 말씀 은사와 지식의 말씀 은사에 대해서는 두 은사를 같은 은사로 보는 주장과 다른 은사로 보는 주장이 서로 팽팽하게 맞선다. 그런데 바오로는 지혜와 지식을 이곳저곳에서 서로 다르게 사용하고 있으므로 서로 다른 은사로 구분하여 언급했다고 볼 수 있다. '지혜의 말씀 은사'는 1코린 2,6−13과 관련하여 이해하면 하느님의 신비롭고 또 감추어져 있던 지혜, 곧 하느님의 구원 계획과 구원 혜택을 다른

어떤 이에게는 그 한 성령 안에서 병을 고치는 은사가 주어집니다.[13] 10 어

이들에게 전하는 능력을 가리킨다. '지식의 말씀 은사'는 8,1–11과 관련하여 이해하면 복음의 원리를 깨닫게 되는 방편을 가리킨다. 지식의 기초는 한 분이신 하느님을 아는 것이고 그리스도를 주님으로 고백하는 것이다. 바오로는 지식에 대하여 때로는 부정적으로 언급하기도 하고(8,1.7.10.11; 13,8), 긍정적으로 언급하기도 하였다(1코린 1,5; 2코린 2,14; 6,6; 8,7; 10,5; 11,6). 아우구스티누스는 '지혜는 거룩한 일들에 관한 지식을, 지식은 인간의 학문을 가리킨다'고 하였다(ACCK/NT.IX 207). 그런가 하면 가발라의 세베리아누스는 "'지혜의 말씀'은 하느님께서 예언자들과 복음사가들을 통해 말씀하신 것을 이해하고, 귀 기울이는 이들에게 그것을 전달하는 것을 뜻합니다. '지식의 말씀'은 잊힌 일들을 드러내는 것, 곧 그것을 처음으로 깨닫고 다른 이들과 나누는 것을 뜻합니다"라고 하였다(ACCK/NT.IX 207).

13) "어떤 이에게는(헤테로ἑτέρῳ)", '다른 이에게는(알로ἄλλῳ)'이라는 표현은 하나의 공동체 안에는 각자 다양한 은사를 받은 사람들이 함께 모여있음을 의미한다.

"믿음"은 일반적으로 그리스도교 신앙을 뜻하며 모든 이들에게 주어지는 것으로(로마 1,16; 3,22) 특히 로마서와 갈라티아서의 중심 주제이기도 하다. 이 경우의 믿음은 인간을 구원하는 믿음이다. 하지만 은사 목록에 언급된 믿음은 이와 같은 그리스도인들의 보편적인 믿음이라기보다 '산을 옮길 만한 믿음'(마태 17,20; 루카 17,6; 1코린 13,2)을 뜻한다. 따라서 이 믿음의 은사는 이어서 나오는 병을 고치는 은사와 기적을 일으키는 은사 부류에 속한다고 할 수 있다. "병을 고치는 은사"는 바오로 서간에 거의 나오지 않는 표현이다. '치유'라는 그리스어 명사 '이아마ἴαμα'는 신약성경에서 오직 코린토 1서에만 세 번 나오는데(1코린 12,9.28.30), 모두 은사 목록에서 사용되었다. 동사인 '이아오마이ἴαομαι'는 복음서와

떤 이에게는 기적을 일으키는 은사가, 어떤 이에게는 예언을 하는 은사가, 어떤 이에게는 영들을 식별하는 은사가, 어떤 이에게는 여러 가지 신령한 언어를 말하는 은사가, 어떤 이에게는 신령한 언어를 해석하는 은사가 주어집니다.[14] 11 이 모든 것을 한 분이신 같은 성령께서 일으키십니다. 그분께서

사도행전에서 자주 사용되지만, 바오로 친서에는 나오지 않는다. 병을 고치는 은사는 믿음의 구체적인 표현으로서 복음서와 사도행전에 빈번히 나오는 치유 이적들을 반영한다. 지혜와 지식의 은사, 믿음의 은사는 단수로 표현된 반면, 병을 고치는 은사는 복수(이아마톤ἰαμάτων)로 표현되었는데, 아마도 병의 종류가 다양한 것처럼 병을 고치는 은사도 다양하기 때문일 것이다.

14) 이 절에는 모두 다섯 가지 은사가 나오는데, 여기서는 기적을 일으키는 은사와 영들을 식별하는 은사만 살피고 나머지 세 가지 은사는 14장에서 다루기로 한다. "기적을 일으키는 은사(에네르게마타 디나메온ἐνεργήματα δυνάμεων)"는 직역하면 '능력의 일들'이다. '능력'이라는 낱말은 신약성경에서 종종 놀라운 행동 또는 예수님의 기적을 표현할 때 사용된다(마태 7,22; 11,20.21.23; 13,54.58; 마르 6,2; 루카 10,13; 19,37). 그리스도교 공동체에서 행해진 기적에 관한 보도는 신약성경에 자주 나온다. 이 기적을 일으키는 은사는 믿는 이들에게 주어지는 하느님의 특별한 은사지만 구체적으로 어떤 종류의 기적을 가리키는지는 분명하지 않다. 바오로 친서에는 '능력(디나미스δύναμις)'이라는 낱말이 서른여섯 번 나온다. 이는 하느님의 능력, 성령의 능력 그리고 복음의 능력을 뜻한다. 하느님의 능력은 예수 그리스도를 부활시키는 능력이고, 성령의 능력은 세상의 권세와 죄와 죽음으로부터 믿는 이들을 해방시키는 능력이다. 복음의 능력은 믿는 이들에게 구원을 가져다주는 능력이다. 따라서 바오로 친서에 나오는 능력은 문맥상 의미로 미루어 볼 때 초자연적인 기적을 의미하지 않는다. 그러나 바오로가 은사 목록에서 기적을 일으키

는 은사를 언급한 것으로 보아 이 은사는 치유와 구마 이적 그리고 자연 이적 등 기적으로 일컬어지는 모든 종류의 초자연적인 은사를 포함한다고 보아야 한다.

"영들을 식별하는 은사"는 어떤 은사가 하느님의 영으로부터 온 것인지, 아니면 악령으로부터 온 것인지를 식별하는 은사다. 영들을 식별한다는 표현은 신약성경에서 오직 이곳에만 나온다. 1요한 4,1에 비슷한 표현이 실려있다. "사랑하는 여러분, 아무 영이나 다 믿지 말고 그 영이 하느님께 속한 것인지 시험해 보십시오. 거짓 예언자들이 세상으로 많이 나갔기 때문입니다." 이 말씀에서 보면 영들을 식별하는 은사는 예언자들이 참예언자인지 거짓 예언자인지 식별하는 은사를 가리킨다(1코린 14,29; 1테살 5,19-21 참조). 『열두 사도들의 가르침』 11,7-10에도 예언자들을 식별하는 기준이 언급된다. '영으로 말하는 모든 예언자를 여러분은 시험하거나 판단하지 마시오. 사실 모든 죄가 용서받겠지만, 그런 죄는 용서받지 못할 것입니다. 영으로 말한다고 해서 다 예언자가 아니고 오직 주님의 생활 태도를 지녀야만 예언자입니다. 거짓 예언자와 (참)예언자는 그 생활 태도로써 밝혀질 것입니다. 식탁을 (마련하라고) 영으로 명하는 모든 예언자는 바로 그 식탁에서는 먹지 않습니다. 만일 먹는다면 그는 거짓 예언자입니다. 진리를 가르치는 모든 예언자가 만일 가르치는 것들을 행하지 않는다면 그는 거짓 예언자입니다.'

따라서 영들을 식별하는 은사는 예언자들의 예언이 성령의 영감을 받은 것인지 아니면 악령이나 인간들의 작용인지 분별하는 능력을 뜻한다. 신약성경에는 '식별(디아크리시스διάκρισις)'이라는 낱말이 세 번 나오는데, 이곳을 제외하면 로마 14,1과 히브 5,14에 나온다. 로마서에서는 '판단, 의심'의 의미로 사용되었다. 여기서 '식별'을 은사로 보는 관점이 독특하다. 이는 은사를 받지 못하면 식별을 할 수 없다는 뜻이기도 하다. 이러한 점에서 식별의 은사도 하느님의 영에 의해 주어지는 은사다. 오

는 당신이 원하시는 대로 각자에게 그것들을 따로따로 나누어 주십니다.[15)]

하나인 몸과 여러 지체[16)]

12 몸은 하나이지만 많은 지체를 가지고 있고 몸의 지체는 많지만 모두 한

리게네스는 "영적 은사가 주어질 때에 어떤 이들에게는 '영들을 식별하는' 능력이 주어지기도 합니다. '아무 영이나 다 믿지 말고 그 영이 하느님께 속한 것인지 시험해 보십시오'(1요한 4,1)라는 사도의 말도 있듯이, 영들을 식별하는 능력도 영적 은사입니다"라고 하였다(ACCK/NT.IX 208).

15) 바오로는 다양한 은사들을 나열한 뒤, 이 은사들의 원천을 언급한다. 은사는 다양하지만 그 원천은 "한 분이신 같은 성령"이시다. "이 모든 것(πάντα δὲ ταῦτα)"은 바오로가 1코린 12,4–10에서 제시한 은사들을 가리킨다. 모든 은사는 하느님의 호의에 따라 주어지는 은총의 표시다. 따라서 어느 누구도 자신이 받은 은사를 자랑해서는 안 된다. 은사는 한 분이신 같은 성령께서 주시는 선물이기에 은사들 사이에는 우열이 없고 오직 다양성과 상호존중만이 있을 뿐이다. 바오로는 모든 은사는 오직 한 분 하느님(성령, 주님, 아버지)으로부터 나온 것으로 공동선(12,7)을 위해 바르게 사용해야 한다고 강조한다. 아우구스티누스는 '어떤 이는 이런 은사를 받고 또 어떤 이는 저런 은사를 받지만 각 사람은 각자에게 적절한 것을 나누어 주시는 성령, 곧 은사 그 자체이신 분을 모시고 있다'고 하였다(ACCK/NT.IX 210).

16) 바오로는 이 단락에서 12,4–11에서 언급한 은사의 다양성과 그 원천의 단일성 문제를 교회론적 관점에서 다룬다. 곧 교회의 단일성과 다양성의 관계를 '하나의 몸(토 소마 헨τὸ σῶμα ἕν)'과 '많은 지체(멜레 폴라 μέλη πολλά)'라는 비유를 통해 설명한다. 12,14.19.20은 하나의 몸 안에서 많은 지체들이 관계를 맺는 방식을 언급하고, 12,15–18은 몸과 지체

몸인 것처럼, 그리스도께서도 그러하십니다.[17] 13 우리는 유다인이든 그리스인이든 종이든 자유인이든 모두 한 성령 안에서 세례를 받아 한 몸이 되었습니다. 또 모두 한 성령을 받아 마셨습니다.[18]

의 기능과 역할에 관해 설명한다. 하느님께서 사람 몸을 짜 맞추셔서 부족한 지체에게 더 큰 영예를 주신 이유는 몸에 분열이 생기지 않고 지체들이 서로 돌보게 하기 위함이라는 것이다(12,24-25). 따라서 코린토 교회 신자들 한 사람 한 사람은 그리스도의 몸에 속한 지체이므로(12,27) 서로 돌봐야 한다.

17) 바오로는 '하나와 많음' 논법을 사용하여 '한' 몸 안에 있는 '많은' 다른 지체들에 관한 예들을 언급한다. 바오로는 다양한 은사를 가진 그리스도인들이 모이는 교회 공동체를 많은 지체들로 이루어진 하나의 몸에 비유한다. 하나의 몸에 속한 지체들은 그 고유한 역할이 통일성을 이루어 일체감을 느끼게 하듯이, 그리스도의 몸인 교회도 여러 지체로 이루어진 하나의 몸이다.

"그리스도께서도 그러하십니다"는 로마 12,4-5에 나오는 그리스도의 몸으로서의 교회를 떠올리게 한다. "우리가 한 몸 안에 많은 지체를 가지고 있지만 그 지체가 모두 같은 기능을 하고 있지 않듯이, 우리도 수가 많지만 그리스도 안에 한 몸을 이루면서 서로서로 지체가 됩니다." 1코린 12,27에서는 그리스도인을 "그리스도의 몸"이라고 한다. 이는 바오로가 이미 6,15("여러분의 몸이 그리스도의 지체라는 것을 모릅니까? 그런데 그리스도의 지체를 떼어다가 탕녀의 지체로 만들 수 있겠습니까? 결코 그럴 수 없습니다")에서 언급한 말이다. 키루스의 테오도레투스는 "바오로의 말은 몸에 많은 지체가 있고 그 가운데는 더 중요한 것들이 있는 것처럼 교회도 그렇다는 것입니다. 그렇지만 모든 지체가 다 필요하고 쓸모 있습니다"라고 하였다(ACCK/NT.IX 212).

18) 바오로는 누구나 세례를 받으면 모두 한 성령을 받아 그리스도

14 몸은 한 지체가 아니라 많은 지체로 되어있습니다.[19] 15[20] 발이 "나는 손이 아니니 몸에 속하지 않는다"고 말한다 해서, 몸에 속하지 않는 것이 아닙니다. 16 또 귀가 "나는 눈이 아니니 몸에 속하지 않는다"고 말한

의 몸인 교회를 이루고 그 지체들이 된다고 말한다(갈라 3,28 참조). "한 성령 안에서"라는 표현은 세례가 물로 베풀어지지만, 궁극적으로는 성령 안에서 이루어진다는 뜻이다. "세례를 받아 한 몸이 되었습니다"는 직역하면 '한 몸 안으로 세례를 받았습니다(에이스 헨 소마 에밥티스테멘*εἰς ἓν σῶμα ἐβαπτίσθημεν*)'인데, 그리스도인은 모두 한 성령을 통하여 세례를 받았기 때문에 하나의 몸이 될 수 있다는 뜻이다. "한 성령을 받아 마셨습니다"는 모든 그리스도인이 세례 때 성령을 받게 되는데 그 체험을 '성령을 마시다'로 표현한 것이다. 이 표현은 "나는 모든 사람에게 내 영을 부어주리라"(요엘 3,1.2)라는 말을 떠올리게 한다(사도 2,17-18; 10,45; 로마 5,5 참조).

'세례를 받아'와 '받아 마셨습니다' 동사는 같은 의미인데, 시제가 모두 단순 과거다. 이는 세례가 성찬례처럼 매주 한 차례 반복되는 주간 예식이 아니라 일생에 단 한 번 치르는 입교예식임을 의미한다. 세례를 받은 사람은 누구나 성령을 받아 마셨기 때문에 모두 성령의 사람이 된다.

19) 바오로는 하나의 몸을 구성하는 많은 지체들의 다양성을 언급하는데, 이는 1코린 12,12에 나오는 '하나'와 '많음'을 반복한 것이다. '그리스도의 몸'인 교회는 하나지만 그 지체인 그리스도인들은 다양하다는 뜻이다.

20) 바오로는 12,15에서는 '발(호 푸스*ὁ πούς*)'을, 12,16에서는 '귀(토 우스*τὸ οὖς*)'를, 12,17에서는 '눈(토 옵탈모스*τὸ ὀφθαλμός*)'과 '귀'를 예로 들어 몸은 하나의 지체가 아니라 여러 지체로 이루어져 있음을 표현한다. 몸의 각 지체는 아무리 몸과의 연관성을 부정하고 독립성을 주장한다 해

다 해서, 몸에 속하지 않는 것이 아닙니다.[21] 17 온몸이 눈이라면 듣는 일은 어디에서 하겠습니까? 온몸이 듣는 것뿐이면 냄새 맡는 일은 어디에서 하겠습니까?[22] 18 사실은 하느님께서 당신이 원하시는 대로 각각의 지체들을 그 몸에 만들어 놓으셨습니다.[23] 19 모두 한 지체로 되어있다면 몸은 어디에 있겠습니까?[24] 20 사실 지체는 많지만 몸은 하나입니다.[25] 21 눈

도 결코 독자적으로 존재할 수 없다. 바오로의 이 말을 암브로시아스테르는 약한 형제가 자신이 강하지 않다는 이유만으로 '나는 몸에 속하지 않는다'라고 말할 수 없다는 뜻으로 풀이하였다(ACCK/NT.IX 213).

21) 앞 절에서는 '발을', 여기서는 '귀'를 의인화하였다.

22) 바오로는 질문을 통하여 다양한 지체들의 중요한 고유성을 강조한다. 각각의 지체는 자신만의 고유한 특성에 따른 기능을 하고 있다. 따라서 한 지체가 다른 지체를 무시할 수도 없고 다른 지체의 기능을 탐낼 수도 없다. 이는 교회의 지체들인 그리스도인들에게도 똑같이 적용할 수 있다. 만일 어떤 은사를 가진 신자가 나는 교회의 한 지체가 아니라고 말한다면 이는 잘못된 교회관을 드러내는 행위다. 또한 어떤 은사를 가진 신자가 나는 다른 사람이 갖고 있는 은사를 받지 못하였기 때문에 교회의 일원이 아니라고 말한다면 이는 자기 자신을 속이는 일이다. 공동체 내에서 신자들이 똑같은 한 가지 은사만 발휘한다면 다른 활동들은 어떻게 되겠는가? 몸에 가장 중요한 지체가 있다 해도 다른 지체들이 없다면 그 몸은 아무런 쓸모가 없다.

23) 바오로는 이와 같은 생각을 15,38에서 반복한다. "그러나 하느님께서는 당신이 원하시는 대로 그 씨앗에 몸체를 주십니다. 씨앗 하나하나에 고유한 몸체를 주시는 것입니다." 하느님께서는 구조와 기능이 모두 동일하지 않은 지체들의 다양성에도 불구하고 당신 뜻대로 인간의 몸을 하나가 되도록 만드셨다.

24) 이 절은 12,17을 반복한 말이지만 실제적으로는 12,14과 짝을 이

이 손에게 "나는 네가 필요 없다" 할 수도 없고, 또 머리가 두 발에게 "나는 너희가 필요 없다" 할 수도 없습니다.[26] 22[27] 몸의 지체 가운데에서 약하

룬다. 암브로시아스테르는 '몸은 지체들의 각기 다른 기능을 통하여 살아가기 때문에 교회 구성원 모두가 똑같다면 몸은 있을 수 없을 것'이라고 하였다(ACCK/NT.IX 214).

25) 바오로는 12,12의 말을 자신의 방식으로 반복하는데, 이는 12,18과 유사한 표현이다. "사실"은 그리스어 '닌 데νῦν δέ'를 번역한 것으로 직역하면 '그러나 이제'다. 바오로는 '이제'라는 말로 코린토 교회 신자들이 파당을 짓고 은사를 가지고 자기 자랑을 일삼는 잘못에 대해 다시 한번 환기시키면서, 자신들이 받은 은사를 자랑하며 다른 은사를 받은 신자들을 무시함으로써 교회의 분열을 초래한 열광주의자들을 비판한다. 요한 크리소스토무스는 이와 관련하여 다음과 같이 말한다. "여러분이 각양각색이 아니라면 여러분은 몸이 될 수 없습니다. 여러분이 몸이 아니라면, 여러분은 하나로 통합될 수 없습니다. 여러분이 하나가 아니라면 여러분은 똑같은 영예를 누릴 수 없습니다. 여러분이 하나의 몸인 것은 여러분이 똑같은 은사를 받지 않았기 때문입니다"(ACCK/NT.IX 214).

26) 여기서는 몸의 중요한 기관들인 눈, 손, 머리, 발을 의인화하고 있다. 이 기관들은 각각 매우 중요하지만 스스로 자립할 수도, 독립할 수도 없다. 바오로는 이렇게 몸의 지체들을 의인화하여 신자들 사이에 상호의존이 중요함을 강조한다. "눈"은 이미 12,16-17에서, "손"과 "발"은 12,15에서 언급하였는데, "머리(헤 케팔레ἡ κεφαλή)"는 이곳에 처음 나온다. 눈과 머리는 공동체의 지도자를, 손과 발은 노동자들과 노예들을 비유한 것으로 볼 수 있다. 그들은 몸의 지체처럼 서로에게 필요한 존재다. 따라서 서로가 한 몸에 속해있으면서 상대를 향하여 필요 없다고 말해

다고 여겨지는 것들이 오히려 더 요긴합니다. 23 우리는 몸의 지체 가운데 에서 덜 소중하다고 생각하는 것들을 특별히 소중하게 감쌉니다. 또 우리의 점잖지 못한 지체들이 아주 점잖게 다루어집니다.[28] 24 그러나 우리의

서는 안 된다. 마찬가지로 신자들은 자신들이 받은 은사가 아무리 자랑스럽고 독특하다고 해도 결코 다른 은사와 비교하여 교만해서는 안 된다. 모든 은사는 다른 은사의 도움을 받을 때 비로소 제 기능을 발휘할 수 있기 때문이다. 은사에서만이 아니라 그리스도 안에서도 그리스도인은 다른 그리스도인을 필요로 하는 존재다. 오리게네스는 "눈이 건강하여 똑똑히 잘 볼 수 있는데 몸의 다른 지체들이 없다면 눈에게 무슨 기쁨이 있겠습니까? 손 없이, 발 없이, 몸의 다른 지체 없이 눈이 완전한 눈으로 보이겠습니까?"라고 반문하였다(ACCK/NT.IX 214).

27) 바오로는 12,22–24에서 약한 지체들이 사실은 몸에 더 가치 있고 요긴함을 분명하게 밝힌다. 바오로는 첫 글자가 그리스어 'α(알파)'로 시작하는 부정 형용사 세 가지를 사용하여 인간 몸의 '더 약한(아스테네스테라ἀσθενέστερα)', '덜 소중한(아티모테라ἀτιμότερα)', '점잖지 못한(아스케모나ἀσχήμονα)' 지체들을 언급한다. '약한 이들'은 바오로가 이미 8,9.10; 9,22; 11,30에서 언급한 이들을 반영한다. 우리 몸에서도 미미하고 잘 보이지 않는 연약한 지체가 눈에 잘 보이는 지체보다 더 중요할 수 있다. 우리가 우리 몸의 연약한 지체를 더 보호하고 감싸듯이 그리스도의 몸인 교회 안에서도 약한 신자들을 더 소중히 여기고 존중해야 한다.

28) 우리가 우리 몸 가운데 연약하게 보이는 지체를 더 귀하게 여기고 보호하고 감싸는 것은 자연스러운 현상이다. 바오로는 이러한 표현을 통하여 하느님께서 코린토 교회를 세우실 때 연약하고 보잘것없는 이들을 선택하셔서 소중한 존재로 만드셨다고 한 자신의 말(1,26–29)을 떠올리게 한다.

점잖은 지체들은 그럴 필요가 없습니다. 하느님께서는 모자란 지체에 더 큰
영예를 주시는 방식으로 사람 몸을 짜 맞추셨습니다.[29] 25 그래서 몸에 분
열이 생기지 않고 지체들이 서로 똑같이 돌보게 하셨습니다.[30] 26 한 지체
가 고통을 겪으면 모든 지체가 함께 고통을 겪습니다. 한 지체가 영광을 받
으면 모든 지체가 함께 기뻐합니다.[31]

---

29) 바오로는 가릴 필요도 장식할 필요도 없는 몸의 지체들, 곧 "점잖은 지체들"에 대하여 이야기한다. 점잖은 지체들은 그리스어로 '타 에우스케모나τὰ εὐσχήμονα'인데 '우아한, 볼품 있는'이라는 뜻으로, 12,22-23에서 언급한 세 종류의 지체들과 대조된다. 하느님께서는 몸의 각 지체를 잘 짜 맞추시어 하나의 몸을 완성하셨는데 특히 모자란 지체에 더 큰 가치와 영예를 주는 방식으로 이루셨다. 요한 크리소스토무스는 "우리의 몸에 수치스러운 것이란 없습니다. 다 하느님께서 만드신 것이니까요. 우리의 생식기보다 존중받지 못하는 것이 무엇이 있습니까? 그렇지만 그것들은 더 큰 영예를 누립니다. 말도 못 하게 가난해서 완전히 헐벗을 지경이 되어도 생식기는 가리지 않습니까?"라고 하였다(ACCK/NT.IX 216).

30) 바오로는 다시 "분열(스키스마σχίσμα)"(1,10; 11,18)이라는 낱말을 사용한다. 인간 몸의 지체들은 더 약한 것이든, 덜 소중한 것이든, 볼품없는 것이든, 더 강한 것이든, 더 소중한 것이든, 볼품 있는 것이든 그들 사이에 분열이 있을 수 없는 것처럼, 그리스도의 몸인 교회의 지체인 신자들 사이에도 분열이 있을 수 없다. 바오로는 하느님께서 모든 지체를 서로 똑같이 돌보도록 만드신 것처럼 그리스도의 몸인 교회의 신자들도 분열과 분쟁 없이 서로 돌보며 공동체를 건설하기를 바라고 있다. 그는 7,32-34에서 사용한 '메림나오(μεριμνάω, 돌보다)' 동사를 사용하여 몸 안에 분열이 있을 수 없음을 설명한다. 그것은 지체들이 서로 똑같이 돌보게 하셨기 때문이다(로마 12,5 참조).

27 여러분은 그리스도의 몸이고 한 사람 한 사람이 그 지체입니다.[32]
28 하느님께서 교회 안에 세우신 이들은, 첫째가 사도들이고 둘째가 예언
자들이며 셋째가 교사들입니다. 그다음은 기적을 일으키는 사람들, 그다음
은 병을 고치는 은사, 도와주는 은사, 지도하는 은사, 여러 가지 신령한 언

---

31) 이 절은 앞 절에 언급된 '돌보게 하셨습니다'의 의미를 설명한다. 그리스도인들은 서로 고통도 영광도 함께 공유해야 하기 때문이다. 바오로는 '함께'라는 접두어를 사용하여 "함께 고통을 겪습니다(심파스케이συμπάσχει)", "함께 기뻐합니다(싱카이레이συγχαίρει)"로 쓰고 있다. 그는 '함께'라는 표현을 써서 신앙공동체는 곧 운명공동체임을 강조한다. 그는 성령의 은사들과 관련하여 어떤 신자가 받은 은사가 부족하다고 해서 무시하거나 멸시해서도 안 되고, 반대로 어떤 신자가 받은 은사가 특별하다고 해서 자랑해서도 안 된다고 한다. 좋은 일이든 나쁜 일이든 모든 일을 함께 나누는 것이야말로 완전한 공동체를 이루는 길이다.

32) 바오로는 몸과 지체의 비유를 교회에 적용하여 교회는 그리스도의 몸이고 그리스도인들은 그 몸을 구성하는 지체들이라고 한다. "그리스도의 몸(소마 크리스투σῶμα Χριστοῦ)"에서 속격 '…의'는 소유와 권위를 뜻한다. 바오로는 이러한 비유를 통하여 다른 지체들을 무시하여 교회의 유익을 해치는 코린토 신자들의 영적 개인주의를 나무란다(1코린 12,21-26 참조). 한 유기체인 몸에 딸린 지체들 가운데 강한 지체는 더 이상 자랑할 근거가 없고, 연약한 지체는 자신의 연약함을 부끄러워할 필요가 없다. 그것은 각각의 지체는 한 몸 안에서 서로의 고통과 영광을 함께 나누도록 만들어졌기 때문이다(12,26). 가발라의 세베리아누스는 "우리는 전체를 구성하고자 결합하기로 선택한 개별 구성원들이 아니라 더 큰 전체, 곧 유기체인 온몸의 지체들입니다"라고 하였다(ACCK/NT.IX 218).

어를 말하는 은사를 받은 사람들입니다.[33] 29 모두 사도일 수야 없지 않습

---

33) 바오로는 12,8-10에서 아홉 가지 은사를 언급하였는데, 또다시 12,28-30에서 여덟 가지 은사를 다룬다. 이 두 은사 목록에는 차이점이 있다. 전자는 은사만을, 후자는 은사뿐만 아니라 교회 직분도 함께 다룬다. 신약성경은 여러 군데에서 교회 직분을 언급하는데(루카 11,49; 사도 15,22; 에페 2,20; 3,5; 필리 1,1; 1티모 2,7; 2티모 1,11; 묵시 18,20), 이 절에 나오는 직분들과 유사한 직분 목록이 에페 4,11에 실려있다. 여기에서는 사도들, 예언자들, 교사들 순으로, 에페소서에서는 사도, 예언자, 복음 선포자, 목자, 교사 순으로 나열되었다.

바오로는 이 절의 직분 목록에서는 "첫째가(프로톤πρῶτον)", "둘째가(데우테론δεύτερον)", "셋째가(트리톤τρίτον)"라는 표현을, 은사 목록에서는 "그다음은(에페이타ἔπειτα)"이라는 표현을 사용한다. 이는 직분의 서열이나 우월성을 나타낸다기보다 직제상의 순서로 보아야 한다. 같은 직분 목록이 언급된 에페소서에는 이러한 표현이 나오지 않는다. 굳이 다양한 직분들을 구분한다면 사도들, 예언자들, 복음 선포자들은 어느 특정한 곳에 머무르지 않고 이곳저곳 다니면서 복음을 전한 이들인 반면, 목자들과 교사들은 어느 한곳에 머무르면서 신자들을 지도하고 가르쳤던 이들이다.

바오로는 여러 직분 중에서 "사도들"을 첫 번째로 내세운다. 사도라고 하면 예수님의 열두 제자와 바오로를 떠올리게 된다. 본래 '제자'와 '사도'는 다른 개념이었다. 예수님이 지상에서 활동하실 때 따라다니던 이들이 제자들이요, 부활하신 예수님을 만나고 그분에게서 선교 사명을 받은 이들이 사도들이다. 루카는 열두 제자를 사도들이라고 칭하였다(루카 6,13; 9,10; 17,5; 22,14; 24,10). 하지만 바오로는 예수님께 직접 제자로 부르심을 받은 열두 제자에 속하지 않는데도 자신을 사도라 자처한다. '사도(아포스톨로스ἀπόστολος)'라는 낱말은 바오로의 이름으로 전해

니까? 모두 예언자일 수야 없지 않습니까? 모두 교사일 수야 없지 않습니

지는 편지에 스물네 번[로마 1,1; 11,13; 16,7; 1코린 1,1; 4,9; 9,1.2.5; 12,28.29; 15,7.9(2번); 2코린 1,1; 8,23; 11,5.13; 12,11.12; 갈라 1,1.17.19; 필리 2,25; 1테살 2,7], 차명서간에 다섯 번(에페 1,1; 2,20; 3,5; 4,11; 콜로 1,1) 나온다. '사도'는 '보내다(아포스텔로ἀποστέλλω)' 동사에서 파생된 명사인데, 바오로는 이 동사를 오직 로마 10,15; 1코린 1,17; 2코린 12,17에서 사용한다. 로마 10,15과 1코린 1,17에서는 복음을 전하기 위하여 사람들을 보낸다는 뜻이고, 2코린 12,17에서는 바오로가 자신의 심부름꾼들을 보낸다는 뜻이다.

사도는 '보냄을 받은 자'라는 뜻으로, 보내시는 분은 예수 그리스도시다. 사도가 예수 그리스도에게서 보냄을 받은 자라면 바오로를 과연 사도라고 할 수 있을까 하는 의문이 생길 수 있다. 바오로는 갈라 1,1에서 자신이 예수 그리스도와 하느님 아버지를 통해 사도로 파견되었다고 하고, 사목 서간인 1티모 1,1에서는 하느님과 그리스도 예수님의 명령에 따라 사도가 되었다고 한다. 곧 바오로는 역사의 예수님에 의해 직접 부르심을 받지는 않았지만 부활하신 그리스도에 의해 부르심을 받은 사도라는 말이다. 사도들은 주로 지역을 순회하면서 교회를 세우고 돌보는 일을 하였으며, 특히 이방인들을 개종시키고 예수님의 죽음과 부활을 전하는 종말론적인 복음 선포자들이었다(로마 11,13–24; 15,15–16; 1코린 4,9; 에페 3,5).

바오로가 두 번째로 나열한 직분은 "예언자들"이다. 예언자는 그리스어로 '프로페테스προφήτης'인데, 이는 '말하다' 동사 '페미φημί'와 접두어 '프로πρό'가 결합한 합성어다. 여기서 '프로'는 '대신해서, 위해서'라는 뜻이고, '페미'는 '말하다'를 뜻한다. 따라서 예언자는 다른 이를 대신해서 말하는 사람을 가리킨다. '프로'는 또한 '앞, 앞서서'라는 뜻도 있는데, '앞'은 시간적인 앞과 공간적인 앞, 두 가지 의미를 지닌다. 여기서는 공간적인 앞으로 보아야 한다. 따라서 예언자는 사람들 앞에 나아가서

까? 모두 기적을 일으킬 수야 없지 않습니까?[34] 30 모두 병을 고치는 은
사를 가질 수야 없지 않습니까? 모두 신령한 언어로 말할 수야 없지 않습

하느님 말씀을 대신 전하는 '대변자, 대언자'라고 할 수 있다. 코린토 1서에 나오는 예언자는 신 체험, 인간 체험을 깊이 한 영적 지도자로서 하느님의 신비와 지식을 밝혀주는 사람이며(1코린 13,2), 공동체를 성장하게 하고 신자들에게 격려와 위로의 말을 전하는 사람이다(14,3). 그리고 믿지 않는 이들 안에 있는 마음의 비밀들을 드러나게 하여 그들로 하여금 하느님을 찬양하도록 이끌어 주는 사람이다(14,24–25). 한마디로 예언자는 성령을 받아 하느님의 신비를 신자들에게 전하는 동시에 이들을 훈계하고 위로한 이들이었다.

세 번째 직분은 "교사들"다. 교사들은 구약성경을 그리스도교적 의미로 설명하고 공동체에 전승된 그리스도교 신앙 교리와 교훈을 가르치던 이들이다(갈라 6,6 참조). 야고 3,1에 따르면 누구나 교사가 되려고 해서는 안 된다고 한다. 1코린 12,29에서도 모두가 교사일 수는 없다고 한다. 이로 미루어 교사는 특별한 은사를 받은 사람이 행사하던 중요한 직분이었을 것이다.

바오로는 세 직분을 언급한 뒤, 이어서 은사들을 나열한다. '도움'이라는 그리스어 '안티렘프시스*ἀντίλημψις*'는 신약성경에서 오직 이곳에만 나오며, '안티람바네스타이(*ἀντιλαμβανέσθαι*, 도와주다)'에서 파생되었다(루카 1,54; 사도 20,35; 1티모 6,2) 따라서 "도와주는 은사"는 궁핍한 이들이나 병자들을 도와주는 봉사자가 받은 은사다. '지도'라는 그리스어 '키베르네세이스*κυβερνήσεις*'는 신약성경에서 오직 이곳에만 나온다. 이와 유사한 낱말인 '키베르네테스*κυβερνήτης*'는 사도 27,11과 묵시 18,17에만 나오는데, 모두 배를 조종하는 '선장'이라는 뜻이다. 이 지도자가 행정적 지도자인지 영적 지도자인지는 분명하지 않다. 아마도 공동체에서 감독과 원로가 행하던 은사였을 것이다. 이들은 순회 지도자들이 아니라

니까? 모두 신령한 언어를 해석할[35] 수야 없지 않습니까? 31 여러분은 더 큰 은사를 열심히 구하십시오.[36]

지역교회 지도자들로 복음을 전하는 일보다 교회 일상 업무를 관리했을 것이다.

34) 1코린 12,29–30의 수사학적 질문은 자신이 여러 은사를 독점했다고 주장하는 이들을 겨냥한 것으로 볼 수 있다. 바오로는 신자들이 모두 그 많은 은사를 받을 수 있겠느냐고 묻는다. 모두가 다 직분자일 수 없고 모두가 다 은사를 소유할 수도 없다. 은사를 받은 이도 있고 받지 못한 이도 있는 것이다. 은사는 원한다고 주어지는 것이 아니라 하느님께서 당신의 뜻에 따라 나누어 주시는 것이기 때문이다.

35) '해석하다'라는 그리스어 동사 '디에르메네우오διερμηνεύω'는 '디아διά'와 '헤르메네우오ἑρμηνεύω'의 합성어로 신약성경에서 이곳과 루카 24,27; 사도 9,36; 1코린 14,5.13.27에만 나오고, '헤르메네우오' 동사는 요한 1,38.42; 9,7; 히브 7,2에만 나온다. 두 동사는 의미상 차이가 없지만 바오로 서간에서는 '디에르메네우오'가 사용된다. 굳이 구별한다면 '디아διά'를 '철저성' 또는 '매개성'의 뜻으로 보아 '디에르메네우오'가 '헤르메네우오'보다 더 강조된 낱말이라고 할 수 있다. 해석하는 은사를 받은 이들은 신령한 언어를 하는 이와 듣는 이 사이에서 중개 역할을 하였다. 1코린 12,10에서는 명사 '헤르메네이아ἑρμηνεία'가 사용되었다.

36) 바오로가 신자들에게 더 큰 은사를 열심히 구하라고 한 것은 신령한 언어의 은사를 염두에 두고 한 말이다. 코린토 교회는 신령한 언어 은사 문제로 혼란을 겪었기 때문에 바오로는 은사 목록에서 신령한 언어 은사를 언제나 맨 마지막에 배치하였고, 14장에서 예언의 은사와 신령한 언어 은사에 대해 더욱 집중적으로 다루면서 코린토 신자들이 높이 평가한 신령한 언어 은사보다 예언이 더 큰 은사임을 피력한다. "더 큰 은사를 열심히 구하십시오"라는 명령은 14,1에 나오는 "성령

사랑

내가 이제 여러분에게 더욱 뛰어난 길을 보여주겠습니다.[37)]

13 [1)]1 내가 인간의 여러 언어와 천사의 언어로 말한다 하여도
나에게 사랑이 없으면

의 은사, 특히 예언할 수 있는 은사를 열심히 구하십시오"와 자연스럽게 연결된다.

37) 12,31에는 신약성경에 드물게 나오는 낱말 세 가지가 실려있다. 첫째 '타 메이조나τὰ μείζονα'는 바오로 서간 중에서 로마 9,12; 1코린 13,13; 14,5에만 나오는데, '메가스(μέγας, 큰)'의 비교급으로 '더 큰'을 뜻한다. 둘째 '히페르볼레ὑπερβολή'는 바오로 친서에만 나온다(로마 7,13; 2코린 1,8; 4,7.17; 12,7; 갈라 1,13). 이 낱말은 2코린 4,7; 12,7을 제외하면 언제나 '카타κατά'와 함께 사용되어 '심히, 극도로'라는 부사적 의미를 지니지만, 여기서는 바로 뒤에 "길(호도스ὁδός)"이라는 명사가 나오므로 형용사적 의미로 '더욱 뛰어난, 더욱 훌륭한'으로 번역할 수 있다. 마지막으로 '데이크니미δείκνυμι'는 문법상 현재형 동사지만 문맥상으로는 미래의 의미를 가진 '보여주겠다'라는 뜻이다.

1) '사랑의 찬가'로 불리는 1코린 13장은 12장과 14장의 은사관과 관련하여 그 위치와 내용 면에서 많은 논란이 있었다. 곧 13장이 12장과 14장에 나오는 은사관과 잘 어울리는 본문인지에 대하여 독일의 신학자 요하네스 바이스(J. Weiss) 이래 오랫동안 토론의 대상이 되어왔다. 바이스는 12,31ㄱ과 14,1의 표현이 유사하다는 점을 발견하고 13장이 그 중간에 실려있는 점을 의아하게 생각하여 누군가가 13장을 12장과 14장 사이에 삽입했다는 주장을 폈다. 바이스 이후 많은 학자들도 13장을 하나의 독립된 단락으로 보았다. 그러나 이러한 주장과 달리 13장이 오히

려 12장과 14장 사이에서 내용상 흐름을 살려주기 때문에 그 위치가 매우 적절하다는 주장도 있다. 곧 전체적으로 13,1–3은 12장에 나열된 은사들과 어울리고, 13,8–13은 14,1과 잘 어울린다는 점을 들어 13장의 원래 위치가 맞다는 주장이다. 크레머(J. kremer)는 그레코–로만 시대의 수사법의 하나인 디그레시오digressio를 12—14장의 문학 양식으로 제시하였다. 디그레시오란 일관된 논리를 계속해서 펼치다가 한발 물러서서 관조하는 태도로 사물을 보고 찬찬히 생각한 뒤 다시금 본래의 논리로 돌아가는 것인데, 이렇게 함으로써 독자로 하여금 차분하게 앞뒤를 따져보게 하는 효과를 가져온다는 것이다. 이 주장처럼 디그레시오 수사법을 활용한 것이라면, 바오로는 은사 문제를 집중적으로 다루는 12장과 14장 사이에 13장을 배치함으로써 은사들의 역할과 기능을 더욱 강조한 셈이 된다. 모든 은사에는 사랑이 수반되어야 한다는 의미에서 바오로는 13장의 서문 역할을 하는 12,31ㄴ에서 "더욱 뛰어난 길"이라는 개념을 언급한다. 이 뛰어난 길은 사랑의 길이며, 사랑은 모든 은사의 바탕이 되는 개념이다.

사실 코린토 교회는 은혜를 많이 받은 교회라고 할 수 있다. 은혜를 많이 받았기 때문에 예언하는 사람도 많고 신령한 언어를 구사하는 사람도 많았다. 이로 인하여 신자들 가운데 일부는 은사 중에서 최고의 은사는 신령한 언어 은사라고 주장하는가 하면, 어떤 신자들은 병을 고치는 은사, 기적을 행하는 은사가 최고라고 하였다. 또 어려운 사람을 도와주는 일이 무엇보다도 중요하다고 하는 신자들도 있었다. 은사를 받은 이들이 저마다 자신이 받은 은사가 최고라고 주장하는 바람에 신자들 사이에 갈등이 생겨나고 싸움이 벌어졌다. 13장은 은혜를 많이 받은 신자들 사이에 싸움이 발생한 교회를 전제로 하고 있다. 싸움하는 교회에서 신자들에게 무엇보다도 필요한 덕목은 사랑이다. 그래서 바오로는 싸움하는 교회에는 이러저러한 사랑의 덕목이 필요하다고

나는 요란한 징이나 소란한 꽹과리에 지나지 않습니다.[2)]

설명하고(13,1–7), 이어서 은사와 사랑의 관계를 신학적으로 풀이하였다(13,8–13). 따라서 12—14장은 '은사와 사랑'이라는 맥락에서 한 단위로 이해해야 한다.

13장은 크게 세 단락으로 나뉜다. 첫째, 1–3절은 사랑이 없으면 어떤 은사도 소용이 없다고 한다. 둘째, 4–7절은 사랑의 본질과 가치에 관해 진술한다. 셋째, 8–13절은 모든 은사는 종말이 오면 사라지지만 사랑은 영속한다고 한다.

2) "인간의 여러 언어"와 "천사의 언어"가 무엇을 의미하는지는 밝히기가 어렵다. '인간의 여러 언어'는 인간의 일상적인 말을, '천사의 언어'는 보통의 인간이 이해할 수 없는 말, 곧 신령한 언어를 의미하는 것 같다. 코린토 신자들 가운데 신령한 언어 은사를 받은 이들은 자신들이 구사하는 말을 천사의 언어라고 생각했을 것이다. 그들은 이 은사를 최고의 은사로 여겨 예배 때마다 무질서하게 행함으로써 공동체를 혼란에 빠뜨렸다. 이곳과 11–12절의 '나'는 지혜 7,8–10; 집회 51,13–22에서 지혜를 '나'로 언급하는 것처럼, 수사학적으로 이해해야 한다. 곧 그리스도인으로서의 '나'를 의미한다.

"나에게 사랑이 없으면"은 직역하면 '내가 사랑을 소유하지 않는다면'인데, 여기서 사랑은 소유하는 것에서 더 나아가 다른 이들이나 하느님에 대한 사랑을 실천하는 것을 말한다. 이 사랑의 개념은 1코린 2,9; 8,1.3에도 나오는데, 거기서는 하느님 사랑을 가리킨다. 사랑을 소유한다는 표현은 2코린 2,4; 필리 2,2에서도 되풀이된다(요한 5,42; 13,35; 15,13 비교). 바오로는 사랑을 동반하지 않은 신령한 언어 은사를 두 가지 표상, 곧 징과 꽹과리로 표현한다. "징"은 그리스어로 '칼코스*χαλκός*'이며 구리로 만든, 요란한 소리를 내는 악기다. "꽹과리"는 그리스어로 '킴발론*κύμβαλον*'인데, 일반적으로 복수로 사용되며 칠십인역 1사무 18,6;

2 내가 예언하는 능력이 있고
모든 신비와 모든 지식을 깨닫고
산을 옮길 수 있는 큰 믿음이 있다 하여도
나에게 사랑이 없으면
나는 아무것도 아닙니다.[3)]

1역대 13,8; 15,16.19; 시편 150,5에 나오는 악기처럼 시끄러운 소리를 낸다. 이 두 악기는 종종 이교 신전 의식 때 사용되었다. 바오로는 이러한 표현을 통하여 코린토 교회 신자들에게 사랑 없이 신령한 언어만 지껄이는 것은 마치 그들이 이교도였을 때 거행한 예배와 다를 것이 없음을 상기시키고 있다. 사랑 없는 신령한 언어의 구사는 다른 이들에게 소음으로밖에 여겨지지 않는다. 바오로는 사랑이 없으면 아무리 좋은 은사도 소용이 없음을 말하면서 의도적으로 신령한 언어 은사를 가장 먼저 언급한다. 바오로는 은사 목록을 나열할 때는 이 은사를 맨 마지막에 배치하였다(1코린 12,28).

3) 바오로는 여기서 예언을 비롯한 신비와 지식과 믿음의 은사를 사랑과 대비한다. '모든 신비와 지식'은 "어떤 이에게는 성령을 통하여 지혜의 말씀이, 어떤 이에게는 같은 성령에 따라 지식의 말씀이 주어집니다"(12,8)라는 말을 염두에 둔 표현이다. "신비"(로마 11,25; 1코린 2,1.7; 4,1; 14,2; 15,51)와 "지식"(1코린 1,5; 8,1.7.10; 13,2.8)은 바오로가 자주 사용한 낱말이다. 여기서 언급된 지식은 바오로가 칭찬한 지식(1,5)도 비난한 지식(8장)도 아니고 은사 목록(12,8)에 나오는 지식을 가리킨다. "믿음" 또한 구원에 이르게 하는 그리스도에 대한 믿음이라기보다 주님의 능력을 받아 이적을 행하는 은사로서의 믿음을 가리킨다. 바오로는 이 세 가지 은사가 아무리 값지다 해도 "사랑이 없으면" 아무것도 아니라고 한다. 바오로는 사랑 없이 은사 만능주의에 빠져있는 일부 신자들의 처신을 나무란다.

3 내가 모든 재산을 나누어 주고
내 몸까지 자랑스레 넘겨준다 하여도
나에게 사랑이 없으면
나에게는 아무 소용이 없습니다.[4)]

---

4) 바오로는 계속해서 신자들이 이웃을 섬기는 최고의 행위로서 희사와 자기희생을 언급한다. 희사가 최고의 행위일지라도 이것 또한 진정한 사랑 없이 행하여진다면 아무 소용이 없다고 한다. "내가 … 나누어 주고"로 번역된 그리스어 '프소미소*ψωμίσω*'는 '프소미조*ψωμίζω*' 동사의 일인칭 단순 과거로 '먹이다, 음식을 제공하다'를 뜻한다(LXX 신명 32,13; 로마 12,20).

'내 몸까지 넘겨준다'는 다른 이들을 위하여 자신의 생명을 포기한다는 뜻이다. "자랑스레"로 번역된 그리스어는 '카우케소마이*καυχήσωμαι*'로 다른 사본에서는 '카우테소마이*καυθήσομαι*'로 나오는데, 이는 '불사르게'라는 뜻이다. 여기서는 '카우케소마이'보다는 '카우테소마이'를 택하여 '내 몸까지 불사르게 넘겨준다고 하여도'로 번역하는 것이 의미상 더 잘 어울린다. 바오로가 이런 표현을 사용한 것은 자신을 불사르는 극단적 희생(2마카 7장; 다니 3장 참조)의 행위들조차도 사랑의 이름으로 행해지지 않고 자기 자랑이나 과시를 위한 것이라면 아무 소용이 없음을 말하기 위해서다.

여기에 나오는 '오펠루마이*ὠφελοῦμαι*'는 '오펠레오(*ὠφελέω*, 도움이 되다, 유익이 되다)' 동사의 일인칭 현재 수동형이다(마르 8,36). 따라서 "아무 소용이 없습니다(우덴 오펠루마이*οὐδὲν ὠφελοῦμαι*)"는 인간이 성취하는 모든 것들, 심지어 영적 은사들도 사랑으로 행해지지 않는다면 가치가 없다는 뜻이다. 하느님은 사랑이시기 때문에 사랑은 그리스도인 삶의 바탕이 되어야 하며 목적이 되는 덕목이다.

4 사랑은 참고 기다립니다.
사랑은 친절합니다.
사랑은 시기하지 않고
뽐내지 않으며
교만하지 않습니다.[5)]

---

5) 바오로는 1코린 13,4–8ㄱ에서 '사랑(헤 아가페ἡ ἀγάπη)'을 의인화하여 그 성격을 서술하면서 무엇과도 비교할 수 없는 사랑의 아름다움을 이야기한다. 여기에는 사랑을 특징하는 열여섯 개의 동사가 나오는데 모두 현재형이다. 이는 바오로가 사용한 사랑은 추상명사가 아니라 구체적인 행위로 드러나는 실천 명사임을 의미한다. 사랑은 과거의 행위이거나 미래에 추구해야 할 덕목이 아니라 지금 여기에서 행해야 할 삶의 양식인 것이다. 이 사랑을 묘사하는 여덟 가지 부정적인 설명과 일곱 가지 긍정적인 진술이 교차되어 나타난다. 부정적인 설명은 시기, 뽐냄, 교만, 무례, 자기 이익 추구, 성냄, 앙심을 품음, 불의에 기뻐함이고(로마 1,29–31; 13,13; 1코린 5,10–11; 6,9–10; 갈라 5,19–21; 1베드 4,3 참조), 긍정적인 진술은 참음, 친절, 진실을 두고 기뻐함, 덮어줌, 믿음, 바람, 견디어 냄이다(갈라 5,22–23 참조).

"참고 기다립니다(마크로티메이μακροθυμεῖ)"는 칠십인역에서 '분노에 더디다'라는 뜻으로 사용되는데(탈출 34,6; 민수 14,18; 시편 85,15; 102,8; 144,8), 자신에게 해를 끼치는 이들에게조차 분노하지 않고 너그럽게 대한다는 뜻이다(1테살 5,14 참조). "친절합니다(크레스테우에타이χρηστεύεται)"는 칠십인역에서 '어질다, 착하다'라는 뜻으로 사용되는데(LXX 시편 25,8; 34,9; 86,5; 100,5; 나훔 1,7), 자신에게 해를 끼치는 이들에게 분노하지 않는 것에 그치지 않고 더 나아가 친절과 선으로 대한다는 뜻이다. 이 낱말은 신약성경에서 오직 이곳에만 나온다. 이 두 낱말은 칠십인역에서 하느님의 자비를 표현할 때 주로 사용되었다.

5 사랑은 무례하지 않고
자기 이익을 추구하지 않으며
성을 내지 않고
앙심을 품지 않습니다.[6]

'시기하다(젤로이ζηλοῖ)' 동사는 종종 긍정적인 의미인 '진지하게 노력하다'(1코린 12,31; 14,1.39)라는 뜻으로 사용되기도 하지만, 여기서처럼 부정적인 의미인 '다른 사람들의 업적과 신분에 대하여 질투하다'라는 의미로도 사용된다. '뽐내다(페르페레우에타이περπερεύεται)'는 이곳에만 나오는 동사로 스토아철학자들이 즐겨 사용했는데, 자기 자신을 과시하여 자랑하는 것을 의미한다. '교만하다(피시우타이φυσιοῦται)'는 앞선 동사인 '뽐내다'와 의미가 같으며, 바오로는 이 낱말을 편지에서 이미 여러 번 사용했는데(4,6.18.19; 5,2; 8,1), 자신의 지식과 소유를 다른 사람과 비교하여 더 우월하다고 자랑하는 행위를 가리킨다. 시기하고 뽐내고 교만한 행위는 은사 만능주의에 빠진 코린토 교회 신자들을 염두에 둔 표현으로 볼 수 있다

6) '무례하다(아스케모네이ἀσχημονεῖ)'는 사람에게 예의를 갖추지 않는 행위를 뜻한다(7,36 참조). 이는 '부끄러움을 당하다. 치욕을 가져오다'라는 부정적인 의미를 지닌 동사이기도 하다(LXX 신명 25,3; 에제 16,7.22.39). 다른 이에게 무례하게 대하는 행위는 소심한 형제들에게 죄를 짓는 것이며 그들에게 모욕감을 주어 마음에 상처를 입히게 된다(1코린 8,12). '자기 이익을 추구하다'는 자신이 좋아하는 것만 추구하는 행위를 뜻한다. '자기 이익'으로 번역된 그리스어 '타 헤아우테스τὰ ἑαυτῆς'는 직역하면 '자신의 것들'인데, 이에 대해서는 이미 10,24에서 언급하였다(필리 2,21 비교). 반면에 사랑은 다른 이들을 기쁘게 하기 위해서 자기 생각만을 고집하지 않는다(1코린 10,33; 필리 2,4).

'성을 내다(파록시네타이παροξύνεται)'는 다른 이와 다툰 뒤 감정 조절

6 사랑은 불의에 기뻐하지 않고
진실을 두고 함께 기뻐합니다.[7)]

을 하지 못한 채 분통을 터뜨리는 행위를 뜻한다. 바오로는 아테네에서 선교할 당시, 도시가 우상으로 가득한 것을 보고 격분했을 때 이 낱말을 사용하였고(사도 17,16), 칠십인역에서는 이스라엘 백성이 광야에서 불평을 터뜨리고 주님 뜻을 거역함으로써 주님께서 분노하실 때 이 낱말을 사용하였다(민수 14,11; 16,30; 신명 9,7–8.19). '앙심을 품다(로기제타이 토 카콘λογίζεται τὸ κακόν)'는 직역하면 '악한 것을 생각하다'이다. '로기제타이' 동사는 1코린 13,11에서는 '헤아리다'로, 칠십인역 즈카 8,17에서는 '남몰래 음모를 꾸미다'라는 뜻으로 사용되었다(2코린 5,19 참조). 따라서 '앙심을 품다'는 남몰래 '악한 것(토 카콘τὸ κακόν)', 곧 음모를 꾸미는 행위를 뜻한다. 그러므로 "앙심을 품지 않습니다"는 자신에게 악을 저지른 이를 용서함으로써 악을 악으로 갚지 않고 선으로 악을 이기는 행위를 의미한다(로마 12,21 참조).

7) "불의(헤 아디키아ἡ ἀδικία)"와 "진실(헤 알레테이아ἡ ἀλήθεια)"이 대조된다. 사랑은 다른 사람의 불의를 보고 기뻐하지 않으며 다른 사람들이 행한 악을 기쁜 듯이 바라보는 이들의 기쁨에 함께하지 않는다. '진실'로 번역된 그리스어 '알레테이아'는 직역하면 '진리'로, 의인화된 진리다. 이 진리는 하느님에 관한 지식(로마 1,19) 또는 복음의 진리(갈라 2,5.14)라기보다 모든 인간의 삶을 이끄는 실재를 가리킨다(2코린 13,8; 갈라 4,16). 진리가 널리 전파되면 사람은 그로 인해 기뻐할 수 있다. 따라서 "진실을 두고 함께 기뻐합니다"라는 말은 한편으로는 불의를 거부하고, 다른 한편으로는 진리 편에 서는 행위를 의미한다. 키루스의 테오도레투스는 "사랑은 부당한 일은 미워하며 선하고 올바른 일을 두고 기뻐합니다"라고 하였다(ACCK/NT.IX 223).

7 사랑은 모든 것을 덮어주고
모든 것을 믿으며
모든 것을 바라고
모든 것을 견디어 냅니다.[8)]

8 사랑은 언제까지나 스러지지 않습니다.
예언도 없어지고

---

8) 바오로는 이 절을 "참고 기다립니다"(1코린 13,4)와 짝을 이루는 "모든 것을 견디어 냅니다"로 끝맺는다. 바오로는 '모든 것'이라는 낱말을 네 번에 걸쳐 사용하는데, 이는 2절에 세 번, 3절에 한 번 나오는 '모든'을 연상시킨다. '덮어주다(스테게이στέγει)'는 '참아주다, 견디어 내다'라는 의미이기도 하다. 곧 상대방의 실수나 허물을 덮어주고 동시에 그것이 나에게 해를 끼쳐도 참고 견디어 낸다는 뜻으로, "사랑은 많은 죄를 덮어 줍니다"(1베드 4,8; 참조: 야고 5,20)라는 말과 같은 의미다.

'믿다'는 상대방이 나에게 무슨 짓을 해도 무조건 믿어준다는 말이 아니라 실망스러운 행위를 했을지라도 하느님 안에서 변화되리라는 희망을 버리지 않고 근본적인 신뢰 관계를 지킨다는 뜻이다. 곧 들은 것을 의심하지 않고 선의로 받아들이며 신뢰하는 것을 의미한다. '바라다'는 희망을 잃지 않는다는 뜻으로 '믿다'와 더불어 하느님의 약속을 믿고 기다린다는 뜻이다. 믿음이 있는 곳에는 희망도 넘치기 때문이다(로마 8,24ㄴ 참조). '견디어 내다'는 어느 누가 나에게 피해를 준다 해도 그 피해를 고스란히 감수하고 참고 견디어 낸다는 의미다(12,12 참조). 바오로는 이 모든 것을 가능하게 하는 것은 사랑인 만큼 자신들이 받은 은사들을 내세워 자랑하는 신자들에게 자랑해야 할 것이 진정 무엇인지를 일깨워 준다. 암브로시우스는 "이런 사랑을 지닌 이는 그 무엇도 두려워하지 않습니다. 사랑은 두려움을 몰아내기 때문입니다. 두려움이 쫓겨나고

신령한 언어도 그치고
지식도 없어집니다.[9)]
9 우리는 부분적으로 알고
부분적으로 예언합니다.[10)]
10 그러나 온전한 것이 오면
부분적인 것은 없어집니다.[11)]

사라지면 사랑은 모든 것을 견디고 참아냅니다. 사랑으로 모든 것을 견디는 이는 순교를 두려워할 줄 모릅니다"라고 하였다(ACCK/NT.IX 223).

9) 바오로는 "예언"과 "신령한 언어"와 "지식"의 은사를 언급한다. 이는 코린토 교회 신자들이 즐겨 행한 은사들이다. 바오로는 이 세 가지 은사가 성령의 은사이니만큼 귀한 은사임에는 분명하지만, 종말에는 결국 사라질 것이라고 한다. 하지만 사랑은 종말이 와도 끝나지 않고 영원히 지속될 것이다.

바오로는 이 절에서 세 가지 동사, 곧 '핍토(πίπτω, 스러지다)', '카타르게오(καταργέω, 없어지다)', '파우오(παύω, 그치다)'를 사용한다. '미래형으로 쓰인 '카타르게오'와 '파우오'는 예언, 신령한 언어, 지식의 은사가 갖는 유한성을 가리키는 반면에, 사랑을 규정하는 현재형 동사 '핍토'는 사랑의 무한성을 의미한다.

"사랑은 언제까지나"는 사랑의 지속성을 의미한다. 그리스어 '우데포테(οὐδέποτε, 결코 …이 아니다)' 부사는 신약성경에서 열여섯 번 나오는데, 바오로는 오직 이곳에서만 사용하였다.

10) 바오로는 지식과 예언의 부분적이고 덧없는 성격을 논하면서 일인칭 복수인 "우리"를 주어로 사용한다. '부분적(에크 메루스ἐκ μέρους)'은 10절의 "온전한 것(토 텔레이온τὸ τέλειον)"과 대비되는 표현으로, 불완전하고 단편적이라는 의미다.

11) 지식과 예언의 은사는 하느님에 대해 부분적으로 아는 데는 도

11 내가 아이였을 때에는
아이처럼 말하고
아이처럼 생각하고
아이처럼 헤아렸습니다.
그러나 어른이 되어서는
아이 적의 것들을 그만두었습니다.[12)]

움이 되지만 일시적이고 제한적이다. 그러나 종말 때 하느님의 온전한 것이 드러나면 그분에 대한 부분적인 지식과 예언은 사라지게 된다. 이 절에서는 1코린 13,8의 '카타르게오*καταργέω*' 동사가 "부분적인 것"과 함께 다시 사용된다. 대 바실리우스는 "누구나 늘 지식을 더해가긴 하지만, 온전한 것이 와서 부분적인 것은 없어질 때까지는, 그 어떠한 지식도 온전하지 않습니다"라고 하였다(ACCK/NT.IX 225). 암브로시우스는 "지금 우리는 부분적으로 알고 부분적으로 이해합니다. 그러나 그림자가 걷히고 하느님의 존엄과 영원성의 실체가 밝게 빛나기 시작하여 우리 눈앞에 그 모습을 드러낼 그때엔 온전한 것을 이해할 수 있게 될 것입니다"라고 하였다(ACCK/NT.IX 226).

12) 바오로는 다시 일인칭 단수 '나'를 주어로 사용한다. 하지만 다음 절에서는 또다시 일인칭 복수 '우리'로 주어가 바뀐다. 사랑과 비교하면 모든 언어, 생각, 헤아림은 유아기적인 차원에 속한다. 여기에 나오는 '나'는 바오로 자신을 가리킨다기보다는 대표성을 가진 '나'로 보아야 한다. 바오로는 "아이"와 "어른"을 대비하는데, 아이는 그 수준에 맞게 말하고 생각하고 헤아린다. 바오로는 은사 만능주의에 빠진 이들을 미성숙한 아이의 상태로 보고 있다. 반면에 어른이 되었다는 것은 어린 아이의 모습에서 벗어났음을 뜻한다. 종말론적 가치인 사랑이야말로 어른다운 모습이다.

12 우리가 지금은 거울에 비친 모습처럼 어렴풋이 보지만
그때에는 얼굴과 얼굴을 마주 볼 것입니다.
내가 지금은 부분적으로 알지만
그때에는 하느님께서 나를 온전히 아시듯
나도 온전히 알게 될 것입니다.[13)]

---

13) 바오로는 "지금은(아르티ἄρτι)"과 "그때에는(토테τότε)"을 대조한다. 또한 "거울에 비친 모습처럼 어렴풋이(디 에소프트루 엔 아이니그마티 δι' ἐσόπτρου ἐν αἰνιγματι)"는 '얼굴과 얼굴을 맞대고(프로소폰 프로스 프로소폰πρόσωπον πρὸς πρόσωπον)'와 대조를 이룬다. '거울'의 뜻은 바로 뒤에 나오는 '어렴풋이'와 연결되고, 거울로 보는 불확실함은 얼굴과 얼굴을 맞대고 보는 확실함과 대조를 이룬다. 그리고 또다시 '지금은'과 '그때에는'이 나오고 9-10절에서 언급했던 '부분적인 앎'과 '온전한 앎'이 여기에서도 대조를 이룬다. '어렴풋이'는 칠십인역에서 '수수께끼'를 뜻한다(민수 12,8). 따라서 거울은 비록 상像을 비추는 역할을 하지만 실재하지 않는 허상虛像으로서 명확하지 않은 수수께끼일 뿐이다. '얼굴과 얼굴을 맞대고'는 칠십인역에 자주 나오는 표현이다(창세 32,31; 탈출 33,11; 신명 5,4; 34,10 참조). .

"하느님께서 나를 온전히 아시듯"으로 번역된 그리스어 본문은 하나의 낱말 '에페그노스텐ἐπεγνώσθην'이다. 이는 '내가 지금은 부분적으로 알지만'의 '알다(기노스코γινώσκω)'를 염두에 둔 동사다. '에페그노스텐'은 신적 수동태로, 직역하면 '하느님에 의해서 알게 된다'라는 뜻이다. 따라서 '그때에는 마치 하느님이 나를 아시는 것처럼 나도 온전하게 알게 된다'는 의미다. 바오로는 이러한 논리로 지식과 예언의 은사를 통한 인식은 거울에 비친 것과 같아 부분적으로 아는데 그칠 뿐이지만 종말이 오면 얼굴과 얼굴을 맞대고 보듯이 하느님을 온전하게 알게 될 것이라고 한다. 요한 크리소스토무스는 "물론 하느님께는 얼굴이 없습니다.

13 그러므로 이제 믿음과 희망과 사랑
이 세 가지는 계속됩니다.
그 가운데에서 으뜸은 사랑입니다.[14]

바오로가 얼굴로 비유한 것은 더 명확하고 명료하게 뜻을 전달하려는 의도입니다. 밤에 어둠 속에 앉아있는 사람은 해의 빛이 보이지 않으니 그것을 따라 달리지 않을 것입니다. 하지만 새벽이 와서 해가 밝게 그를 비추기 시작하면 그는 결국 그 빛을 따르게 될 것입니다"라고 하였다(ACCK/NT.IX 227).

14) 이 절은 1코린 13,8-12의 결론이자 사랑의 찬가 전체의 결론이다. '니니 데*νυνὶ δέ*'는 본디 시간적 의미로, 또 다른 시간 부사인 '그때에는'과 대조를 이루는 '지금'이라는 뜻인데, 여기서는 로마 7,17에서처럼 논리적 결론을 표현하는 "그러므로"라는 의미로 쓰였다. 바오로는 그리스도교 신앙의 '향주삼덕向主三德'인 믿음과 희망과 사랑을 언급하면서 그중에서 으뜸은 사랑이라고 한다. 1테살 1,3에서는 세 가지 덕목을 믿음과 사랑과 희망의 순서로 언급한다. 신망애信望愛 삼덕이 언급되는 곳은 로마 5,2-8; 갈라 5,5-6; 콜로 1,4-5; 1테살 1,3; 5,8; 히브 10,22-24 등이다.

"믿음과 희망과 사랑"은 1코린 13,1.2.8의 신령한 언어와 예언과 지식의 은사를 대신한다. 곧 신령한 언어, 예언, 지식의 은사는 사라지지만 믿음, 희망, 사랑은 영원히 계속된다는 것이다. 이 절에서 언급된 '믿음'은 13,2에 나오는 산을 옮길 만한 믿음과는 다른, 인간을 구원하고 의롭게 하는 믿음으로, 그리스도교 복음에 대한 믿는 이의 반응을 가리킨다(로마 10,6-10; 갈라 5,5-6; 1테살 1,3; 5,8). '희망'은 보이지 않는 것을 지향하는 것이며, 주 예수 그리스도의 재림 때 있을 구원의 완성을 바라는 것이다. 그리고 '사랑'은 하느님과 인간, 인간과 인간의 관계를 결정하는 것으로서 영원하다. 믿음, 희망, 사랑은 그리스도인의 정체성을 결정짓는 덕목으로 이 세 가지가 없다면 그리스도인이라 말하기 어려울 것이다. 그렇다면 바오로는 이 세 가지 덕목 중에서 왜 사랑이 으뜸이라고 했을까?

"그 가운데에서 으뜸은"은 그리스어 본문에서는 비교급 문장(메이존 데 투톤μείζων δὲ τούτων)이지만 내용상으로는 최상급을 의미한다. '사랑'은 하느님의 존재 양식으로, 하느님께서는 예수 그리스도를 이 세상에 보내시고 십자가를 통해 당신의 사랑을 분명하게 보여주셨다. 사랑은 인간의 구원을 이루고 인간에게 믿음과 희망을 품게 해준다. 사랑의 시발점은 인간이 아니라 하느님이시다. 따라서 사랑은 하느님에게서 시작되어 나온 것으로, 어느 덕목들보다 더 클 수밖에 없다. 1코린 13,8–12이 이미 종말을 언급하고 있기에 믿음, 희망, 사랑은 때때로 영원히 남아 있는 것으로 이해된다. 이런 의미에서 현재형으로 쓰인 "계속됩니다(메네이μένει)" 동사는 1코린 3,14과 2코린 3,11에서처럼 미래적 의미를 지닌다. 이는 1코린 13,8에 나오는 "스러지지 않습니다"를 염두에 둔 표현이다. 이 두 가지 동사(핍테이πίπτει/메네이μένει)는 모두 현재형으로, 수미상관법을 사용하여 가운데 놓인 13,9–12을 앞뒤로 묶어주며 강조하는 역할을 한다. 13,9–12이 하느님의 온전함이 이루어지는 종말을 겨냥한 것이라면 믿음, 희망, 사랑도 현재보다는 종말론적 가치를 의도한 것으로 볼 수 있다.

가발라의 세베리아누스는 "사랑이 모든 것 가운데 으뜸인 것은 사랑이 율법의 완성이기 때문입니다"라고 하였다(ACCK/NT.IX 229). 몹수에스티아의 테오도루스는 "바오로는 코린토 신자들에게 사랑이 그 무엇보다 위대하다고 말합니다. 그들 사이에 시기와 분쟁이 있어 그곳의 교회가 갈라질 위험에 처해있었기 때문입니다"라고 하였다(ACCK/NT.IX 229). 암브로시아스테르는 사랑에 대하여 다음과 같이 증언한다. "사랑이 으뜸입니다. 믿음은 지금 이곳에서 전해지고 희망은 미래의 삶과 관계되는 반면 사랑은 다스리기 때문입니다. 요한 1서에 '그분께서 우리를 위하

신령한 언어와 예언[1)]

14 1 사랑을 추구하십시오. 그리고 성령의 은사, 특히 예언할 수 있는 은사를 열심히 구하십시오.[2)] 2 신령한 언어로 말하는 이는 사람

여 당신 목숨을 내놓으신 그 사실로 우리는 사랑을 알게 되었습니다'(1요한 3,16)라고 쓰여있습니다. 그러므로 이 셋 가운데에서 사랑이 으뜸입니다. 사랑으로 인류가 새롭게 되었기 때문입니다"(ACCK/NT.IX 228). 아우구스티누스는 『요한 서간 강해』 7,8에서 사랑의 중요성을 다음과 같이 피력한다. '그대는 한 가지 계명을 받았다. 사랑하라. 그러면 마음 내키는 대로 해도 좋다. 침묵을 해도 사랑 때문에 침묵하고, 말을 해도 사랑 때문에 말하라. 나무라도 사랑 때문에 나무라고, 용서해도 사랑 때문에 용서하라. 마음속에 사랑의 뿌리를 내려라. 그 뿌리에서 온갖 선이 싹틀 것이다.'

1) 1코린 13장에서 은사의 유한성과 사랑의 무한성을 서술한 바오로는 다시 12장에서 시작했던 은사 문제로 되돌아간다. 바오로는 14장에서 신령한 언어 은사와 예언의 은사를 자세하게 다룬다. 그는 예언의 은사를 신령한 언어 은사보다 더 높이 평가한다. 코린토 교회 일부 신자들은 신령한 언어 은사를 받고서 그것을 다른 은사들보다 더 뛰어나게 생각했을 뿐만 아니라 자신들만이 받을 수 있는 은사로 평가하였다. 반면에 신령한 언어 은사를 받지 못한 다른 신자들은 이 은사를 행사하는 신자들을 비판하면서 그들과 어울리지 않았다. 바오로가 14장에서 예언의 은사와 신령한 언어 은사를 비교 서술하는 이유는, 예언은 공동체에 유익이 되지만 신령한 언어는 개인에게만 유익이 된다고 생각했기 때문이다.

2) 바오로는 1절에서 예언할 수 있는 은사를 열심히 구하라고 말한다. 이 말씀으로 미루어 실제로 코린토 교회에는 신령한 언어를 구사하

들이 아니라 하느님께 말씀드립니다.[3] 사람은 아무도 알아듣지 못하기 때
문입니다. 그는 성령으로 신비를 말하는 것입니다.[4] 3 그러나 예언하는 이

는 이가 예언하는 이보다 더 많이 있었음을 알 수 있다. 그뿐만 아니라 이 절에는 유사한 동사, 곧 '추구하다(디오코διώκω)'와 '열심히 구하다(젤로오ζηλόω)'가 나온다. '디오코' 동사는 바오로 친서에 열여덟 번 나오고, '젤로' 동사는 일곱 번 나오는데 의미상 큰 차이는 없다. "특히"라고 번역된 그리스어 '말론μᾶλλον'은 '보다 더'라는 비교급의 의미를 지닌다. 바오로는 이 낱말을 사용함으로써 신령한 언어 은사에 탐닉한 신자들에게 예언의 은사가 더 유익하다는 점을 강조한다. 암브로시아스테르는 예언이 신령한 언어보다 더 유익한 은사인 이유는 "예언을 통해 모든 사람이 하느님 율법의 원칙들을 배우므로 예언은 교회에 이롭기 때문"이라고 하였다(ACCK/NT.IX 230).

이 절은 1테살 5,19–21("성령의 불을 끄지 마십시오. 예언을 업신여기지 마십시오. 모든 것을 분별하여, 좋은 것은 간직하고")를 떠올리게 한다. 바오로가 언급한 예언과 구약성경 특히 민수 11,24–29; 1사무 10,5–6에 나오는 예언을 비교해 보면 구약성경에 언급된 예언은 오히려 신령한 언어 현상과 유사하다.

3) 바오로는 1코린 14,2–5에서 예언이 신령한 언어보다 유익한 이유를 제시한다. 신령한 언어는 그리스도인조차 이해하기 어려운 말로서 하느님께 하는 말인 동시에 신비를 말하기 때문이다. "신령한 언어로 말하는 이(호 랄론 글로쎄ὁ λαλῶν γλώσσῃ)"는 직역하면 '혀로 말하는 이'로(야고 3,5ㄱ 참조), 사도 2,4에 나오는 '다른 혀들로 말하다'와 같은 의미다.

4) '아무도 알아듣지 못한다'는 것은 그 누구도 신령한 언어를 이해할 수 없다는 뜻이다. '알아듣다(아쿠에이ἀκούει)' 동사는 갈라 4,21에 나오는데, 종종 복음서에서도 언급된다(마태 7,24; 마르 4,9.23; 7,14; 루카 8,8). 전례에 참석한 어떠한 사람도 신령한 언어에 담긴 의미를 파악하지 못한

는 사람들을 성장하게 하고 격려하고 위로하는 말을 합니다.[5)] 4 신령한 언어로 말하는 이는 자기를 성장하게 하지만, 예언하는 이는 교회를 성장하게 합니다.[6)] 5 나는 여러분이 모두 신령한 언어로 말할 수 있기를 바랍니

다. "신비(미스테리아μυστήρια)"는 종말론적 의미를 지니지만 여기서는 모든 이에게 분명하지 않은 어떤 것, 곧 정상적인 인간의 이해를 초월하는 것을 의미한다. 또한 "성령으로"는 직역하면 '영으로'인데, 이는 '이성(누스νοῦς)'과 반대되는 개념으로 성령보다는 인간의 영을 가리킨다(1코린 14,14.32 참조).

5) 바오로는 계속해서 예언이 신령한 언어보다 유익한 점을 이야기하면서 예언의 기능에 대해 다룬다. 예언은 "성장하게 하고(오이코도메 οἰκοδομή)", "격려하고(파라클레시스παράκλησις)", "위로하는(파라미티아παραμυθία)" 일을 한다. 성장을 의미하는 '오이코도메'는 신약성경에 모두 열여덟 번 나오는데, '집을 짓다, 건설하다'라는 뜻의 동사 '오이코도메오 οἰκοδομέω'에서 파생되었다. 복음서에서 이 낱말은 실제 '건축'을 뜻하지만, 여기서는 영적 생활의 건설을 뜻하는 '성장'이라는 의미를 갖는다(로마 14,19; 15,2; 1코린 8,1; 10,23; 14,4.5.12.26; 2코린 5,1; 10,8; 12,19; 13,10; 1테살 5,11). '격려하다'는 신약성경에서 모두 스물아홉 번 나오는데, 위로와 격려와 권면이라는 복합적인 의미를 갖는다. '위로하다'는 신약성경에서 오직 이곳에만 나온다. 이와 유사한 낱말인 '파라미티온(παραμύθιον, 위로)'이 필리 2,1에서 '파라클레시스(παράκλησις, 격려)'와 함께 사용된다. 1테살 2,12에서는 동사 '파라미투메노이(παραμυθούμενοι, 격려하다)'가 '파라칼룬테스(παρακαλοῦντες, 훈계)'와 함께 사용되었다. 따라서 '파라미티아'를 어느 한 가지 고정된 의미로 정의하기란 쉽지 않다. 바오로는 언제나 모든 이에게 유익한 은사를 더 훌륭한 은사로 여긴다.

6) 이 절은 앞 절을 강조하는 말씀으로, 바오로는 여기서 두 은사를 대조하면서 코린토 교회 신자들의 개인주의를 지적한다. 신령한 언어를

다. 그러나 그보다는 예언할 수 있기를 더 바랍니다. 누가 해석을 해주어 교회가 성장에 도움을 받는 경우가 아니면, 예언하는 이가 신령한 언어로 말하는 이보다 더 훌륭합니다.[7)]

구사하는 이는 영의 작용으로 기도를 하지만 그 누구도 이해하지 못하기 때문에 자신에게만 유익이 될 뿐이다. 바오로가 은사의 사용에서 중요하게 여기는 것은 그 은사가 공동체에 유익을 가져오는가 하는 점이다. 은사 중에는 개인에게만 유익이 되는 은사가 있는가 하면, 교회 공동체에 유익을 주는 은사도 있다. 이 절에서 "교회"로 번역된 '에클레시아ἐκκλησία' 앞에 관사가 없다고 해서 이를 '단순한 모임'이라는 의미라고 주장하기도 하지만 관사의 유무를 너무 엄격하게 따질 필요는 없다. 1코린 14장만 보아도 '교회' 앞에 관사가 있는 경우도 있고(5.12.23.33.34절), 없는 경우도 있기 때문이다(4.19.28.35절).

7) 바오로는 신령한 언어 은사를 무시하거나 무가치하다고 말하지 않는다. 하지만 신령한 언어로 말하게 되면 그 의미를 이해할 수 없기 때문에 교회 공동체와 다른 이들에게 도움이 되지 않는다. 이 신령한 언어가 예언과 동일한 효과를 갖기 위해서는 해석이 뒤따라야 한다. 여기서 문제가 되는 것은 해석자의 정체다. 신령한 언어를 말하는 이와 해석하는 이는 동일 인물인가, 아니면 다른 인물인가? 12,10.30에서는 신령한 언어를 말하는 이와 해석하는 이가 다른 사람이다. 14,26-28에서도 이 두 사람은 분명히 다른 사람이다. 하지만 이 절에서는 같은 사람인지 다른 사람인지 분명하지 않다. 바오로는 이 구절에서 "바랍니다" 동사인 '텔로θέλω'를 '신령한 언어를 말하다'와 연결할 때는 부정사(랄레인λαλεῖν)로, '예언하다'와 연결할 때는 가정법(히나 프로페테우에테ἵνα προφητεύητε)으로 사용했다. 이는 예언의 유익성을 강조하는 바오로의 의도가 반영된 표현이다. 바오로가 예언하기를 바라면서 "더(말론μᾶλλον)"라는 낱말을 사용한 것도 예언의 유익성을 강조하기 위해서다. 이 절에서도 은사

6 이제[8] 형제 여러분, 내가 여러분에게 가서 신령한 언어로 말한다 한들, 계시나 지식이나 예언이나 가르침을 주는 말을 하지 않으면, 내가 여러분에게 무슨 소용이 있겠습니까?[9] 7 마찬가지로[10] 피리나 수금처럼 생명 없는 것들도 소리를 내지만 분명한 가락을 내지 않으면, 피리로 불거나 수금으로 뜯는 곡을 사람들이 어떻게 알아들을 수 있겠습니까?[11] 8 또 나팔

들의 유익성을 판단하는 기준은 '교회의 성장', 곧 공동체의 유익이다.

8) 바오로는 14,2-5에서 예언의 은사가 신령한 언어 은사보다 유익한 이유를 제시했는데, 14,6-11에서는 예를 들어 설명한다. "이제(넌 데 *νῦν δέ*)"는 논리적 결론을 유도하는 접속사다.

9) 바오로는 자기 자신의 경우를 예로 들어 코린토 교회 신자들에게 깨우침을 주려고 '일인칭'으로 수사학적 질문을 던진다. 이 절에는 신령한 언어와 대조되는 네 가지 낱말, 곧 "계시"(1코린 14,26; 갈라 2,2), "지식"(1코린 12,8), "예언"(1코린 12,10.28; 14,22), "가르침"(로마 6,17; 16,17)이 나온다. 이 네 낱말은 각기 다른 의미를 지니지만, 알아들을 수 없는 신령한 언어와는 달리 인간이 알아들을 수 있는 말들을 대표하는 다양한 표현 양식이다. 요한 크리소스토무스는 "바오로의 이 말은 신령한 언어를 말하는 은사를 받은 이들을 하찮게 보는 것이 아니라 자신은 교회에 도움이 되는 일을 더 중요히 여긴다는 뜻을 밝히는 것입니다"라고 하였다(ACCK/NT.IX 231).

10) "마찬가지로"로 번역된 그리스어 '호모스*ὅμως*'는 신약성경에서 모두 세 번 나온다(요한 12,42; 1코린 14,7; 갈라 3,15). 본디 '그럼에도 불구하고'라는 뜻이지만 비교의 의미로 쓰일 때에는 '이와 마찬가지로'라고 번역할 수 있다.

11) 바오로가 예로 든 "피리나 수금"은 관악기와 현악기를 통칭하는 낱말로, 향연, 장례식 그리고 고대의 종교의식에서 자주 사용되었다.

이 확실하지 않은 소리를 내면 누가 전투 준비를 하겠습니까?[12] 9 이와 같
이 여러분도 신령한 언어로 말할 때에 분명하지 않은 말을 하면, 그 말을 어
떻게 알아들을 수 있겠습니까? 그것은 허공에 대고 말하는 셈입니다.[13] 10

---

12) "나팔(살핑크스σάλπιγξ)"은 군사용 악기로서(탈출 19,13; 민수 10,9; 2사무 2,28; 스바 1,16) 신약성경에 열한 번 나오는데(마태 24,31; 1코린 14,8; 15,52; 1테살 4,16; 히브 12,19; 묵시 1,10; 4,1; 8,2.6.13; 9,14), 이 절을 제외하면 모두 종말과 관련된 단락에 나온다. 바오로가 피리나 수금 그리고 나팔 같은 악기를 예로 든 이유는 분명하다. 곧 그처럼 아무리 유용한 악기라 할지라도 곡조와 가락이 분명하지 않으면 소리만 요란하고 아무 소용이 없듯이, 어떤 사람이 전혀 알아들을 수 없는 말을 하면 그것은 듣는 이에게 도움이 되지 못할 뿐만 아니라 단지 소음에 지나지 않는다는 점을 강조하기 위해서다. 소리는 듣는 이가 분명하게 알아듣고 이해할 때 비로소 의미가 있다. 펠라기우스는 "군대 나팔이 휴식 시간을 알리든 전투를 알리든 소리가 확실하지 않다면 아무도 전투 준비를 하지 않을 것입니다. 여러분의 말은 전투 나팔 소리로 이해되어야 합니다. 그것은 영적 전투에 나서는 군사를 준비시키는 소리이기 때문입니다"라고 하였다(ACCK/NT.IX 231-232).

13) 바오로는 1코린 14,6에서 수사학적인 '나'를 사용했는데, 여기서는 이인칭 복수인 "여러분"을 사용한다(로마 6,11; 2코린 10,8 비교). 그는 "이와 같이(후토스οὕτως)"라는 표현을 써서 앞에서 언급한 악기들의 예를 신령한 언어에 적용한다. '분명한(에우세모스εὔσημος)'이라는 낱말은 1코린 14,8에 나오는 '확실하지 않은(아델로스ἄδηλος)'과 반의어다. 그리고 '허공에 대고 말하다'라는 말은 바오로가 9,26에서 '권투'를 예로 들어 자신의 삶을 밝힌 것을 연상하게 하는 표현으로, 신령한 언어로 말하는 것은 마치 권투선수가 상대방을 정확히 맞추지 못하고 허공을 치는 것과 같다는 의미다.

세상에는 물론 수많은 종류의 언어가 있지만 의미가 없는 언어는 하나도 없습니다.[14] 11 그런데 내가 어떤 언어의 뜻을 알지 못하면, 나는 그 언어를 말하는 이에게 외국인이 되고 그 언어를 말하는 이는 나에게 외국인이 됩니다.[15] 12 여러분도 마찬가지입니다. 여러분은 성령의 은사를 열심히 구하는 사람들이니, 교회의 성장을 위하여 그것을 더욱 많이 받도록 애쓰십시오.[16]

---

14) "언어"로 번역된 그리스어 '포네*φωνή*'는 '소리, 음성'을 뜻하는데, 여기서는 단순히 소리를 뜻하기보다는 '말, 언어'를 가리킨다(LXX 창세 11,1; 2마카 7,8.21.27; 4마카 12,7; 16,15). 바오로는 어떤 민족에게나 그 민족이 사용하는 다양한 언어가 있음을 전제하고 각 민족이 사용하는 다양한 언어는 각기 고유한 의미가 있어서 민족끼리 소통이 가능함을 말한다. 가발라의 세베리아누스는 "의미 없는 언어는 없습니다. 모든 언어는 인간이 만들어 낸 것이기 때문입니다"라고 하였다(ACCK/NT.IX 232).

15) 이 절에 나오는 그리스어 '텐 디나민 테스 포네스*τὴν δύναμιν τῆς φωνῆς*'는 직역하면 '소리의 힘, 능력'인데, 여기서는 "언어의 뜻"으로 번역하였다. 그리고 "외국인"으로 번역된 '바르바로스*βάρβαρος*'는 본래 그리스어를 구사할 줄 모르고 짐승처럼 '바르바르'라고 의미 없이 지껄이는 '야만인'을 가리킨다. 여기서 외국인은 다른 이들이 이해할 수 없는 말을 지껄이면서 횡설수설하는 이를 가리키는 표현이다. 어떤 언어든지 서로 알아들을 수 없으면 서로가 서로에게 외국인이 된다. 이와 마찬가지로 신령한 언어도 해석이 되지 않는다면 말하는 이와 듣는 이 사이에 올바른 이해와 의사소통은 불가능하다.

16) "성령의 은사(프네우마톤*πνευμάτων*)"는 직역하면 '영적인 것들'이다. 바오로는 하느님의 영과 관련하여서는 '프네우마*πνεῦμα*'라는 단수 명사를 주로 사용하는데, 성령의 다양한 은사들을 염두에 두고서는 복수형인 '프네우마톤'을 사용한다(1코린 14,14.15.16.32 참조). "여러분도(카이 히메이스*καὶ ὑμεῖς*)"라는 표현은 코린토 신자들이 영의 은사를 구하는 데

13 그러므로 신령한 언어로 말하는 이는 그것을 해석도 할 수 있도록
기도하십시오.[17] 14 내가 신령한 언어로 기도하면, 나의 영은 기도하지만
나의 이성은 아무런 수확이 없습니다.[18] 15 그러면 어떻게 해야 하겠습니
까? 나는 영으로 기도하면서 이성으로도 기도하겠습니다. 나는 영으로 찬

열정적이었음을 보여준다. 바오로는 신자들이 다양한 은사들을 구하는 데 대해서는 비난하지 않지만, 그에 합당한 동기, 곧 교회 공동체의 성장을 위해 힘쓰기를 바란다. 바오로가 언급하는 모든 말은 교회의 성장을 기준으로 삼고 있다.

17) "그러므로(디오 διό)"로 시작하는 이 절은 신령한 언어 문제에 대한 잠정적 결론이다. 신령한 언어를 구사하는 이는 해석의 은사를 동시에 소유하지 못했기 때문에 자신이 한 말을 타인에게 이해시킬 수 없었다. 12,10과 14,27-28을 보면 신령한 언어를 해석하는 이가 따로 있었던 것 같다. 하지만 바오로는 이 구절에서 신령한 언어를 말하는 이는 동시에 해석할 수 있는 은사도 받도록 기도하라고 권면한다. 신령한 언어가 해석되는 경우에만 예언이나 가르침으로 바뀔 수 있기 때문이다.

18) 이 절에서 "나의 영(토 프네우마 무 τὸ πνεῦμά μου)"이 구체적으로 무엇을 가리키는지는 분명하지 않으나 성령을 의미한다고 볼 수도 없다. 성경 어디에도 '나의 영'과 '성령'을 일치시켜 표현하는 곳이 없고 바오로의 표현 방식과도 어울리지 않기 때문이다. 바오로는 알아들을 수 없는 기도를 바치는 경우를 두고 나의 영으로 기도한다는 표현을 사용했을 것이다. 이렇게 기도할 경우 나의 이성은 그 기도를 이해할 수도 깨달을 수도 없기 때문에 아무런 도움을 받지 못한다.

"나의 이성(호 누스 무 ὁ νοῦς μου)"은 직역하면 '나의 마음, 정신'이다. 신령한 언어로 기도하는 이는 하느님께 기도를 드리지만 정작 자신의 이성으로도 이해하지 못하기에, 바오로는 영과 이성이 함께 작용하는 기도가 자신과 공동체에 도움이 된다는 사실을 강조한다. 암브로시아스테

양하면서 이성으로도 찬양하겠습니다.[19] 16 그런데 그대가 영으로만 찬
미하면, 그대가 무슨 말을 하는지 알아듣지 못하는 초심자가 어떻게 그대
의 감사 기도에 "아멘" 하고 응답할 수 있겠습니까?[20] 17 그대야 훌륭하

르는 "자기가 무슨 말을 하고 있는지 모르는 사람이 무엇을 이룰 수 있겠습니까?"라고 반문하였다(ACCK/NT.IX 234).

19) 바오로는 자신의 경우를 예로 들어 영과 이성의 문제를 다시 한 번 구체화한다. 여기서 영과 이성은 상대적 개념으로 교회의 성장이라는 측면에서 볼 때 '이성'이 '영'보다 유익하다는 것이다. 바오로는 기도와 더불어 찬양을 언급한다. "찬양하겠습니다(프살로ψαλῶ)"는 '찬양하다(프살로ψάλλω)' 동사의 미래형이다. 이 동사는 칠십인역 시편에 종종 나오고(시편 7,17; 9,11; 138,1) 신약성경에 모두 네 번 나오는데, 통상 어떤 악기를 연주하거나 그 악기에 맞추어 노래한다는 뜻으로 쓰인다(로마 15,9; 1코린 14,15; 에페 5,19; 야고 5,13).

은사 문제는 오늘날도 그렇거니와 바오로 당시에도 찬양과 밀접한 관계를 가졌던 것 같다. 특히 바오로는 '기도하다'와 '찬양하다' 동사를 모두 미래형으로 사용하였는데, 이는 기도와 찬양의 중요성을 말하려는 것이다. 나트파르의 아브라함은 "하느님께 기도하고 찬양할 때는 영과 이성으로 기도하고 찬양해야 합니다. 바오로는 신령한 언어에 대해서는 전혀 이야기하지 않습니다. 이런 영적 기도는 신령한 언어로 바치는 것이 아니기 때문입니다. 영적 기도란 입술과 혀보다 더 깊은 데서 나오는 것이며 어떤 복잡한 소리보다 더 내면적이고 찬송가나 지혜를 넘어서는 것입니다"라고 하였다(ACCK/NT.IX 235).

20) 바오로는 14-15절에서 강조하기 위해 사용한 '내가'를 이 절에서는 이인칭인 "그대가"로 바꾸어 표현한다. "초심자(이디오테스ἰδιώτης)"는 직역하면 '초심자의 자리에 앉은 이(호 아나플레론 톤 토폰 투 이디오투ὁ ἀναπληρῶν τὸν τόπον τοῦ ἰδιώτου)'다. '초심자의 자리'는 실제로 초심자를

위하여 따로 마련된 장소를 가리키거나 신령한 언어나 해석의 은사를 갖지 못한 초심자와 같은 처지를 의미할 수 있는데, 여기서는 후자의 해석이 본문에 더 잘 어울린다. 초심자가 누구를 가리키는지는 분명하지 않다. 이 낱말은 본래 어떤 분야에서 전문인이 되지 못한 사람을 지칭하는 표현으로 '평민, 배우지 못한 사람'을 뜻한다. 신약성경에서 이 낱말은 다섯 번 나오는데(사도 4,13; 1코린 14,16.23.24; 2코린 11,6), 사도행전에서는 교육받지 못한 이를, 코린토 2서에서는 웅변에 능숙하지 못한 이를 뜻한다.

이 절과 23절에 나오는 '초심자'는 사도행전의 의미와 더 가까워서, 예수님을 믿지 않는 불신자일 수도 있고, 신자이기는 하지만 이제 갓 입교한 사람이거나 아직 신령한 언어 은사나 해석의 은사를 받지 못한 사람일 수도 있다. 여기서는 두 부류의 사람을 모두 가리킨다. 이 낱말이 23-24절에서는 "믿지 않는 이"와 함께 쓰였고, 이 절에서는 신령한 언어를 말하는 이의 감사 기도에 초심자가 '아멘'으로 응답할 수 없다는 표현과 함께 나오기 때문이다. 초심자는 비록 공동체 모임에 참석하기는 하지만 아직 그 공동체에 완전히 소속된 이는 아닐 것이다. 특히 23절에서 신령한 언어로 말하는 이들을 보고서 '미쳤다'고 하는 반응으로 보아 이 초심자를 교회의 정식 일원으로 보기는 어렵기 때문이다.

"아멘"은 유다교 회당에서 찬양 기도에 대한 응답의 표시로 사용되었는데(LXX 1역대 16,36; 느헤 5,13; 8,6), 이것이 그리스도교 전례에서 두드러진 점이 되었으며 바오로의 편지에도 자주 나온다(로마 1,25; 9,5; 11,36; 15,33; 16,27; 갈라 1,5). '아멘'은 듣는 이가 설교나 기도를 온전히 이해하고 동의하는 가운데 신뢰한 경우에만 행할 수 있는 응답의 표시다. 하지만 신령한 언어로 기도하는 경우는 그 내용을 알 수 없으니 이와 같은 응답을 기대하기가 어렵다. 신령한 언어로 기도할 경우 듣는 다른 이에게 그 뜻이 전달되지 않아 아무 도움이 되지 못하기 때문이다.

"감사 기도(테 에우카리스티아 *τῇ εὐχαριστίᾳ*)"는 찬양 기도와 마찬가지

게 감사를 드리지만 다른 사람은 성장에 도움을 받지 못합니다.[21)] 18 하느
님께 감사하게도, 나는 여러분 가운데 누구보다도 더 많이 신령한 언어로
말할 수 있습니다.[22)] 19 그러나 나는 교회에서 신령한 언어로 만 마디 말
을 하기보다, 다른 이들을 가르칠 수 있게 내 이성으로 다섯 마디 말을 하
고 싶습니다.[23)]

로 기도의 한 형태를 가리킨다. '에우카리스테오(εὐχαριστέω, 감사드리다)' 동사는 1코린 1,4.14; 14,17.18에 나온다. 암브로시아스테르는 "기도에 사람들이 '아멘' 하고 말할 때 기도에 대한 확증이 이루어집니다. 기도하는 이의 말이 진실이라고 듣는 이들이 고백함으로써 그들의 마음 안에서 확증이 이루어지는 것입니다"라고 하였다(ACCK/NT.IX 235).

21) 바오로는 16-17절에서 수사학적인 '그대'를 사용하는데, 이는 11.14.15절의 수사학적인 '내가'와 대조된다. "그대"는 신령한 언어를 말하는 이고, "다른 사람"은 초심자다. '감사드리다(에우카리스테이스εὐχαριστεῖς)'는 16절의 '찬미하다(에울로게스εὐλογῇς)'와 병행을 이룬다. 신령한 언어를 말하는 것 자체는 좋은 일이고 자신에게 유익할 수 있지만 다른 사람들 특히 공동체를 성장시키는 데에는 혼란스러울 수 있고 도움이 되지 못한다(2-5절 참조).

22) 바오로는 '감사하다(에우카리스토εὐχαριστῶ)' 동사와 함께 수사학적인 '나'가 아닌 개인적인 '나'를 사용하여 자신이 다른 이들보다 더 많이 신령한 언어로 말할 수 있다는 점을 강조한다. 이로써 신령한 언어 은사보다 예언의 은사를 더 높이 평가한 이유가 자신이 신령한 언어를 구사하지 못하는 열등감이나 질투심에서가 아님을 분명히 한다. 바오로의 주된 관심사는 개인의 은사 체험보다 그 은사를 통하여 교회 공동체가 바로 세워지는 것이다.

23) 바오로는 집회에서 만 마디 신령한 언어로 기도하는 것보다 다섯 마디 이성으로 하는 기도가 더 유익하다고 말한다. "다섯"은 루카 12,6;

20 형제 여러분, 생각하는 데에는 어린아이가 되지 마십시오. 악에는 아이가 되고 생각하는 데에는 어른이 되십시오.[24] 21 율법에 이렇게 기록

14,19에서처럼 전형적인 수인 '몇몇'을 뜻한다. 반면에 "만"은 헤아릴 수 없을 정도로 많은 수를 상징한다. 신령한 언어는 아무리 많이 하더라도 그 효과는 미미하다는 의미다. 이처럼 예언과 신령한 언어의 효과는 교회 안에서 다른 사람에게 교훈을 줄 수 있느냐 없느냐에 달려있다. 이 점에서 바오로의 은사관은 철저하게 교회론과 연결되어 있다. '가르치다(카테케소κατηχήσω)' 동사는 코린토 1서에서 오직 이곳에만 나온다. 신약성경에서는 모두 일곱 번 나오는데(루카 1,4; 사도 18,25; 21,21.24; 로마 2,18; 1코린 14,19; 갈라 6,6), 이곳에서만 은사 문제와 함께 사용되고 갈라티아서와 로마서에서는 교리를 가르치는 의미로 쓰였다. 여기서는 문맥상 '건설(오이코도메οἰκοδομή)'을 뜻한다.

24) 바오로는 교회론적 원칙에서 신령한 언어의 역기능과 예언의 순기능을 논한 뒤, "형제 여러분"으로 시작하는 새로운 단락을 통하여 신자들에게 자신들이 받은 은사 사용에 대한 그동안의 가치 기준을 버리고 그리스도인으로서 성숙한 판단으로 은사를 사용하라고 한다. 코린토 교회 신자들은 생각하는 데 있어 여전히 어린아이와 같이 미성숙한 상태에 머물러 있었다. 그래서 그들은 신령한 언어로 말하는 일은 열심히 하였으나 하느님 말씀을 듣고 지키는 일은 소홀히 하였다. 이에 바오로는 신자들에게 악에 대해서는 어린아이와 같이 되어 죄를 짓지 말고, 생각하는 데는 어른으로서 성숙한 사람이 되어 교회 공동체 건설에 무엇이 유익한지 올바로 판단하라고 권면한다.

바오로는 "악에는(테 카키아τῇ κακίᾳ)"과 "생각하는 데에는(타이스 프레신ταῖς φρεσίν)"을, "아이(파이디온παιδίον)"와 "어른(텔레이오스τέλειος)"을 대조한다. 바오로는 1코린 2,6–13과 3,1–2에서 언급한 성숙한 이들과 어린아이라는 표현을 염두에 두고 아이와 어른을 대조한 것으로 보인다. '생

되어 있습니다.[25)]

"'내가 또 다른 신령한 언어를 말하는 자들을 통하여
다른 나라 사람들의 입술을 통하여
이 백성에게 말할지라도
그들은 내 말을 귀담아듣지 않으리라' 하고
주님께서 말씀하신다."[26)]

각하는 데'라는 뜻의 '프레신*φρεσίν*'은 신약성경에서 오직 이곳에만 나오지만, 칠십인역 잠언에서는 '엔데에스 프레논*ἐνδεῆς φρενῶν*'의 형태로 자주 나온다. 곧 잠언 11,12에는 '미련한 사람', 12,11에는 '지각없는 사람' 15,21에는 '속없는 사람' 그리고 18,2에는 '미련한 사람'으로 쓰이고 있다. 또한 '악'이라는 뜻의 '카키아*κακία*'는 신약성경에 모두 열한 번 나오는데 (마태 6,34; 사도 8,22; 로마 1,29; 1코린 5,8; 14,20; 에페 4,31; 콜로 3,8; 티토 3,3; 야고 1,21; 1베드 2,1.16) 대부분 도덕적 의미로 쓰인다.

25) 바오로는 이사 28,11-12을 인용하여 자신의 견해를 더욱 구체화한다. "율법에 이렇게 기록되어 있습니다"라는 표현은 구약성경 전체를 율법(토라)이라고 부른 라삐들의 관행을 따른 것이다. 바오로는 코린토 1서에서 열일곱 번이나 구약성경을 인용하는데, 그중 여섯 번이 이사야서다(1코린 1,19=이사 29,14; 1코린 2,9=이사 64,3; 1코린 2,16=이사 40,13; 1코린 14,21=이사 28,11-12; 1코린 15,32=이사 22,13; 1코린 15,54=이사 25,8). 구약성경 전체를 율법이라고 한 경우는 신약성경 다른 곳에서도 찾아볼 수 있다 (요한 10,34; 12,34; 15,25; 로마 3,19).

26) 바오로가 신령한 언어와 예언의 은사 문제를 논하면서 심판 내용을 담고 있는 이사야서를 인용한 의도를 파악하기란 쉽지 않다. 바오로의 인용문은 히브리어 성경이나 칠십인역과 차이가 있다. 바오로는 둘 중 어느 하나에 막연하게 자신의 생각을 가미하여 인용하였거나, 아니면 현존하지 않는 그리스어 역본 중에서 인용했을 가능성이 있다. 그런

데 오리게네스는 이 인용 구절이 아퀼라 역본에서 발견된다고 주장하였다(ACCK/NT.IX 236). 아퀼라는 2세기에 유다교에서 개종한 그리스도인으로서 히브리어 구약성경을 그리스어로 옮겼는데, 이 역본은 7세기까지 유다인들의 공식 그리스어 성경으로 인정받았다. 히브리어 구약성경과 칠십인역에 나오는 이사 28,11-12은 다음과 같다.

"과연 그분께서는 이렇게 더듬거리는 말씨와 다른 나라 말로 이 백성에게 말씀하시리라. 그분께서는 예전에 이들에게 말씀하셨다. '이곳은 안식처이니 고달픈 이들을 편히 쉬게 하여라. 이곳은 쉼터이다.' 그러나 그들은 들으려 하지 않았다"(히브리어 구약성경).

'사악한 입술들을 통하여, 다른 나라 말을 통하여, 그들이 이 백성에게 말할 것이기 때문에, 그에게 이것은 배고픈 이에게 내리는 휴식이며 이것은 재난이라고 말하면서, 그런데 그들은 들으려 하지 않았다'(칠십인역).

히브리어 구약성경과 칠십인역 그리고 바오로의 인용문에는 몇 가지 차이점이 있다. 첫째, 히브리어 구약성경과 칠십인역에 있는 구체적인 말씀이 바오로의 인용문에는 생략되어 있다. 둘째, 말하는 주체가 히브리어 구약성경에서는 '그분', 칠십인역에서는 '그들'인데, 바오로의 인용문에서는 '내가'다. 셋째, '듣다'의 시제가 히브리어 구약성경과 칠십인역에서는 과거인데, 바오로의 인용문에서는 미래다. 넷째, 히브리어 구약성경과 칠십인역에는 나오지 않는 '주님께서 말씀하신다'라는 구절이 바오로의 인용문에는 들어있다. 이러한 차이점으로 미루어 볼 때 바오로는 어느 역본 한 가지를 그대로 인용하지 않았고 어느 역본이든 신령한 언어의 역기능을 논증하기에 적합한 구절을 의도적으로 발췌하여 인용한 것으로 보인다.

바오로가 인용한 이사야서의 의미를 파악하는 일도 쉽지 않다. 이 인용문이 어느 역본과도 일치하지 않기 때문에, 여기서는 히브리어 성경을 근거로 그 의미를 이해하려 한다. 이 말씀을 올바로 이해하기 위해서는 이사 28,13을 살펴보아야 한다. "그래서 주님께서는 그들에게 '차우 라차우 차우 라차우 카우 라카우 카우 라카우 즈에르 삼 즈에르 삼'이라고 말씀하시리니 그들이 가다가 뒤로 넘어져 다치고 덫에 걸려 포로로 잡히게 하시려는 것이다." 하느님께서는 이스라엘 백성에게 특이한 언어, 곧 아시리아 침략가들의 소리를 통하여 경고하셨으나 그들은 순종하지 않았다. 침략자의 이방 언어가 유다에 대한 심판의 표현이었는데도 그들은 그것을 알아듣지 못한 것이다. 곧 백성들이 걸어가다가 뒤로 넘어져 다치고 덫에 걸려 포로로 잡히도록 하기 위해서 주님께서는 이상한 언어로 경고하셨다. 주님께서 예언자들을 통하여 유다 백성에게 위로와 회개의 말씀을 하셨지만, 그들이 끝내 듣지 않았기 때문에 '더듬거리는 말씨와 다른 나라 말'로 말씀하신다는 것이다. 따라서 더듬거리는 말씨와 다른 나라 말은 이스라엘 백성을 심판하기 위해 사용한 '차우 라차우 카우 라카우 즈에르 삼'과 같은 뜻이다. 그러므로 이사 28,11-12의 말씀은 유다 백성에게 예언자를 통하여 내리시는 하느님의 심판이다.

바오로가 이사야서를 인용한 의도에 대해서는 두 가지 설이 전해진다. 하나는, 하느님의 심판이라는 이사야서의 역사적 배경을 의도하고 인용했다는 설이다. 다른 하나는, 역사적 배경보다는 단지 '다른 나라 말'이라는 구절이 신령한 언어의 역기능인 의사소통의 문제를 뒷받침하는 데 적합하기 때문에 인용했다는 설이다. 바오로는 후자의 설을 바탕으로 이사야서를 인용하였을 것이다. 히브리어 구약성경과 칠십인역 그리고 바오로의 인용문에서 공통적으로 발견되는 말은 '다른 나라 말'과 '알아듣지 못한다'이다. 바오로는 다른 나라 말을 할 경우 백성이 알아듣지 못하듯이 신령한 언어로 말을 할 경우에도 다른 사람들이 알아듣지 못한다는 사실을 인용문을 통해 강조한 것이다. 신령한 언어는 말하는 사람이 아닌 다른 사람들에게는 도움이 되지 못한다.

22 이렇게 신령한 언어는 믿는 이들이 아니라 믿지 않는 이들을 위한 표징입니다. 그러나 예언은 믿지 않는 이들이 아니라 믿는 이들을 위한 표징입니다.[27)]

---

27) 바오로는 이 절에서 신령한 언어는 믿지 않는 이들을 위한 표징이고 예언은 믿는 이들을 위한 표징이라고 하면서, 1코린 14,23–25에서 믿지 않는 이들에 대한 신령한 언어의 부정적인 면과 예언의 긍정적 효과를 이야기한다. 곧 이 절과 14,23–25의 내용은 서로 상반된다. 이 두 내용은 따로 놓고 보면 이해하기 쉽지만, 함께 보면 모순이 따른다. 많은 학자들이 내용의 모순을 극복하려고 노력했는데, 어느 해석도 그다지 설득력이 있어 보이지 않는다.

이 절을 이해하기 위해서는 먼저 두 가지 사항을 살펴보아야 한다. 첫째로, 바오로가 이사야서를 인용한 의도다. 바오로는 심판이라는 역사적 배경을 의도하고 이사야서를 인용한 것이 아니라, '다른 나라 말'을 할 경우 일반 백성이 '알아들을 수 없다'는 사실만을 염두에 두고 인용하였던 것 같다. 둘째로, 여기서 '표징'은 심판의 표징이나 은총의 표징이 아니라 '알아듣지 못하는 현상'으로 이해해야 한다. 따라서 이사야서 인용문의 '알아듣지 못하다'라는 표현과 이곳의 '표징'은 서로 같은 뜻으로 보아야 한다. 이를 바탕으로 이 절을 다음과 같이 좀 더 이해하기 쉽게 옮길 수 있다. '이렇게 신령한 언어는 믿는 이들에게 내리는 알아듣지 못하는 현상이 아니라 믿지 않는 이들에게 내리는 알아듣지 못하는 현상이다. 그러나 예언은 믿지 않는 이들에게 내리는 알아듣지 못하는 현상이 아니라 믿는 이들에게 내리는 알아듣지 못하는 현상이다.' 신령한 언어가 믿지 않는 이들에게 이해되지 않는 현상인 것은 이들이 신령한 언어를 이해할 수 없었기 때문이다. 코린토 교회에서 믿는 이들은 신령한 언어의 내용을 정확히 이해할 수는 없다 해도 이 신령한 언어가 성령의 작용으로 생긴 현상이라는 사실은 알고 있었다. 그러나 믿지 않는 이들

23 온 교회가 한자리에 모여[28] 모두 신령한 언어로 말하는데 초심자들
이나 믿지 않는 이들이 들어온다면, 그들은 여러분을 미쳤다고 하지 않겠습
니까?[29] 24 그러나 모두 예언하는데 믿지 않는 이나 초심자가 들어온다면,
그는 모든 이에게 질책을 받고 그 모든 이에게 심판을 받게 됩니다.[30] 25
또 그 마음속에 숨겨진 것들이 드러납니다. 그러면 그는 얼굴을 바닥에 대
고 엎드려[31] 하느님께 절하면서, "참으로 하느님께서 여러분 가운데에 계

은 이 사실조차 모르고 있었다. 반면에 예언이 믿는 이들에게 이해되지 않는 현상인 이유는, 이들에게 예언을 받아들이려는 의지가 없었기 때문이다. 코린토 교회 일부 신자들은 분명히 예언 내용을 알고 있으면서도 신령한 언어에 심취하여 예언에는 귀를 막는 경향이 있었다. 왜냐하면 이들은 하느님의 말씀을 통하여 자신들의 잘못을 깨닫게 해주고 올바른 신앙생활로 이끌어 주는 예언보다는 열광적 상태에서 행해지는 신령한 언어를 듣는 데서 더 만족을 얻었기 때문이다.

28) "온 교회가 한자리에 모여"는 교회 집회를 의미한다. 바오로는 '한자리에 모여(신엘테 συνέλθῃ)' 동사를 11,17.20과 14,26에서도 교회 집회를 가리키는 의미로 사용하는데, 이는 11장과 14장의 모임이 동일한 것임을 시사한다.

29) "믿지 않는 이들"은 신령한 언어를 이해하지 못하기 때문에 교회가 다 함께 모여 신령한 언어로 말할 때 그들을 보고 미쳤다고 하면서 교회를 떠나갈 것이다. "초심자들"은 14,16에 나오는 교회 생활에 대한 이해가 없는 이들, 곧 영의 은사들을 경험하지 못한 이들을 가리킨다. 믿지 않는 이들은 신앙을 갖지 않은 교회 밖 사람들을 가리킨다.

30) 여기서는 14,23의 '초심자들'과 '믿지 않는 이들'이 순서가 바뀌어 나온다. 교회가 다 함께 모여 예언을 할 때 믿지 않는 이들은 예언하는 이들로부터 질책과 훈계를 받고서 하느님을 찬양하게 된다.

31) "얼굴을 바닥에 대고 엎드려"는 예배드리는 모습을 묘사한 표현

십니다” 하고 선언할 것입니다.[32)]

전례의 질서와 통일성[33)]

26 그러니 형제 여러분,[34)] 어떻게 해야 하겠습니까? 여러분이 함께 모일 때에[35)] 저마다 할 일이 있어서, 어떤 이는 찬양하고 어떤 이는 가르치고 어떤 이는 계시를 전하고 어떤 이는 신령한 언어를 말하고 어떤 이는 해석을 합니다. 이 모든 것이 교회의 성장에 도움이 되어야 합니다.[36)]
27[37)] 누가 신령한 언어로 말할 때에는 한 번에 둘이나 많아야 셋이서 차례로 하고, 또

으로, 이는 하느님의 현존을 인식하고 자신의 한계와 무능함을 깨달은 행위다(창세 17,3; 루카 5,12; 묵시 7,11; 11,16 참조).

32) “하느님께서 여러분 가운데에 계십니다”라는 표현은 칠십인역 1열왕 18,39; 이사 45,14; 다니 2,46-47; 즈카 8,23에 나오는 말씀을 떠올리게 한다. 바오로는 종말에 모든 이방인들이 회개하고 하느님 앞에 엎드려 찬양하는 모습을 표현하고자 한 것 같다.

33) 바오로는 전례에서 신자들이 신령한 언어와 예언의 은사를 어떻게 행사해야 하는지를 교훈하면서 무엇보다도 중요한 전례 질서와 교회의 성장을 강조한다. 하느님은 질서의 하느님이시기 때문이다.

34) 바오로는 1코린 14,15에서 던진 질문을 반복하면서 “그러니(운 οὖν)”라는 표현으로 논의를 마무리하고자 한다. 바오로는 또다시 코린토 교회 신자들을 14,6.20에서처럼 ‘형제들(아델포이ἀδελφοί)’이라고 부른다.

35) “함께 모일 때에(신에르케스테συνέρχησθε)”는 전례 모임을 가리킨다. 바오로는 11,17.18.20.33.34에서처럼 주님의 만찬과 관련된 똑같은 동사를 사용한다.

36) 바오로는 은사의 다양성을 언급한 뒤 다시 한번 신자들에게 공동체의 유익을 위하여 은사를 사용하라고 권면한다. 바오로가 열거한

한 사람이 해석을 해야 합니다. 28 그러나 해석하는 이가 없으면, 그들은
교회 안에서 잠자코 혼자서 하느님께만 말해야 합니다. 29 예언자들은 둘
이나 셋이 말하고[38] 다른 이들은[39] 그것을 식별하십시오.[40] 30 그러나 그

다양한 은사는 '찬양, 가르침, 계시, 신령한 언어와 해석'이다. 이러한 은사들은 코린토 교회 전례 때 행해지던 것들인데, 바오로는 이 은사들이 질서 있게 이루어지기를 바란다. '저마다 … 있다(헤카스토스 … 에케이 ἕκαστος … ἔχει)'라는 표현은 모두가 최소한 한 가지 은사를 가지고 있다는 의미라기보다 이런 은사를 가진 이도 있고 저런 은사를 가진 이도 있다는 뜻이다.

37) 바오로는 14,27–28에서 신령한 언어 은사의 사용에 대한 구체적인 원칙 세 가지를 제시한다. 첫째로, 신령한 언어로 말할 경우 둘이나 많아야 셋이 차례로 해야 한다. 둘째로, 한 사람은 반드시 해석을 해야 한다. 셋째로, 해석하는 이가 없다면 신자들 모임에서는 하지 말고 교회 안에서 혼자서 하느님께만 말해야 한다. 바오로는 모든 은사, 특히 신령한 언어 은사는 듣는 이들이 이해할 수 있도록 예의 바르고 질서 있게 이루어져야 한다는 원칙을 제시하고 있다.

38) 바오로는 한 모임에서 둘이나 셋이 예언하라고 하는데, 여기서 둘이나 셋은 꼭 필요한 수가 아니다. 바오로는 질서를 위해 예언하는 사람의 수를 제한하는 데 의미를 두었다.

39) "다른 이들(호이 알로이 οἱ ἄλλοι)"이 누구를 가리키는지에 대해서는 여러 가지 설이 있다. 첫째, 12,10에 근거해서 '다른 이들'을 영들을 식별할 수 있는 은사를 가진 이들로 보는 설이다. 그것은 다른 이들의 역할이 식별하는 일이기 때문이다. 여기서 사용한 '식별하다(디아크리네토산 διακρινέτωσαν)' 동사는 12,10에서 사용한 명사 '식별(디아크리세이스 διακρίσεις)'과 비슷하다. 둘째, '다른 이들'을 다른 예언자들로 보는 설이다. 이 설을 따르는 이들은 그 논거로 14,30을 내세운다. 거기에서 바오

곳에 앉은 다른 이에게 계시가 내리면 먼저 말하던 사람은 잠자코 있어야

로는 다른 이에게 계시가 내리면 먼저 말하던 사람은 잠자코 있으라고 권면하는데, 그때 다른 이는 다른 예언자를 가리킨다. 따라서 여기서의 다른 이들 역시 다른 예언자들이라는 것이다. 셋째, '다른 이들'을 교회 전체 회중으로 보는 설이다. 그 논거로 제시되는 성경은 1코린 12,30; 1테살 5,21; 1요한 4,1-3; 『열두 사도들의 가르침』 11,2-7이다. 특히 1요한 4,1에는 모든 이로 하여금 영을 식별하라는 권면이 언급되어 있다. "사랑하는 여러분, 아무 영이나 다 믿지 말고 그 영이 하느님께 속한 것인지 시험해 보십시오. 거짓 예언자들이 세상으로 많이 나갔기 때문입니다." 이 세 가지 설을 종합적으로 볼 때 '다른 이들'은 교회 모임에는 참석하지만 예언은 하지 않는 모든 이를 가리킨다고 할 수 있다.

40) "식별하십시오(디아크리네토산διακρινέτωσαν)"가 구체적으로 무엇을 식별하라는 뜻인지에 대해서도 두 가지 설이 있다. 첫째, 예언자가 참예언자인지 또는 거짓 예언자인지를 식별하라는 뜻으로 보는 설이다. 이 설을 주장하는 이들은 마태 7,15-20; 24,11.24; 1요한 4,1-6; 『열두 사도들의 가르침』 11,7-12을 근거로 들고 있다. 둘째, 예언자가 말한 내용이 신자들에게 유익한 것인지 아닌지를 식별하라는 뜻으로 보는 설이다. 이 설을 주장하는 이들은 이 절의 말씀이 1테살 5,19-21("성령의 불을 끄지 마십시오. 예언을 업신여기지 마십시오. 모든 것을 분별하여, 좋은 것은 간직하고 악한 것은 무엇이든 멀리하십시오")과 가깝기 때문이라고 한다. 이 말씀에 따르면 식별해야 하는 것은 거짓 예언자들이 아니라 예언의 내용이라는 것을 알 수 있다. 그리고 1코린 14,29 이하에 거짓 예언자들에 대한 경고보다는 오히려 이미 공동체가 인정한 예언자들의 말에 대한 평가가 언급되어 있기 때문이다. 하지만 이 두 가지 설은 사실상 같은 의미를 지닌다. 참예언자가 한 말은 공동체에 유익하고 거짓 예언자의 말은 공동체에 무익하며, 예언자가 한 말의 진위를 가리는 것은 참예언자

합니다.[41] 31 이렇게 여러분 모두 한 사람씩 예언할 수 있습니다. 그러면 모
든 사람이 배우고 또 모든 사람이 격려를 받게 됩니다. 32 예언자의 영은
예언자에게 복종해야 합니다.[42] 33 하느님은 무질서의 하느님이 아니라 평

와 거짓 예언자를 가리는 것과 같기 때문이다.

41) 바오로는 어떤 이가 예언을 할 때 그곳에 앉은 다른 이에게 새로운 계시가 내릴 경우 먼저 말하던 사람은 침묵을 지키라고 하면서 세 가지 이유를 제시한다. 첫째, 이와 같은 방식으로 예언을 해야만 모두가 예언할 수 있고, 그렇게 해야 모든 사람이 배우고 격려를 받을 수 있기 때문이다(14,31). 둘째, 예언자의 영은 예언자에게 복종해야 하기 때문이다(14,32). 셋째, 예언의 은사를 주시는 하느님은 무질서의 하느님이 아니라 질서를 원하시는 평화의 하느님이시기 때문이다(14,33ㄱ).

42) 이 절은 해석하기 어려운 구절이다. 앞에 나오는 예언자와 뒤에 나오는 예언자는 같은 예언자인가, 다른 예언자인가? 그리고 '영'은 구체적으로 누구의 영을 가리키는가? 우선 여기에 나오는 "예언자"는 서로 같은 예언자다. 만일 두 예언자가 다른 예언자라면 이는 예언자의 영이 서로 다른 예언자에게 복종한다는 의미가 된다. 그리고 14,28을 보면 신령한 언어를 말하는 이는 다른 이의 간섭을 받지 않고도 자신을 통제할 수 있었는데, 이는 예언자에게도 마찬가지로 적용된다. 만일 바오로가 예언자가 침묵하는 것을 다른 이의 요구에 따른 것이라고 생각했다면 '먼저 말하던 사람은 잠자코 있어야 한다'라고 말하지 않았을 것이다. 바오로는 침묵하는 것이 예언자 자신의 의지에 따른 것이라고 생각하였다.

다음으로 해석하기 어려운 낱말은 "영"이다. 단수로 번역된 '영'은 그리스어 본문에서는 복수(프네우마타 *πνεύματα*, 영들)다. 이 영들이 예언자들 자신의 영들을 가리키는지, 아니면 성령을 가리키는지는 분명하지 않다. 이에 대해서는 다양한 설이 전해진다. 첫째, 히브리서를 논거로 하여 영들을 '천사의 영들'로 보는 설인데(Ellis) 설득력을 얻기가 매우 어렵

화의 하느님이시기 때문입니다.

성도들의 모든 교회에서처럼,[43] 34 여자들은 교회 안에서 잠자코 있

다. 논거로 들고 있는 히브 1,7.14은 다음과 같다. "'그는 자기의 천사들을 바람(프네우마타 πνεύματα)처럼 만들고 자기의 시종들을 타오르는 불처럼 만든다.' 천사들은 모두 하느님을 시중드는 영(프네우마타 πνεύματα)으로서, 구원을 상속받게 될 이들에게 봉사하도록 파견되는 이들이 아닙니까?" 이에 따르면 천사들은 영적 존재들을 뜻하지만, 신약성경에서 이렇게 사용되는 경우는 드물다. 더욱이 바오로 친서에는 이러한 표현이 전혀 나오지 않는다. 둘째, 영들을 예언자들 자신의 '개인적인 영들'로 보는 설이다(Bruce). 이 설을 따르는 이들은 영들이 복수형이기 때문에 이 영들을 성령으로 볼 수 없다고 한다. 오직 한 분 성령이 계시기 때문이다(1코린 12,4.9.11.13). 또한 14,14에서 바오로는 "내가 신령한 언어로 기도하면, 나의 영은 기도하지만 나의 이성은 아무런 수확이 없습니다"라고 하였는데, 여기서 '나의 영'은 바오로 자신의 영을 가리킨다. 셋째, 영들을 예언자들에게 내리는 성령의 작용이나 은사로 보는 설이다(Grudem). 세 가지 설 중에서는 둘째와 셋째 설이 타당성 있으며 어느 한쪽을 부정하기는 어렵다. 하지만 셋째 설이 좀 더 개연성 있어 보인다. 따라서 이 영들은 예언자들의 영들일 수도 있고 성령의 다양한 현현을 가리킬 수도 있는데, 어떤 경우든 예언자들은 자신들이 행사하는 예언을 제어할 능력과 그에 대한 책임 의식을 가져야 한다는 것이다.

43) "성도들의 모든 교회에서처럼"을 14,34의 도입부라고 주장하는 이들도 있지만 이 말씀은 14,33에 속한 것으로 보아야 한다. 바오로는 코린토 교회가 은사 문제로 무질서하게 되는 것은 결코 하느님께서 바라시는 뜻이 아니라고 한다. 하느님은 무질서의 하느님이 아니라 평화의 하느님이시기 때문이다(로마 15,33; 1테살 5,23).

어야 합니다.[44] 그들에게는 말하는 것이 허락되어 있지 않습니다.[45] 율법

---

44) 바오로는 1코린 14,34-36에서 거룩한 전례에서 발생한 또 다른 문제를 다룬다. 곧 여자들은 집회에서 침묵을 지키고 궁금한 것이 있으면 집에 가서 남편에게 물어보라는 이른바 여성 침묵 명령이다. 바오로는 11,5에서 다음과 같이 말한다. "그러나 어떠한 여자든지 머리를 가리지 않고 기도하거나 예언하면 자기의 머리를 부끄럽게 하는 것입니다. 그러한 여자는 머리가 깎인 여자와 똑같습니다." 여기서 바오로는 유다인들의 관례에 따라 여자 신자들에게 공동체 모임에서 머리를 가리라고는 했지만, 예언이나 기도하는 것을 금지하지는 않았다. 그리고 갈라 3,26-29에서는 세례를 받음으로써 그리스도와 하나 된 그리스도인들 사이에는 인종, 신분, 남녀의 차별이 있을 수 없다고 말한다.

남녀평등을 주장하는 바오로가 여기서는 왜 여자들에게 교회 모임 때 침묵하기를 명하고 배우고 싶은 것이 있으면 집에 가서 남편에게 물어보라고 했을까? 많은 주석가들은 1코린 11,5과 14,33-35에서 여자 신자들이 취해야 할 태도에 대한 가르침이 다른 이유를 설명하기 위해 다양한 설을 내세웠다(서중석 2000, 219-233). 첫째, '잠자코 있어야 한다'라는 명령은 공동체 모임에서 영구적인 침묵이 아니라 일시적 침묵이라는 주장이다. 둘째, 11,2-6은 가정이나 소규모 기도 모임을 가리키고 14,34-36은 공식적인 교회 집회를 가리키기에, 여자들은 가정이나 기도 모임에서는 발언할 수 있으나 공식적인 전례에서는 침묵해야 한다는 주장이다. 셋째, 11장에서 바오로가 관심을 가진 것은 여자의 예언이나 기도가 아니라 전례 때 머리를 가리는 문제인데, 머리 가리는 문제에만 초점을 맞추다 보니 여자들이 교회에서 발언하는 것을 미처 금지하지 못했다는 주장이다. 이는 바오로가 처음에 깊이 생각하지 않고 허락했다가 나중에서야 문제의 심각성을 깨닫고 여자들의 발언을 금지했다는 이른바 '변경설'이다. 넷째, 바오로가 11장에서 여자들에게 허용한 것

은 은사적 발언이고, 14장에서 금지한 것은 갑작스럽게 끼어드는 발언이란 주장이다. 다섯째, 바오로는 14장에서 여자들의 예언이나 기도 자체를 금지한 것이 아니고, 남편이나 다른 남자들의 예언을 판단하거나 집회 도중에 불쑥 예언을 하여 질서를 어지럽히는 여자들의 행위를 금지했다는 주장이다. 여섯째, 11장에 나오는 여자들은 교회로부터 공식적으로 인정받은 예언자들이기 때문에 모임에서 기도나 예언을 할 수 있지만, 14장에 나오는 여자들은 공동체로부터 인정을 받지 못했기 때문에 예언이나 기도가 금지되었다는 주장이다. 일곱째, 최근 일부 주석가들이 제시하는 '반박설'이다. 이 설에 따르면 코린토 교회의 남성 예언자들은 여성 예언자들을 깔보고 전례 때 발언하는 것을 금지했는데 바오로가 남성들의 잘못된 생각을 고쳐주려고 그들이 말한 여자들에 대한 침묵 명령을 14,34–35에서 내린 뒤, 14,36–37에서 남자들의 주장을 반박했다는 것이다. 여덟째, '후대 삽입설'이다. 위에서 살펴본 일곱 가지는 14,34–35을 바오로가 직접 썼다고 주장하는 이들이 내세우는 설인데, 이 단락은 원래 없었다가 후학들이 후대에 바오로 서간을 수집하면서 1티모 2,11–12에 나오는 말씀을 참조하여 이곳에 삽입했다는 주장이다. 삽입설을 주장하는 이유는 여자들에 대한 침묵 명령이 남녀평등을 주창한 바오로의 사상과 일치하지 않으며 무엇보다도 1코린 11,5의 말씀과 어울리지 않기 때문이다.

이 침묵 명령을 바오로가 내린 것인지 아니면 후대 서기관이 서간집을 모으면서 여기에 삽입한 것인지 판단하기란 쉽지 않다. 이 문제는 바오로가 여성을 보는 이중적 입장을 고려하면 쉽게 풀릴 수도 있다. 바오로는 그리스도인으로서 원론적으로는 그리스도 안에서의 남녀평등을 주장했지만, 각론에 이르러서는 유다인으로서 조상들의 전통에 따라 남녀차별 발언을 하곤 하였다. 따라서 11장에서는 여자들이 교회 모임에서 기도하고 예언하는 것까지는 허용했지만, 14장에서는 여자들이 공동에서도 말하듯이 여자들은 순종해야 합니다.[46] 35 배우고 싶은 것이 있으면 집에서 남편에게 물어보십시오. 여자가 교회에서 말하는 것은 부끄러

체 모임에서 질문이나 평가하는 것까지는 허용하지 않았다는 것으로 이해할 수도 있다. 또 한 가지 14,34에 나오는 여자들에 대한 침묵 명령은 신령한 언어에 관계되는 것으로, 주로 여자들이 황홀경 상태에서 아무 때나 신령한 언어를 구사하는 행위를 금지한 것으로 볼 수도 있다. 최근에는 14,34–35의 침묵 명령은 바오로의 발언이 아니고 100년경 남존여비 사상을 가진 사람이 에페 5,22–24; 콜로 3,18; 1티모 2,11–15을 본떠 이곳에 삽입했다는, 이른바 '삽입설'을 주장하는 이들이 늘어나고 있다(Dauzenberg, Conzelmann, 김세윤).

바오로는 '잠자코 있어야 합니다(시가토산σιγάτωσαν)'라는 명령을 1코린 14,28.30에 이어 세 번째 내린다. 14,28에서는 신령한 언어를 말하는 이들에게, 14,30에서는 예언하는 이들에게 그리고 여기서는 여자들에게 명령한다. 이 침묵은 다른 사람이 말하는 동안에만 해당되는 것이 아니라, 교회 공동체 모임에서 지속적이고 일반적이며 절대적인 침묵을 가리킨다. 바오로는 11,5에서는 여자를 단수(기네γυνή)로 사용했는데, 여기서는 복수(하이 기나이케스αἱ γυναῖκες)로 사용한다.

45) '허락하다(에피트레포ἐπιτρέπω)' 동사는 1티모 2,12("나는 여자가 남을 가르치거나 남자를 다스리는 것을 허락하지 않습니다. 여자는 조용해야 합니다")에도 나온다.

46) 바오로는 1코린 9,8.9.20–22; 14,21에서처럼 모세의 율법(호 노모스ὁ νόμος)을 언급한다(로마 3,19; 7,7 참조). 하지만 이 율법이 구약성경 율법서의 어느 본문을 가리키는지는 분명하지 않다. 요한 크리소스토무스는 "율법은 왜 이렇게 이야기할까요? 창세기에 이렇게 쓰여있기 때문입니다. '너는 네 남편을 갈망하고 그는 너의 주인이 되리라'(창세 3,16)"라고 하였다(ACCK/NT.IX 241).

운 일입니다.[47]

36 하느님의 말씀이 여러분에게서 나오기라도 하였습니까? 아니면 하느님의 말씀이 여러분에게만 내리기라도 하였습니까?[48]

"순종해야 합니다"는 남편보다 율법에 순종한다는 의미로 보아야 한다. 곧 여자들이 공식적인 모임에서 남편이 아닌 다른 남자들에게 말을 거는 행위를 율법이 금지하고 있기에 잠자코 있어야 한다는 것이다. 바오로는 교회의 질서를 위해 기혼 여자들은 교회에서 침묵하라고 명령한다.

47) 바오로는 당시 유다와 그리스 문화에서 혼인한 여자들이 공식 석상에서 말하는 것을 금지한 관행을 염두에 두고 여자들에게 배우고 싶은 것이 있으면 집에 가서 남편에게 물어보라고 한다. 당시 혼인하지 않은 여자나 신자가 아닌 여자들은 집회에서 발언할 수 없었다. 만일 그들이 무엇인가를 배우고 싶다면 혼인한 친구들을 설득하여 그들의 남편에게 물어보아야 했다.

48) 이 절은 하느님의 말씀이 어느 특정인에게만 국한되어서는 안 된다는 사실과 코린토 신자들이 지니고 있는 말씀에 대한 교만한 태도를 지적하는 역설적인 질문이다. "하느님의 말씀"은 칠십인역 예레 1,2에서 나온 것인데, 바오로는 로마 9,6; 2코린 2,17; 4,2; 1테살 2,13에서처럼 복음이라는 의미로 사용한다. 칠십인역에서는 '하느님의 말씀'보다는 '주님의 말씀'이 더 많이 사용된다. "여러분에게서(아프 히몬 *ἀφ' ὑμῶν*)"와 "여러분에게만(에이스 히마스 모누스 *εἰς ὑμᾶς μόνους*)"은 하느님의 말씀을 어느 특정인만 독점해서는 안 된다는 사실과 자신들만이 옳다고 생각하는 코린토 신자들의 교만한 태도를 지적한다. 암브로시아스테르는 "바오로가 코린토 신자들을 이렇게 질책한 것은 그들이 허영심에 차서 의기양양해하고 있었기 때문입니다"라고 하였다(ACCK/NT.IX 242).

37 누구든지 자기가 예언자거나 성령의 은사를 받은 사람이라고 생각하면, 내가 여러분에게 써 보내는 이 말이 주님의 계명임을 알아야 합니다.[49] 38 누구든지 이것을 인정하지 않으면 그 사람도 인정받지 못합니다.[50]

---

49) 신령한 언어와 예언의 은사 문제를 길게 논한 바오로는 훈계 형태로 결론을 내리면서 1코린 12,1에서 다루기 시작한 전반적인 은사 문제를 마무리한다. 바오로는 모든 은사가 교회의 성장을 위해 품위 있고 질서 있게 이루어지기를 바란다. 그는 교회 모임에서 행사되는 신령한 언어 은사도 성령으로부터 온 것임을 인정하지만 그 가치를 높이 평가하지는 않는다. 그리고 자신이 써 보낸 말은 단순히 자신의 생각을 전개한 것이 아니라 주님의 계명임을 알아야 한다고 언급한다. 이 내용은 11,16에 나오는 진술과 비슷하다.

"누구든지 … 생각하면(에이 티스 도케이εἴ τις δοκεῖ)"은 권위 있는 결론을 의미한다(1코린 3,18; 8,2; 갈라 6,3; 필리 3,4 참조). 바오로가 언급한 "주님의 계명"에서 주님은 예수 그리스도를 가리킨다. 이는 스스로를 예언자로, 성령의 은사를 받은 사람으로 생각할 정도로 성숙한 사람이 되었다면 마땅히 지금까지 바오로가 논한 주장이 주님으로부터 받은 계명임을 깨달아야 한다는 말이다. 바오로는 1코린 7,10.12.25.40에서와 달리 자신의 말이 곧 주님의 계명이라고 한다.

50) 그리스어 본문에서는 조건절에 나오는 '인정하지 않다(아그노에이 ἀγνοεῖ)' 동사가 목적어 없이 사용되었는데 아마도 '주님의 계명'을 가리킬 것이다. 바오로는 이 동사를 능동형(아그노에이ἀγνοεῖ)과 수동형(아그노에이타이ἀγνοεῖται)으로 연이어 사용하는데, 이는 12,1에서 은사 문제를 다룰 때 사용한 동사(아그노에인ἀγνοεῖν, 모르다)다. 바오로는 자신이 언급한 말을 주님의 계명으로 인정하지 않는 코린토 신자들을 나무란다. 신자들이 스스로 영의 은사를 받은 사람들이라고 말하면서 바오로의 말

39 그러므로 나의 형제 여러분, 예언할 수 있는 은사를 열심히 구하십시오. 그리고 신령한 언어로 말하는 것을 막지 마십시오.[51] 40 다만 모든 일이 품위 있고 질서 있게 이루어져야 합니다.[52]

을 주님의 계명으로 인정하지 않는다면 그들 자신도 인정받지 못하게 된다. 그렇다고 그들이 하느님께조차 인정받지 못한다는 의미로 확대해석할 필요는 없다(1요한 4,6 비교).

51) 바오로는 "그러므로(호스테 ὥστε)"로 이 절을 시작하여 신령한 언어와 예언의 은사 문제에 대해 결론을 내린다. 바오로는 신자들을 "형제 여러분"(1코린 14,6.20.26)이라고 부름으로써 자신의 가르침이 친근하게 전해지기를 바란다. 편지글로 전하는 신자들의 잘못에 대한 자신의 훈계, 나무람, 권면 등이 사랑에서 비롯되었음을 이해하기 바라는 마음이라고 볼 수 있다. 바오로는 그들을 '형제 여러분'이라고 부르며, 예언할 수 있는 은사를 열심히 구하라고 격려한다. 이는 14,1을 떠올리게 한다. 그리고 이어서 "신령한 언어로 말하는 것을 막지 마십시오"라고 말한다. 그는 신령한 언어 자체를 비판한 것이 아니라 이 은사가 공동체 전례 때 행사되는 방식과 교회 공동체에 미치는 부정적인 영향에 대하여 우려한 것이다(1테살 5,19–22 비교).

52) 바오로는 은사 문제를 마무리하면서 코린토 교회 신자들에게 어떤 은사든지 "품위 있고 질서 있게" 이루어져야 한다고 말한다. '품위 있게(에우스케모노스 εὐσχημόνως)'는 로마 13,13; 1코린 14,40; 1테살 4,12에만 나온다. 그리고 '질서 있게'는 '질서, 순서, 차례(탁시스 τάξις)'라는 말에 전치사 '카타 κατά'가 결합하여 부사적 의미로 사용된다. 바오로는 교회 전례가 질서 있게 진행되고 공동체 신자들이 품위 있게 전례에 참여하기를 바란다. 하느님께서는 평화와 질서의 하느님이시기 때문이다(1코린 14,33). 암브로시아스테르는 "'품위 있게 이루어진다'는 것은 평화롭고 절도 있게 행해지는 것을 말합니다"라고 하였다(ACCK/NT.IX 243).

주제 10. 신령한 언어와 예언

신령한 언어에 대하여 바오로가 내린 평가는 다음과 같다.

(1) 신령한 언어는 성령의 작용으로 인해 행해지는 말이지만, 이성이 작용하지 않은 상태에서 하느님께 드리는 기도이기 때문에 사람들은 도무지 알아들을 수 없는 말이다(1코린 14,2.9.14.15.16).

(2) 신령한 언어는 흡사 바른 소리를 내지 못하는 악기처럼 분간할 수 없는 소리다(14,7.8).

(3) 신령한 언어는 뜻은 드러나지 않고 소리만 들리기 때문에 마치 외국어를 말하는 듯한 인상을 준다(14,11.12).

(4) 신령한 언어는 그것을 구사하는 개인에게는 유익하나 신자들과 공동체에는 도움이 되지 못한다. 그래서 초심자나 믿지 않는 이가 교회에 와서 신령한 언어를 구사하는 이들을 목격한다면 미쳤다고 할 것이다(14,4.16.17.19.25.28).

(5) 바오로는 집회에서 신령한 언어로 만 마디 말을 하는 것보다 다섯 마디라도 온전한 정신으로 예언하라고 한다(14,19).

(6) 신령한 언어는 특히 열광주의자들이 황홀경의 상태에서 지껄이는 말이기 때문에 신령한 언어를 하는 이가 해석의 은사를 받았거나 해석의 은사를 받은 사람이 있는 경우에만 하라고 한다(14,13).

(7) 바오로는 은사 목록에서 신령한 언어를 맨 마지막에 소개한다(12,10.28).

신령한 언어 사용에 대한 바오로의 지침은 다음과 같다.

(1) 교회 모임에서 신령한 언어를 할 경우, 한 번에 둘 또는 많아야 셋이서 차례로 해야 한다(14,27).

(2) 신령한 언어로 말할 때 해석하는 이가 없다면 교회 공동체 내에서는 삼가고 혼자서 하느님께만 말해야 한다(14,28).

(3) 신령한 언어로 말할 경우, 반드시 해석의 은사를 받은 이가 해석해야 한다(14,5.13.27.28).

예언의 은사에 대하여 바오로가 내린 평가는 다음과 같다.

(1) 예언을 할 경우, 하느님의 신비와 모든 지식을 알게 되어 영적 생활에 도움이 된다(13,2).
(2) 예언을 할 경우, 신자들을 성장하게 하고 위로하고 격려하게 된다(14,3).
(3) 예언을 할 경우, 개인뿐만 아니라 공동체 모두에게 유익이 된다(14,4.5.19).
(4) 예언을 할 경우, 믿지 않는 이들에게도 유익을 주어 이들이 하느님을 믿고 찬양하는 효과를 가져올 수 있다(14,24.25).

예언의 은사 사용에 대한 바오로의 지침은 다음과 같다.

(1) 예언을 할 경우, 신령한 언어와 마찬가지로 둘이나 셋만 해야 한다(14,29ㄱ).
(2) 예언이 행해지는 동안 다른 이들은 식별해야 한다(14,29ㄴ).
(3) 예언을 하는 동안 다른 이에게 계시가 내리면 처음에 예언하던 이는 잠자코 있어야 한다(14,30).

III. 부활 문제(15,1-58): 케리그마와 복음[1]

그리스도의 부활[2]

15 1 형제 여러분,[3] 내가 이미 전한 복음을 여러분에게 상기시키고자 합니다.[4] 여러분은 이 복음을 받아들여 그 안에 굳건히 서있습니

---

1) 바오로는 코린토 신자들이 자신에게 보낸 여러 문제에 대한 답변을 마무리하고, 15장에서 새로운 주제를 다룬다. 바오로는 코린토 공동체에 생긴 문제에 대해 어느 정도 알고 있었다. 공동체 안에 생긴 문제의 발단은 '죽은 이들의 부활이 없다'라고 말하는 '어떤' 그리스도인들이 있었기 때문이다(15,12ㄴ). 그러나 그들이 정확히 무엇을 부인하고 또 어떠한 사상적 배경에서 그와 같은 주장을 했는지는 분명하게 언급되어 있지 않다. 바오로는 아마도 에페소에 머물고 있던 자신에게 오가던 코린토 신자들로부터(1,11; 16,17) 이 소식을 전해 듣고서, 이 문제를 방치할 경우 신자들의 신앙이 뿌리째 흔들릴 것을 염려했던 것 같다(15,1.14–15). 코린토 교회 신자들은 이미 바오로에게서 예수 그리스도의 죽음과 부활에 관한 복음을 받아들였으나(15,3–5), 열광주의에 빠진 이들은 이를 그대로 받아들이기보다 자신들은 이미 그리스도의 부활에 참여하고 있다는 생각으로 교만해져 있었다. 그들은 더 이상 육체의 부활을 받아들이지 않았으며 예수님의 육체적인 부활을 영적 부활로 왜곡하였다. 이에 바오로는 부활에 대한 깊이 있는 논의가 필요함을 느끼고 이 문제를 상세하게 다룬다.

죽은 이들의 부활에 관한 바오로의 논의는 네 부분으로 구성되어 있다. 첫째, 이미 코린토 교회에 전해진 복음과 그 내용에 대한 서론으로, 그리스도의 죽음과 부활에 관한 기본 신조를 다룬다(15,1–11). 둘째,

그리스도의 부활에 뿌리를 둔, 다가오는 죽은 이들의 부활에 대한 믿음을 다룬다(15,12–34). 셋째, 죽은 이들의 부활이 어떻게 이루어지는지에 대한 논의를 다룬다(15,35–49). 넷째, 그리스도의 부활을 노래한다(15,50–58).

2) 바오로는 자신이 선포한 복음의 내용이 앞선 사도들이 전한 복음과 다르지 않다는 것을 신자들에게 상기시킨다. 곧 십자가에 달려 돌아가신 예수님과 죽음에서 부활하신 그리스도는 동일한 분이시라는 것이다. 바오로는 예수님의 죽음은 묻히심으로 확인되었고 예수님의 부활은 케파를 비롯한 열두 제자들에게 나타나심으로 확증되었다고 한다. 바오로는 15,3–8에서 자신이 전해 받아 전해준 복음과 자신의 사도직이 역사적 사건 위에 세워진 것이라고 말한다. 십자가에 달리신 그리스도의 부활은 역사적 사건으로서 그리스도교 신앙의 뿌리다. 15장의 부활 문제는 '…에 관하여'라는 표현이 나오지 않는 것으로 보아 신자들이 바오로에게 보냈던 질의서에 포함된 질문은 아니었던 것 같다. 바오로는 스테파나스, 포르투나투스, 아카이코스를 통하여 부활 문제를 접했을 것이다.

3) "형제 여러분"이라는 표현은 새로운 주제가 다시 시작되었음을 알려준다.

4) 바오로는 "여러분에게 상기시키고자 합니다"(12,3 참조)라는 말을 통하여 자신이 코린토 교회에 머물면서 전했던 복음을 다시 기억나게 한다. "내가 이미 전한 복음"이라는 표현은 바오로가 코린토 교회 신자들에게 복음을 이미 전했고 신자들은 마음으로부터 그 복음을 받아들였음을 의미한다. 그 복음이란 예수 그리스도의 십자가 죽음과 부활로, 이는 복음의 핵심이며 신앙의 근거가 된다. 바오로는 복음을 통하여 자신이 코린토 공동체의 아버지가 되었다고 말했던 사실(4,15)을 상기시킨다.

다.[5] 2 내가 여러분에게 전한 이 복음 말씀을 굳게 지킨다면, 또 여러분이
헛되이 믿게 된 것이 아니라면,[6] 여러분은 이 복음으로 구원을 받습니다.[7]
3 나도 전해 받았고 여러분에게 무엇보다 먼저 전해준 복음은 이렇습
니다.[8] 곧 그리스도께서는 성경 말씀대로 우리의 죄 때문에 돌아가시고[9]

---

5) "그 안에 굳건히 서있습니다"는 코린토 교회가 복음 위에 세워졌음을 의미한다(1코린 9,12–23; 갈라 1,11; 1테살 2,13 참조). 복음은 "믿는 사람이면 누구에게나 구원을 가져다주는 하느님의 힘"(로마 1,16)이기 때문이다.

6) 바오로는 예수 그리스도의 복음을 통하여 신자들이 아직은 완성되지 않은 구원의 과정에 있음을 상기시키면서(1코린 1,18.21) "이 복음 말씀을 굳게 지킨다면" 또 "여러분이 헛되이 믿게 된 것이 아니라면"이라는 조건을 제시한다. 이러한 조건은 당시 코린토 교회 신자들이 복음을 완전하게 받아들이지 않았음을 보여준다. 신자들이 예수 그리스도의 십자가와 부활이라는 복음을 곡해했기 때문에 바오로는 진정한 복음의 의미를 다시 일깨워 주고 있다.

7) 복음은 과거에 전해진 것이지만 현재에도 여전히 구원에 이르기까지 매우 중요한 역할을 한다. 복음을 받아들이는 행위와 믿음은 동의어다. 믿음은 선포된 복음을 받아들이는 것에서 시작된다. 복음을 굳게 지키는 행위와 헛되이 믿는 것은 서로 대립되는 개념으로, 복음을 굳게 지키지 않는 것은 곧 헛되이 믿는 것과 같다. '헛되이 믿는다'라는 말은 바오로가 전한 복음을 신자들이 받아들이지도 않고 굳게 지키지도 않았음을 의미한다. 복음을 바르게 믿고 굳게 지키는 것은 구원의 조건이다(로마 10,17; 이사 53,1 참조).

8) 바오로는 앞 절에서 언급한 '이 말씀(티니 로고τίνι λόγῳ)'을 설명하면서 전승에 관한 전문 용어인 '전해 받다(파라람바노παραλαμβάνω)'와 '전해주다(파라디도미παραδίδωμι)' 동사를 사용한다. 이 동사는 유다교에서

라삐들이 전승 문장을 전수하는 데 사용한 전문 용어다. 바오로는 "먼저(엔 프로토이스ἐν πρώτοις)"라는 전치사구를 덧붙이는데, 이는 시간적 의미라기보다는 전해준 복음 내용의 중요성을 의미한다. 바오로는 다마스쿠스 교회, 예루살렘 교회, 안티오키아 교회로부터 기본 신조(복음)를 전해 받아 코린토 교회 신자들에게 전해주었다. 이 전승의 내용은 1코린 15,3ㄴ부터 시작되어(호티ὅτι, 곧) 15,5까지 '그리고(카이καί)'라는 접속사로 연결된다.

9) 기본 신조의 첫 번째는 '그리스도께서 성경 말씀대로 우리의 죄 때문에 돌아가심'이다(1베드 3,18 참조). 곧 그리스도의 죽음(1테살 4,14 참조)은 "우리의 죄 때문"이라고 한다. 이 표현은 오직 이곳과 갈라 1,4에만 나온다. 초기 그리스도교 신조에서는 다른 형태로 언급되었다(로마 4,25; 5,6.8; 2코린 5,15; 1테살 5,10; 비교: 히브 1,1–4; 1요한 4,10). 바오로는 2코린 5,21에서 그리스도의 죽음의 진정한 의미를 밝힌다. "하느님께서는 죄를 모르시는 그리스도를 우리를 위하여 죄로 만드시어, 우리가 그리스도 안에서 하느님의 의로움이 되게 하셨습니다." 그는 예수님의 죽음이 가져다주는 구원의 효과를 로마 4,25에서 부활과 연결시킨다. "이 예수님께서는 우리의 잘못 때문에 죽음에 넘겨지셨지만, 우리를 의롭게 하시려고 되살아나셨습니다." 그리스도의 죽음과 부활은 인간의 구원과 의로움의 근거가 된다.

"그리스도(크리스토스Χριστός)"가 관사 없이 사용된 것은(1코린 15,12–14.16–20.23) 십자가에 달려 돌아가신 역사의 예수님과 메시아이신 그리스도가 같은 분임을 의미한다. 그리스도는 다른 사람이 아닌 십자가에 못 박히신 나자렛 예수님이시다. "성경 말씀대로(카타 타스 그라파스κατὰ τὰς γραφὰς)"는 다음 절에서도 반복되는데, 이는 예수님의 죽음과 부활이 결코 우연히 발생한 사건이 아니라 하느님의 구원 계획과 섭리에 따라 이루어진 사건이며, 예수님의 죽음이야말로 인류의 죄를 대신 속죄

4 묻히셨으며,[10] 성경 말씀대로 사흗날에 되살아나시어,[11] 5 케파에게, 또

하는 대속적 죽음임을 말해준다(LXX 이사 53장; 예레 16장 참조). 요한 크리소스토무스는 그리스도의 죽음의 의미를 다음과 같이 언급하였다. "그리스도께서 죄인이셨다면 어떻게 죄인들을 위해 돌아가실 수 있었겠습니까? 실로 그분께서 우리의 죄 때문에 돌아가셨다면, 그분에게는 죄가 없었다는 것이 명백합니다. 그러므로 그분의 죽음은 죄로 말미암은 죽음이 아니라 육체의 죽음입니다. 성경이 줄곧 선포하는 것이 바로 이것입니다"(ACCK/NT.IX 245).

10) 기본 신조의 두 번째는 '묻히심'으로, 이는 예수님 죽음의 실재성을 강조한다. 묻히심은 예수님이 돌아가셨다는 확증의 표시다. 복음서들은 수난 사화에서 예수님의 묻히심을 전한다(마태 27,60; 마르 15,46; 루카 23,53; 요한 19,42; 참조: 사도 13,29). '죽으심과 묻히심'은 칠십인역에도 나온다(창세 35,19; 신명 10,6; 판관 8,32).

11) 기본 신조의 세 번째는 '부활'이다. 바오로는 그리스도의 부활을 가리켜 '되살아나셨다'라고 한다. 그리스어로는 '에게게르타이ἐγήγερται' 인데 이 동사는 '일으키다(에게이로ἐγείρω)' 동사의 현재완료 수동형 또는 현재완료 중간형이다. '에게게르타이' 동사를 중간형으로 보면 '일어나셨다, 부활하셨다'로, 수동형으로 보면 '일으켜지셨다'로 번역되는데, 바오로는 죽은 이들이 하느님의 능력으로 말미암아 부활한다는 희망을 강조하면서 이 희망의 근거로 '그리스도의 부활'을 말한다. 따라서 '에게게르타이' 동사는 중간형보다는 수동형으로 보아야 한다. 이는 신적 수동형으로서 하느님의 이름을 주어로 사용하지 않는 유다인들의 어법이다. 그러므로 "되살아나시어"는 하느님께서 십자가에서 돌아가신 그리스도를 죽은 이들로부터 일으키셨다는 뜻이다(1코린 15,14.16.17.20). 그리고 15,3-5에 나오는 동사들이 모두 단순 과거형인 데 비해 '되살아나시어' 동사는 현재완료형이다. 현재완료는 과거에 이루어진 행위의 효력이

이어서 열두 사도에게 나타나셨습니다.[12] 6 그다음에는 한 번에 오백 명이

현재까지 지속된다는 의미로 사용되는 시제다. 그러므로 예수님이 부활하시어 지금도 살아계신다는 뜻이 된다.

"사흗날에(테 헤메라 테 트리테τῇ ἡμέρᾳ τῇ τρίτῃ)"는 셋째 날을 가리키는 표현으로 복음서와 사도행전에도 나온다(마태 16,21; 17,23; 20,19; 루카 9,22; 18,33; 24,7.46; 사도 10,40). 반면에 마르코 복음은 '사흘 뒤에(메타 트레이스 헤메라스μετὰ τρεῖς ἡμέρας)'로 보도한다(마르 8,31; 9,31; 10,34). 예수님은 30년 4월 7일 금요일 오후에 십자가에서 돌아가셨다. 그날 해가 지면서 토요일 겸 파스카 축제가 시작되었기 때문에 사람들은 서둘러 형장 근처에 예수님의 시신을 묻었다. 그런데 마리아 막달레나를 비롯한 갈릴래아 여자들이 일요일 새벽에 예수님의 무덤을 찾아갔다가 그 무덤이 빈 것을 확인했기 때문에, 예수님이 돌아가시고 사흗날에 부활하셨다고 말한다. 성경에는 하느님께서 늦어도 '사흘 안'에 의인을 구원해 주신다는 예언이 있었다(호세 6,2; 요나 2,1; 마태 12,40). 바오로는 '돌아가심'에 이어서 '되살아나심'에도 "성경 말씀대로"라는 표현을 사용함으로써 예수님의 죽음과 부활 사건을 구약성경과 연결한다. 그는 시편 16,10이나 이사 54,7의 말씀을 염두에 두고 이런 표현을 사용한 것으로 보인다. 그리스도의 죽음과 부활은 성경 말씀대로 하느님의 구원 계획과 섭리에 따라 이루어진 사건이라는 뜻이다. 푸아티에의 힐라리우스는 "바오로는 우리에게 죽음과 부활의 양식을 그저 말로만이 아니라 성경의 증언에 따라 고백해야 한다고, 그래야 사도들의 가르침에 따라 그분의 죽음을 이해하는 것이 된다고 되새겨 주고 있습니다"라고 하였다(ACCK/NT.IX 246).

12) 기본 신조의 네 번째는 '나타나심'이다. 부활하신 그리스도께서 먼저 케파에게, 이어서 열두 사도에게 나타나셨다고 한다. 루카도 부활하신 예수님이 시몬에게 나타나셨다고 보도한다(루카 24,34). 바오로가 케파를 언급한 것은 그가 코린토 신자들에게 잘 알려진 인물이었음을 알

넘는 형제들에게 나타나셨는데,[13] 그 가운데 더러는 이미 세상을 떠났지

려준다. 갈라 2,7–8을 제외하면, 케파는 바오로가 시몬 베드로의 다른 이름으로 즐겨 사용한 이름이다(1코린 1,12; 비교: 3,22; 9,5). 발현 사화에서 케파가 처음 언급된 것은 예수님의 제자들 가운데 으뜸으로서 중요한 인물이기 때문이다(마태 10,2; 마르 3,16; 루카 6,14; 요한 21,15–18; 사도 1,13 참조).

"나타나셨습니다"는 그리스어 '오프테 ὤφθη'의 번역인데, 이 동사는 '호라오(ὁράω, 보다)' 동사의 단순 과거 수동형이다. '나타나다'의 의미로 '보다'라는 뜻의 '호라오' 동사가 사용된 것은 칠십인역에 나오는 셈어적 용법에 따른 것으로, 하느님께서 모세와 예언자들에게 나타나심을 표현할 때 이 동사가 사용되었다(창세 12,7; 17,1; 18,1; 26,2.24; 31,13; 35,9; 48,3; 탈출 3,2; 6,3; 16,10; 레위 9,23; 민수 14,10; 16,19; 17,7; 20,6; 판관 13,3; 1열왕 3,5). 예수님은 맨 먼저 마리아 막달레나를 비롯한 갈릴래아 여자들에게 나타나셨는데, 바오로는 그런 보도는 빼놓고 오직 케파를 비롯한 남자들에게 나타나신 발현만 기록하였다. 아마도 당시에 이미 교회에서 통용되던 신앙 고백문을 사용했기 때문일 것이다. 원시 그리스도교회의 신앙 고백문은 복음서와 달리 사도를 중심으로 기록되어 여자들에게 나타난 발현 이야기를 삭제하였을 것이다. 이 신앙 고백문은 발현 당시 그곳에 있던 증인들을 열거한 것으로 유다교에서 여성은 증인으로 인정받지 못했기 때문이어서일 것이다(루카 24,10–11.22–24 참조).

열두 사도 개념은 바오로 이전의 전승에 기초한 것으로, 예수님이 부활 이전에 친히 제자로 선택하신 이들을 가리킨다. 실제로 유다 이스카리옷을 빼면 열한 사도였지만(마태 28,16.17; 루카 24,35–51; 참조: 마르 16,14.15) 통상 사도라고 하면 열둘을 가리키기 때문에 열두 사도라는 표현을 사용한다. 예수님 부활 이후 유다 이스카리옷 대신에 마티아가 열두 사도 그룹에 포함된다(사도 1,26). 44년경 야고보가 헤로데 안티파스 1세에 의해 참수당했을 때(12,2)에는 새로운 사도를 뽑지 않았다.

만[14] 대부분은 아직도 살아있습니다. 7 그다음에는 야고보에게,[15] 또 이
어서 다른 모든 사도에게[16] 나타나셨습니다. 8 맨 마지막으로는 칠삭둥이

---

13) 부활하신 그리스도께서 오백 명이 넘는 형제들에게 나타나셨다는 보도는 신약성경의 다른 곳에는 나오지 않는다. 이 발현이 오순절 성령강림 사건(2,1-13)을 반영한다고 주장하는 이들도 있지만 둘 사이의 상관성을 주장할 만한 근거로 보기 어렵다. 왜냐하면 성령강림 사건은 '그리스도의 나타나심'이 아니라 '성령을 부어주심'을 뜻하기 때문이다. 이 오백 명이 예루살렘이나 갈릴래아에 있는 공동체를 가리키는지는 알 수 없다. 이 때문에 1코린 15,6을 바오로가 덧붙인 말씀이라고 주장하는 이들도 있다. 암브로시아스테르는 '오백 명에게 나타나신 사건은 복음서에 기록되어 있지 않지만, 바오로가 다른 경로를 통해서 그 사실을 들은 것 같다'고 주장하였다(ACCK/NT.IX 247). "한 번에(에파팍스 ἐφάπαξ)"는 부활하신 그리스도께서 오백 명이 넘는 형제들에게 개별적으로 나타나신 것이 아니라 모두가 함께 있을 때 나타나셨다는 뜻이다.

14) "더러는 이미 세상을 떠났지만"은 부활하신 그리스도를 직접 목격한 이들 중에는 그 당시 이미 죽은 사람들도 있었다는 뜻이다.

15) "야고보"는 잘 알려진 예루살렘 교회의 지도자다(사도 12,17; 15,13; 21,18). 부활하신 그리스도께서 야고보에게 나타나셨다는 말은 오직 이곳에만 나오는데, 1코린 15,5의 케파에게 나타나셨다는 말과 병행한다. 야고보는 열두 사도(마태 10,2-4; 마르 3,16-19; 루카 6,14-16; 사도 1,13)에 속한 사람은 아니다. 갈라 1,19에 따르면 야고보는 예수님의 형제를 가리킨다(마르 6,3). 야고보는 예수님이 지상에서 활약하실 때는 제자가 아니었지만, 그리스도의 부활과 발현을 목격하고 나서 원시 그리스도교 공동체의 핵심 인물이 되었다(사도 15장). 요한 크리소스토무스에 따르면 이 야고보는 예루살렘 교회 최초의 주교였다고 한다(ACCK/NT.IX 247).

16) "다른 모든 사도"라는 표현은 열두 제자 이외에 더 많은 사도가

같은 나에게도 나타나셨습니다.[17] 9 사실 나는 사도들 가운데 가장 보잘것없는 자로서, 사도라고 불릴 자격조차 없는 몸입니다.[18] 하느님의 교회

있었음을 의미한다. 오리게네스는 "바오로의 이 말은 열한 사도 외에 다른 사도들도 있었음을 분명하게 알려줍니다"라고 하였다(ACCK/NT.IX 247). 여기에는 바오로가 회심하기 이전에 예수님께 선교 사명을 받은 이들, 곧 바오로보다 먼저 사도가 된 이들(갈라 1,17), 주님의 형제 야고보(갈라 1,19) 외에 다른 사도들, 바오로의 친척으로 에페소에서 함께 옥고를 치른 안드로니코스와 유니아(로마 16,7), 바르나바(사도 14,14) 등이 포함된다. 1코린 9,5; 12,28; 갈라 1,17.19에는 사도들의 수효가 언급되지 않고 복수 형태로만 나타난다.

17) 부활하신 그리스도께서 맨 마지막으로 바오로 자신에게 나타나셨다는 말은, 그리스도께서 다마스쿠스로 가는 길에서 그에게 나타나신 사건을 가리킨다(1코린 9,1; 2코린 4,6; 갈라 1,12-16). "맨 마지막(에스카톤 ἔσχατον)"이라는 말은 바오로가 부활하신 그리스도의 마지막 증인임을 가리키는 표현으로 시간적인 마지막을 뜻한다. 바오로는 이러한 표현으로 자신도 예루살렘 사도들과 동등한 사도임을 밝히는 동시에 부활하신 그리스도의 마지막 목격자임을 강조한다. "칠삭둥이"로 번역된 그리스어 '에크트로마ἔκτρωμα'는 신약성경에서 오직 이곳에만 나오는데, 제 달을 다 채우지 못하고 일곱 달 만에 태어난 아이를 의미한다. 이 낱말은 칠십인역 민수 12,12; 욥 3,16; 코헬 6,3에서 사용되었다. 바오로는 자신이 사도로 부르심을 받았을 때의 처지가 '칠삭둥이'처럼 부족하기 이를 데 없었다는 것을 강조하기 위하여 이 표현을 쓴 것 같다. '맨 마지막', '칠삭둥이' 그리고 다음 절에 나오는 '보잘것없는 자' 모두 바오로가 자신을 낮추기 위해 사용한 비유적 표현들이다.

18) 바오로는 자신을 언급하면서, 자신이 하느님의 교회를 박해하였기 때문에 지난 잘못에 대한 성찰의 의미를 담아 사도들 가운데 "가장

를 박해하였기 때문입니다.[19] 10 그러나 하느님의 은총으로[20] 지금의 내
가 되었습니다. 하느님께서 나에게 베푸신 은총은 헛되지 않았습니다. 나는
그들 가운데 누구보다도 애를 많이 썼습니다. 그러나 그것은 내가 아니라
나와 함께 있는 하느님의 은총이 한 것입니다.[21] 11 그리하여 나나 그들이

보잘것없는 자(호 엘라키스토스ὁ ἐλάχιστος)"라고 한다(1티모 1,15 비교). 암브로시아스테르는 "바오로가 자신을 '가장 보잘것없는 자'라고 한 것은 그가 다른 사도들보다 못한 점이 있어서가 아니라 시간적으로 가장 나중에 사도가 되었기 때문"이라고 하였다(ACCK/NT.IX 249). 바오로는 자신의 사도적 역할을 변호하려 하지 않고 자신이 코린토 교회 신자들에게 전했던 복음의 가치를 일깨워 주려고 한다(1코린 4,3; 에페 3,8 비교).

19) 바오로는 자신이 한 행위를 '박해하다(에디옥사ἐδίωξα)'로 표현하면서 박해의 대상에 대해서는 포괄적으로 "하느님의 교회"라고만 한다(사도 8,1-3; 9,1-2.4.21; 22,4-5.7.19; 26,10-11.14; 갈라 1,13; 필리 3,6 참조).

20) 바오로는 자신이 사도가 된 것은 전적으로 "하느님의 은총"으로 말미암은 일이라고 한다(갈라 1,15). '하느님의 은총'이라는 말이 이 절에만 세 번 나오는데, 바오로는 자신이 이 은총에 감격하여 어느 사도보다도 더 수고하고 애를 많이 썼다고 한다(2코린 11,5.23-27; 12,11 참조).

21) 바오로는 이사야서의 '주님의 종'의 둘째 노래에 나오는 낱말들을 사용하는데, 주님의 종은 "쓸데없이 고생만 하였다(케노스 에코피아사 κενῶς ἐκοπίασα)"(이사 49,4)라고 한다. 바오로는 하느님의 은총이 헛되지 않았으며 자신이 다른 사도들보다 더 많은 수고를 한 것은 자신이 한 일이 아니고 하느님의 은총이 한 것이라고 단언한다. 암브로시아스테르는 "바오로가 이 모든 말을 하는 것은 자신의 엄청난 죄와 자격 없음에도 불구하고 하느님께서 자신에게 베푸신 은총이 헛되지 않았다는 것을 보여주려는 것입니다"라고 하였다(ACCK/NT.IX 249). 아우구스티누스는 "바오로는 은총을 얻기 위해서 수고한 것이 아니라 수고할 수 있도록 은총

나, 우리 모두 이렇게 선포하고 있으며 여러분도 이렇게 믿게 되었습니다.[22)]

죽은 이들의 부활[23)]

12 그리스도께서 죽은 이들 가운데에서 되살아나셨다고 우리가 이렇게 선

을 받은 것"이라고 하였다(ACCK/NT.IX 251).

22) 바오로는 하느님의 은총 덕분에 자신과 선교사들이 나자렛 예수님의 죽음과 부활을 내용으로 하는 복음과, 그 죽음과 부활이 인간에게 가져다준 놀라운 일을 선포하고 있음을 피력한다. 코린토 신자들에게 복음을 전한 이들의 신분이 바오로 자신이든 다른 선교사들이든 같은 복음을 전하였다는 뜻이다. "그들(에케이노이ἐκεῖνοι)"은 1코린 15,9에 나오는 "사도들"을 가리키는데, 바오로는 아폴로와 케파를 언급한 것 같다. 코린토 교회 신자들이 이 두 사람을 잘 알고 있었기 때문이다. 바오로는 "이렇게(후토스οὕτως)"라는 낱말을 두 번 반복함으로써 자신이 전한 복음과 이전의 사도들이 전한 복음이 같은 것임을 강조한다. 또한 바오로는 자신보다 앞선 사도들이 전한 복음을 믿는 이들이나 자신을 통해 믿는 이들 사이에도 차이가 없다고 한다. 바오로는 자신이 선포한 복음인 예수 그리스도의 부활을 받아들이는 믿음을 강조한다. 요한 크리소스토무스는 바오로의 마음을 다음과 같이 증언한다. "바오로는 코린토 신자들이 그와 다른 사도들을 놓고 하나를 선택하기 바라는 것이 아닙니다. 그는 자신이 교사로서 자격이 있다는 것을 입증하는 한편 다른 이들의 자격에 대해서도 확인해 줍니다. 사도들 사이에 차이는 없습니다. 그들의 권위는 똑같습니다"(ACCK/NT.IX 251).

23) 바오로는 이 단락에서 죽은 이들의 부활 문제를 다룬다. 코린토 1서에서 '죽은 이들(네크로이νέκροι)'이라는 낱말을 사용한 곳은 이곳뿐이고 그것도 '부활'과 관련하여 언급한다. 코린토 교회 신자들 가운데 어

포하는데, 여러분 가운데 어떤 사람들은 어째서 죽은 이들의 부활이 없다

떤 이들은 예수님의 부활은 믿으면서도 그리스도인들의 부활은 믿지 않았다. 항구도시 코린토의 혼합종교 분위기에서 신자들 사이에는 죽음과 죽음 이후의 운명에 대해 다양한 견해가 있었다. 일부 신자들은 영혼불멸의 세계관을 지니고 있었기 때문에 죽은 이들의 육체적 부활을 쉽게 이해할 수 없었다. 이는 바오로가 아테네에서 죽은 이들의 부활에 대해 설교할 때 그리스 사람들이 비웃고 조롱했던 사건(사도 17,32)을 통해 잘 드러난다. 종교 혼합주의가 성행한 코린토에서는 인간이 죽으면 어떤 세계를 만나게 될 것인가에 대해 다양한 논의가 이루어지고 있었는데, 그리스인들은 그들의 영육 이원론에 따라서 영혼은 고귀하고 육신은 비천하다고 생각하여 육신에 갇혀있는 영혼이 육신에서 벗어나는 것을 죽음으로 보았다. 그런 이유로 죽은 이의 몸이 부활하여 영생한다는 것을 받아들일 수 없었다.

그리고 구약성경에는 부활 신앙이 분명하게 드러나 있지 않지만, 일부 후기 예언서들에서 부활 사상이 싹트기 시작하여(다니 12,2; 참조: 이사 25,8; 26,19; 에제 37,1–14; 호세 6,1–3; 13,14) 점차 유다교 묵시 사상의 중요한 요소가 되었다. 구약성경을 받아들인 바리사이들은 역사의 종말에 죽은 이들의 부활이 일어날 것을 믿었지만, 모세오경만 인정한 사두가이들은 죽은 이들의 부활을 받아들이지 않았다. 마카베오기 하권에는 죽음 이후에 부활이 있다는 신앙이 나타나 있다(2마카 7,9.14.22–23.29; 12,43; 14,46). 이 부활 신앙 때문에 순교자들은 율법을 지키면서 기꺼이 죽음을 받아들일 수 있었다(7,14; 참조: 7,36). 종말론적인 부활에 관한 언급은 또 다른 후기 유다교 문헌들에서 되풀이된다(1에녹 22장; 51장; 62—63장; 시리아 바룩서 50,2–3; 51,1–3; 벤야민의 유언 19,8–10; 욥의 유언 4,9). 바오로는 바리사이로서 죽은 이들의 부활 사상을 이미 받아들였으며 예수님의 죽음과 부활은 부활 사상의 근거가 되었다. 바오로는 1코린 15,12–19에

고 말합니까?[24] 13 죽은 이들의 부활이 없다면 그리스도께서도 되살아나
지 않으셨을 것입니다.[25] 14 그리스도께서 되살아나지 않으셨다면, 우리의

서 예수 그리스도의 부활과 죽은 이들의 부활이 어떤 연관성을 갖는지 에 대해 논한다.

24) 코린토 교회 신자들 가운데는 '죽은 이들의 부활이 없다'고 주장하는 이들이 더러 있었다. 그들은 2티모 2,18("이자들은 진리에서 빗나가, 부활이 이미 일어났다고 말하면서 몇몇 사람의 믿음을 망쳐놓고 있습니다")에서 언급한 것처럼 부활은 이미 지나갔다고 생각하였다(2테살 2,2 참조). 아마도 그들은 세례 때에 그리스도와 함께 부활하여 이미 구원의 상태에 이른 것으로 생각해 종말 구원을 부정한 것 같다(1코린 4,8 참조). 사실 바오로도 자신을 예수 그리스도의 부활에 이미 동참한 것으로 이해하였다(로마 6,5-8; 2코린 5,15; 갈라 2,19-20; 콜로 3,1-4). 하지만 바오로가 전하는 부활은 미래에 궁극적으로 일어날 사건을 미리 체험한 것으로, 결코 모든 것이 이미 완성된 부활 경험이라는 의미가 아니었다. 바오로는 부활의 미래성을 강조한다. 바오로는 여기서 두 가지 낱말, 곧 '그리스도(크리스토스*Χριστός*)'와 '일으켜지다(에게게르타이*ἐγήγερται*)'를 언급하면서 '일으켜지셨다/되살아나셨다' 동사의 의미를 구체화해 주는 "죽은 이들 가운데에서(에크 네크론*ἐκ νεκρῶν*)"라는 표현을 덧붙인다(로마 4,24; 8,11; 10,9; 갈라 1,1; 1테살 1,10). 여기서 '죽은 이들' 앞에 관사가 나오지 않는 것으로 미루어 이들은 신자들만이 아니라 일반적으로 죽은 이들을 가리킨다(1코린 15,12-20.29ㄴ.32ㄴ). 암브로시우스는 "죽은 이들의 부활을 믿지 않는 것은 얼마나 큰 잘못입니까. 우리가 되살아나지 않는다면 그리스도께서는 헛되이 돌아가신 것이고 되살아나지도 않으신 것입니다. 그분께서 우리를 위하여 되살아나신 것이 아니라면, 그분께서는 아예 되살아나지 않으신 것입니다. 그분은 당신 자신을 위해서는 되살아나실 필요가 없는 분이시기 때문입니다"라고 하였다(ACCK/NT.IX 252).

복음 선포도 헛되고 여러분의 믿음도 헛됩니다.[26] 15 우리는 또 하느님의 거짓 증인으로 드러날 것입니다. 죽은 이들이 정말로 되살아나지 않는다면 하느님께서 그리스도를 되살리지 않으셨을 터인데도, 하느님께서 그리스도를 되살리셨다고 우리가 하느님을 거슬러 증언한 셈이기 때문입니다.[27]

---

25) 바오로는 만일 '죽은 이들의 부활이 없다면 그리스도의 부활은 상상할 수도 없고 참으로 불가능한 일'이라고 말한다. 바오로는 '에이 … 우크 에스틴(εἰ … οὐκ ἔστιν, 만일 …이 없다면)'이라는 단순 조건문을 사용하는데, 이는 합리적인 논거를 나타낸다. 곧 죽은 이들의 부활을 부인하는 것은 결국 그리스도의 부활을 부인하는 것과 같다는 말이다. 바오로는 그리스도께서 일으켜지셨다면 죽은 이들 역시 죽음의 잠으로부터 깨어날 수 있음을 말한다. 가발라의 세베리아누스는 "우리도 되살아나게 되어있지 않다면 그리스도께서는 헛되이 돌아가시고 헛되이 부활하신 것입니다"라고 하였다(ACCK/NT.IX 253).

26) 바오로는 그리스도의 부활을 부인하면 자신이 전한 복음도 헛되고 신자들의 믿음도 헛되다고 말한다. 그는 '헛된(케노스κενός)'이라는 형용사를 15,10에서는 하느님의 은총이 자신의 삶에서 헛되지 않았다고 단언할 때 사용하였다. 바오로는 같은 낱말을 부활하신 그리스도에 대한 복음 선포와 그에 대한 신자들의 반응에 적용한다. 곧 그리스도께서 실제로 부활하지 않으셨다면 바오로의 선포와 코린토 신자들의 믿음은 모두 헛되고 공허하고 쓸모없는 것이 된다는 것이다. 부활은 그리스도교 신앙의 핵심 사상이기에 이를 부인하면 아무것도 남지 않는다.

27) 이 구절은 바오로의 첫 번째 결론이다. 여기서 "우리"는 바오로 자신과 복음을 전하는 다른 사도로 위임받은 이들, 곧 15,11에서 언급한 "그들"과 같다. 부활이 없다면 비록 선교사들이 하느님의 이름으로 말한다고 할지라도 그들 모두는 거짓을 증언하는 이들이 되고 그들의 복음 증거와 권위는 모두 거짓이 된다. 하지만 바오로는 다시 한번 6,14에

16 죽은 이들이 되살아나지 않는다면 그리스도께서도 되살아나지 않으셨
을 것입니다.[28] 17 그리스도께서 되살아나지 않으셨다면, 여러분의 믿음은
덧없고 여러분 자신은 아직도 여러분이 지은 죄 안에 있을 것입니다.[29] 18
그리스도 안에서 잠든 이들도 멸망하였을 것입니다.[30] 19 우리가 현세만을

서처럼 그리스도의 부활이 하느님에 의한 것임을 말한다(로마 4,24; 8,11 참조). 그는 죽은 이들의 부활을 그리스도의 부활에 근거해 언급하는 동시에 하느님 아버지의 역할을 강조한다.

28) 이 절은 1코린 15,13과 병행을 이룬다. 13절이 첫 번째 조건문이라면 16절은 두 번째 조건문이다. 두 조건문의 귀결절(13ㄴ절/16ㄴ절)은 동일한데, 조건절(13ㄱ절/16ㄱ절)이 다르다. 16ㄱ절에서는 동사인 '우크 에게이론타이(οὐκ ἐγείρονται, 일으켜지지 않는다면)'를, 13ㄱ절에서는 추상명사인 '아나스타시스 네크론 우크 에스틴(ἀνάστασις νεκρῶν οὐκ ἔστιν, 죽은 이들의 부활이 없다면)'을 사용한다.

29) 그리스도께서 되살아나지 않으셨다면 믿음은 덧없는 것이 되고 예수 그리스도의 십자가와 부활을 통한 죄의 용서는 무효화된다. 여기서 그리스어 '마타이아ματαία'는 '효력이 없는, 무익한'이라는 뜻으로, 구원이나 죄의 용서를 전혀 가져올 수 없는 상태를 가리킨다. 바오로가 성취했다고 생각한 모든 것은 결국 수포로 돌아가고 더 이상 믿는 이들에게 어떠한 유익도 줄 수 없다. 따라서 그들은 여전히 죄 안에 머무를 수밖에 없다. 바오로는 일반적으로 죄(하마르티아ἁμαρτία)를 단수로 사용하는데 여기서는 복수(하마르티아이스ἁμαρτίαις)로 사용한다(로마 7,5; 에페 2,1 참조). 이는 사람이 지은 모든 죄를 가리키는 것으로 1코린 15,3과 연결된다. 바오로는 인간의 죄를 없애는 것은 그리스도의 부활밖에 없음을 분명히 한다. 그리스도께서 당신의 부활에 대해 거짓말을 하신 것이라면, 우리의 죄를 용서하셨다는 말도 거짓이다.

30) "그리스도 안에서 잠든 이들"은 예수 그리스도를 믿다가 세상을

위하여 그리스도께 희망을 걸고 있다면, 우리는 모든 인간 가운데에서 가장 불쌍한 사람일 것입니다.[31)]

20[32)] 그러나 이제 그리스도께서는 죽은 이들 가운데에서 되살아나셨

떠난 이들로, 15,16에 언급된 "죽은 이들"을 가리킨다. 만일 그리스도께서 부활하시지 않았다면 그리스도를 믿다가 먼저 죽은 이들은 결국 구원받지 못하고 멸망하였을 것이다. '멸망하다(아폴리미ἀπόλλυμι)'는 '구원받다(소조마이σῴζομαι)'의 반대 개념이다(1코린 1,18; 필리 1,28).

31) 바오로는 죽은 이들의 부활이 없다면 믿는 이들에게 어떤 결과가 초래될지 모른다고 탄식한다. 만일 그리스도께 걸고 있는 우리의 희망이 그분의 영광스러운 삶에 참여할 희망도 없이 오직 지상에서 그분과 함께하는 것에만 제한된다면 우리는 참으로 가련한 사람들이다. 왜냐하면 모든 것은 덧없이 사라지기 때문이다. 조건절 맨 끝에 나오는 '모논(μόνον, 오직 …만)' 부사가 어느 낱말과 연결되느냐에 따라 '오직 현세만을 위하여 그리스도께 희망을 걸고 있다면'이나 '현세에서 오직 그리스도께만 희망을 걸고 있다면'이라는 두 가지 번역이 가능하다. 문맥상 '엔 테 조에 타우테(ἐν τῇ ζωῇ ταύτῃ, 현세에서만)'와 잘 어울린다. 바오로는 많은 비신자들이 미래의 삶에 대해 모호한 희망을 갖고 있었지만, 신자들은 부활하신 그리스도의 영광스러운 삶에 참여하리라고 확신한다.

32) 바오로는 1코린 15,20-28에서 그리스도께서 참으로 죽은 이들로부터 일으켜지신 사실을 다시 한번 반복하면서 부활하신 그리스도께서 잠든 이들의 맏물이 되셨음을 피력한다. 죽은 이들의 미래에 이루어질 부활을 부인하는 것은 곧 그리스도의 부활을 부인하는 것이고, 나아가 사도들의 가르침에 반대되는 행위이기 때문이다. 바오로는 죽은 이들의 부활을 부인하는 코린토 신자들에게 충분한 근거를 제시하기 위하여 그리스도의 부활에 대한 믿음을 새로이 분명하게 할 필요가 있다고 생각해서 두 가지, 곧 아담-그리스도 예형론(15,21-23)과 종말 시나리오

습니다. 죽은 이들의 맏물이 되셨습니다.[33] 21 죽음이 한 사람을 통하여

(15,24–28)를 언급한다.

바오로가 의도하는 논의의 핵심은 다섯 가지다. 첫째, 그리스도께서는 죽은 이들 가운데에서 되살아나시어 죽은 이들의 맏물이 되셨다(20절; 비교: 23절). 둘째, 죽음이 한 사람을 통하여 왔으니 죽은 이들의 부활도 한 사람을 통하여 왔다(21절). 셋째, 아담은 모든 이에게 죽음을 가져왔지만, 그리스도께서는 모든 이에게 생명을 가져오신다(22절). 넷째, 부활하신 그리스도께서는 인간의 역사가 계속되는 동안 다스리셔야 한다(25절). 그리고 죽음을 포함한 모든 세력들을 재림 때(23절) 물리치신 뒤 아드님을 위해 모든 것을 굴복시키신 하느님 아버지께(28절) 모든 통치를 넘겨드릴 것이다. 다섯째, 이 모든 것의 최종 목표는 하느님께서 모든 것 안에서 모든 것이 되시는 것이다(28절). 이와 같이 바오로는 하느님을 존재하는 모든 것의 궁극적인 근원으로 인식할 뿐만 아니라 그리스도의 부활을 죽은 이들의 부활과 맏물의 보증으로 확신하고 있다.

33) 바오로는 자신의 논의를 "그러나 이제(니니 데νυνὶ δέ)"로 시작하는데, 이는 12,18에서처럼 논리적인 의미를 지닌다(로마 3,2; 6,22; 7,6; 1코린 13,13 참조). 그는 다시 한번 "그리스도께서는 죽은 이들 가운데에서 되살아나셨습니다"라는 신조를 언급하면서 여기에다 "죽은 이들의 맏물"이라는 표현을 덧붙인다. 부활하신 그리스도는 죽은 그리스도인들의 본보기요 보증이라는 뜻이다. '맏물'로 번역된 그리스어 '아파르케ἀπαρχή'는 그해에 맨 먼저 거두어들인 과일이나 곡식을 뜻하거나(탈출 22,28; 23,19; 34,26; 레위 23,9–14; 민수 15,18–21; 신명 18,4; 26,1–11), 그리스도교로 개종한 이들을 가리키기도 한다(로마 16,5; 1코린 16,15). 이 낱말은 '아르라본(ἀρραβών, 보증)'(2코린 1,22; 5,5)처럼 앞으로 돌려받을 보증금이라는 의미로 쓰이기도 하였다. 하지만 맏물은 맨 먼저 부활한 몸을 의미한다. 동시에 맏물은 마지막 결과를 가능하게 하는 첫 번째 근원이라는 의미를

왔으므로 부활도 한 사람을 통하여 온 것입니다.[34] 22 아담 안에서 모든
사람이 죽는 것과 같이 그리스도 안에서 모든 사람이 살아날 것입니다.[35]

지닌다(로마 8,29; 콜로 1,18; 묵시 1,5 참조). 그리스도의 부활 사건은 개인적인 사건에 그치는 것이 아니라 공동체적이고 보편적인 사건으로서 마지막 날에 죽은 이들의 부활을 가능하게 하는 종말론적 사건이다. 예수 그리스도께서 죽은 이들로부터 다시 일으켜지셨기에 죽은 그리스도인들 또한 다시 살아날 것이다.

34) 이 절에는 동사가 나오지 않는다. 바오로는 창세 3,17–19을 의도하고서 인간이 어떻게 죽음을 맞이하게 되었는지를 논한다. 아담은 아내의 말을 듣고 금지된 과일을 따 먹었기에 하느님으로부터 벌을 받는다. "너는 먼지이니 먼지로 돌아가리라"(3,19). 바오로는 한 사람을 통하여 죽음이, 한 사람으로 인하여 부활이 왔다고 하면서 죽음과 부활을 대조한다. 첫 인간 아담과 둘째 인간 그리스도가 서로 대조된다. 아담은 자연적이며 역사적인 인간이고, 그리스도는 종말론적 인간을 대표한다.

35) 바오로는 아담–그리스도 예형론을 대입하여(로마 5,12–21 참조) 아담은 첫 인류의 시조로서 온 인류에게 죄와 죽음을 가져왔고(예형), 그리스도는 온 인류에게 생명을 가져왔다고(원형) 한다. 이 예형론은 1코린 15,45–49에서 더 발전된 형태로 제시된다. 바오로가 그리스도를 역사적 인간으로 강조한 것은 예수 그리스도의 부활이 영의 부활이 아니라 육체의 부활임을 분명히 하기 위해서다. 예수님의 부활은 그를 믿는 이들의 부활에 대한 확증이다(로마 8,11; 1코린 6,14; 2코린 4,14; 1테살 4,14 참조).

이 절에는 '모든 사람'이 두 번 나오는데 전자는 인류 전체를, 후자는 그리스도께 속한 이들(1코린 15,23) 또는 그리스도 안에서 잠든 이들(15,18)을 가리킨다. "아담 안에서 모든 사람이 죽는 것과 같이"에서 '죽는다(아포트네스쿠신ἀποθνήσκουσιν)'는 현재형이고, "그리스도 안에서 모든 사람이 살아날 것입니다"에서 '살아난다(조오포이에테손타이ζῳοποιηθήσονται)'는

23 그러나 각각 차례가 있습니다. 맏물은 그리스도이십니다.[36] 그다음은 그리스도께서 재림하실 때, 그분께 속한 이들입니다.[37] 24 그러고는 종말입

미래형이다. 죽은 이들의 부활은 미래에, 그리스도의 재림 때에 비로소 이루어진다는 의미다. 아우구스티누스는 죽은 이들의 부활을 언급하면서 사악한 자들의 부활은 여기에 해당되지 않는다고 하였다. "…바오로가 여기서 말하는 것은 영원한 생명을 누리게 될 의인들의 부활이지, 영원한 죽음을 당하게 될 사악한 자들의 부활이 아닙니다. '살아날' 이들과 저주받을 이들이 대비되고 있습니다"(ACCK/NT.IX 258).

36) 바오로는 마지막 사건인 부활이 어떻게 진행될 것인지를 보여준다. 곧 부활은 각각 차례대로 이루어진다. "차례"로 번역된 그리스어 '타그마*τάγμα*'는 전문적인 군사용어로 '무리'를 가리킨다. 군사적인 표상을 따른다면 그리스도는 첫 번째 부활하는 "영도자"(히브 2,10)고, 그의 잠자는 군인들인 그리스도께 속한 이들은 마지막 나팔이 울릴 때 부활할 이들이다(1코린 15,52). 맏물이신 그리스도는 죽은 이들로부터 일으켜진 첫 번째가 되심으로써 그분께 속한 이들을 부활에 이르는 길로 인도하신다.

37) "그분께 속한 이들"은 15,22에 나오는 "모든 사람"을 포함하지만 여기서는 그리스도를 믿는 이들을 가리킨다(갈라 5,24). "재림하실 때"는 이미 1코린 1,7–8; 5,5에서 암시되었다. '재림(파루시아*παρουσία*)'은 1코린 16,17; 2코린 10,10; 필리 2,12에서처럼 '도착, 현존'을 의미하는데, 성경과 성경 밖의 그리스어 문헌에서는 종종 현존의 첫 번째 단계인 '다시 오심'을 뜻하기 때문에 흔히 '재림'으로 번역된다. 어쨌든 이 용어는 바오로에게 '주 예수 그리스도의 나타나심'(1코린 1,7)을 가리키는 전문 용어가 되었다(1테살 2,19; 3,13; 4,15; 5,23; 비교: 2테살 2,1). 세상을 떠난 그리스도인들의 부활은 그리스도의 재림 때 이루어진다(1테살 4,16–17).

니다.[38] 그때에 그리스도께서는 모든 권세와 모든 권력과 권능을 파멸시키시고 나서 나라를 하느님 아버지께 넘겨드리실 것입니다.[39] 25 하느님께서 모든 원수를 그리스도의 발아래 잡아다 놓으실 때까지는 그리스도께서 다

38) 바오로는 마지막 사건인 부활을 세 단계로 제시한다. 맏물인 그리스도의 부활이 첫 번째이고, 예수님 재림 때 그리스도께 속한 그리스도인들의 부활이 두 번째이고, 마지막 세 번째 단계는 역사의 종말에 이루어지는 부활이다.

39) 종말은 두 가지 형태로 나타난다. 하나는 그리스도가 하느님 아버지께 하느님 나라를 넘겨드리는 것이고, 다른 하나는 세상의 모든 권세와 권력과 권능을 심판하시고 그들을 모두 파멸시키는 것이다. "하느님 아버지"는 2코린 1,3에서처럼 '하느님이시며 우리 주 예수 그리스도의 아버지'를 가리킨다(로마 15,6; 2코린 11,31 참조). '하느님의 나라'는 이미 1코린 4,20; 6,9–10에서 언급되었다. 하지만 여기서는 "나라"라는 낱말만 나오는데, 이는 종말 때까지 이루어질 그리스도의 통치를 가리키는 말로 다니 2,44("이 임금들의 시대에 하늘의 하느님께서 한 나라를 세우실 터인데, 그 나라는 영원히 멸망하지 않고 그 왕권이 다른 민족에게 넘어가지도 않을 것입니다. 그 나라는 앞의 모든 나라를 부수어 멸망시키고 영원히 서있을 것입니다")을 반영한다. '권세와 권력과 권능'은 추상적인 용어들로 '통치'(아르케 ἀρχή, 로마 8,38 참조), '권세'(엑수시아 ἐξουσία, 콜로 2,10.15 참조), '능력'(디나미스 δύναμις, 로마 8,38 참조)을 뜻하며, 하느님을 적대하고 스스로 지배하려는 모든 세력을 가리킨다(1코린 2,6; 에페 1,21; 3,10; 6,12; 콜로 1,16; 2,15; 1베드 3,22 참조). 그리스도가 하느님의 나라를 다시 넘겨드리시는 때는 하느님을 거역하는 모든 세력이 심판을 받고 파멸되는 때이기도 하다. 시간적으로 그리스도는 먼저 적대 세력들을 물리치시고 나서 그 뒤에 아버지 하느님께 나라를 넘겨드리신다.

스리셔야 합니다.[40)] 26 마지막으로 파멸되어야 하는 원수는 죽음입니다.[41)]

---

40) 그리스어 본문 맨 앞에 나오는 '데이δεῖ'는 하느님께서 계획하신 일은 반드시 이루어진다는 종말론적인 필연성을 나타낸다. "모든 원수를 그리스도의 발아래 잡아다 놓으실 때까지"는 1코린 15,27에 나오는 '하느님께서는 모든 것을 그의 발아래 굴복시키셨습니다'와 함께 칠십인역 시편 110,1을 인용한 말씀이다. 바오로는 왕조 시편의 말씀을, 임금으로서 현재 모든 것을 다스리시는 부활하신 그리스도께 적용한다. 초대 그리스도교 공동체는 이 시편 말씀을 예수 그리스도의 부활에 적용하였다(마르 12,36; 사도 2,34-36; 로마 8,34; 에페 1,20-22; 콜로 3,1; 히브 1,3.13; 8,1; 10,12 참조). 바오로 역시 시편 110,1을 8,7과 함께 이미 그리스도의 부활에 적용하였다. 바오로는 "모든"이라는 말로 적대 세력들이 모두 파멸될 것임을 강조한다. 시편 110,1에서는 이 일을 이루시는 분이 주님이라고 하였으나 여기서는 그리스도시라고 한다. 하지만 1코린 15,27에서는 다시 하느님께서 이 모든 행위의 주체로 나타난다. 아우구스티누스는 "그분께서 영원무궁히 다스리십니다. 하지만 그분 아래에서 악마에 대항해 싸우는 전쟁이라는 면에서 볼 때, 이 싸움은 '하느님께서 모든 원수를 그리스도의 발아래 잡아다 놓으실 때까지' 계속되는 것이 확실합니다. 그러나 그 뒤엔 싸움이 없을 것입니다. 우리가 영원히 지속되는 평화를 누릴 것이기 때문입니다"라고 하였다(ACCK/NT.IX 261).

41) 여기서는 "죽음(호 타나토스ὁ θάνατος)"을 로마 5,14.17; 6,9에서처럼 의인화하였다(집회 14,12; 예레 9,20; 호세 13,14 참조). 원수로서 죽음은 파멸될 것이다. 죽음이 파멸됨으로써 이사 25,8("그분께서는 죽음을 영원히 없애버리시리라")의 예언이 성취된다. 그리스도께서는 부활하심으로써 죽음을 이기셨지만, 아직도 죽음은 인간들에게 궁극적인 원수로서 그 힘을 발휘하고 있다. 그러나 그리스도인들은 그리스도께서 이미 그분의 부활로 죽음을 이기셨기에 죽음을 완전히 파멸시키실 것이라 믿는다. 이제

27 사실 "하느님께서는 모든 것을 그의 발아래 굴복시키셨습니다."[42] 그런 데 모든 것이 굴복되었다고 말할 때, 모든 것을 그에게 굴복시키신 분이 제외된다는 것은 명백합니다. 28 그러나 아드님께서도 모든 것이 당신께 굴복할 때에는, 당신께 모든 것을 굴복시켜 주신 분께 굴복하실 것입니다.[43] 그

죽음은 부활하신 그리스도를 더는 지배하지 못할 것이며(로마 6,9), 그리스도 안에 있는 이들을 하느님의 사랑에서 떼어놓을 수도 없다(8,38-39). 그럼에도 죽음은 세상 끝날 때까지 그리스도인들에 대하여 그 세력을 발휘할 것이다. 따라서 그리스도인들은 종말의 희망을 지니고 그날이 올 것을 기대하며 살아가야 한다. 죽음의 지배는 아담과 함께 시작되었지만(1코린 15,22) 곧 끝날 것이기에 모든 이들은 그리스도 안에서 생명을 얻게 된다. 아우구스티누스는 "잘 싸운다는 것과 적수가 사라지는 것은 별개입니다. 잘 싸우는 것은 죽음의 힘에 저항하며 싸울 때 할 수 있는 말이고, 적수가 사라졌다는 것은 우리의 '마지막 원수'인 죽음이 파멸되어 싸울 대상이 없다는 뜻입니다"라고 하였다(ACCK/NT.IX 263).

42) "하느님께서는 모든 것을 그의 발아래 굴복시키셨습니다"는 칠십인역 시편 8,7의 인용이다. 시편 8편은 창조와 인간의 존엄성 안에 드러난 하느님의 영광을 노래하는 찬양시로 창세 1,26-28을 반영한다. 모든 것을 굴복시키신 분은 그리스어 본문에는 언급되어 있지 않지만 다음 절에 나오는 '당신께 모든 것을 굴복시켜 주신 분'이 하느님이시기에 이 절에서 굴복시키시는 분도 하느님이시다. 하느님께서 모든 것을 그의 발아래 굴복시키신 것은 부활하신 그리스도에게 세상 모든 것을 복종시키셨음을 보여주기 위해서다.

43) 하느님께서 아들이신 그리스도의 발아래 모든 것을 굴복시키신 뒤에는 아들도 모든 것을 굴복시켜 주신 아버지 하느님께 굴복하신다. 이는 자발적인 굴복으로, 순종을 뜻한다. 아들은 아버지께 순종하고 아버지는 아들을 영광스럽게 하신다. 그리스도께서 '하느님께 굴복하셨다'

리하여 하느님께서는 모든 것 안에서 모든 것이 되실 것입니다.

29 그렇지 않다면, 죽은 이들을 위하여 세례를 받는 사람들은 무엇을 하겠다는 것입니까?[44] 죽은 이들이 전혀 되살아나지 않는다면 무엇 때문

는 사상은 그리스도 찬가인 필리 2,6–11에도 잘 드러나 있다. 그리스도께서는 '당신 자신을 낮추시어 죽음에 이르기까지, 십자가 죽음에 이르기까지' 순종하셨다. 십자가 죽음에 이르기까지 순종하신 분은 이 세상에 오시기 전부터 '하느님의 모습을 지니신 하느님과 같은 분'이시다.

바오로는 하느님 아버지께서 모든 것의 목적이요 최종 원인이 되실 것이라고 확신하는 목적절(히나ἵνα, …하기 위하여)로 1코린 15,24–28을 마무리한다. 종말에 하느님께서는 궁극적으로 '모든 것'을 다스리실 것이다. 왜냐하면 모두 하느님께 복종할 것이기 때문이다(로마 11,36 참조).

44) 바오로는 분위기를 바꾸어 코린토 교회 신자들의 회의주의를 문제 삼으면서 1코린 15,12–19에서 다룬 논의를 이어간다. 바오로는 자신이 배운 지식과 개인적 고난을 들어 신자들의 잘못된 생각을 바로잡으려 한다. 바오로는 가상의 코린토 신자들에게 세 가지 질문을 던진다. 처음 두 가지는 코린토 신자들이 행하던 대리 세례에 대한 것이고, 다른 하나는 죽은 이들의 부활이 없다면 자신이 무엇 때문에 죽음에 이르게 할 정도의 위험을 무릅쓰고 복음을 전하겠느냐는 것이다. 이어서 바오로는 만일 죽은 이들이 되살아나지 않는다면야 이사야의 말(이사 22,13: "그러나 보아라, 기뻐하고 즐거워하며 소를 잡고 양을 죽여 고기를 먹고 술을 마시면서 '내일이면 죽을 몸, 먹고 마시자' 하는구나")대로 살아도 된다고 한다. 이처럼 바오로는 신자들이 죽은 이들을 위하여 거행하는 대리 세례를 언급하면서 이미 신자들은 부활을 의식하며 살아가고 있음을 상기시킨 뒤, 자신이 겪은 고난을 통하여 부활에 대한 확신을 강하게 피력한다.

접속사 '에페이ἐπεί'는 1코린 5,10; 7,14; 14,16; 로마 3,6; 11,6.22에서 '왜냐하면, 어떻게, 그러니, 그렇지 않으면' 등 여러 가지 의미로 사용되

에 그들을 위하여 세례를 받습니까?[45]

는데, 여기서는 "그렇지 않다면"으로 번역되었다. 이는 1코린 15,13에 나오는 질문인 '만일 죽은 이들의 부활이 없다면'과 연결된다. '티 포이에수신(τί ποιήσουσιν, 도대체 그들은 무엇을 하겠다는 것입니까?)'의 동사는 미래형으로 '그들의 행동이 무슨 의미나 가치가 있겠는가? 그들은 대리 세례로 무엇을 얻으려는가?'라는 논리적 물음을 유도한다(LXX 예레 4,30; 호세 9,5; 1코린 15,32 참조). 여기서 "세례"는 예수님이 돌아가신 뒤에 제정된(마태 28,19) 물로 씻는 입교예식을 가리킨다. 누구든지 세례를 통하여 그리스도교 신앙공동체에서 한 몸을 이루게 되고(로마 6,3; 1코린 12,13) 지은 죄들을 용서받는다(사도 2,38).

"죽은 이들을 위하여(히페르 톤 네크론ὑπὲρ τῶν νεκρῶν)"는 풀이하기 어려운 표현으로 '죽은 이들을 대신하여', 곧 세례받지 않고 죽은 친구들이나 친지들을 위한 대리 세례를 가리킨다. 코린토 신자들이 행한 관행 중 하나는 이러한 대리 세례를 받는 일이었다. 이 대리 세례는 신약성경에서 오직 이곳에만 나오기에 코린토 신자들이 무엇 때문에 세례받지 않고 죽은 이들을 위하여 대신 세례를 받았는지는 정확히 밝힐 수 없다. 아마도 세례를 준비했거나 그리스도교에 호감을 가지고 입문하려던 사람이 세례를 받기 전에 죽은 경우, 이들을 대신해서 세례를 받는 관행이 있었을 것이다. 암브로시아스테르는 "그 시절에는 죽은 이들을 위하여 세례받는 사람들이 있었던 것으로 보입니다. 세례받지 않은 이는 아예 부활하지 않거나 단죄받기 위하여 부활할지 모른다는 염려 때문이었습니다"라고 하였다(ACCK/NT.IX 268). 이 대리 세례 관행은 397년 카르타고에서 열린 종교회의에서 금지되었다.

45) 바오로는 신자들이 대리 세례를 거행하는 것은 그들 역시 죽은 이들의 부활을 믿고 있음을 전제하는 것이 아니냐고 묻는다. 만일 죽은 이들이 다시 살아나지 못한다면 그들을 대신해서 세례를 받을 이유

30 우리는 또 무엇 때문에 늘 위험을 무릅쓰고 있습니까?[46)]31 형제 여러분, 내가 우리 주 그리스도 예수님 안에서 품고 있는 긍지, 곧 여러분에 대한 나의 긍지를 걸고 말합니다.[47)] 나는 날마다 죽음을 마주하고 있습니

가 없기 때문이다. 바오로는 여기서 대리 세례 관행 자체에 대해서는 자기 생각을 밝히지 않는다. 죽은 이들의 부활을 받아들이지 않는 신자들의 주장을 반박하기 위한 하나의 논증으로 대리 세례의 예를 들고 있을 뿐이다. 바오로는 부활 논쟁 문제를 다루면서 대리 세례의 유효성을 논의하지는 않는다. 부활이 없다고 생각한다면 일부 신자들이 대리 세례를 하겠느냐며 그들의 주장이 모순임을 지적할 뿐이다. 바오로가 던지는 또 다른 질문 "죽은 이들이 전혀 되살아나지 않는다면 무엇 때문에 그들을 위하여 세례를 받습니까?"는 앞에서 제기한 질문의 의미를 반복한 것이다. 이 질문에는 '홀로스(ὅλως, 전혀)'가 나오는데, 이것은 부활을 부정하는 형태를 문제 삼을 때 사용되는 부사다. 그리스어 본문에서 이 부사는 명사화된 동사인 '네크로이(νεκροί, 죽은 이들)' 앞에 나오지만 실제로는 맨 뒤에 나오는 부정동사인 '우크 에게이론타이(οὐκ ἐγείρονται, 일으켜지지 않는다면)'를 수식한다. 이 낱말은 1코린 5,1; 6,7에도 나오는데 수식하는 말 앞에 위치한다.

46) 바오로는 자신에게 부활의 희망이 있기에 그 많은 위험을 무릅쓰고 복음을 전하고 있다고 한다. 그는 "우리"라는 표현을 사용하는데, 이는 개인적으로 고난을 겪고 있는(2코린 11,23-28) 바오로 자신을 가리킬 뿐 아니라 넓은 의미로 미래에 있을 부활을 기대하며 살아가는 다른 그리스도인들을 포함한다. 죽은 이들의 부활이 사실이 아니라면 그 어떤 고난도 무의미한 것이다.

47) 바오로는 주어를 '우리'(1코린 15,30)에서 일인칭 단수인 '나'로 전환한다. 소아시아의 수도인 에페소에서 고난을 겪은 바오로는 그곳에서 코린토 신자들에게 편지를 쓰고 있다. 바오로는 칠십인역에는 가끔 나

다.[48] 32 내가 에페소에서 이를테면 맹수와 싸웠다고 한들 그것이 나에게 무슨 소용이 있겠습니까?[49] 죽은 이들이 되살아나지 않는다면야

오지만(창세 42,15.16) 신약성경에는 오직 이곳에만 나오는, 맹세할 때 사용하는 불변화사 '네(νή, 확실히, 정말, 맹세코)'를 사용하여 자신의 고난을 고백하면서 자신의 말이 참되다는 것을 강조한다. 바오로는 코린토 신자들에게 하는 고백을 통하여 그 고난들이 자신의 자랑임을 피력한다. 자신의 고난들을 통하여 신자들에게 전한 복음이 열매를 거둘 수 있었기 때문이다. "여러분에 대한 나의 긍지"는 바오로가 사도로서 코린토 교회를 위하여 애쓴 수고와 노력에 대한 긍지(로마 15,17; 2코린 1,14; 필리 2,16; 1테살 2,19)를 가리킨다.

48) "나는 날마다 죽음을 마주하고 있습니다"는 바오로가 예수님의 죽음을 자신의 몸에 짊어지고 다닌다는 뜻이다(2코린 4,10-12; 6,9; 11,23 참조).

49) 이 절의 그리스어 본문에 나오는 '카타 안트로폰κατὰ ἄνθρωπον'은 '인간의 관례대로, 여느 사람처럼'을 의미하는데, 여기서는 "이를테면"으로 번역하였다. 바오로는 이 표현을 로마 3,5; 1코린 3,3; 9,8; 갈라 1,11; 3,15에서도 사용하는데, 부활에 대한 인간적인 판단기준이 잘못된 것임을 강조하기 위해 조건절의 서두에 배치하였다. 만일 죽은 이들의 부활에 대한 약속이 없다면 왜 자신이 한 인간으로서 그러한 위험을 무릅쓰겠느냐는 것이다. 바오로는 자신이 편지를 쓰고 있는 에페소(1코린 16,8)에서 목숨이 위태로울 만큼 위험을 겪었다고 말한다(2코린 1,8-10; 참조: 사도 19,1—20,1).

바오로가 '에페소에서 맹수와 싸웠다'고 한 것이, 실제로 겪은 사건인지 아니면 극단적인 위험에 처한 상황을 상징적으로 표현한 것인지는 논란이 되고 있다. 사실 고난 목록(2코린 11,23-27)에는 바오로가 '맹수와 싸웠다'는 내용이 나오지 않는다. 하지만 바오로가 "우리가 아시아에

"내일이면 죽을 몸
먹고 마십시다."[50]

서 겪은 환난을 여러분도 알기를 바랍니다. 우리는 너무나 힘겹게 짓눌린 나머지 살아날 가망도 없다고 여겼습니다"(1,8)라고 말한 것을 보면 에페소에서 큰 고난을 겪은 것은 분명하다. 당시에 로마 시민권을 가진 사람들에게는 맹수와 싸우게 하는 형벌을 내리지 않았기에 로마 시민권을 가진 바오로(사도 16,37; 22,25-29; 23,27)가 실제로 에페소 경기장에서 맹수와 싸웠을 가능성은 거의 없어 보인다. 이러한 표현은 코린토 교회 신자들이 바오로가 겪은 고난을 잘 알고 있음을 전제한다. 110년경 로마로 끌려가 순교한 시리아 안티오키아의 주교 이냐시우스는 '로마인들에게 보내는 편지' 5,1에서 "저는 시리아에서 로마까지 가면서 열 마리의 표범, 곧 군인들에게 묶인 채 육지에서나 바다에서나 밤이나 낮이나 그 맹수들과 싸우고 있습니다"(박미경 역주 2000, 89)라고 하였다. 여기서 말하는 표범들이 군인들을 가리키듯이, 바오로도 은유적 기법으로 자신의 고난을 맹수로 표현했다고 볼 수 있다. 사도 19,21-40에 따르면 바오로는 에페소에서 은장이 데메트리오스와 그 동료 장인들이 일으킨 소동 때문에 죽음의 위험에 처했다고 하는데, 이는 바오로가 이 절에서 말하는 경험과 어느 정도 관련이 있다. 바오로는 부활이 없다면 연약한 인간이 사도직을 수행하면서 겪게 되는 고난과 위험들을 감당할 수 없음을 언급함으로써 부활이 있다는 것을 다시 한번 강조한다. "나에게 무슨 소용이 있겠습니까?"라는 말은, 만일 부활의 희망 없이 이 세상 것만을 추구하는 것으로 삶이 끝난다면 바오로 자신이 고난을 겪고 위험을 무릅쓰면서까지 사도직을 수행한 것이 아무 의미가 없다는 뜻이다.

50) 바오로는 죽은 이들의 부활이 없다면 차라리 향락주의자들이 내세우는 "내일이면 죽을 몸 먹고 마십시다"라는 구호를 따라 사는 삶이 더 낫다고 한다. 이 향락주의 사상은 지혜 2,1-9에도 나온다. 바오로

33 착각하지 마십시오.[51)]
"나쁜 교제는 좋은 관습을 망칩니다."[52)]
34 정신을 똑바로 차리고 죄를 짓지 마십시오.[53)] 하느님을 제대로 알

는 외국 군대가 쳐들어오는데도 먹고 마시는 일에만 빠져 심판을 받은 예루살렘 백성의 모습을 떠올리며 이사 22,13("내일이면 죽을 몸, 먹고 마시자")을 인용한다. 바오로는 이사야의 예언을 인용하며 죽은 이들에게 이루어질 미래의 부활을 무시한(지혜 2,5-6; 이사 56,12; 루카 12,19 참조) 결과가 어떠한 것인가를 전한다.

51) 바오로는 1코린 6,9ㄴ에서 불의와 불륜을 저지르는 자들의 생활 방식을 따라가지 말라면서 했던 충고를 반복한다. 그러나 여기서는 부활을 부인하는 이들의 태도나 행동을 뒤따르지 말라는 의미로 사용하였다. 이 충고는 갈라 6,7("착각하지 마십시오. 하느님은 우롱당하실 분이 아니십니다. 사람은 자기가 뿌린 것을 거두는 법입니다")에도 나온다(루카 21,8; 야고 1,16 비교).

52) '나쁜 교제는 좋은 관습을 망친다'는 그리스 시인 메난드로스(기원전 342-290년)의 희극 『타이스』*Thais*에 나오는 격언이다. 바오로가 그리스 격언을 인용한 것은 코린토 신자들에게 이전에 익숙했던 격언을 상기시킴으로써 그리스 문화에서 형성된 삶의 방식을 지적하기 위해서다. 곧 바오로는 코린토 신자들이 부활을 부인하는 이들과 교제하여 그들의 불신앙에 오염되는 것을 경고한다. 신약성경에는 구약성경 말고도 다른 문헌들이 종종 인용된다. 사도 17,28("우리도 그분의 자녀다")에는 그리스 시인 아라투스(기원전 315-240년)의 시가 인용되었고, 티토 1,12("크레타 사람들은 언제나 거짓말쟁이, 고약한 짐승, 게으른 먹보들이다")에는 기원전 600년경에 활동한 시인 에피메니데스의 말이 인용되었다. 이는 당시 그리스 세계에서 사는 이들에게 잘 알려진 격언들이었다.

53) 바오로가 코린토 신자들에게 정신을 똑바로 차리라고 한 것은

지 못하는 이들이 더러 있기 때문에,[54] 여러분을 부끄럽게 하려고 이 말을 하는 것입니다.[55]

신자들이 신자로서의 정체성을 상실할 위험에 처해있었기 때문이다. "죄를 짓지 마십시오"는 현재 명령형(메 하마르타네테μὴ ἁμαρτάνετε)으로, 죄를 지으며 살아가는 잘못된 관습들을 지금 바로 버리라는 충고다.

54) "하느님을 제대로 알지 못하는 이들"은 하느님에 대해 무지한 이들을 가리키는데, 바오로는 또다시 '티네스(τινες, 더러, 어떤 이들, 누군가)'라는 낱말을 사용한다. 아마도 바오로가 코린토 신자들이 하느님을 올바로 인식하지 못하고 있음을 말하려고 한 것 같다. 열광주의자들이 그들의 지식을 자랑하면서도(1코린 8,1 참조) 죽은 이들의 부활을 부인하는 것은 하느님에 관해 진정한 지식을 가지고 있지 않음을 드러내는 어리석은 짓이다. 어리석은 자는 마음속으로 '하느님은 없다'고 생각하기 때문이다(시편 14,1). '하느님을 알지 못하는 이'라는 표현은 자연 숭배의 어리석음을 언급하는 지혜 13장 서두에 나온다. 바오로는 이를 로마 1,18–32에서도 암시한다(1테살 4,5; 1베드 2,15; 특히 사도 26,8 비교). 그는 사도 26,8("하느님께서 죽은 이들을 다시 일으키신다는 것을 여러분은 왜 믿을 수 없는 것으로 여깁니까?")에서 하느님을 제대로 알지 못하는 이들을 나무란다.

55) 바오로는 코린토 신자들을 부끄럽게 하려고 이런 말을 한다. 1코린 4,14에서 "나는 여러분을 부끄럽게 하려고 이런 말을 쓰는 것이 아닙니다"라고 한 말과 비교해 보면 부활을 부인하는 신자들을 향한 분노가 매우 컸음을 알 수 있다(6,5 참조). 요한 크리소스토무스는 "바오로의 이 말은 마치 술 취한 자나 미친 사람에게 하는 말처럼 들립니다. 행동이 급작스레 변하는 버릇이 있는 이들은 그런 자와 같기 때문입니다. 죽은 이들의 부활을 믿지 않는 이들은 하느님에 관한 지식이 없는 이들입니다"라고 하였다(ACCK/NT.IX 271).

부활 때에 완성되는 인간의 구원[56)]

35 그러나 "죽은 이들이 어떻게 되살아나는가? 그들이 어떤 몸으로 되돌아오는가?" 하고 묻는 이가 있을 수 있습니다.[57)] 36 어리석은 사람이여! 그

---

56) 바오로는 죽은 이들의 부활을 부인하는 이들이 제기하는 질문에 관하여 답변하면서 지금까지 언급하지 않았던 '몸(소마σῶμα)'이라는 낱말을 처음으로 사용한다. 바오로는 15,35에서 '죽은 이들이 어떻게 되살아나는가?' 그리고 '죽은 이들이 어떤 몸으로 되돌아오는가?'라는 두 가지 질문을 언급한 뒤 이에 대한 답변을 제시한다. 그는 15,36–49에서 두 번째 질문을, 15,50–57에서 첫 번째 질문을 다룬다.

바오로는 15,36–49에서 죽은 이들이 '어떤 몸'으로 부활할 것인지에 관하여 논하는데, 15,36–38에서는 파종의 비유를 들어 파종할 때와 싹튼 후의 씨앗 모습이 다르다는 것을 언급하고, 15,39–41에서는 몸의 다양성에 대해 논한다. 그는 세 가지 주제를 제시하는데, 곧 죽어야 새로운 삶으로 태어난다는 것(36절), 씨와 그 씨로 말미암아 생겨날 식물의 형체는 다르다는 것(37절), 하느님께서는 모든 씨앗에 당신이 원하시는 대로 다양한 몸체를 주심으로써 부활 때 새로운 몸을 창조하신다 것(38–41절)이다.

57) 바오로는 이 단락을 "그러나(알라ἀλλά)"로 시작함으로써 앞 단락의 내용을 반박하고 새로운 주제를 전개한다. 그리스어 본문에 나오는 '티스(τις, 누군가)'는 15,12에 언급된 "어떤 사람들(티네스τινες)" 가운데 한 사람을 가리킨다. 첫 번째 질문에 나오는 의문부사 "어떻게(포스πῶς)"는 15,12에서 죽은 이들의 부활에 관한 논증을 소개하는 접속사인 '왜냐하면(호티ὅτι)'과 대조를 이룬다.

첫 번째 질문이 부활의 방식에 관한 것이라면, 두 번째 질문은 첫 번째 질문을 뒷받침하는 질문으로 "어떤 몸으로" 부활할 것인가에 관한

대가 뿌리는 씨는 죽지 않고서는 살아나지 못합니다.[58] 37 그리고 그대가
뿌리는 것은 장차 생겨날 몸체가 아니라 밀이든 다른 종류든 씨앗일 따름
입니다.[59] 38 그러나 하느님께서는 당신이 원하시는 대로 그 씨앗에 몸체

것이다. 이 두 가지 질문은 신자들이 제기한 질문일 수도 있고 바오로가 자신의 주장을 확고하게 하기 위하여 스스로 한 질문일 수도 있다. 바오로가 죽은 이들의 부활을 몸의 부활이라고 언급하는 것으로 미루어 코린토 교회 신자들이 몸의 부활을 믿지 않았음을 알 수 있다. 바오로는 아테네에서 몸의 부활을 선포했을 때도 그곳 사람들로부터 비웃음을 샀다(사도 17,31–32). 하지만 바오로에게 몸의 부활은 필연적이며, 현세의 몸과 다른 새로운 '영적인 몸'을 가리킨다. '에르콘타이ἔρχονται'는 '돌아오다' 또는 '나타나다'라는 뜻인데, 여기서는 '되돌아오다'로 번역되었다.

58) 이 구절은 1코린 15,35의 두 번째 질문인 '죽은 이들이 어떤 몸으로 되돌아오는가?'에 대하여 바오로가 제시한 첫 번째 답변으로 15,49까지 계속된다. "어리석은 사람(아프론ἄφρων)"은 하느님을 알지도 못하고 심지어 없다고 말하는 이를 말한다(시편 14,1; 루카 12,10 참조). 어리석은 사람은 자연현상 속에 드러나는 하느님의 창조를 이해하지 못한다. 바오로는 이 진리를 신자들에게 깨우쳐 주기 위하여 씨를 뿌려 싹이 나고 자라는 자연의 이치를 예로 든다. 무엇보다 중요한 것은 뿌려진 씨는 먼저 죽어야 한다는 사실이다. 또한 땅에 뿌려진 씨는 싹이 나고 자라서 새로운 형체를 갖추게 되는데 처음 뿌려진 씨와는 전혀 다른 모습을 갖게 된다. "그대가 뿌리는 씨는 죽지 않고서는 살아나지 못합니다"는 죽음이 있어야 비로소 그 죽음을 넘어서는 부활이 있음을 의미한다. 곧 죽음을 경험하지도 않았는데 이미 부활의 자리에 들어갔다고 주장하는 신자들의 주장을 반박하기 위한 비유한다. 바오로의 이 말은 "밀알 하나가 땅에 떨어져 죽지 않으면 한 알 그대로 남고, 죽으면 많은 열매를 맺는다"라는 요한 12,24을 떠올리게 한다.

를 주십니다. 씨앗 하나하나에 고유한 몸체를 주시는 것입니다.[60] 39 육체라고 다 같은 육체가 아닙니다. 사람의 육체가 다르고 집짐승의 육체가 다르고 날짐승의 육체가 다르고 물고기의 육체가 다릅니다.[61] 40 하늘에 속

---

59) 바오로는 부활 이후의 몸은 살아있을 때의 몸과 다르다는 것을 씨앗과 그로 인해 생겨날 식물에 비유한다. 모든 씨는 씨 뿌림과 발아, 성장의 과정을 거친다. 바오로는 1코린 14,10에서처럼 '아마도, 가령, 경우에 따라'를 뜻하는 '에이 티코이εἰ τύχοι'를 사용한다. 씨앗으로 번역된 그리스어 '콕코스κόκκος' 앞에 나오는 수식어 '김노스γυμνός는 직역하면 '벌거벗은'이라는 뜻이다. 이 '벌거벗은'이라는 수식어는 15,36에 나오는 "죽지 않고서는"에 해당하는 표현이다(15,53.54 참조). 바오로는 2코린 5,3("사실 우리가 천막을 벗더라도 알몸이 되지는 않을 것이다")에서 '벌거벗은'이라는 낱말(김노이γυμνοί, 알몸)을 죽음을 표상하는 의미로 사용한다. 바오로는 이러한 표현을 통해 인간이 할 수 있는 역할이란 단지 씨앗을 뿌릴 뿐 그것을 자라게 하시는 분은 하느님이심을 강조한다.

60) 바오로는 또 다른 예를 들어 '몸'이 항상 똑같지 않다고 하는데 이는 창세 1,11-12에 나오는 창조 이야기를 암시한다. 바오로는 죽은 이들의 부활도 죽은 이들의 몸에 내재한 어떤 힘에 의해서가 아니라, 만물을 창조하시고 죽은 이들을 일으키시는 하느님에 의해 이루어진다고 말한다(로마 4,17 참조). 아우구스티누스는 "바오로 사도는 하느님께서 '주셨다'거나 '명하셨다'고 하지 않고 '하느님께서는 주십니다'라고 하였습니다. 창조주께서는 나날이 정해진 때에 존재하게 되는 것들의 창조에 당신 지혜의 효율적인 힘을 사용하신다는 것을 우리가 알게 하려는 표현입니다"라고 하였다(ACCK/NT.IX 274).

61) 바오로는 '몸체(소마σῶμα)' 대신에 "육체(사륵스σάρξ)"를 언급하는데 칠십인역 창세 7,21에서처럼 중성의 의미로 사용한다. 그는 1코린 15,40에서는 다시 "몸체"를, 15,40-41에서는 "광채"를 언급한다. 그리

한 몸체들도 있고 땅에 속한 몸체들도 있습니다. 그러나 하늘에 속한 몸체들의 광채가 다르고 땅에 속한 몸체들의 광채가 다릅니다.[62] 41 해의 광채가 다르고 달의 광채가 다르고 별들의 광채가 다릅니다. 별들은 또 그 광채로 서로 구별됩니다.[63]

고 인간과 동물의 세계 그리고 하늘과 땅의 세계에는 다양한 존재 양식이 있음을 사람, 집짐승, 날짐승, 물고기 순으로 언급한다. 이는 야훼계 문헌(J)인 창세 2,7.19–23에 나오는 순서(남자, 집짐승, 날짐승, 여자)를 따른 것이다.

62) 지구상에 서로 다른 다양한 육체가 존재하는 것처럼(1코린 15,39) 하늘과 땅에도 다양한 몸체들이 존재한다. 그런데 하늘에 속한 몸체들의 광채와 땅에 속한 몸체들의 광채가 다르다. 이렇듯 광채가 다른 것은 하느님의 창조 계획 때문이다. "광채"로 번역된 그리스어 '독사δόξα'는 '영광, 빛남'을 뜻한다.

63) 바오로는 살아있는 생물인 사람과 짐승, 새와 물고기를 표현할 때는 '육체', 하늘과 땅에 속한 것을 나타낼 때는 '몸체', 그리고 빛을 발하는 해와 달과 별을 표현할 때는 '광채'라는 낱말을 사용한다. 바오로는 경험뿐만 아니라 일반 지식을 바탕으로 자신의 견해를 밝힌다. 하늘에 속한 몸체들과 그들이 발산하는 빛과 열의 다양한 아름다움은 모든 이에게 잘 알려져 있다(집회 43,1–10 참조). 바오로는 이러한 비유를 통하여 다양한 영광의 몸을 창조하신 하느님께서는 현세와 내세의 인간의 몸들도 다양하게 만드셨다는 사실을 강조한다. 그는 1코린 15,39–41ㄱ에서는 동사를 사용하지 않고 '다른'(알레ἄλλη와 헤테라ἑτέρα가 반복해서 나온다)이라는 낱말을 통해 각각의 존재마다 고유한 존재 양식과 독특함이 있음을 표현했는데, 15,41ㄴ에서는 '디아페레이(διαφέρει, 구별되다)' 동사를 사용한다.

42[64] 죽은 이들의 부활도 이와 같습니다. 썩어 없어질 것으로 묻히지
만 썩지 않는 것으로 되살아납니다. 43 비천한 것으로 묻히지만 영광스러

---

64) 하늘에 속한 몸체들과 땅에 속한 몸체들이 하느님의 첫 번째 창조라면, 죽은 이들의 부활은 종말론적인 새 창조다. 바오로는 15,36–41에서 씨앗과 몸체의 다양한 특징에 대해 여러 가지 비유를 들어 언급한 뒤, 계속해서 이러한 비유들을 죽은 그리스도인들의 부활에 적용하면서 '죽은 이들이 어떤 몸으로 되돌아오는가?'라는 질문에 대해 종말론적 관점에서 답변한다. 바오로 답변의 핵심은 '영적인 몸으로 되살아난다'(15,44ㄱ)라는 구절에 들어있다. 그는 15,44ㄴ에서 대비 논법('물질적인 몸이 있으면 영적인 몸도 있다')을 이용하여 논증하면서 부활의 몸을 썩지 않는 몸, 영광스러운 몸, 강한 몸, 영적인 몸(15,42ㄴ–44ㄱ)으로 묘사한다.

이 네 가지 명제들과 반 명제들(썩지 않는 몸/썩어 없어질 몸, 영광스러운 몸/비천한 몸, 강한 몸/약한 몸, 영적인 몸/물질적인 몸)이 신적 수동형 동사인 '스페이레타이(σπείρεται, 씨 뿌려지다, 묻히다)'와 '에게이레타이(ἐγείρεται, 일으켜지다, 되살아나다)'로 표현된다. 옛 창조로서 씨 뿌려지는 것의 모습은 '썩어 없어질 것', '비천한 것', '약한 것', '물질적인 몸'으로, 새 창조로서 다시 일으켜지는 것의 모습은 '썩지 않는 것', '영광스러운 것', '강한 것', '영적인 몸'으로 묘사된다. 바오로는 이런 대조를 통해 죽은 이들의 부활이 영광스러운 사건임을 드러낸다. 그는 창세 2,7("그때에 주 하느님께서 흙의 먼지로 사람을 빚으시고, 그 코에 생명의 숨을 불어넣으시니, 사람이 생명체가 되었다")을 인용하면서(1,27 참조), 첫 번째 인간인 아담과 마지막 아담 또는 종말의 아담인 부활하신 그리스도를 비교한다(1코린 15,45–49). 죽음 이전의 땅에 속한 인간은 썩어 없어질 것에 매여있으나, 부활 뒤 하늘에 속한 인간은 썩지 않는 것으로 되살아난다(2코린 5,1–5 참조). 부활 뒤의 몸이 썩지 않는 몸으로 일으켜지는 것은 하느님께서 우리의 비천한 몸을 영광스러운 몸으로 변화시켜 주시기 때문이다(필리 3,21 참조).

운 것으로 되살아납니다. 약한 것으로 묻히지만 강한 것으로 되살아납니다.[65] 44 물질적인 몸으로 묻히지만 영적인 몸으로 되살아납니다. 물질적인 몸이 있으면 영적인 몸도 있습니다.[66] 45 성경에도 이렇게 기록되어 있

65) 땅에 속한 인간의 몸은 '아티미아ἀτιμία' 곧 "비천한 것"이고, 부활한 몸은 '독사δόξα' 곧 "영광스러운 것"이다. 땅에 속한 인간의 몸은 '아스테네이아ἀσθενεία' 곧 "약한 것"이고, 부활한 몸은 '디나미스δύναμις' 곧 "강한 것"이다. 이와 똑같은 대조가 2코린 12,9("너는 내 은총을 넉넉히 받았다. 나의 힘은 약한 데에서 완전히 드러난다")과 13,4("사실 그리스도께서는 약한 모습으로 십자가에 못 박히셨지만, 이제는 하느님의 힘으로 살아계십니다")에 나온다. '비천하다'와 '약하다'라는 말은 인간이 죄를 지어 타락함으로써 하느님의 영광에 이르지 못하게 된 것을 염두에 둔 표현이다(로마 3,23 참조). 반면에 '영광스러운 것'은 종말에 있을 부활의 영광을 가리키며, '강한 것'은 하느님의 힘을 의미한다(1,4 참조). 죽은 이들 가운데서 그리스도를 일으키신 하느님께서는 믿는 이들의 죽은 몸을 그분의 힘으로 다시 살아나게 하신다. 암브로시아스테르는 "육체가 '비천한 것으로 묻힌다'고 하는 것은 관에 담겨 묻혀 썩으며 벌레들에게 먹히기 때문입니다. 그러나 되살아날 때는, 비천함은 모든 흔적마저 사라지고, '영광스러운 것으로 되살아납니다'"라고 하였다(ACCK/NT.IX 277).

66) 바오로는 1코린 15,35에 나오는 '죽은 이들이 어떤 몸으로 되돌아오는가?'라는 질문에 대해 '물질적인 몸으로 묻히지만 영적인 몸으로 되살아난다'라고 답변한다. '물질적인'은 그리스어 '프시키코스ψυχικός'의 번역으로, 15,44과 15,46에서 '영적인(프네우마티코스πνευματικός)'이라는 낱말과 대조되어 나온다. '프시키코스'는 '프시케(ψυχή, 혼)'를 소유한 물질적인 몸을 의미하는데, 2,14에서 '프네우마티코스'(2,13.15; 3,1)와 반대되는 의미로 사용되었다. 3,1에서는 '프네우마티코스'가 '육적인(사르키코스σαρκικός)'과 대조되며, 이 '육적인'은 2,14에 나오는 '프시키코스(현세적)'

습니다. “첫 인간 아담이 생명체가 되었다.” 마지막 아담은 생명을 주는 영
이 되셨습니다.[67] 46 그러나 먼저 있었던 것은 영적인 것이 아니라 물질적

와 같은 부류의 사람을 가리킨다. 물질적인 몸은 살과 피로 구성된 현세적 인간의 몸을 뜻하고, 영적인 몸은 부활 뒤 변화될 영광스러운 몸을 의미한다(필리 3,21 참조). 바오로는 1코린 2,14에서 현세적 인간은 하느님의 지혜를 깨달을 수 없고 하느님의 영을 받아야만 깨달을 수 있다고 했는데, 이곳에서도 죽은 이들은 그들의 물질적인 몸으로는 부활할 수 없고 생명을 주는 하느님의 영을 받아 영적인 몸으로 부활할 수 있다고 한다. 바오로는 그리스도께서 생명을 주는 영이 되셨기 때문에(1코린 15,45: 참조: 로마 8,11; 2코린 3,17) 영적인 몸으로 부활하기 위해서는 그리스도 안에 머물러야 한다고 교훈한다(1코린 15,19.22.23 참조).

67) 바오로는 자신의 논의를 뒷받침하고, 부활한 몸 특히 물질적인 몸과 영적인 몸의 차이를 확증하기 위하여 구약성경을 인용한다. 첫 번째 사람인 아담이 생명체가 되었다는 말은 창세 2,7을 인용한 것이다. 칠십인역 창세 2,7을 번역하면 ‘사람이 살아있는 영혼(존재)이 되었다’인데, 바오로는 여기에다 다음의 두 가지, 곧 ‘프로토스(*πρῶτος*, 첫 번째)’와 ‘아담’*Ἀδάμ*’을 덧붙인다(로마 5,12.14 참조). 창조 이야기에서 아담은 하느님께서 흙의 먼지로 빚은 사람의 코에 숨(루아흐 רוּחַ)을 불어넣으심으로써 ‘생명을 부여받은 존재’가 된다. 그리하여 아담은 첫 번째 사람이면서 인류의 조상이 되었다. 바오로는 창조 이야기에서 ‘인간’이 아니라 ‘생명체’ 곧 ‘생명을 부여받은 존재’에 관심을 갖는다. 이 아담의 몸은 물질적인 몸이다. 반면에 마지막 아담은 생명을 주는 영이며, 1코린 15,22에서 이미 언급된 아담과 대조되는 그리스도시다(로마 5,15-19 참조). 그분은 종말의 아담으로서, 부활을 통하여 “생명을 주는 영”이 되셨다. 바오로는 2코린 3,17에서도 영이신 주님께서 우리를 주님과 같은 모습으로 바꾸어

인 것이었습니다. 영적인 것은 그다음입니다.[68] 47 첫 인간은 땅에서 나와
흙으로 된 사람입니다.[69] 둘째 인간은 하늘에서 왔습니다.[70] 48 흙으로 된

주신다고 한다(로마 1,4 참조). 바오로는 인간을 언급할 때는 '프시케(ψυχή, 생명, 목숨)'로, 그리스도를 말할 때는 '프네우마(πνεῦμα, 영)'로 표현한다.

68) "물질적인 것(프시키콘ψυχικόν)", "영적인 것(프네우마티콘πνευματικόν)" 모두 중성으로 사용되었다. '물질적인 것이 먼저 있었고 영적인 것은 그다음'이라는 말은 물질적 존재인 첫 아담이 첫 창조의 조상으로서 처음 존재했고, 영적 존재인 마지막 아담 그리스도께서 새 창조의 조상으로 오셨음을 뜻한다. 바오로는 이러한 표현을 사용하여 영적인 것은 먼저 물질적인 것을 거쳐야 한다는 점을 말한다. 믿는 이들은 부활을 통하여 예전의 물질적인 몸은 사라지고 새로운 영적인 몸을 덧입게 된다. 곧 죽음을 거쳐야 부활이 가능해지는 것이다.

69) 그리스어 본문에서 동사 없이 이중 명사로 사용된 이 문장은 아담과 그리스도를 더욱 심도 있게 대조한다. 아담을 땅에서 나온 존재라고 한 것은 하느님께서 첫 인간 아담을 '아파르(עָפָר, 마른 흙)'로 빚으셨기 때문이다(창세 2,7). 칠십인역은 이 낱말을 '쿤 아포 테스 게스χοῦν ἀπὸ τῆς γῆς', 곧 '땅으로부터 나온 흙'으로 번역하였다. 곧 흙에서 난 흙은 사람이다. 따라서 첫 인간은 죽을 수밖에 없는 존재다.

70) 둘째 인간인 그리스도께서는 하늘에서 오셨기 때문에 영원한 존재다(요한 1,1; 콜로 1,15-18; 히브 1,2 참조). 그리스도는 첫 인간과 대조되어 둘째 인간으로 불리는데, 바오로는 여기서 둘째 아담이라는 표현을 사용하지 않는다. 바오로에게 아담은 '예형'이고 그리스도는 '원형'이기 때문이다. 그리스도께서는 하늘에서 오신 분으로, 땅에서 나온 첫 인간과 대조된다. 바오로에게 '하늘'은 하느님과 부활하신 그리스도께서 머무르시면서 활동하시는 곳이다(로마 1,18; 10,6; 비교: 에페 6,9; 콜로 4,1). 이 표현

그 사람이 그러하면 흙으로 된 다른 사람들도 마찬가지입니다.[71] 하늘에
속한 그분께서 그러하시면 하늘에 속한 다른 사람들도 마찬가지입니다.[72]
49 우리가 흙으로 된 그 사람의 모습을 지녔듯이, 하늘에 속한 그분의 모
습도 지니게 될 것입니다.[73]

은 1테살 4,16에 나오는 "주님께서 친히 하늘에서 내려오실 것입니다"를 반영한다. "하늘에서 왔습니다"는 다니 7,13("사람의 아들 같은 이가 하늘의 구름을 타고 나타나 연로하신 분께 가자 그분 앞으로 인도되었다")에 나오는 사람의 아들의 모습을 떠올리게 한다.

71) 첫 인간 아담이 땅에서 나와 흙으로 된 사람인 것처럼, 모든 사람들도 아담으로부터 나왔기 때문에 여전히 흙의 존재들이다. 아담의 후손들은 물질적 영역에 속하는데 그들의 조상 아담으로부터 모든 특징을 물려받았기 때문이다. "너는 흙에서 나왔으니 … 너는 먼지이니 먼지로 돌아가리라"(창세 3,19).

72) 하늘에서 온 둘째 인간인 그리스도로 말미암아 창조된 이들은 하늘에 속한 그리스도와 같은 모습을 취하게 된다. 바오로는 이미 1코린 6,14("하느님께서 주님을 다시 일으키셨으니, 우리도 당신의 힘으로 다시 일으키실 것입니다")에서 이러한 견해를 피력했다(로마 8,29; 2코린 3,18; 필리 3,20-21; 1테살 4,16 비교).

73) 그리스도인들은 땅에서 나와 흙으로 된 아담과 같은 모습을 지녔지만, 이승에서의 삶을 마친 뒤에는 부활하신 하늘의 그리스도와 같은 모습을 입게 된다. 바오로는 흙으로 된 사람들이 흙에 속한 첫 인간 아담의 모습을 지녔다고 표현할 때는 "지녔듯이(에포레사멘ἐφορέσαμεν)"라는 과거시제를, 하늘에 속한 그분의 모습을 지녔다고 언급할 때는 "지니게 될 것입니다(포레소멘φορέσομεν)"라는 미래시제를 사용한다. 곧 아담의 후손들은 모두 흙으로 빚어진 사람의 모습을 지닌 존재들이지만 그리스도인들은 마지막 날에 그리스도의 모습을 지니게 될 존재라는 말이다.

50 형제 여러분, 내가 말하려는 것은 이렇습니다.[74] 살과 피는 하느님
의 나라를 물려받지 못하고, 썩는 것은 썩지 않는 것을 물려받지 못합니

"모습(에이콘εἰκών)"은 '형상, 모상'을 의미하며, 이는 창세 5,3에 나오는 아담의 모습을 반영한다. 아담은 백삼십 세 때 자기와 비슷한 모습의 아들을 낳아 셋이라 하였다. 셋은 아버지의 모습을 닮았고 같은 존재 질서에 속했다. 이때부터 인간은 아담과 같은 형태의 몸과 모습을 지니게 되었다. 따라서 인간은 계속해서 이와 같은 몸과 모습을 지니고 살아가는데, 그리스도인들은 죽은 뒤에 이루어질 부활 때 영적인 몸을 지닌 하늘에 속한 사람의 모습을 입게 된다(창세 1,27; 9,6; 2코린 3,18; 콜로 3,10 참조). 암브로시아스테르는 "우리가 흙으로 된 아담의 썩고 마는 육체를 지녔듯이 미래에는 부활하신 그리스도의 육체와 같은 썩지 않는 육체를 지니게 될 것이라는 뜻입니다"라고 하였다(ACCK/NT.IX 282).

74) 바오로는 1코린 15,50-58에서 죽은 이들의 부활에 관한 자신의 논의를 마무리하는데, 이는 15,36-49에서 전개한 내용과 밀접하게 연관된다. 바오로가 15,35에서 언급한 첫 번째 질문인 '죽은 이들이 어떻게 되살아나는가?'에 대한 기본적인 답변은 51ㄴ.52.57절에 잘 드러나 있다. 바오로는 자신이 아직 이러한 체험을 하지 않았기 때문에 종말에 이루어질 일을 묵시문학적 표현을 사용하여 묘사하면서, 그리스도인의 현재 모습과 미래 모습 사이의 불연속성을 말한다. 곧 그리스도인들이 현재 땅에서 몸이 누리는 경험과 종말에 이루어질 부활의 몸이 누리는 경험은 전혀 같지 않다는 것이다. 바오로는 이러한 자기의 주장을 뒷받침하기 위해서 성경 말씀을 인용한 뒤에, 주 예수 그리스도를 통하여 승리를 주시는 하느님께 감사드리고, 마지막으로 신자들에게 굳게 서서 흔들리지 말고 주님의 일을 더욱 많이 하라고 권면한다.

바오로는 7,29에서 사용한 표현인 "내가 말하려는 것은 이렇습니다"

다.[75] 51 자, 내가 여러분에게 신비 하나를 말해주겠습니다. 우리 모두 죽
지 않고 다 변화할 것입니다.[76] 52 순식간에, 눈 깜박할 사이에, 마지막 나

를 이곳에서 다시 사용하는데, 이는 앞에서 전개한 논의에서 새로운 논의로 옮겨가는 것을 뜻한다. 물질적인 몸과 영적인 몸의 차이에 대해 긴 논의(15,36-49)를 마친 바오로는 하느님 나라에서 이루어질 그리스도인들의 변화와 죽음에 대한 승리를 언급한다.

75) '하느님의 나라를 물려받는다'라는 표현은 문맥상 그리스도인들의 부활과 죽은 이들의 부활에 관하여 말하는 또 다른 방식이다. '죽은 이들이 어떻게 되살아나는가?'에 대한 바오로의 답변은, 인간은 자기 자신을 스스로 일으킬 수 없다는 것이다. 땅에 속한 인간은 하늘나라에 속하게 될 그리스도인들의 종말론적인 상태를 가져올 힘이 없다. "살과 피(사륵스 카이 하이마 *σὰρξ καὶ αἷμα*)"는 이 세상 사람 곧 자연인을 가리키는데(마태 16,17; 갈라 1,16 참조), 덧없는 피조물로서 유한성을 지닌 채 살아가는 인간을 의미하는 히브리적 표현이다(집회 14,18; 17,31; 이사 40,6-8; 마태 16,17 참조). 바오로는 이러한 표현을 사용하여 현세적 몸과 부활의 몸이 전적으로 다르다는 것을 강조한다. 살과 피는 파멸될 운명이다. 인간에게는 이 파멸(헤 프토라 *ἡ φθορά*)을 멈추게 할 능력도, 극복할 수단도 없다. 암브로시아스테르는 "바오로가 여기서 말하는 '살'은 불순종을, '피'는 사악한 삶을 뜻합니다. 이것들은 영원한 생명을 물려받지 못할 뿐 아니라 현세에서도 반드시 억제해야 하는 것들입니다"라고 하였다(ACCK/NT.IX 283).

76) 바오로는 코린토 교회 신자들뿐만 아니라 자신을 포함한 그리스도인들이 모두 부활에 동참하게 될 것이라고 한다. 바오로는 지금까지 감추어진 하느님의 신비를 말해주겠다고 하면서 '이두(*ἰδού*, 자/보라)'를 사용하여 신자들의 관심을 집중시킨다(2코린 5,17; 6,2.9; 7,11; 12,14; 갈

팔 소리에 그리될 것입니다. 나팔이 울리면 죽은 이들이 썩지 않는 몸으로 되살아나고 우리는 변화할 것입니다.[77] 53 이 썩는 몸은 썩지 않는 것을

라 1,20). 이 낱말은 때때로 칠십인역에서 히브리어 '힌네(הִנֵּה, 보라)'를 그리스어로 번역할 때 사용된다(창세 48,2 참조). "신비"는 이전에는 감추어져 있다가 예수 그리스도 안에서 온전히 드러난 하느님의 구원 계획을 뜻한다(1코린 4,1). 바오로는 로마 11,25에서도 신비를 말하는데, 거기서는 마지막 때에 일어날 이스라엘의 구원에 관한 감추어진 진리를 가리킨다. 이 신비는 구약성경의 묵시문학인 다니 2,28-29에서도 사용되었다. 바오로에게는 하느님의 지혜가 신비였듯이(1코린 2,6-16), 온 이스라엘의 구원도 신비다(로마 11,25). 이스라엘의 구원은 종말에 이루어질 하느님의 계획이기 때문이다. 그리스도인들은 부활하신 주님께서 재림하시기 전에 죽든지 아니면 재림 때까지 살아있든지 모두 변화할 것이다(1테살 4,15-17 비교). 그런데 바오로는 어떠한 모습으로 변화할 것인지는 말하지 않는다. '변화할 것이다(알라게소메타ἀλλαγησόμεθα)' 동사는 신적 수동형으로, 우리 모두 하느님에 의해 또는 부활하신 그리스도에 의해(필리 3,21) 변화될 것이라는 뜻이다.

77) 죽은 이들의 부활을 묘사하기 위해서 바오로는 묵시문학의 세 가지 단계, 곧 "순식간에, 눈 깜박할 사이에, 마지막 나팔 소리에"를 언급한다. 처음 두 단계는 신약성경의 다른 곳이나 칠십인역에는 나오지 않고 오직 이곳에만 나온다. '아토모스ἄτομος'는 '나뉘지 않는, 극소량의' 라는 뜻인데 '엔 아토모ἐν ἀτόμῳ'로 사용되어 '순식간에'로 번역되었다. '흐리페ῥιπή'는 눈과 관련하여 사용되는 낱말로 본래 '던지는, 흔드는'을 의미하는데, 여기서는 '재빠른 움직임' 곧 '눈 깜박임'을 가리킨다. '나팔(살핑크스σάλπιγξ)'은 이사 27,13; 요엘 2,15; 즈카 9,14; 마태 24,31; 1테살 4,16; 묵시 8,2.6.13; 11,15에 나오는 묵시문학적 악기다. 이 악기는 종종

입고 이 죽는 몸은 죽지 않는 것을 입어야 합니다.[78] 54 이 썩는 몸이 썩지 않는 것을 입고 이 죽는 몸이 죽지 않는 것을 입으면, 그때에 성경에 기록된 말씀이 이루어질 것입니다.

신의 현현과 함께 언급된다(탈출 19,13.16,19; 즈카 9,14). 이 나팔 소리는 '종말'에 들릴 것이므로(1코린 15,24) '마지막 나팔'이라고 불린다.

바오로는 자신과 신자들에게 부활하신 주님이 재림하실 때에 일어나게 될 변화를 언급하지만 이런 변화가 언제 일어날지에 대해서는 말하지 않는다. 바오로는 "우리"라는 표현을 써서 주님의 재림 때 자신과 모든 이들이 죽음에 이르지 않고 변화할 것이라고 말한다(1테살 4,15–17 참조). 주님의 재림 때 살아있는 이들이나 이미 죽은 이들 모두 변화한다는 것이다. 마지막 나팔이 울릴 때 먼저 죽은 이들이 다시 일어나고 남아있는 이들도 새로운 몸으로 변화할 것이기에 이미 죽은 이들이나 살아있는 이들 사이에는 차이가 있을 수 없다. 새로운 몸으로 변화되는 것은, 죽은 이들이나 살아있는 이들 모두에게 동일하다. 최근에 죽은 이를 되살리는 것이나 오래전에 죽어 썩은 이를 되살리는 것 모두 하느님께는 똑같이 쉬운 일이다. "되살아나고(에게르테손타이ἐγερθήσονται)"와 "변화할 것입니다(알라게소메타ἀλλαγησόμεθα)"는 신적 수동형 동사로 하느님께서 살리시고 변화시키신다는 뜻이다.

78) 바오로는 "썩는 몸"과 "썩지 않는 것" 그리고 "죽는 몸"과 "죽지 않는 것"을 대조한다. 그리스어 본문에는 '몸(소마σῶμα)'이라는 낱말이 나오지 않는다. 썩는 몸이 썩지 않는 것을 입고, 죽는 몸이 죽지 않는 것을 입어야 하는 것(데이δεῖ, 마땅히 … 해야 한다)은 하느님께서 이루시는 필연적인 결과다. 썩는 몸과 죽는 몸은 물질적인 몸을 가리키고, 썩지 않는 것과 죽지 않는 것은 영적인 몸을 의미한다. "입고(엔디사스타이 ἐνδύσασθαι)"는 1코린 15,49에 나오는 "지녔듯이"와 동의어로, 하느님의

"승리가 죽음을 삼켜버렸다.[79]
55 죽음아, 너의 승리가 어디 있느냐?
죽음아, 너의 독침이 어디 있느냐?"[80]

창조 행위(욥 10,11 참조)와 부활 뒤에 누릴 영광을 가리킨다(2코린 5,4 참조). 바오로에 따르면, 세례 때 '그리스도를 입은'(갈라 3,27) 그리스도인들은 하느님의 힘으로 종말에 영적인 몸을 입게 된다.

79) 바오로는 썩는 몸이 썩지 않는 것을 입고 죽는 몸이 죽지 않는 것을 입으면 그때 죽음이 완전히 극복될 것이라고 하면서 이사 25,8과 호세 13,14을 인용하는데, 여기서는 이사야서를, 다음 절에서는 호세아서를 인용한다. 바오로는 구약성경을 인용하여, 하느님께서는 신실하셔서 당신이 하신 약속을 끝까지 지키시고 그리스도를 통하여 모든 것을 삼켜버리는 죽음을 이기고 승리하실 것임을 말한다. 이는 예수 그리스도께서 죽음을 이기고 부활하신 것을 염두에 둔 표현이다. 바오로는 1코린 15,50-54에서도 물질적인 몸과 영적인 몸을 대조한다.

80) 바오로가 인용한 호세 13,14의 히브리어 본문을 직역하면 '죽음아, 네 재앙이 어디 있느냐? 음부야, 네 멸망이 어디 있느냐?'이다. 호세아의 예언은 주님께서 죽음과 음부의 파멸을 통하여 이스라엘과 에프라임을 징벌하신다는 의미다. 칠십인역은 히브리어 구약성경의 내용을 전하면서도 낱말들을 다르게 사용한다. '죽음아, 너의 징벌이 어디 있느냐? 음부야, 너의 가시가 어디 있느냐?(*ποῦ ἡ δίκη σου, θάνατε; ποῦ τὸ κέντρον σου, ᾅδη;*)' 바오로는 칠십인역의 형태를 따르지만 이사 25,8의 본문을 따라 '디케(*δίκη*, 징벌)' 대신에 '니코스(*νῖκος*, 승리)'를 사용한다. 바오로는 호세아가 언급한 '징벌'을 "승리"로, '음부야'를 "죽음아"로 바꾸어 사용한다. 바오로에게 있어서 죽음은 더 이상 승리할 수 없고, 고통스럽게 쏘는 독침도 그 능력을 상실했다. 예수 그리스도께서 죽음을 이기고

56 죽음의 독침은 죄이며 죄의 힘은 율법입니다.[81)] 57 우리 주 예수 그리
스도를 통하여 우리에게 승리를 주시는 하느님께 감사드립시다.[82)]
58 그러므로 사랑하는 형제 여러분, 굳게 서서 흔들리지 말고 언제나

승리하셨고 그리스도인도 죽음에서 부활하리라는 약속을 받았기 때문이다. 아우구스티누스는 죽음을 이긴 부활에 관하여 다음과 같이 언급한다. “인간 본성이 죄를 지은 응당한 대가로 원수에게 종속되었기 때문에, 인간이 자신을 찾기 위해서는 먼저 원수의 힘으로부터 구원받아야만 했습니다. 그리하여 이 육 안에서의 생명이 길어진 그는 원수를 이길 수 있도록 싸움에서 도움을 받습니다. 그리고 마침내 승리한 그는 장차 다스리는 진복을 누리게 될 것입니다. 그때 그는 ‘죽음아, 네 괴질은 어디 있느냐?’(호세 13,14) 하고 물을 것입니다”(ACCK/NT.IX 291).

81) 바오로는 죽음이 이 세상에서 죄를 통하여 자기 세력을 키워왔으며(창세 2,17; 로마 5,12–13; 6,23 참조) 죄는 율법을 통하여 죄인들을 지배했다고 한다. 따라서 죽음을 이기는 것은 곧 죄를 이기는 것이고, 죄를 이기는 것은 곧 율법으로부터 자유로워지는 것이다.

82) 바오로는 하느님을 찬양하고 하느님께 감사드리면서 모든 그리스도인들도 자신처럼 하느님께 찬미와 감사를 드리도록 초대한다. 감사와 찬미를 드려야 하는 이유는 하느님께서 주 예수 그리스도를 통하여 죄와 죽음을 이기시고 승리를 주셨기 때문이다(로마 7,25; 2코린 2,14; 8,16; 9,15 참조). 바오로는 승리와 감사를 함께 표현하고 있다. “주시는”은 그리스어로 ‘디돈티διδόντι’인데 현재분사형으로 사용되었다. 하느님께서는 지금도 계속해서 그리스도인들에게 승리를 주고 계신다는 뜻이다. 따라서 죽음은 죽음을 이기고 승리하신 그리스도께 속한 그리스도인들을 더 이상 지배할 수 없다(로마 8,2.31–39 참조). “감사”로 번역된 그리스어 ‘카리스χάρις’는 일반적으로 ‘은혜’를 뜻한다(루카 17,9; 로마 7,25; 2티모 1,3).

주님의 일을 더욱 많이 하십시오. 주님 안에서 여러분의 노고가 헛되지 않음을 여러분은 알고 있습니다.[83)]

83) 바오로는 부활에 관한 자신의 논의를 마무리하면서 신자들을 "사랑하는 형제 여러분"으로 부른다(1코린 4,14; 10,14; 필리 4,1 참조). 바오로는 영적 아버지로서(1코린 4,15) 마지막으로 신자들에게 권면한다. 죽음이 영원히 사라지게 되는 종말이 아직 도래하지 않아 죄와 죽음이 힘을 쓰고 있으니 '굳게 서서 흔들리지 말라'는 것이다.

"주님의 일"은 주님께서 기뻐하시는 일을 가리키는데, 16,10에서는 티모테오를 주님의 일을 하는 사람이라고 한다. 필리 2,30에서는 에파프로디토스가 그리스도를 위하여 일하다가 죽음에까지 가까이 갔던 사람이라고 한다. 바오로는 1코린 3,9에서 신앙공동체는 하느님의 밭이며 하느님의 건물이고, 이 공동체를 건설하기 위하여 일하는 복음 선포자들은 하느님의 협력자라고 한다. 따라서 '주님의 일'은 하느님의 밭이며 건물인 신앙공동체의 건설을 위한 일을 가리킨다. 바오로의 권면은 하느님께서 새 하늘과 새 땅을 창조하시리라는 약속을 근거로 이스라엘 백성들을 위로하는 이사야 예언자의 말을 떠올리게 한다. "그들은 헛되이 수고하지 않으며 자식을 낳아 끔찍한 일을 겪지 않으리니 그들은 주님에게 복받은 종족이며 그들의 자손들도 그러하기 때문이다"(이사 65,23). 바오로는 지금은 죽음의 세력 앞에 두려워 떠는 그리스도인들이 있지만, 마지막 날에 하느님과 예수 그리스도의 능력은 죽음보다 강할 것이기에, 그리스도인으로서 죽음의 세력에 굴복하지 말고 언제나 주님의 일을 더욱 많이 하라고 간곡히 요청한다.

맺음글(16,1-24)[1]

예루살렘 교회를 위한 모금[2]

16 1 성도들을 위한 모금에 관해서는,[3] 내가 갈라티아의 여러 교회
에 지시한 것과 같이 여러분도 그대로 하십시오.[4] 2 매주 첫날

---

1) 16장에는 코린토 교회 신자들이 바오로에게 써 보낸 질의서에 담긴 마지막 질문들이 실려있다. 바오로는 1–4절에서 예루살렘 교회를 위한 모금 문제를, 5–12절에서 마케도니아를 거쳐 코린토로 가려는 여행 계획을 언급한다. 티모테오가 먼저 코린토에 도착하면 그를 잘 보살펴 달라고 부탁하면서 자신은 오순절까지 에페소에서 지내겠다고 한다. 아폴로에 관해서는 아폴로가 지금은 코린토 교회를 다시 방문할 뜻이 없지만 기회가 되면 갈 것이라는 소식을 전한다. 그리고 13–24절에서 마지막 권고와 인사를 하면서 티모테오와 마찬가지로 스테파나스를 교회 지도자로 인정하고 그의 교훈을 잘 따르라고 권면한다. 바오로는 편지의 마무리로 마지막 인사를 하는데, '인사하다' 동사를 네 번이나 반복한다. 아시아 교회들, 아퀼라와 프리스카 집에 모이는 교회, 모든 형제가 인사한다고 하면서 신자들도 거룩한 입맞춤으로 서로 인사하라고 권면한다. 마지막으로 축복문으로 편지를 끝맺는다.

2) 코린토 교회 신자들은 바오로에게 갈라티아의 여러 교회로부터 들은 모금 문제에 관하여 질문했던 것 같다. 바오로는 자신이 지중해 지역을 다니면서 세웠던 교회와 예루살렘 모교회 사이의 친교(코이노니아 *κοινωνία*)를 위해 모금 운동을 펼쳤는데, 코린토 교회도 이 일에 동참할 준비가 되었다고 생각하였다. 바오로가 예루살렘 교회의 가난한 신자들을 위해 이방인 신자들에게 모금을 권고한 내용은 성경 곳곳에 실려있다(로마 15,25–28; 1코린 16,1–4; 2코린 8—9장; 갈라 2,10). 바오로는 49년 예루

에[5] 저마다 형편이 닿는 대로 얼마씩을 자기 집에 따로 모아두십시오.[6] 그래서 내가 갔을 때에야 모금하는 일이 없게 하십시오. 3 내가 도착하면,

---

살렘 사도회의에서 예루살렘 모교회 신자들을 위해 이방인 신자들을 상대로 모금 활동을 펴기로 한 약속(갈라 2,10)을 지키려고 애썼다. 57년 경 코린토에서 로마서를 쓰면서, 모금된 헌금을 직접 전해주러 예루살렘에 가겠다는 계획을 밝히는 내용으로 미루어, 이 모금 운동은 그의 선교활동 내내 이루어졌음을 알 수 있다(로마 15,25-27). 모금 운동은 코린토 교회와 예루살렘 모교회의 영적인 유대를 잘 이루기 위한 일이었다(로마 15,27; 2코린 9,13). 주로 이방인들로 구성된 지중해 지역의 교회들이 예루살렘 모교회를 돕는 일은 마치 하느님을 두려워하는 이방인들이 이스라엘 백성을 구제하는 일에 동참하는 것과 같은 행위였다(루카 7,5; 사도 10,2.25). 이 단락에서 바오로는 모금에 대한 자신의 견해를 구체적으로 밝힌다. 모금은 매주 첫날에 형편 닿는 대로 따로 모아두라고 하면서, 모금이 고마운 선물이라고 한다.

3) "성도들을 위한 모금에 관해서는"으로 시작되는 모금 문제 또한 1코린 7,1.25; 8,1; 12,1과 마찬가지로 코린토 교회 신자들이 바오로에게 써 보낸 질문이다. '성도들'은 바오로가 그리스도교회 신자들을 가리키는 의미로 사용하지만(로마 1,7; 1코린 1,2; 2코린 1,1; 필리 1,1 참조), 여기서는 예루살렘 모교회 신자들을 가리킨다(로마 15,25-28.31; 2코린 8,4; 9,1.12 참조). 바오로가 선교할 당시 예루살렘 모교회 신자들은 기근으로 인한 경제적 어려움 때문에 도움이 필요한 상황이었다(사도 11,27-30).

4) 바오로는 갈라티아의 여러 교회에 이미 지시한 것과 같이 코린토 교회도 모금에 동참해 주기를 바라고 있다. 그런데 갈라티아 여러 교회에 내린 지시가 구체적으로 무엇인지는 밝히지 않는다. 바오로의 이러한 권고는 예루살렘 모교회를 위한 모금이 코린토 교회만이 아니라 이방인 교회 전체에서 행해졌음을 보여준다. 바오로는 이곳과 다음 절에

여러분이 선정하는 이들을 보내면서 편지와 함께 여러분의 고마운 선물을 예루살렘으로 가져가게 하겠습니다.[7] 4 나도 가는 것이 마땅하면 함께 가

서 '모금'을 그리스어 '로게이아λογεία'로 표현하는데, 이는 하느님께 바치기로 정해진 종교적인 모금을 의미한다. 로마 15,26; 2코린 8,4; 9,13에서 모금은 '친교(코이노니아κοινωνία)'를 뜻한다. 그 외에도 모금은 "은총"(카리스χάρις, 2코린 8,4.6.7.19), "봉사"(디아코니아διακονία, 로마 15,31; 1코린 16,15; 2코린 8,4; 9,1.12), "선물"(에울로기아εὐλογία, 2코린 9,5), "예배"(레이투르기아λειτουργία, 2코린 9,12) 등으로 표현된다.

5) 바오로는 모금하는 방식에 대해 주간 첫날마다 모아두라고 한다. 유다인들의 계산법에 따른 "매주 첫날"은 예수님이 돌아가신 지 사흘째 되는 날로서 부활하신 날이다(마태 28,1; 마르 16,2; 루카 24,1; 요한 20,1.19). 그리스도인들은 이날 모여서 성찬례를 거행하였고 이날을 '주님의 날' 곧 '주일'이라고 불렀다(사도 20,7; 묵시 1,10). 요한 크리소스토무스는 "주님의 날은 우리가 지금 누리는 모든 축복을 받은 날이기 때문입니다. 그날은 우리가 그리스도 안에서 찾은 새 생명의 뿌리요 시작입니다. 또한 그날은 우리 영혼이 노고에서 쉬며 마음을 열고 연민을 베풀 수 있는 안식의 날이기도 합니다"라고 하였다(ACCK/NT.IX 294).

6) 형편이 닿는 대로 얼마씩을 자기 집에 모아두라는 요청은 성찬례 중에 모으라는 것이 아니라, 미리 수입에 따라 모아놓아 바오로가 코린토에 도착한 뒤에 비로소 모금하는 일이 없도록 하라는 권고다. 바오로는 신자들에게 "형편이 닿는 대로" 자유롭게 헌금하라고 한다(2코린 8,11-13 참조).

7) 바오로는 자신이 코린토에 도착하면(16,5-9) 코린토 교회가 인정하는 이들에게 추천 편지를 써주어, 모금한 고마운 선물과 함께 예루살렘에 전달하겠다고 한다. 예루살렘에 보낼 사람을 자신이 정하지 않고 코린토 교회가 추천하도록 일임하고 있다. 그렇게 함으로써 모금 문제

겠습니다.[8]

로 생길 수 있는 오해를 불식시킬 뿐만 아니라, 무엇보다도 코린토 교회와 예루살렘 모교회의 친교가 이루어질 수 있으리라고 생각한 것이다. 바오로는 2코린 8,4.6.7.19에 다시 나오는 '카리스*χάρις*'라는 낱말을 사용하여 모금을 언급한다. '카리스'는 '은총, 은혜, 호의'라는 의미인데 여기서는 "고마운 선물"로 번역하였다. 예루살렘 모교회를 위한 모금은 하느님에게서 받은 '은혜'의 표시요, 그리스도 안에 있는 형제들에게 베푸는 호의이자 선물이다.

바오로는 이 편지에서 "예루살렘"을 한 번 언급한다(로마 15,19.25.26.31 비교). 예루살렘은 다윗 왕조의 수도이며 성전이 있는 곳으로 하느님께 제사 지내는 예배 장소였다. 예루살렘은 그리스도인들에게도 그리스도 사건, 곧 예수님의 죽음과 부활 사건이 있었던 매우 중요한 도시다. 바오로가 부활하신 그리스도를 만난 뒤 자신보다 먼저 사도가 된 이들을 만났던 곳도 예루살렘이다. 바오로는 이곳과 로마서에서는 예루살렘을 '예루살렘'*Ἰερουσαλήμ*'으로 표기하는데, 갈라 1,17–18; 2,1에서는 성경 이외의 그리스 문헌들에 일반적으로 나오는 '히에로솔리마'*Ἰεροσόλυμα*'라는 낱말을 사용한다.

8) 바오로는 모금을 전달하기 위해 자신도 예루살렘에 함께 가기를 원했으나 그들과 동행할 것인지는 결정하지 못했다. 그러나 코린토에 머물면서 57–58년경에 쓴 로마서에서는 일행과 함께 예루살렘을 방문하겠다고 한다(로마 15,26–29). 실제로 사도 20,2–4; 21,17을 보면 바오로와 그의 동료들이 그리스를 거쳐 예루살렘으로 간 것으로 보인다. 그때 코린토 교회 신자들이 동행했다는 구체적인 언급은 없으나 코린토 교회의 모금과 그 모금을 예루살렘 교회에 전달한 것은 성공적이었다(로마 15,25–26 참조). 바오로는 자신이 펼친 모금 운동과 그 성격에 대해 2코린 8—9장에서 더 상세하게 다룬다.

바오로의 여행 계획[9)]

5 나는 마케도니아를 거쳐 여러분에게 가겠습니다. 사실 나는 마케도니아
를 거쳐 가려고 합니다.[10)] 6 어쩌면 여러분과 함께 한동안 지내든가 아예

---

9) 계속해서 바오로는 코린토 교회를 다시 방문하려는 자신의 여행 계획을 알린다. 바오로는 이미 코린토 신자들에게 자신이 코린토 교회를 방문할 것임을 언급했는데(1코린 4,19; 11,34; 비교: 14,6), 여기서는 코린토에 도착하기 전에 경유할 곳을 설명한다. 마케도니아 지방의 필리피와 테살로니카를 거쳐 코린토로 가려고 하지만, 오순절까지는 에페소에 좀 더 머무르겠다고 한다. 바오로는 57년 봄 에페소에서 코린토 신자들에게 이 편지를 썼다. 그는 다른 곳에서도 자신의 여행 계획을 언급한다(로마 15,22-32; 2코린 12,14—13,1; 필레 22절). 바오로는 오순절까지는 에페소에서 지내겠다고 하면서 '큰 문이 열려있다'라고 말한다. 이는 선교가 매우 잘 된다는 뜻이다. 바오로는 에페소에서 마주친 적대자들을 언급하지만 그들이 누구인지는 구체적으로 밝히지 않는데, 1코린 15,32에서는 자신이 맹수와 싸웠다고 한다.

10) 바오로는 4,19에서 주님께서 원하시면 자신이 코린토 신자들에게 '곧' 가겠다고 약속하였다. 그는 해로와 육로 중 긴 육로를 택해서 마케도니아를 거쳐 코린토로 가겠다고 한다. 이 계획은 사도 19,21("바오로는 마케도니아와 아카이아를 거쳐 예루살렘에 가기로 작정하고")에도 나온다(사도 20,2 비교). 바오로가 마케도니아에서 선교를 한 것은 분명하다(필리 4,15 참조). 마케도니아는 그리스 북쪽에 있는 지역으로 일리리아와 네스토스 강을 경계로 에게해부터 아드리아해까지 뻗어있다. 마케도니아 지방에는 네아폴리스에서 디라키움까지 이어지는 유명한 고대 도로인 에그나시아 국도가 지나간다. 바오로가 선교했던 필리피, 테살로니카 그리고 베로이아는 바오로 시대에 마케도니아 지방의 로마 식민도시들이었다.

겨울을 나든가 하겠습니다. 그러면 내가 여러분의 도움을 받아 어디로든 떠날 수 있을 것입니다.[11] 7 이번에 나는 그저 지나가는 길에 여러분을 보려는 것이 아닙니다.[12] 주님께서 허락하시면 얼마 동안 여러분과 함께 지내

마케도니아는 기원전 148년에 로마의 식민지가 되었다.

11) 바오로는 두 가지를 바라고 있다. 하나는 겨울 여행은 어려움이 많으므로 코린토 신자들과 함께 한동안(57–58년 겨울) 지내고 싶다는 것이고, 다른 하나는 코린토 교회에게 자신이 원하는 곳으로 갈 수 있도록 도와달라는 것이다. 지중해 겨울 바다 여행은 폭풍 때문에 배로 이동하는 것이 불가능했다. 실제로 바오로는 57–58년 겨울에 코린토에서 석 달 동안 지내면서(사도 20,3) 로마서를 썼다. 바오로가 가기를 원하는 곳은 새로운 선교지이거나 1코린 16,3–4에서 언급한 예루살렘일 수 있다. 그는 이처럼 마케도니아보다 코린토 공동체가 자신에게 더 중요하다는 것을 강조한다. 코린토는 당시 로마 지배 아래 있는 아카이아 속주의 총독부였기에 더욱더 그리스도의 복음을 전해야겠다는 생각을 했을 수 있다. "어쩌면"으로 번역된 그리스어 '티콘τυχόν'은 '팅카노(τυγχάνω, 발생하다, 경험하다)' 동사의 중성 단순 과거분사형으로 '만일, 어쩌면'을 뜻한다. 이 낱말은 신약성경에서 오직 이곳에만 나온다. "여러분의 도움을 받아"는 그리스어 '프로펨프세테προπέμψητε'를 번역한 것인데, 본래 이 동사는 '동반하다, 수반하다'를 뜻한다(로마 15,24; 1코린 16,11; 2코린 1,16 참조).

12) 바오로가 코린토 신자들을 지나가는 길에 잠시 보려는 것이 아니라고 말한 이유는 1코린 11,34에서 "그 밖의 것은 내가 가서 일러주겠습니다"라고 약속했기 때문이다. 바오로가 코린토에 머문 기간은 석 달로, 마케도니아를 거쳐 간 여행 기간보다 더 긴 시간이었다. 바오로는 자신이 코린토에서 할 일이 많다는 것을 알았기 때문에 다른 곳으로 가는 길에 잠시 들르는 것이 아니라, 그들과 얼마 동안 함께 지내고 싶어 했다.

고 싶습니다.[13] 8 그러나 오순절까지는 에페소에서 지내겠습니다.[14] 9 적대자들이 많기는 하지만,[15] 많은 일을 할 수 있는 큰 문이 나에게 열려있

---

13) 바오로는 다시 한번 코린토에서 신자들과 함께 오래 머물고 싶다는 생각을 피력하면서 "주님께서 허락하시면"이라는 단서를 단다(1코린 4,19; 비교: 사도 18,21; 히브 6,3; 야고 4,15). 이는 자신의 계획이 언제 시작되고 이루어지는지는 전적으로 하느님의 뜻에 달려있다는 뜻이다. 2코린 1,15–17에서 바오로는 계획 변경에 관해 언급하며, 로마 1,10; 15,32에서도 이와 유사하게 '하느님의 뜻'에 대해 말한다.

14) 바오로는 오순절 축제 때까지는 에페소에 머물겠다고 한다. 오순절은 파스카 축제일로부터 오십 일째 되는 날에 열리는 축제로서 보리와 밀을 거두어들이고 나서 햇곡식을 하느님께 바치는 봄 수확 감사제인 동시에, 이스라엘 백성이 시나이산에서 하느님과 맺은 계약을 기념하는 축제다. 오순절은 본래 히브리어로 '주간절'(탈출 23,16; 34,22; 신명 16,9–10.16; 2역대 8,13)이라 불리는 수확 축제인데, 그리스어를 사용하는 유다인들이 이를 오순절이라 불렀다. 오순절은 초봄의 파스카와 늦가을의 초막절과 함께 중요한 순례 축제 가운데 하나이기에, 열세 살 이상의 이스라엘 남자는 누구나 예루살렘 성전을 순례할 의무가 있었다.

15) 적대자들이 많다는 것은 바오로가 에페소 사람들에게 복음을 전하는 일을 반대하는 이들이 있었음을 의미한다. 바오로는 이러한 상황을 받아들이면서 자신이 코린토로 가기 전에 에페소에 더 머무르며 복음 전하는 일을 계속하는 이유를 설명한다. 바오로는 에페소에서 맹수와 싸웠다고 한다(1코린 15,32). 사도 19,23–40은 에페소에서 발생한 은장이들의 소동을 이야기하고, 필리 3,18에서는 많은 사람이 십자가의 원수로 살아가고 있다고 한다. 바오로를 반대했던 적대자들은 아마도 비그리스도인들이거나 유다계 그리스도인들이었을 것이다. 요한 크리소스토무스는 "바오로에게 적대자가 그다지 많았던 것은 그가 큰일을 할 기

습니다.[16)]

10[17)] 티모테오가 가면, 두려움 없이 여러분과 함께 지낼 수 있도록 보살펴 주십시오. 그도 나처럼 주님의 일을 하고 있습니다.[18)] 11 그러므로 아

회가 그처럼 많았기 때문입니다"라고 하였다(ACCK/NT.IX 296).

16) "큰 문이 나에게 열려있습니다"는 복음 선포를 위한 좋은 기회가 열려있다는 뜻이다. 이는 바오로가 에페소에 더 머무르겠다고 한 이유이기도 하다. 바오로는 2코린 2,12("내가 그리스도의 복음을 전하러 트로아스에 갔을 때, 주님께서 일할 수 있는 문을 나에게 열어주셨습니다")에서 에페소 북쪽에 위치한 도시 트로아스에서의 체험을 비슷하게 진술한다. 사도 14,27에서 바오로와 바르나바는 제1차 선교여행을 마치고 시리아의 안티오키아로 돌아와 신자들에게 "하느님께서 자기들과 함께해 주신 모든 일과 또 다른 민족들에게 믿음의 문을 열어주신 것을 보고하였다."

17) 바오로는 자신의 동료 티모테오가 코린토 신자들과 함께 지낼 수 있도록 보살펴 달라고 청한 뒤 신자들에게 아폴로 형제에 관한 소식을 전한다. 코린토 신자들은 바오로에게 보낸 질의서를 통하여 아폴로가 다시 코린토를 방문할 것인지에 관하여 물은 것 같다.

바오로는 1코린 16,10-11에서, 비록 추천서 성격을 갖추지는 못했지만 '추천서' 양식을 사용하여, 티모테오를 도와달라고 청한다. 그는 로마 16,1-2에서도 켕크레애 교회의 일꾼인 포이베를 추천한다. 티모테오는 이미 1코린 4,17에서 언급되었는데, 거기서 바오로는 자신이 티모테오를 코린토로 보냈다고 한다. 사도 19,22은 바오로가 자신의 협력자들 가운데에서 티모테오와 에라스토스를 마케도니아로 보내고 자신은 아시아에 더 머물렀다고 전한다.

18) 티모테오는 아직 코린토에 도착하지 않은 듯하다. 아마도 그는 바오로가 집필 중인 지금의 코린토 1서 이전에 쓴 편지(1코린 5,9 참조)를 가지고 코린토 교회로 가는 중이었을 것이다. 바오로는 티모테오가 자

무도 그를 업신여겨서는 안 됩니다. 그가 여러분의 도움을 받아 평안히 나에게 돌아올 수 있게 해주십시오.[19] 나는 형제들과 함께 그를 기다리고 있습니다.[20]

12 아폴로 형제에 관해서 말하자면,[21] 형제들과 함께 여러분에게 가라

신처럼 "주님의 일"을 하고 있다고 하면서 그가 두려움 없이 코린토 신자들 가운데서 지낼 수 있도록 마음 써주기를 당부한다. 로마 16,21과 1테살 3,2에서는 티모테오를 "협력자(호 신에르고스ὁ συνεργός)"라고 한다. 바오로가 이처럼 티모테오를 칭찬하며 소개한 것은 코린토 교회의 일부 신자들이 티모테오를 환영해 주지 않고 소동을 일으키지나 않을까 걱정했기 때문이다.

19) 바오로가 티모테오를 코린토로 보내면서 그가 다시 돌아오기를 바라는 이유는 두 가지다. 하나는 그가 임무를 잘 수행했는지 알고 싶어서고, 다른 하나는 자신이 세운 코린토 교회가 얼마나 달라졌는지 듣고 싶어서다. "평안히(엔 에이레네ἐν εἰρήνῃ)" 여행한다는 표현은 구약성경에서 가져왔다(1사무 20,42; 2열왕 5,19). 그는 코린토 신자들에게 티모테오가 코린토를 비롯한 여행에서 에페소에 있는 자신에게 무사히 돌아올 수 있도록 도와달라고 요청한다.

20) "형제들(아델포이ἀδελφοί)"이 누구를 가리키는지 분명하지 않다. 사도 19,22에서 바오로는 자기의 협력자들 가운데 티모테오와 에라스토스 두 사람을 마케도니아로 보냈다고 하는데, 그 밖에 누가 더 있었는지는 밝히지 않았다. 형제들은 바오로와 함께 티모테오를 기다리는 형제들일 수도 있고, 티모테오와 함께 다니는 형제들일 수도 있다.

21) 바오로는 코린토 신자들의 마지막 질문인 "아폴로 형제에 관해서" 답변한다. 아폴로는 알렉산드리아 출신의 수사학자로서 코린토 교회에서 설교 잘하기로 소문난 달변가였기에 신자들로부터 대단한 인기를 얻었다(사도 18,24—19,1; 1코린 1,12; 3,4-6.22; 4,6). 바오로가 에페소에서

고 내가 간곡히 권고하였지만 그가 지금은 갈 뜻이 전혀 없습니다. 그러나 기회가 되면 갈 것입니다.

마지막 권고와 인사[22)]

13 깨어있으십시오.[23)] 믿음 안에 굳게 서있으십시오.[24)] 용기를 내십시오.

지금의 코린토 1서를 쓸 때 아폴로는 바오로와 함께 있었던 것 같다.

바오로는 아폴로에게 다시 코린토 교회를 방문할 것을 요청했지만 현재로서는 그가 갈 뜻이 없다는 소식을 전한다. 사실 코린토 교회 신자들 중 일부는 바오로보다 아폴로를 더 좋아했기 때문에 아폴로가 왜 코린토 교회를 방문하지 않느냐고 물었을 것이다. 1코린 1,10–17과 3,5–6을 보면 아폴로의 인기는 코린토 교회를 분열시킨 원인이기도 하였다. 그런데도 바오로는 아폴로를 '형제'라고 부르면서 아폴로의 사정을 신자들에게 전하고 있다. 아폴로는 지금 코린토 교회를 방문하면 혹시라도 자신에게 열광하는 미성숙한 일부 신자들이 또 분열을 일으킬까 염려하여 코린토 교회를 방문하라는 바오로의 청을 사양한 것이다. 아폴로는 자신의 인기와 신자들의 열광을 따르기보다는 공동선을 우선으로 생각하였다. 바오로는 아폴로가 지금은 갈 뜻이 전혀 없음을 분명히 하면서도 때가 되면 코린토 교회를 다시 방문할 것이라고 한다. 실제로 아폴로가 코린토 교회를 다시 방문했는지는 알 수 없다. 코린토 2서에는 아폴로에 대한 언급이 전혀 없다.

22) 바오로는 편지를 마무리하면서 마지막 권고를 한다(1코린 16,13–18). 이 단락은 내용상 흐름이 부자연스럽다. 곧 바오로의 권고(13–14절; 15ㄱ절; 16절; 18ㄴ절)와 에페소에 있는 자신을 찾아온 코린토 신자들에 관한 정보(15ㄴ절; 17–18ㄱ절)가 섞여 나오기 때문이다. 바오로는 묵시문학적 표현을 사용하여 믿음 안에 굳게 서서 사랑으로 모든 일을 행하라

힘을 내십시오.[25] 14 여러분이 하는 모든 일이 사랑으로 이루어지게 하십시오.[26]

15 형제 여러분, 내가 여러분에게 권고합니다. 여러분도 알다시피, 스테파나스 집안 사람들은 아카이아의 첫 열매로서 성도들을 위한 직무에 헌신

고 한다(13-14절). 이어서 아카이아 지방에서 맨 처음 입교하여 바오로에게 세례를 받았던 스테파나스 집안 사람들을 칭송한다(15절). 바오로는 티모테오를 위해 추천 편지를 쓴 것처럼(10-11절), 이제는 스테파나스 집안 사람들을 위해 그들을 교회 지도자로 인정하고 그 교훈을 잘 따르라고 권면한다(16-18절).

23) 바오로는 16,13에서 네 개, 16,14에서 한 개의 명령어를 사용하여 마지막 권고를 한다. "깨어있으십시오"라는 명령은 신약성경에 자주 나오는(마르 13,35.37; 1테살 5,6; 묵시 3,2.3) 묵시문학적 표현으로, 앞으로 다가올 종말 사건인 주님의 재림에 대비하라는 뜻이다.

24) "믿음 안에 굳게 서있으십시오"는 바오로가 전한 복음에 충실하라는 뜻으로, 이와 비슷한 의미가 필리 1,27에 나온다(로마 11,20; 갈라 5,1; 필리 4,1; 1테살 3,8; 2테살 2,15 비교).

25) "용기를 내십시오"와 "힘을 내십시오"의 조합은 칠십인역 2사무 10,12; 시편 27,14; 31,25에 나오는 명령형 동사들의 결합을 반영하는데, 용감하고 용기 있는 행동을 권고하는 표현이다(LXX 신명 31,6.7.23; 여호 1,6.7; 2사무 13,28; 2역대 32,7; 시편 30,25 참조). 장님 디디무스는 "바오로는 코린토 신자들에게 운동선수처럼 또는 그리스도의 군사처럼 용기를 내고 힘을 내라고, 또 모든 일을 하느님과 서로에 대한 사랑으로 하라고 이릅니다"라고 하였다(ACCK/NT.IX 298).

26) 바오로는 1코린 13장에서 사랑의 찬가를 통하여 그리스도인의 삶에서 사랑이 얼마나 중요한가를 피력했는데, 편지를 마무리하면서도

하였습니다.[27] 16 여러분도 그러한 사람들에게, 또 그들과 함께 일하고 애
쓰는 모든 이에게 순종하십시오.[28] 17 나는 스테파나스와 포르투나투스와

사랑의 중요성을 강조한다(콜로 3,14 참조). 요한 크리소스토무스는 "코린토에 사랑이 있었더라면 코린토 신자들은 우쭐거리지 않았을 것이며 파당으로 나뉘지도 않았을 것이고, 이교인 법정을 찾지도 않았을 것입니다. … 자기 아버지의 아내를 데리고 살지도 않았을 것이고, 그곳 신자들이 약한 형제들을 업신여기지도 않았을 것이며, 자기들이 받은 영적 은사를 자랑하지도 않았을 것입니다"라고 하였다(ACCK/NT.IX 298).

27) 바오로는 코린토 교회에서 모범이 되는 가족을 통해 공동체가 성숙한 교회로 세워지기를 바라면서 스테파나스 집안을 소개한다. 스테파나스 집안 사람들은 아카이아 지방에서 바오로에게 세례를 받고 첫 열매가 되었다. 바오로는 1코린 1,16에서 자신이 스테파나스와 그 집안 사람들에게 세례를 베풀었음을 언급한다. 스테파나스 집안이 "아카이아의 첫 열매"라는 말은 아카이아의 수도였던 코린토에서 그리스도교로 개종한 첫 번째 집안이라는 뜻이다. '첫 열매'는 구약성경에서 추수 때 익은 첫 곡식을 뜻하는 말인데(레위 23,9-11; 신명 26,1-11), 여기서는 영적 의미를 지닌다. 로마 16,5은 에패네토스가 아시아에서 그리스도를 믿은 첫 번째 사람이라고 한다. 사도 17,34에서 루카는 바오로가 아레오파고스에서 설교할 때 사람들 대부분은 비웃었지만 바오로 편에 가담한 몇 사람은 믿게 되었다고 전한다. 이 일은 바오로가 아테네에서 코린토로 가기 전에 있었던 일이다. 그들 가운데에는 아레오파고스 의회 의원인 디오니시오와 다마리스라 불리는 여자가 있었다. '아카이아'는 당시 로마의 식민지로, 코린토는 아카이아의 수도였다. 바오로는 스테파나스 가족이 성도들을 섬기는 일에 헌신했다고 칭송한다. 이 칭송으로 미루어 볼 때 스테파나스 집안은 경제적으로 부유하여 재물로도 성도들을 섬긴 것 같다.

아카이코스가 와주어서 기쁩니다. 이 사람들이 여러분에 대한 나의 아쉬움
을 채워주었습니다.[29] 18 나와 여러분에게 생기를 불어넣어 주었습니다. 그

---

28) 바오로는 코린토 교회에 스테파나스 가족과 이어서 소개하는 이들(포르투나투스와 아카이코스)에게 순종하라고 권면한다(1테살 5,12–13 참조). 그들은 모두 모범적인 그리스도인들이기 때문이다. "애쓰는(코피온티κοπιῶντι)"은 바오로가 선교할 때 즐겨 사용하는 낱말이다(1코린 15,10).

29) "스테파나스와 포르투나투스와 아카이코스"는 코린토 교회 신자들이 쓴 질의서를 에페소에서 선교하던 바오로에게 가져가 그 답신으로 코린토 1서를 받아 돌아간 사람들이다. 바오로는 이 세 사람이 에페소로 자신을 찾아온 것을 매우 기뻐하며, 코린토 교회를 대표하여 교회를 섬기는 사람들이니 그들을 인정해 주라고 부탁한다. 세 사람 중에서 스테파나스를 첫 번째로 언급한 것으로 보아 그는 교회 안에서 중요한 역할을 했을 것이다. 바오로는 이 세 사람을 통해 코린토 교회의 실상을 접하게 되었고, 공동체가 지닌 문제점을 알게 되었다. 바오로는 "클로에 집안 사람들"(1,11)로부터는 인편으로, 스테파나스 등을 통해서는 서면으로 공동체의 소식을 접했다. 포르투나투스와 아카이코스는 스테파나스와는 달리 잘 알려진 코린토 신자들은 아니다. 포르투나투스는 라틴어 이름이고, 아카이코스는 라틴어 아카이쿠스Achaicus의 그리스식 이름으로 '아카이아로부터 온 이' 또는 '아카이아와 관련된 이'라는 뜻이다. 아마도 아카이코스는 아카이아를 떠나 다른 곳에서 살고 있을 때 주어진 이름일 것이다. 바오로는 세 명의 코린토인들이 에페소에 온 것을 언급하면서 '파루시아παρουσία'라는 낱말을 사용한다. 이 낱말의 기본 의미는 '도착'인데, 15,23에서는 그리스도의 두 번째 오심을 가리키는 전문용어 "재림"으로 사용되었다. 바오로는 이 세 사람이 코린토 신자들에 대한 자신의 아쉬움을 채워주어서 기쁘다고 한다.

러니 여러분은 이러한 이들을 인정해 주어야 합니다.[30)]

19[31)] 아시아의 교회들이 여러분에게 인사합니다. 아퀼라와 프리스카가

---

30) "나와 여러분에게 생기를 불어넣어 주었습니다"라는 말은 바오로가 세 사람을 통하여 코린토 교회의 실상을 접하게 되어 매우 기쁘고 감사하다는 뜻이다. 이 세 사람이 7,1에 언급된 편지를 바오로에게 가져왔다는 말은 이 편지 어디에도 나오지 않지만 아마도 그랬을 것으로 추측할 수 있다. '생기'로 번역된 그리스어는 '프네우마πνεῦμα'로 '영'이라는 뜻이다. 바오로는 이 영을 인간의 영이라는 의미로 사용한다(1코린 2,11; 갈라 6,18; 필리 4,23; 필레 25절). 이 세 사람은 바오로에게 생기를 불어넣어 주었는데 신자들에게까지 생기를 불어넣어 주었는지는 명확하지 않다. 하지만 코린토 공동체는 세 사람을 대리인으로 삼아 바오로에게 보냈다. 공동체 내에서 발생한 여러 문제에 관해 바오로가 어떤 견해를 가졌는지 물었던 점으로 미루어 이 세 사람은 이미 공동체를 위로하고 격려하며 새롭게 하는 데 큰 역할을 했을 것이다. 1코린 16,16에서 바오로는 신자들에게 함께 일하고 애쓰는 모든 이들에게 순종하라고 했는데, 여기서는 그런 사람들이 공동체를 위해서 행한 공로를 인정해 주라고 권면한다.

31) 바오로는 긴 편지를 마무리하면서 아시아의 교회들, 아퀼라와 프리스카 부부의 집에 모이는 교회, 그리고 자신과 함께한 모든 형제의 이름으로 코린토 신자들에게 인사를 전한다. 바오로가 거룩한 입맞춤을 전하면서 직접 인사말을 쓴다고 언급한 것으로 보아 그는 편지를 쓸 때 대필을 시켰음을 알 수 있다. 바오로는 여기서 교회라는 낱말을 복수(하이 에클레시아이αἱ ἐκκλησίαι)로 사용한다(1코린 7,17; 2코린 8,1; 갈라 1,2; 1테살 2,14). 이는 다양한 지역에 생겨난 여러 공동체를 가리킨다.

바오로는 제3차 선교여행 때 에페소에 내려가 이십칠 개월 가까이

자기들 집에 모이는 교회와 함께 주님 안에서 여러분에게 특별히 인사합니다.[32] 20 모든 형제가 여러분에게 인사합니다. 여러분도 거룩한 입맞춤으로 서로 인사하십시오.[33]

활동했는데(사도 19,8–10; 참조: 20,31), 그곳에서 선교하면서 제자 에파프라스를 시켜 에페소 동쪽에 위치한 콜로새, 라오디케이아 그리고 히에라폴리스에 교회를 세웠다(콜로 1,7; 4,12–13). 묵시 1,11에는 라오디케이아 교회 이외에 여섯 개(에페소, 스미르나, 페르가몬, 티아티라, 사르디스, 필라델피아)의 교회들이 언급된다. 바오로는 에페소에서 지금의 코린토 1서를 쓰고 있다(1코린 16,8). 에페소 교회는 아시아의 일곱 교회 중 첫 번째 위치를 차지하는 교회였다(묵시 1,11; 2,1–7 참조).

32) 아퀼라는 소아시아 북부 지역 폰토스 출신 유다인으로, 아내 프리스카(사도 18,2: "프리스킬라")와 함께 로마에 정착해 살면서 그리스도교로 개종했다. 바오로가 제3차 선교여행에서 선교할 때 아퀼라와 프리스카 부부는 에페소에 있는 자신들의 집을 신자들의 모임 장소로 제공했고, 바오로가 에페소 로마군 감옥에서 옥고를 치를 때도(2코린 1,8–9) 생명의 위험을 무릅쓰고 바오로를 적극적으로 도왔으며(로마 16,4), 54년 클라우디우스 황제가 사망하자 로마로 돌아가 가정교회를 세웠다(16,5). 이 부부는 코린토 신자들에게 잘 알려져 있었기 때문에 바오로는 이들도 문안 인사를 할 자격이 충분하다고 생각하였다(로마 16,3; 2티모 4,19 참조). 아퀼라는 사도 18,2.18; 로마 16,3–5ㄱ; 2티모 4,19에 나오는 유다인 상인의 이름이기도 하다.

33) 바오로는 종종 입맞춤으로 서로 인사하라는 말로 편지를 끝맺는다(로마 16,16; 2코린 13,12; 1테살 5,26; 비교: 1베드 5,14). 바오로의 편지는 공동체 모임에서 낭독되었고(콜로 4,16; 1테살 5,27 참조), 특히 성찬례 모임 때 거룩한 입맞춤으로 서로 인사하라고 했다. 신자들은 "거룩한 입맞춤"으

21 이 인사말은 나 바오로가 직접 씁니다.[34] 22 누구든지 주님을 사랑
하지 않는 자는 저주를 받으라![35] 마라나 타![36] 23 주 예수님의 은총이 여

로 서로 인사함으로써 친교를 표현하곤 하였는데, 편지의 발신인과 수신인들 사이의 친교로도 표현되었다.

'입맞춤'은 유다교 배경에서 온 것으로(창세 27,26-27; 1사무 20,41; 루카 15,20 참조) 신자들 사이에 사랑을 표현하는 초대교회의 관행이었다. 암브로시아스테르는 "거룩한 입맞춤은 불화를 없애주기에 평화의 표시입니다"라고 하였고, 요한 크리소스토무스는 "거짓된 마음이나 위선 없이 자유롭게 하는 입맞춤은 거룩합니다"라고 하였다(ACCK/NT.IX 300).

34) 바오로는 편지를 쓸 때 누군가에게 받아쓰게 했는데, 로마 16,22에서 대필자가 테르티우스라고 밝힌다. 바오로는 마지막 인사말은 자신이 직접 쓴다고 말함으로써 이 편지가 자기 생각을 담은 편지임을 밝힌다(갈라 6,11; 콜로 4,18; 2테살 3,17; 필레 19절 참조).

35) 바오로는 문안 인사로 편지를 끝맺으면서 저주의 말도 한다(1코린 12,3 참조 참조). 이 저주는 코린토 신자들이 그리스도를 온전히 사랑하지 못하여 여러 가지 불미스러운 문제를 일으킨 행위에 대한 경고다. "저주를 받으라(아나테마*ἀνάθεμα*)"는 본디 성찬례에 합당하지 않게 참여하는 이들에게 물러가라고 외치는 소리였다. 『열두 사도들의 가르침』 10,6에서는 성찬례에 부당하게 참여하는 이에게 다음과 같이 경고한다. '어느 누가 거룩하면 오고 거룩하지 못하면 회개하라. 마라나타! 아멘.' 바오로는 다른 곳에서는 '사랑하다'에 해당하는 동사로 '아가파오*ἀγαπάω*'를 사용했는데, 여기서는 '필레오*φιλέω*'를 사용한다.

36) "마라나 타*μαράνα θά*!"는 '우리 주님, 오소서!'라는 뜻의 아람어인데(묵시 22,20 참조), 그리스어로 번역하지 않고 아람어 그대로 사용하였다. 이로 미루어 볼 때 예루살렘 공동체에서 성찬례 때 사용하던 용

러분과 함께하기를 빕니다.[37)] 24 나는 그리스도 예수님 안에서 여러분 모
두를 사랑합니다.[38)]

어를, 그리스어를 사용하는 아시아 여러 교회에서 그대로 전해 받아 사용한 것으로 추측할 수 있다. 예수님도 아람어로 기도를 바치셨다(마르 14,36; 비교: 로마 8,15; 갈라 4,6). 몇몇 사본에서는 '마란 아타*μαραν ἀθα*'라고 떼어서 읽는데 그러한 경우에는 '우리 주님이 오셨다'라는 뜻이 된다. 여기서는 '우리 주님, 오소서'라고 소망하는 마음을 표현한 미래형으로 번역되었다. 바오로는 1코린 4,5; 5,5; 11,26; 15,23에서 언급한 것처럼 예수 그리스도의 재림이 속히 이루어지기를 바란다. 바오로는 '마라나 타'를 저주를 받으라는 말에 이어 언급함으로써 주님이 심판하시는 날인 종말이 임박했음을 경고하고 있다.

37) 이 두 번째 인사는 바오로가 즐겨 사용하는 축복문이다(로마 16,20; 갈라 6,18; 필리 4,23; 1테살 5,28; 필레 25절; 비교: 2테살 3,18). 바오로는 부활하신 그리스도의 은총이 코린토 공동체와 함께하기를 기도하는데, 2코린 13,13에서는 "주 예수 그리스도의 은총과 하느님의 사랑과 성령의 친교가 여러분 모두와 함께하기를 빕니다"라는 긴 축복문을 사용한다.

38) 세 번째 인사에서 바오로는 '자신의 애정(헤 아가페 무*ἡ ἀγάπη μου*, 나의 사랑)'을 표현한다. 이 구절은 바오로의 편지들 가운데 바오로가 신자들을 위한 자신의 사랑을 극대화하여 표현하는 몇 안 되는 구절이다(1코린 4,14-15.21; 2코린 12,14 참조). 바오로는 여러 문제를 두고 심각한 갈등과 분열을 겪고 있는 코린토 신자들에게 '사랑'을 호소하였는데(1코린 13장), 편지를 마치면서 교회와 신자들을 위한 자신의 사랑이 주 예수 그리스도의 은총과 함께 공동체에 전해지기를 간절히 바라고 있다.

참고 문헌

성경 찾아보기

참고 문헌

약어표

AER	American Ecclesiastical Review
ANRW	H. Temporini, W. Haase(eds.), Aufstieg und Niedergang der römischen Welt (Berlin)
BARev	Biblical Archaeology Review
BJRL	Bulletin of the John Rylands Library
BWANT	Beiträge zur Wissenschaft vom Alten und Neuen Testament
CNT	Commentaire du Nouveau Testament
CSNT	Christ and Spirit in the New Testament (Cambridge)
EKK	Evangelisch-Katholischer Kommentar zum Neuen Testament
EvQ	Evangelical Quarterly
HNT	Handbuch zum Neuen Testament
ICC	International Critical Commentary
KEK	Kritisch-exegetischer Kommentar über das Neue Testament
NIGTC	The New International Greek Testament Commentary
NovT	Novum Testamentum

NTD Das Neue Testament Deutsch
NTS New Testament Studies
RGG K. Galling(ed.), *Die Religion in Geschichte und Gegenwart* (Tübingen 1957-1965).
ThHKNT Theologischer Handkommentar zum Neuen Testament
TS Theological Studies
ZNW Zeitschrift für die neutestamentliche Wissenschaft und die kunde der älten kirche

성경 본문

Biblia Hebraica, R. Kittel(ed.) (Stuttgart [15]1968).
Novum Testamentum Graece, E. Nestle, K. Aland(ed.) (Stuttgart [27]1995).
Novum Testament: Graece et Latine, E. Nestle, K. Aland(ed.) (Stuttgart [5]2005).
Septuaginta, A. Rahlfs(ed.) (Stuttgart 1979).
『고린토 전서』 박상래 신부 역, 김영남 신부 주 (한국 천주교회 200주년 신약성서 7a; 분도출판사 1993).

사전

Anchor Bible Dictionary (ABD).
Theologisches Realenzyklopädia (TRE).
Wörterbuch zum Neuen Testament, W. Bauer.

일반 문헌

Bachmann, P., *Der erste Brief des Paulus an die Korinther* (Leipzig 1921).

Barrett, C.K., *A Commentary on the First Epistle to the Corinthians* (London 1968).

Baumert, N., *Frau und Mann bei Paulus* (Würzburg 1992).

__________, *Ehlosigkeit und Ehe im Herrn: Eine Neuinterpretation von 1kor 7* (Würzburg 1986).

Belleville, L.L., "Continuity or Discontinuity", *EvQ 59* (1987), 15-37.

Bruce, F.F., *The Spirit in the Apocalypse* (CSNT; 1973).

Clemens von Rom, *Brief an die Korinther, Fontes Christiani, Band 15* (Herder 1994).

Collins, J.J., "Bulletin of the New Testament: The Pauline Epistles", *TS 17* (1956), 541-542.

Collins, R.F., *First Corinthians* (Sacra Pagina 7; Minnesota 1999).

Conzelmann, H., *Der erste Brief an die Korinther* (Göttingen 1969).

Dautzenberg, G., *Urchristliche Prophetie. Ihre Erforschung, ihre Voraussetzungen im Judentum und ihre Struktur im 1.kor* (BWANT 104; Stuttgart 1975).

de Boer, M.C., "The Composition of I Corinthians", *NTS 40* (1994), 229-245.

Dinkler, E., "Korintherbriefe", *RGG 4,17-23*.

Ellis, E.E., *Christ and Spirit in 1 Corinthians* (CSNT; 1973).

Fascher, E., "Die Korintherbriefe und die Gnosis", K.-W. Tröger (ed.), *Gnosis und Neues Testament: Studien aus Religionswissen-*

schaft und Theologie (Gütersloh 1973), 281-291.

Fee, Gordon D., *The First Epistle to the Corinthians* (Michigan 1987).

Fitzmyer, J.A., *First Corinthians* (Anc B 32; New Haven and London 2008).

Furnish, V.P., "Corinth in Paul's Time", *BARev 14/3* (Washington D.C. 1988), 14-27.

__________, *The Theology of the First Letter to the Corinthians* (Cambridge 1999).

Grassi, J.A., "Underground Christians in the Earliest Church", *AER 167* (1973), 11-19.

Grudem, W.A., *The Gift of Prophecy of Corinthians* (Washington 1982).

Hagge, H., "Die beiden überliferten Sendschreiben des Apostels Paulus an die Gemeinde zu Korinth", *Jahrbücher für protestantische Theologie 2* (1876), 481-531.

Héring, J., *The First Epistle of Saint Paul to the Corinthians* (Grand Rapids 1965).

Hurd, J.C., *The Origin of 1 Corinthians* (London 1965).

Jewett, R.A., *Chronology of Paul's Life* (Philadelphia 1979).

Kähler, E., *Die Frau in den Paulinischen Briefen unter besonderer Berücksichtigung des Begriffes der Unterordnung* (Zürich 1960).

Kistemaker, S.J., *1 Corinthians* (Michigan 2002).

Klauck, H.-J., *1. Korintherbrief* (Würzburg 1987).

Kremer, J., *Der erste Brief an die Korinther* (Regensburg 1997).

Kümmel, W.G., *Introduction to the New Testament* (Nashville 1975).

Lang, F., *Die Briefe an die Korinther* (NTD 9; Göttingen 1986).

Lautenschlager, M., "Abschied von Disputierer: zur Bedeutung von Syzētētēs in 1kor 1,20", *ZNW 83* (1992), 276-285.

Lindemann, A., *Der erste Korintherbrief* (HNT 9/1; Tübingen 2000).

Lietzmann, H., *An die Korinther I/II* (HNT 9; Tübingen 1969).

Lütgert, W., *Freiheits predigt und Schwarmgeister in Korinth: Ein Beitrag zur Charakteristik der Christuspartei* (Gütersloh 1908).

Manson, T.W., "St. Paul in Ephesus: (3) The Corinthian Correspondence", *BJRL 26* (1941-1942), 101-120.

Merklein, H., *Der erste Brief an die Korinther(7/1-7/2)* (Würzburg 1992, 2000).

__________, "Die Einheitlichkeit des ersten Korintherbriefes", *ZNW 75* (1984), 153-183.

Mitchell, M.M., "Concerning peri de in 1 corinthians", *NovT 31* (1989), 229-256.

Murphy–O'Conner, J., *St. Paul's Corinth: Texts and Archaeology* (Minnesota 1983).

Ortkemper, F.J., *1 Korintherbrief* (Stuttgart 1993).

Robertson, A., Plummer, A., *A critical and exegetical Commentary on the First Epistle of St. Paul to the Corinthians* (ICC; Edinburgh 1975).

Schenk, W., "Der 1. Korintherbrief als Briefsammlung", *ZNW 60* (1969), 219-243.

Schlier. H., *Über das Hauptanliegen des 1. Briefes an die korinther* (Freiburg 1972).

Schmithals, W., "Die Korintherbriefe als Briefsammlung", *ZNW*

64 (1973), 263-288.

____________, *Die Gnosis in Korinth* (Göttingon 1969).

Schnelle, U., *Paulus. Leben und Denken* (Berlin 2003).

Schoeps, H.J., *Paul: The Theology of the Apostle in the Light of Jewish Religious History* (Philadelphia 1974).

Schrage, W., *Der erste Brief an die Korinther* (EKK VII/1-4; Neukirchner Verlag 1991, 1995, 1999, 2001).

Sellin, G., "1 Korinther 5-6 und der 'Vorbrief' nach Korinth", *NTS 37* (1991), 535-558.

Senft, C., *La Première Épître de saint Paul aux Corinthiens* (CNT 2/7; 1979).

Strack, H., Billerbeck, P., *Kommentar zum Neuen Testament aus Talmud und Midrasch, 6 Vols* (München 1926-1963).

Strobel, A., *Der erste Brief an die Korinther, Züricher Bibelkommentare* (Zürich 1989).

Thiselton, A.C., *The First Epistle to the Corinthians* (NIGTC; Michigan/Cambridge 2000).

Watson, N., *The First Epistle to the Corinthians* (London 1992).

Weiss, J., *Der erste Korintherbrief* (KEK; Göttingen 1977).

Wendland, H.D., *Die Briefe an die Korinther* (NTD 7; Göttingen 1972).

Wiseman, J., "Corinth and Rome I: 228 B.C.-A.D. 267", *ANRW II/7.1* (Berlin 1979), 438-548.

__________, *The Land of the Ancient Corinthians* (Göteborg 1978).

Witherington III, B., *Women in the Earlist Churches* (Cambridge 1991).

_________________, *Conflict and Community in Corinth* (Michigan 1995).

Wolff, C., *Der erste Brief des Paulus an die Korinther* (ThHKNT 7/II, 8; Berlin 1982, 1989).

김경희, "고린도전서 11:2-16에 나타난 바울의 성차별주의와 초창기 기독교 여성들의 성평등 의식", 『한국여성신학 45호』 (2001), 7-49.

김세윤, 『고린도 전서 강해』 (두란노아카데미 2008).

김용옥, 『도올의 도마복음한글역주 2』 (통나무 2010)

_____, 『도올의 도마복음한글역주 3』 (통나무 2010)

김지철, 『고린도전서』 (대한기독교서회 창립 100주년 기념 성서주석 38; 대한기독교서회 1999).

김판임, 『바울과 고린도교회』 (동연출판사 2014).

_____, "지식과 사랑의 이중주: 고전 8장 이해", 『말씀과 교회』 40 (2006.1.), 64-76.

김희성, 『그 중에 제일은 사랑이라』 (한국성서학연구소 1999).

박근원 편저, 『리마 예식서』 (한국기독교교회협의회 1987).

박익수, 『바울의 서신들과 신학 II』 (대한기독교서회 2001).

박태식, 『데미트리우스: 소설로 읽는 초대교회 이야기』 (생활성서사 2002).

_____, 『일 세기 교회』 (생활성서사 2003).

서중석, 『바울서신해석』 (대한기독교서회 1988).

스탠리 B. 매로우, 『바오로 서간과 신학』, 안소근 옮김 (바오로딸 2000).

아우구스티누스, 『요한 서간 강해』, 최익철 옮김, 이연학·최원오 해제·역주 (교부 문헌 총서 19; 분도출판사 2011).

요아힘 예레미아스, 『예수시대의 예루살렘』, 한국신학연구소 번역실 옮김 (한국신학연구소 1988).

유스티누스, 『첫째 호교론·둘째 호교론·유대인 트리폰과의 대화』, 안소근 역주 (그리스도교 신앙 원천 11; 분도출판사 2024).

유충희, 『예수의 최후만찬과 초대교회의 성만찬』 (우리신학연구소 1999).
윤철원, 『고린도전서 다시 읽기』 (한국성서학연구소 2011).
이냐시오스, 『일곱 편지』, 박미경 역주 (교부 문헌 총서 13; 분도출판사 2000).
전경연, 『고린도 서신의 신학논제』 (대한기독교서회 1988).
정양모, 『로마서 풀이』 (지금여기 2012).
______, 『바울로 친서 이야기』 (성서와함께 1997).
______, 『코린토 신자들에게 보낸 편지』 (생활성서사 2016).
정양모 역주, 『열두 사도들의 가르침』 (교부 문헌 총서 7; 분도출판사 1993).
제럴드 브레이, 『코린토 1·2서』, 안봉환 옮김 (교부들의 성경 주해 신약성경 IX; 분도출판사 2016).
크리스토프 센프트, 『고린토인들에게 보내는 첫째 편지』, 백운철 옮김 (성서와함께 2004).
퍼니쉬, V.P., 『바울의 신학과 윤리』, 김용옥 옮김 (대한기독교출판사 1996).
폴리카르푸스, 『편지와 순교록』, 하성수 역주 (교부 문헌 총서 12; 분도출판사 2000).
피츠마이어, J.A., 『바울로의 신학』, 김수복 옮김 (분도출판사 1973).

성경 찾아보기

구약성경

창세기

탈출기

신약성경

코린토 1서

코린토 2서

갈라티아서